Kwame Adapa

Kemetic Alchemy and Tantra: As Taught by the Ancient Serpent Cult

Copyright © 2022 Kwame Adapa

The moral right of the author has been asserted.

All rights reserved. No part of this publication may be reproduced, stored in or introduced into a retrieval system, or transmitted, in any form or by any means (graphic, electronic, mechanical, photocopying, recording or otherwise), without the prior written permission of the copyright owner.

ISBN-13: 978-1-952228-17-9

Guías temáticas *Museum With No Frontiers (MWNF)*

EL ARTE ISLÁMICO EN EL MEDITERRÁNEO | **ITALIA** *SICILIA*

El Arte Sículo-Normando
La cultura islámica en la Sicilia medieval

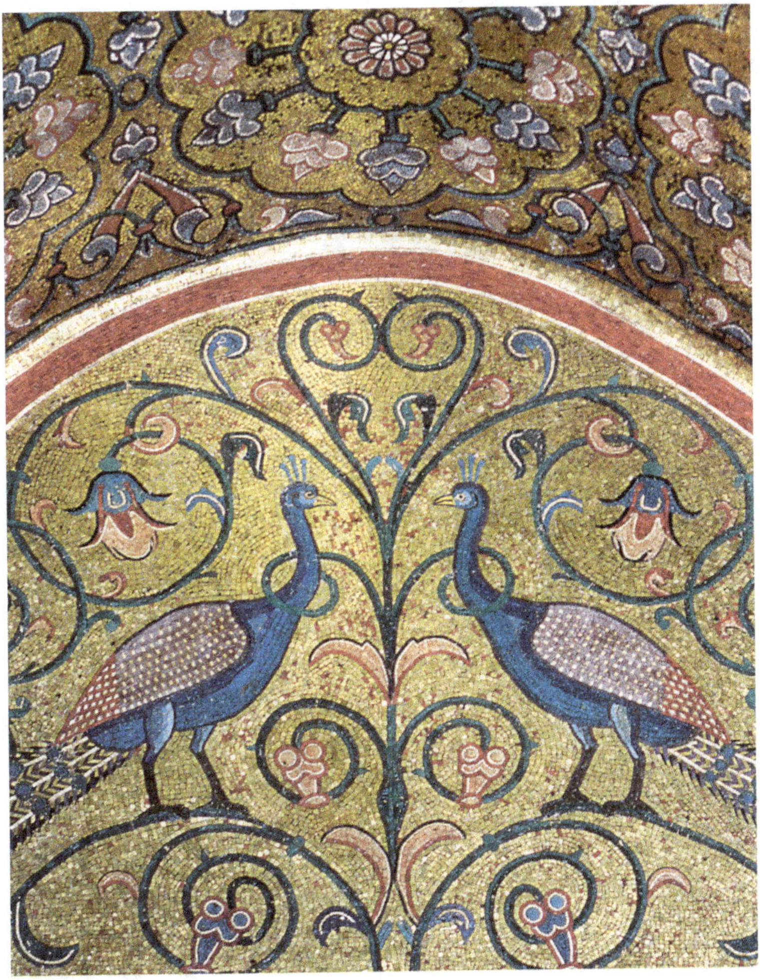

UNIÓN EUROPEA
MEDA – Euromed Heritage
Fondo Social Europeo

Universidad de Palermo

Provincia Regional de Palermo

Ministerio de Trabajo

Consejería de Tratabajo
Consejería de Bienes Culturales

Atelier
del Patrimonio
Siciliano

El Itinerario-Exposición *EL ARTE SÍCULO-NORMANDO: La cultura islámica en la Sicilia medieval* forma parte del ciclo internacional *El arte islámico en el Mediterráneo*.

Su realización, fruto de la colaboración entre Museum With No Frontiers, la Asociación Innova y el Departamento de Historia y Proyecto en Arquitectura de la Universidad de Palermo, se enmarca dentro del Proyecto Taller del Patrimonio Siciliano – Cursos de Formación de Posgrado, promovido y puesto en marcha por el

**Departamento de Historia y Proyecto en Arquitectura
de la Universidad de Palermo**

Con el apoyo de la
Provincia Regional de Palermo

Y cofinanciado por el Fondo Social Europeo a través del
Ministerio de Trabajo y Seguridad Social de Italia

Y la
**Consejería de Trabajo, Seguridad Social,
Formación Profesional y Emigración de la Región Siciliana -
Departamento de Formación Profesional**

Con el patrocinio de la
**Consejería de Bienes Culturales y Ambientales e Instrucción Pública
de la Región Siciliana.**

El Proyecto *Taller del Patrimonio Siciliano – Cursos de Formación de Posgrado* representa un experimento cuya finalidad es conjugar la preparación profesional para la gestión del patrimonio cultural con iniciativas concretas para el empleo y el desarrollo en el territorio siciliano.

Primera edición
© 2003 Dipartimento di Storia e Progetto nell'Architettura dell'Università di Palermo, Palermo, Italia
 & Museum With No Frontiers (textos e ilustraciones)
© 2003 Electa (Grupo Random House Mondadori, S.L.), Madrid, España & Museum With No Frontiers

Segunda edición
© 2010/2019 Dipartimento di Storia e Progetto nell'Architettura dell'Università di Palermo, Palermo, Italia
 & Museum Ohne Grenzen | Museum With No Frontiers (textos e ilustraciones)
© 2010/2019 Museum Ohne Grenzen | Museum With No Frontiers (eBook)
© 2019 Museum Ohne Grenzen | Museum With No Frontiers (libro de bolsillo)

ISBN
978-3-902782-77-9 (eBook)
978-3-902782-76-2 (libro de bolsillo)
Todos los derechos reservados.

Información: **www.museumwnf.org**

Museum Ohne Grenzen | Museum With No Frontiers (MWNF) hace todos los esfuerzos posibles por garantizar la exactitud de la información contenida en sus publicaciones. Sin embargo, MWNF no puede ser considerada responsable por posibles errores, omisiones o inexactitudes y declina toda responsabilidad en caso de accidente, de cualquier tipo, que pueda ocurrir durante las visitas propuestas.

Este libro se preparó entre 1998 y 2001. Toda la información práctica (como llegar, horarios, contactos, etc.) se refiere al momento de la preparación del libro y por lo tanto se recomienda comprobar los datos antes de programar una visita.

Las opiniones expresadas en esta obra no reflejan necesariamente las opiniones de la Unión Europea o de sus estados miembros.

**Museum With No Frontiers
Idea y concepción general**
Eva Schubert

**Activación y colaboración
en el proyecto siciliano**
Asociación INNOVA –
Centro Euromediterráneo
para el Desarrollo Sostenible

**Dirección del proyecto
siciliano**
Salvatore Messina

Comité científico
Nicola Giuliano Leone
Eliana Mauro
Carla Quartarone
Ettore Sessa

Organización y participación
Taller del Patrimonio Siciliano
para el Departamento de Historia
y Proyecto en Arquitectura
de la Università degli Studi
de Palermo

Dirección
Carla Quartarone

Coordinación
Salvatore Messina

Catálogo

Introducción
Eliana Mauro
Ettore Sessa

Presentación de los recorridos
Comité científico

con la colaboración de
Nuccia Donato
Gaetano Rubbino

Textos técnicos
Maria Rita Burgio
Antonella Caronia Angitta
Valeria Raimondi
Giuseppa Sabatino

Opciones naturales y paisajísticas
Carla Quartarone
Elisa Martines
Raimondo Piazza
Federica Sapuppo

Índice de lugares
Venera Raciti

Notas históricas sobre las ciudades
Angelo Pettineo

*Nota histórica sobre la ciudad
de Palermo*
Eliana Mauro

Glosario
Nada Iannaggi
Santa Levanto
Alessandra Zirilli

Personajes históricos
Maria Luisa Arì
Gaetano Pullara

Fotografía
Sandro Scalia, Palermo

Coordinación de la edición italiana
Pier Paolo Racioppi, Roma

Mapa general
José Antonio Dávila, Madrid
Sergio Viguera, Madrid

Traducción
Miguel García, Madrid

Revisión de textos
Rosalía Aller, Madrid

Supervisión técnica
Miguel García, Madrid

*Introducción general
"El arte islámico en el Mediterráneo"*

Textos
Jamila Binous, Túnez
Mahmoud Hawari, Jerusalén-Este
Manuela Marín, Madrid
Gönül Öney, Esmirna

Planos
Şakir Çakmak, Esmirna
Ertan Daş, Esmirna
Yekta Demiralp, Esmirna

Diseño y maquetación
Agustina Fernández,
Electa España, Madrid
Christian Eckart, MWNF Viena
(2ª edición)

Coordinación local

Producción
Taller del Patrimonio Siciliano

Dirección
Carla Quartarone

con la colaboración de
Paola Lantieri
Selim Benattia

Coordinación internacional

Coordinación General
Eva Schubert

*Coordinación Comités Científicos,
traducciones, edición y producción
de los catálogos (1ª edición)*
Sakina Missoum, Madrid

Contribuciones y créditos

Han colaborado en la bibliografía: Santa Levanto, Angelo Pettineo, Giuseppa Sabatino; en la búsqueda de material iconográfico: Alessandra Agnello, Maurizio Genovese, Rosamaria Laura Samparisi; en la elaboración gráfica de las ilustraciones: Rosamaria Laura Samparisi; en la fotografía: Iolanda Licata, Gaetano Mazza, Luca Raimondo, Costanza Sapuppo; en los esquemas de recorridos: Donatella Bertolo, Giovanna Rita Elmo.
Han elaborado los dibujos arquitectónicos: Manlio Ajello, Grazia Bellardita, Adele Capitano, Giovanni Castiglia, Massimo Chiarelli, Shaker Hassan, Paola Lantieri, Stefania Mellone, Gaetano Pullara, Valeria Raimondi, Giuseppe Siragusa, Giuseppa Sabatino, Sergio Viguera.

Asimismo, han participado en el proyecto de la exposición y en la realización del catálogo los alumnos de los cursos de posgrado "Taller del Patrimonio Siciliano", año 2000, de las especialidades siguientes:
Mediadores del Patrimonio Cultural: Fabia Adelfio, Alessandra Agnello, Chiara Bucchieri, Maria Rita Burgio, Antonina Caronia Angitta, Massimo Giuseppe Chiarelli, Barbara Giorgiani, Gabriella La Russa, Santa Levanto, Elisa Martines, Gaetano Mazza, Angelo Pettineo, Raimondo Piazza, Gaetano Pullara, Luca Raimondo, Barbara Rappa, Rosamaria Laura Samparisi, Costanza Sapuppo, Federica Sapuppo.
Suministradores de Información Turística: Manlio Ajello, Luigia Alcamo, Loredana Benincasa, Cinzia Caminiti, Adele Capitano, Marina Castiglione, Valentina D'Alia, Maria Ferro, Fabrizio Gangi, Shaker Hassan, Massimiliano Impeduglia, Ilaria Lodato, Stefania Mellone, Delfina Morgante, Nicoletta Oddo, Marina Ruggeri, Giuseppa Sabatino.
Gestores Comerciales de Turismo Cultural: Maria Luisa Ari, Grazia Bellardita, Donatella Bertolo, Filippo Buongiorno, Sabrina Maria Caltabiano, Ida Carmina, Barbara Correnti, Eva De Luca, Giovanna Rita Elmo, Maurizio Genovese, Ignazio Graziano, Nada Maria Iannaggi, Iolanda Licata, Salvatore Morreale, Venera Raciti, Valeria Raimondi, Giuseppe Siragusa, Alessandra Zirilli.

Han participado en la preparación de los recorridos y en la promoción de la exposición los alumnos del los cursos de posgrado "Taller del Patrimonio Siciliano: itinerarios del arte islámico", año 2001, de las especialidades siguientes:
Mediadores del Patrimonio Cultural: Mohamed Aouad, Gaetano Blanco, Gabriella Bologna, Helga Bonventre, Maria Vittoria Cimino, Francesco Crupi, Maurizio De Luca, Antonio Salvatore Di Caro, Francesca Galifi, Costantino Giammò, Daniela Gueli, Valentina Longo, Nicola Mendolia, Silvana Messina, Placido Motta, Maria Giovanna Randazzo, Claudia Torcivia, Giorgia Trovato, Alessandra Vicari, Rosa Angela Ziccarelli.
Suministradores de Información Turística: Muhammad Aldaire, Maurizio Bertolino, Mauro Bonanno, Eliana Maria Candura, Maria Crocetta Cuffaro, Marcella Di Vittorio, Grazia Giorgianni, Alessandro Giugno, Maria Lo Monte, Alessandro Mancino, Lorena Musotto, Vincenzo Domenico Noto, Pietro Polizzi, Calogero Scaglione, Angela Scialabba, Sabrina Simonaro, Giovanni Spitali, Roberto Tedesco, Viviana Teresi, Sedighi Fatemeh Zandi.
Gestores Comerciales de Turismo Cultural: Maria Luisa Alotta, Monica Consales, Mario Cusimano, Salvatore Cutrona, Vito Genna, Serena Gilé, Maria Tiziana Gulotta, Olga Lamberti, Annalisa Lorito, Antonino Paleologo, Francesca Maria Pergolizzi, Francesca Sanfratello, Maria Scalici, Laura Scialabba, Francesco Spennati, Francesco Roberto Valore.

Han colaborado en la realización del proyecto con sus sugerencias y valoraciones:
Giovanna Lo Nigro y Marcella Aprile, de la Universidad de Palermo; Joanna Busalacchi, de la Provincia Regional de Palermo; Sergio Gelardi, de la Consejería de Bienes Culturales y Ambientales de la Región Siciliana; Francesco Grimaldi, de la Consejería de Programación de la Región Siciliana; Valerio Levi, de la Universidad de Roma; Ignazio Marinese, Eugenio Randi y Alessandra Russo, de la Consejería de Trabajo, Seguridad Social, Formación Profesional y Emigración de la Región Siciliana; Adele Mormino, de la Superintendencia de Bienes Culturales y Ambientales de la Provincia de Palermo; Agostino Porretto, de la Consejería de Turismo de la Región Siciliana; Michele Argentino, Mariella La Guidara y Vanni Pasca, del Instituto de Diseño Industrial de la Universidad de Palermo; Valeria Li Vigni y Sebastiano Tusa, de la Superintendencia Regional de Bienes Culturales y Ambientales de la Provincia de Trapani.

Agradecimientos

Museum With No Frontiers agradece su colaboración y apoyo en la realización de este proyecto a:

Presidente de la Asamblea Regional Siciliana; Jefatura de Policía de la Asamblea Regional Siciliana; superintendencias regionales de bienes culturales y ambientales de las provincias de Agrigento, Caltanissetta, Catania, Mesina, Palermo, Siracusa y Trapani; Prefectura de Palermo; Servicios Museísticos de Catania; Galería Regional de Palacio Abatellis de Palermo; Museo Arqueológico Regional de Adrano; Museo Regional Castillo Ursino de Catania; Museo Regional de Mesina; Museo Arqueológico Regional Antonino Salinas de Palermo; Museo Regional de la Cerámica de Caltagirone; Museo Regional Agostino Pepoli de Trapani; Museo Municipal de Acicastello; Museo Municipal Palacio D'Aumale de Terrasini; Museo Municipal de Termini Imerese; Museo de Arte Islámico de la Zisa de Palermo; Museo Etnoantropológico de la Tierra de Zabut de Sambuca di Sicilia; Museo de las Artes Figurativas Bizantinas y Normandas de S. Marco D'Alunzio; Museo Etnoantropológico Palacio Corvaja de Taormina; Biblioteca Municipal de Salemi; Fundación Mormino de Palermo; curias obispales y arzobispales de Agrigento, Catania, Cefalù, Mazara del Vallo, Monreale y Palermo; Obispo de Catania; canónigos de la Capilla Palatina de Palermo, la Catedral de Catania, la Catedral de Monreale, la iglesia de San Miguel Arcángel de Agrigento y la Iglesia Matriz de Erice; Presidente de la Obra de la Catedral de Cefalù; párrocos de las iglesias de San Miguel Arcángel de Agrigento, Santa María de Altofonte, Iglesia Matriz de Erice, Santos Pedro y Pablo de Itala, Santa María del Alto de Mazara del Vallo, La Magione de Palermo, San Juan de los Leprosos de Palermo, Abadía Grande de S. Marco D'Alunzio, Santa Catalina y Santa María Magdalena (Basílica María Santísima del Socorro) de Sciacca; sacerdote ortodoxo de la iglesia de Santa María del Almirante de Palermo; administraciones municipales de Acicastello, Adrano, Agrigento, Alcamo, Altavilla Milicia, Altofonte, Augusta, Caccamo, Calatafimi-Segesta, Campofelice di Roccella, Caronia, Casalvecchio Siculo, Castellammare del Golfo, Castelvetrano, Catania, Cefalà Diana, Cefalù, Erice, Forza d'Agrò, Frazzanò, Itàla, Mazara del Vallo, Mesina, Monreale, Mussomeli, Naro, Palermo, Racalmuto, Rometta, Salemi, Sambuca di Sicilia, S. Marco d'Alunzio, Sciacca, Siracusa, Taormina, Trapani y Vicari; agencias autónomas provinciales para el fomento del turismo de los ayuntamientos implicados en el proyecto; Capitanía del puerto de Trapani; Club Alpino Siciliano; Consorcio Uscibene; Cooperativa Solidarietà de Palermo; familias Flugy Papé, Papé Lanza y Saporito, marquesa Maria Pottino, barón Gandolfo Pucci di Benifichi.

Referencias fotográficas

Véase la página 5, y además:
Ann & Peter Jousiffe (Londres), página 20 (Alepo).
Archivos Oronoz Fotógrafos (Madrid), página 23 (Alhambra, Granada).
Publifoto (Palermo), páginas 39, 54, 59, 129, 136, 144, 195, 220, 221, 308.
Biblioteca Vaticana (Ciudad del Vaticano), página 71.
Victoria and Albert Museum (Londres), página 99.
Biblioteca Nacional (Madrid), página 294.

Referencias de planos

Ettinghaussen, R., y Grabar, O. (Madrid, I, 1997), página 26 (mezquita de Damasco).
Sönmez, Z. (Ankara, 1995), página 27 (mezquitas de Divriği y Estambul) y página 28 (mezquita de Sivas).
Viguera, S. (Madrid), página 28 (tipología de alminares).
Blair, S. S., y Bloom, J. M. (Madrid, II, 1999), página 29 (mezquita y madrasa Sultán Hassan).
Ettinghaussen, R., y Grabar, O. (Madrid, I, 1997), página 30 (Qasr al-Jayr al-Charqi).
Kuran, A. (Estambul, 1986), página 31 (Jan Sultán, Aksaray).

El editor está a disposición de los propietarios de derechos de eventuales fuentes iconográficas sin identificar.
Realizado en el marco del programa Euromed Heritage de la Unión Europea, con el apoyo del Fondo Social Europeo.

Advertencias

Transcripción del árabe

Se han utilizado los arabismos del castellano como "Magreb", "alminar", "almohade", "arrabal", etc., que han conservado el sentido de su lengua de procedencia. Para los demás términos árabes, hemos utilizado un sistema de transcripción simplificado en el cual hemos optado por no transcribir la *hamza* inicial ni diferenciar entre vocales breves y largas, que se transcriben por *a, i, u*.

La *ta' marbuta* se transcribe por *a* (estado absoluto) y *at* (seguida de un genitivo).

La transcripción de las veintiocho consonantes árabes se indica en el cuadro siguiente:

ء	'	ح	h	ز	z	ط	t	ق	q	ه	h
ب	b	خ	kh	س	s	ظ	z	ك	k	و	u/w
ت	t	د	d	ش	sh	ع	'	ل	l	ي	y/i
ث	th	ذ	dh	ص	s	غ	gh	م	m		
ج	j	ر	r	ض	d	ف	f	ن	n		

Las palabras que aparecen en cursiva en el texto, salvo las seguidas por su traducción o explicación entre paréntesis, se encuentran en el glosario acompañadas de una breve definición.

Indicaciones prácticas

El Itinerario-Exposición EL ARTE SÍCULO-NORMANDO: La cultura islámica en la Sicilia medieval se compone de diez recorridos, de uno o dos días cada uno. Los recorridos son independientes, por lo cual pueden visitarse en el orden que se prefiera.

Una vez en el lugar, un sistema de señalizaciones ayuda a identificar los monumentos de la exposición; de todos modos, se aconseja el uso de un mapa de carreteras y de planos de las ciudades.

Las descripciones de cada monumento están precedidas de informaciones técnicas. En ellas se sugiere el trayecto (en coche o a pie) entre un monumento y el siguiente. En el primer monumento de un día, la indicación propone el camino desde el último monumento del día anterior o del recorrido precedente.

En el caso concreto de los recorridos que comienzan en la ciudad de Palermo (I, II, III y IV), el trayecto para llegar al primer monumento tiene como punto de partida el céntrico Teatro Politeama.

En las indicaciones se dan, además, otras informaciones (horario, condiciones de acceso, etc.) vigentes en el momento de la redacción del catálogo. Téngase presente que el camino propuesto no siempre resulta el más corto.

Los textos con fondo gris son opciones naturales o paisajísticas, elegidas por su belleza e interés.

No se permite la visita a las iglesias durante los oficios religiosos, y conviene siempre adoptar un comportamiento discreto y respetuoso.

Museum With No Frontiers no se hace responsable de los incidentes de cualquier tipo que puedan ocurrir durante la visita al Itinerario-Exposición.

Sumario

15 **El Arte Islámico en el Mediterraneo**
    Jamila Bimous, Mahmoud Hawari, Manuela Marin, Gönül Öney

35 **Introducción histórico-artística**
    Eliana Mauro, Ettore Sessa

67 **Recorrido I**
    Arte regio de la época normanda:
    los *solaces* y el Parque Real
    Comité científico
    Los estudios de la cultura arquitectónica
    sículo-normanda en el siglo XIX
    Gianluigi Ciotta

91 **Recorrido II** (dos días)
    Testimonios de la época árabe
    Comité científico
    Los qanats de la Cuenca de Oro
    Vincenzo Biancone, Sebastiano Tusa

123 **Recorrido III**
    Arte regio de la época normanda:
    la arquitectura institucional
    Comité científico
    Árabes, griegos y latinos de Sicilia. Fuentes
    documentales de las épocas normanda y sueva
    Eliana Calandra

151 **Recorrido IV**
    Encuentro de culturas en el arte normando
    Comité científico
    El arte del mosaico
    Giulia Davì

177 **Recorrido V**
    Tejidos urbanos y fortificaciones
    en el territorio de Agrigento
    Comité científico
    La fiesta de Tataratà
    Nada Iannaggi

197 **Recorrido VI**
    Val di Mazara:
    el territorio de la conquista
    Comité científico

217 **Recorrido VII**
    Testimonios de la época normanda
    Comité científico

237 **Recorrido VIII** (dos días)
    Testimonios de las épocas árabe y normanda
    Comité científico
    La conquista normanda de Sicilia
    Ferdinando Maurici

271 **Recorrido IX**
    Mezclas figurativas y constructivas
    en Val Demone
    Comité científico

291 **Recorrido X**
    Blasón feudal y *Stupor Mundi*: arquitectura
    fortificada en Val Demone y Val di Noto
    Comité científico

311 **Glosario**

315 **Personajes históricos**

319 **Orientación bibliográfica**

323 **Autores**

LAS DINASTÍAS ISLÁMICAS EN EL MEDITERRÁNEO

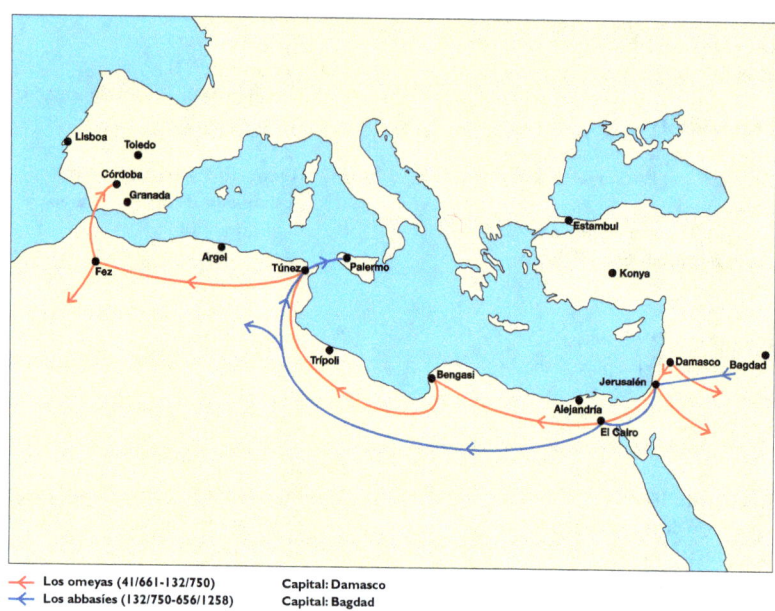

← Los omeyas (41/661-132/750)   Capital: Damasco
← Los abbasíes (132/750-656/1258)   Capital: Bagdad

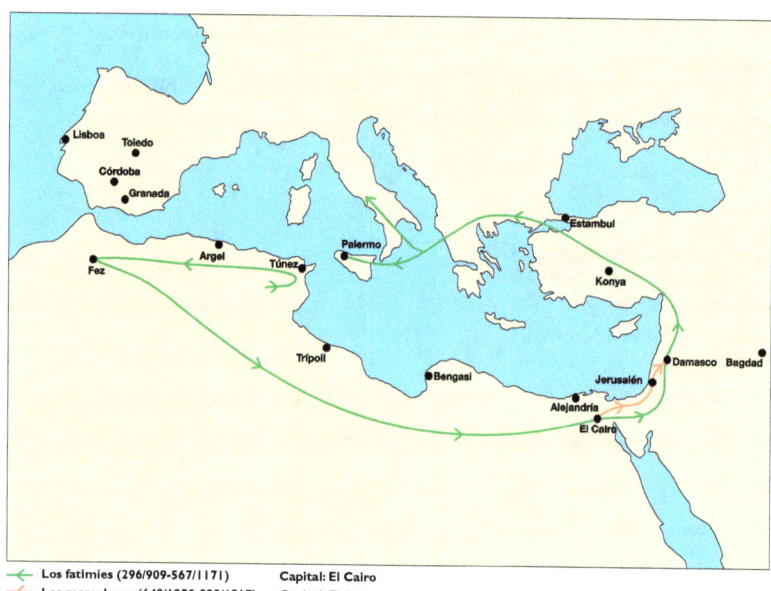

← Los fatimíes (296/909-567/1171)   Capital: El Cairo
← Los mamelucos (648/1250-923/1517)   Capital: El Cairo

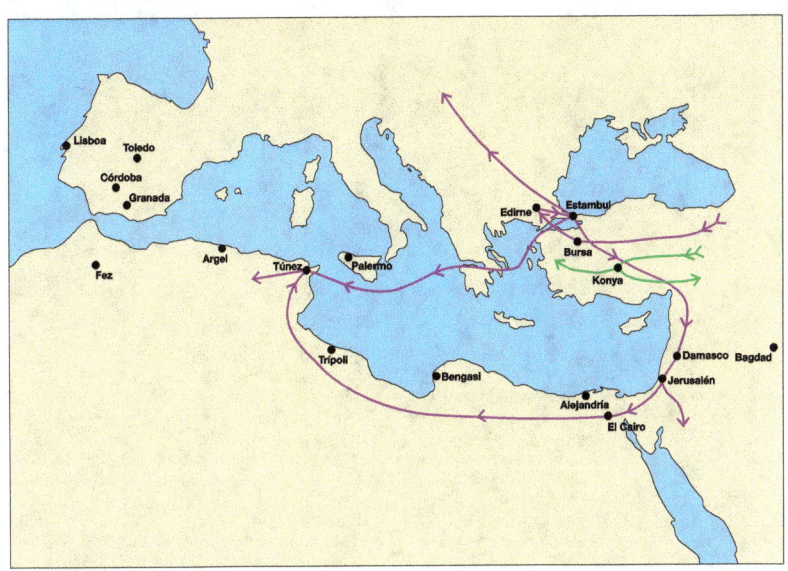

← Los selyuquíes (571/1075-718/1318) Capital: Konya
← Los otomanos (699/1299-1340/1922) Capital: Estambul

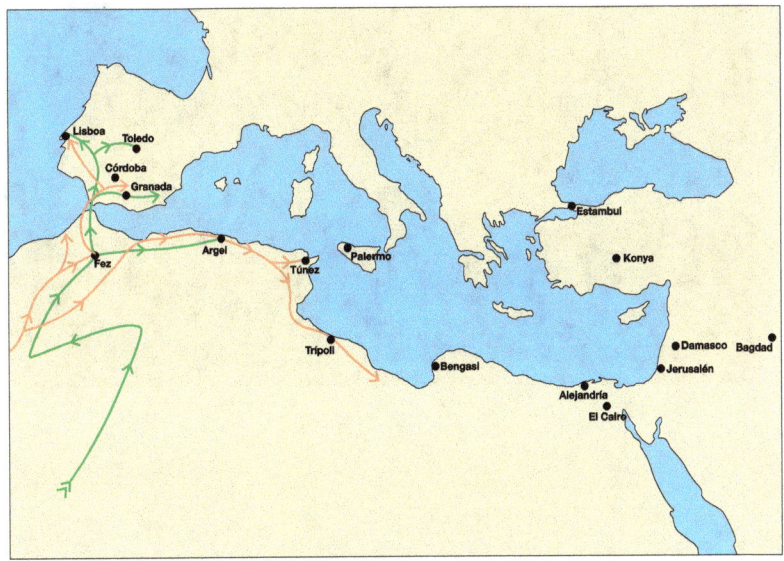

← Los almorávides (427/1036-541/1147) Capital: Marrakech
← Los almohades (515/1121-667/1269) Capital: Marrakech

Qusayr 'Amra,
pintura mural
en la Sala de Audiencia,
Badiya de Jordania.

EL ARTE ISLÁMICO EN EL MEDITERRÁNEO

Jamila Binous
Mahmoud Hawari
Manuela Marín
Gönül Öney

El legado islámico en el Mediterráneo

Desde la primera mitad del siglo I/VII, la historia de la Cuenca Mediterránea ha estado unida en casi igual proporción a la de dos culturas: el Islam y el Occidente cristiano. Esta extensa historia de conflicto y contacto ha generado una mitología ampliamente difundida por el imaginario colectivo, una mitología basada en la imagen de la otra cultura como el enemigo implacable, extraño y diferente y, como tal, incomprensible. Por supuesto, las batallas han salpicado los siglos transcurridos desde que los musulmanes se esparcieron desde la Península Arábiga y se apoderaron del Creciente Fértil, Egipto, y posteriormente del norte de África, Sicilia y la Península Ibérica, penetrando por la Europa occidental hasta el mismo sur de Francia. A principios del siglo II/VIII, el Mediterráneo estaba bajo control islámico.

Este impulso de expansión, de una intensidad raramente igualada en la historia, se llevaba a cabo en nombre de una religión que se consideraba heredera simultánea de sus dos predecesoras: el judaísmo y el cristianismo. Pero sería una inapropiada simplificación explicar la expansión islámica únicamente en términos religiosos. Existe una imagen muy extendida en Occidente que presenta el Islam como una religión de dogmas simples adaptados a las necesidades de la gente corriente y difundida por vulgares guerreros que habrían surgido del desierto blandiendo el Corán en las puntas de sus espadas. Esta burda imagen ignora la complejidad intelectual de un mensaje religioso que, desde el momento de su aparición, transformó el mundo. Se identifica esta imagen con una amenaza militar y se justifica así una respuesta en los mismos términos. Finalmente, reduce toda una cultura a uno solo de sus elementos —la religión— y, al hacerlo, la priva de su potencial de evolución y cambio.

Los países mediterráneos que se fueron incorporando progresivamente al mundo musulmán comenzaron sus respectivos trayectos desde puntos de partida muy diferentes. Por tanto, las formas de vida islámica que comenzaron a desarrollarse en cada uno de ellos fueron lógicamente muy diversas, aunque dentro de la unidad resultante de su común adhesión al nuevo dogma religioso. Es precisamente la capacidad de asimilar elementos de culturas previas (helenística, romana, etc.) uno de los rasgos distintivos que caracterizan a las sociedades islámicas. Si se restringe la observación al área geográfica del Mediterráneo, que era culturalmente muy heterogénea en el momento de la emergencia del Islam, se descubre rápidamente que este momento inicial no supuso ni mucho menos una ruptura con la historia previa. Se constata así la imposibilidad de imaginar un mundo islámico inmutable y monolítico, embarcado en el ciego seguimiento de un mensaje religioso inalterable.

Si algo se puede distinguir como *leitmotiv* presente en toda el área del Mediterráneo es la diversidad de expresión combinada con la armonía de sentimiento, un sentimiento más cultural que religioso. En la Península Ibérica —por empezar por el perímetro occidental del Mediterráneo— la presencia del Islam, impuesta inicialmente mediante la conquista militar, produjo una sociedad claramente diferenciada de la cristiana, pero en permanente contacto con ella. La importancia de la expresión cultural de esta sociedad islámica fue percibida como tal incluso después de que cesara de existir, y dio lugar a lo que tal vez sea uno de los componentes más originales de la cultura hispánica: el arte mudéjar. Portugal ha mantenido, a lo largo del periodo islámico, fuertes tradiciones mozárabes cuyas huellas siguen claramente visibles hoy en día. En Marruecos y Túnez, el legado andalusí quedó asimilado en las formas locales y sigue siendo evidente en nuestros días. El Mediterráneo occidental produjo formas originales de expresión que reflejan su evolución histórica conflictiva y plural.

Encajado entre Oriente y Occidente, el Mar Mediterráneo está dotado de enclaves terrestres como Sicilia, que corresponden a emplazamientos históricos estratégicos con siglos de antigüedad. Conquistada por los árabes que se habían establecido en Túnez, Sicilia siguió perpetuando la memoria histórica y cultural del Islam mucho después de que los musulmanes cesaran de tener presencia política en la isla. Las formas estéticas normandas conservadas en los edificios demuestran claramente que la historia de estas regiones no puede explicarse sin entender la diversidad de experiencias sociales, económicas y culturales que florecieron en su suelo.

En agudo contraste, pues, con la imagen inamovible a la que aludíamos al principio, la historia del Islam mediterráneo se caracteriza por una sorprendente diversidad. Está formada por una mezcla de gentes y caracteres étnicos, de desiertos y tierras fértiles. Aunque la religión mayoritaria fue la del Islam desde el principio de la Edad Media, también es cierto que las minorías religiosas mantuvieron cierta presencia. El idioma del Corán, el árabe clásico, ha coexistido en términos de igualdad con otros idiomas y dialectos del propio árabe. Dentro de un escenario de innegable unidad (religión musulmana, idioma y cultura árabes), cada sociedad ha evolucionado y respondido a los desafíos de la historia de una forma propia.

Aparición y desarrollo del arte islámico

En estos países, dotados de civilizaciones diversas y antiguas, fue surgiendo a finales del siglo II/VIII un nuevo arte impregnado de las imágenes de la fe islámica, que acabó imponiéndose en menos de cien años. Este arte dio origen a todo tipo de creaciones e innovaciones basadas en la unificación de las fórmulas y los procesos tanto decorativos como arquitectónicos de las diversas regiones, inspirándose simultáneamente en las tradiciones artísticas sasánidas, grecorromanas, bizantinas, visigóticas y beréberes.

El primer objetivo del arte islámico fue servir tanto a las necesidades de la religión como a los diversos aspectos de la vida socioeconómica. Y así aparecieron nuevos edificios destinados a usos religiosos, tales como las mezquitas y los santuarios. Por este motivo, la arquitectura desempeñó un papel central en el arte islámico, ya que gran parte de las otras artes están ligadas a ella. No obstante, al margen de la arquitectura, apareció un abanico de artes menores que encontraron su expresión artística a través de una amplia variedad de materiales, tales como la madera, la cerámica, los metales o el vidrio, entre otros muchos. En el caso de la alfarería, se recurrió a una amplia variedad de técnicas, entre las cuales sobresalen las piezas policromadas y lustradas. Se fabricaron también vidrios de gran belleza, alcanzándose un alto nivel en la realización de piezas adornadas con oro y esmaltes de colores brillantes. En la artesanía del metal, la técnica más sofisticada fue el trabajo en bronce con incrustaciones de plata o cobre. Se confeccionaron también tejidos y alfombras de alta calidad, con diseños basados en figuras geométricas, humanas y animales. Los manuscritos iluminados con ilustraciones en miniatura, por otra parte, representan un avance espectacular en las artes del libro. Toda esta diversidad en las manifestaciones menores refleja el esplendor alcanzado por el arte islámico.

Sin embargo, el arte figurativo quedó excluido del ámbito litúrgico del Islam, lo cual significa que permanece marginado con respecto al núcleo central de la civilización islámica y que solo es tolerado en su periferia. Los relieves son poco frecuentes en la decoración de los monumentos, mientras que las esculturas son casi planas. Esta ausencia se ve compensada por la gran riqueza ornamental de los revestimientos de yeso tallado, paneles de madera esculpida y mosaicos de cerámica vitrificada, así como frisos de *muqarnas* (mocárabe). Los elementos decorativos sacados de la naturaleza —hojas, flores, ramas— están estilizados al máximo y son tan complicados que casi no evocan sus fuentes de inspiración. La imbricación y la combinación de motivos geométricos, como rombos y polígonos, configuran redes entrelazadas que recubren por completo las superficies, dando lugar a formas llamadas "arabescos". Una innovación dentro del repertorio decorativo fue la introducción de elementos epigráficos en la ornamentación de los monumentos, el mobiliario y todo tipo de objetos. Los artesanos musulmanes recurrieron a la belleza de la caligrafía árabe, la lengua del Libro Sagrado, el Corán, no solo para la transcripción de los versos coránicos, sino simplemente como elemento decorativo para la orna-

Cúpula de la Roca, Jerusalén.

mentación de los estucos y los marcos de los paneles.

El arte estaba también al servicio de los soberanos. Para ellos los arquitectos construían palacios, mezquitas, escuelas, casas de baños, *caravansarays* y mausoleos que llevan a menudo el nombre de los monarcas. El arte islámico es, sobre todo, un arte dinástico. Con cada soberano aparecían nuevas tendencias que contribuían a la renovación parcial o total de las formas artísticas, según las condiciones históricas, la prosperidad de los diferentes reinos y las tradiciones de cada pueblo. A pesar de su relativa unidad, el arte islámico permitió así una diversidad propicia a la aparición de diferentes estilos, identificados con las sucesivas dinastías.

La dinastía omeya (41/661-132/750), que trasladó la capital del califato a Damasco, representa un logro singular en la historia del Islam. Absorbió e incorporó el legado helenístico y bizantino, y refundió la tradición clásica del Mediterráneo en un molde diferente e innovador. El arte islámico se formó, por tanto, en Siria, y la arquitectura, inconfundiblemente islámica debido a la personalidad de los fundadores, no perdió su relación con el arte cristiano y bizantino. Los más importantes monumentos omeyas son la Cúpula de la Roca de Jerusalén, el ejemplo más antiguo de santuario islámico monumental; la Mezquita Mayor de Damasco, que sirvió de modelo para las mezquitas posteriores; y los palacios del desierto de Siria, Jordania y Palestina.

Cuando el califato abbasí (132/750-656/1258) sustituyó a los omeyas, el centro político del Islam se trasladó desde el Mediterráneo hasta Bagdad, en Mesopotamia. Este factor influyó en el desarrollo de la civilización islámica, hasta el punto de que todo el abanico de manifestaciones culturales y artísticas quedó marcado por este cambio. El arte y la arquitectura abbasíes se inspiraban en tres grandes tradiciones: la sasánida, la asiática central y la selyuquí. La influencia del Asia central estaba presente ya en la arquitectura sasánida, pero en Samarra esta influencia se reflejó en la forma de trabajar el estuco con ornamentaciones de arabescos que rápidamente se difundiría por todo el mundo islámico. La influencia de los monumentos abbasíes se puede observar en los edificios construidos durante este período en otras regiones del imperio, pero especialmente en Egipto e Ifriqiya. La mezquita de Ibn Tulun (262/876-265/879), en El Cairo, es una obra maestra notable por su planta y por su unidad de concepción. Se inspiró en el modelo de la Mezquita Mayor abbasí de Samarra, sobre todo en su alminar en espiral. En Kairuán, la capital de Ifriqiya, los vasallos de los califas abbasíes, los aglabíes (184/800-296/909), ampliaron la Mezquita Mayor de Kairuán, una de las más venerables mezquitas *aljamas* del Magreb y cuyo *mihrab* está revestido con azulejos de Mesopotamia.

El reinado de los fatimíes (296/909-567/1171) representa un período notable en la historia de los países islámicos del Mediterráneo: el norte de África, Sicilia, Egipto y Siria. De sus construcciones arquitectónicas permanecen algunos ejemplos como testimonio de su gloria pasada: en el Magreb central, la Qal'a de los Bani Hammad y la mezquita de Mahdia; en Sicilia la Cuba (*Qubba*) y la Zisa

Mezquita de Kairuán, mihrab, Túnez.

Mezquita de Kairuán, alminar, Túnez.

L'art islamique en Méditerranée

Ciudadela de Alepo, vista de la entrada, Siria.

Complejo Qaluwun, El Cairo, Egipto.

(*al-'Aziza*), en Palermo, construidos por artesanos fatimíes bajo el reinado del rey normando Guillermo II; en El Cairo, la mezquita de al-Azhar es el ejemplo más prominente de la arquitectura fatimí egipcia.

Los ayyubíes (567/1171-648/1250), quienes derrocaron a la dinastía fatimí de El Cairo, fueron importantes mecenas de la arquitectura. Establecieron instituciones religiosas (*madrasas*, *janqas*) para la propagación del Islam sunní, así como mausoleos, establecimientos de beneficencia social e imponentes fortificaciones derivadas del conflicto militar con los cruzados. La ciudadela siria de Alepo es un ejemplo notable de su arquitectura militar.

Los mamelucos (648/1250-923/1517), sucesores de los ayyubíes que resistieron con éxito a los cruzados y a los mongoles, consiguieron la unidad de Siria y Egipto, y construyeron un imperio fuerte. La riqueza y el lujo que reinaban en la corte del sultán mameluco de El Cairo fueron la causa principal de que los artistas y arquitectos llegaran a desarrollar un estilo arquitectónico de extraordinaria elegancia. Para el mundo islámico, el período mameluco señala un momento de renovación y renacimiento. El entusiasmo de los mamelucos por la fundación de instituciones religiosas y por la reconstrucción de las existentes los sitúa entre los más grandes impulsores del arte y la arquitectura en la historia del Islam. Constituye un ejemplo típico de este período la

Mezquita de Hassan (757/1356), una mezquita funeraria de planta cruciforme en la que los cuatro brazos de la cruz están formados por cuatro *iwan*s que circundan un patio central.

Anatolia fue el lugar de nacimiento de dos grandes dinastías islámicas: los selyuquíes (571/1075-718/1318), quienes introdujeron el Islam en la región, y los otomanos (699/1299-1340/1922), quienes pusieron fin al imperio bizantino con la toma de Constantinopla, consolidando su hegemonía en toda la región.

Mezquita Selimiye, vista general, Edirne, Turquía.

El arte y la arquitectura selyuquíes dieron lugar a un floreciente estilo propio a partir de la fusión de las influencias provenientes de Asia central, Irán, Mesopotamia y Siria con elementos derivados del patrimonio de la Anatolia cristiana y la antigüedad. Konya, la nueva capital de la Anatolia central, al igual que otras ciudades, fue enriquecida con numerosos edificios construidos en este nuevo estilo selyuquí. Son numerosas las mezquitas, *madrasa*s, *turbe*s y *caravansaray*s que han llegado hasta nuestros días, lujosamente decorados por estucos y azulejos con diversas representaciones figurativas.

A medida que los emiratos selyuquíes se desintegraban y Bizancio entraba en declive, los otomanos fueron ampliando rápidamente su territorio y trasladaron la capital de Iznik a Bursa y luego otra vez a Edirne. La conquista de Constantinopla en 858/1453 por el sultán Mehmet II imprimió el necesario impulso para la transición desde un estado emergente a un gran imperio, una superpotencia cuyas fronteras llegaban hasta Viena, incluyendo los Balcanes al oeste e Irán al este, así como el norte de África desde Egipto hasta Argelia. El Mediterráneo se convirtió, pues, en un mar otomano. La carrera por superar el esplendor de las iglesias bizantinas heredadas, cuyo máximo ejemplo es Santa Sofía, cul-

Cerámica del palacio Kubadabad, museo Karatay, Konya, Turquía.

L'art islamique en Méditerranée

Mezquita Mayor de Córdoba, mihrab, España.

Madinat al-Zahra', Dar al-Yund, España.

minó en la construcción de las grandes mezquitas de Estambul. La más significativa de ellas es la mezquita Süleymaniye, concebida en el siglo X/XVI por el famoso arquitecto otomano Sinán, que constituye el ejemplo más significativo de armonía arquitectónica en edificios con cúpula. La mayoría de las grandes mezquitas otomanas formaba parte de extensos conjuntos de edificios llamados *külliye*, compuestos por varias *madrasas*, una escuela coránica, una biblioteca, un hospital (*darüssifa*), un hostal (*tabjan*), una cocina pública, un *caravansaray* y varios mausoleos. Desde principios del siglo XII/XVIII, durante el llamado Período del Tulipán, el estilo arquitectónico y decorativo otomano reflejó la influencia del Barroco y el Rococó franceses, anunciando así la etapa de occidentalización de las artes y la arquitectura islámicas.

Situado en el sector occidental del mundo islámico, al-Andalus se convirtió en la cuna de una forma de expresión artística y cultural de gran esplendor. Abderramán I estableció un califato omeya independiente (138/750-422/1031) cuya capital era Córdoba. La Mezquita Mayor de esta ciudad habría de convertirse en predecesora de las tendencias artísticas más innovadoras, con elementos como los arcos superpuestos bicolores y los paneles con ornamentación vegetal, que pasarían a formar parte del repertorio de formas artísticas andalusíes.

En el siglo V/XI, el Califato de Córdoba se fragmentó en una serie de principados incapaces de hacer frente al progresivo avance de la Reconquista, iniciada por los estados cristianos del noroeste de la Península Ibérica. Estos reyezuelos, o Reyes de Taifa, recurrieron a los almorávides en 479/1086 y a los almohades en 540/1145, para repeler el avance cristiano y restablecer parcialmente la unidad de al-Andalus.

A través de su intervención en la Península Ibérica, los almorávides (427/1036-541/1147) entraron en contacto con una nueva civilización y quedaron inmediatamente cautivados por el refinamiento del arte andalusí, como lo refleja su capital Marrakech, donde construyeron una gran mezquita y varios palacios. La influencia de la arquitectura de Córdoba y otras capitales como Sevilla se hizo sentir en todos los monumentos almorávides desde Tlemcen o Argel hasta Fez.

Mezquita de Tinmel, vista aérea, Marruecos.

Bajo el dominio de los almohades (515/1121-667/1269), quienes extendieron su hegemonía hasta Túnez, el arte islámico occidental alcanzó su momento de máximo apogeo. Durante este período, se renovó la creatividad artística que se había originado bajo los soberanos almorávides y se crearon varias obras maestras del arte islámico. Entre los ejemplos más notables se encuentran la Mezquita Mayor de Sevilla, con su alminar, la Giralda; la Kutubiya de Marrakech; la mezquita de Hassan de Rabat; y la Mezquita de Tinmel, en lo alto de las Montañas del Atlas marroquí.

Torre de las Damas y jardines, la Alhambra, Granada, España.

Tras la disolución del imperio almohade, la dinastía nazarí (629/1232-897/1492) se instaló en Granada y alcanzó su esplendor en el siglo VIII/XIV. La civilización de Granada había de convertirse en un modelo cultural durante los siglos venideros en España (el arte mudéjar) y sobre todo en Marruecos, donde esta tradición artística disfrutó de gran popularidad y se ha conservado hasta nuestros días en la arquitectura, la decoración, la música y la cocina. El famoso palacio y fuerte de *al-Hamra'*

Mértola, vista general, Portugal.

Friso epigráfico con caracteres cursivos sobre azulejos, madrasa Buinaniya, Mequinez, Marruecos.

(la Alhambra) de Granada señala el momento cumbre del arte andalusí y posee todos los elementos de su repertorio artístico.

En Marruecos, los meriníes (641/1243-876/1471) sustituyeron en la misma época a los almohades, mientras que en Argelia reinaban los Abd al-Wadid (633/1235-922/1516) y en Túnez los hafsíes (625/1228-941/1534). Los meriníes perpetuaron el arte andalusí, enriqueciéndolo con nuevos elementos. Embellecieron la capital Fez con numerosas mezquitas, palacios y *madrasas*, considerados todos estos edificios, con sus mosaicos de cerámica y sus paneles de *zelish* decorando los muros, como los ejemplos más perfectos del arte islámico. Las últimas dinastías marroquíes, la de los saadíes (933/1527-1070/1659) y la de los alauíes (1070/1659-hasta hoy), prosiguieron la tradición artística de los andalusíes exiliados de su tierra nativa en 897/1492. Para construir y decorar sus monumentos, estas dinastías siguie-

L'art islamique en Méditerranée

Qal'a de los Bani Hammad, alminar, Argelia.

Tumba de los Saadíes, Marrakech, Marruecos.

ron recurriendo a las mismas fórmulas y a los mismos temas decorativos que las dinastías precedentes, y añadieron toques innovadores propios de su genio creativo. A principios del siglo XI/XVII, los emigrantes andalusíes (los moriscos) que establecieron sus residencias en las ciudades del norte de Marruecos, introdujeron allí numerosos elementos del arte andalusí. Actualmente, Marruecos es uno de los pocos países que ha mantenido vivas las tradiciones andalusíes en la arquitectura y el mobiliario, modernizadas por la incorporación de técnicas y estilos arquitectónicos del siglo XX.

LA ARQUITECTURA ISLÁMICA

En términos generales, la arquitectura islámica puede clasificarse en dos categorías: religiosa, como es el caso de las mezquitas y los mausoleos, y secular, como en los palacios, los *caravansarays* o las fortificaciones.

Arquitectura religiosa

Mezquitas

Por razones evidentes, la mezquita ocupa el lugar central en la arquitectura islámica. Representa el símbolo de la fe a la que sirve. Este papel simbólico fue comprendido por los musulmanes en una etapa muy temprana, y desempeñó un papel importante en la creación de adecuados signos visibles para el edificio: el alminar, la cúpula, el *mihrab* o el *mimbar*.

La primera mezquita del Islam fue el patio de la casa del profeta en Medina, desprovista de cualquier refinamiento arquitectónico. Las primeras mezquitas construidas por los musulmanes a medida que se expandía su imperio eran de gran sencillez. A partir de aquellos primeros edificios se desarrolló la mezquita congregacional o mezquita del viernes (*yami'*), cuyos elementos esenciales han permanecido inalterados durante casi 1400 años. Su planta general consiste en un gran patio rodeado de galerías con arcos, cuyo número de arcadas es más elevado en el lado orientado hacia la Meca (*qibla*) que en los otros lados. La Mezquita Mayor omeya de Damasco, cuya planta se inspira en la mezquita del Profeta, se convirtió en el prototipo de muchas mezquitas construidas en diversas partes del mundo islámico.

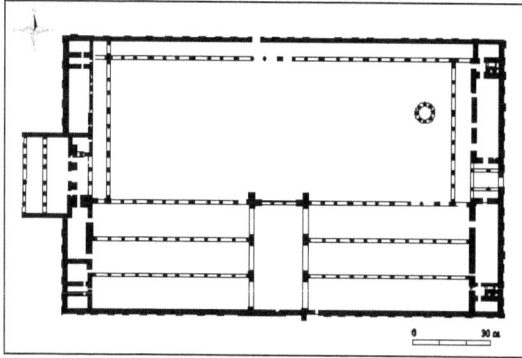

Mezquita omeya de Damasco, Siria.

Otros dos tipos de mezquitas se desarrollaron en Anatolia y posteriormente en los dominios otomanos: la mezquita basilical y la mezquita con cúpula. La primera tipología consiste en una simple basílica o sala de columnas inspirada en las tradiciones romana tardía y bizantina siria, introducidas con ciertas modificaciones durante el siglo V/XI. En la segunda tipología, que se desarrolló durante el período otomano, el espacio interior se organiza bajo una cúpula única. Los arquitectos otomanos crearon en las grandes mezquitas imperiales un nuevo estilo de construcción con cúpulas, fusionando la tradición de la mezquita islámica con la edificación con cúpula en Anatolia. La cúpula principal descansa sobre una estructura de planta hexagonal, mientras que las crujías laterales están cubiertas por cúpulas más pequeñas. Este énfasis en la creación de un espacio interior dominado por una única cúpula se convirtió en el punto de partida de un estilo que habría de difundirse en el siglo X/XVI. Durante este período, las mezquitas se convirtieron en conjuntos sociales multifuncionales formados por una *zawiya*, una *madrasa*, una cocina pública, unas termas, un *caravansaray* y un mausoleo dedicado al fundador. El monumento más importante de esta tipología es la mezquita Süleymaniye de Estambul, construida en 965/1557 por el gran arquitecto Sinán.

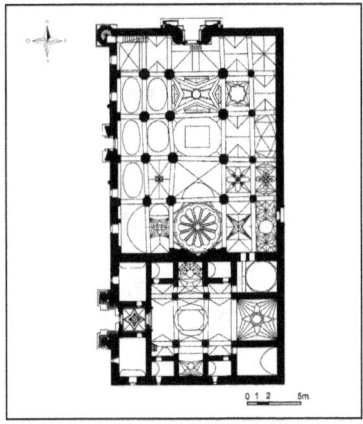

Mezquita Mayor de Divriği, Turquía.

El alminar desde lo alto del cual el *muecín* llama a los musulmanes a la oración, es el signo más prominente de la mezquita. En Siria, el alminar tradicional consiste en una torre de planta cuadrada construida en piedra. Los alminares del Egipto mameluco se dividen en tres partes: una torre de planta cuadrada en la parte inferior, una sección intermedia de planta octogonal y una parte superior cilíndrica rematada por una pequeña cúpula. Su cuerpo central está ricamente decorado y la zona de transición entre las diversas secciones está recubierta con una franja decorativa de mocárabe. Los alminares norteafricanos y españoles, que comparten la torre cuadrada con los sirios, están decorados con paneles de motivos ornamentales dispuestos en torno a ventanas geminadas. Durante el período otomano las torres cuadradas fueron sustitui-

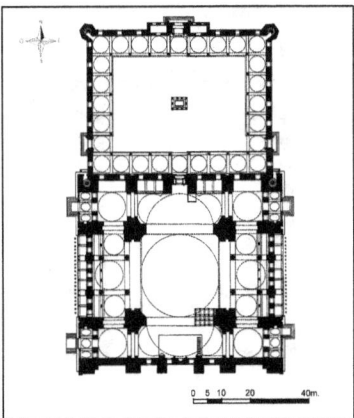

Mezquita Süleymaniye, Estambul, Turquía.

L'art islamique en Méditerranée

Tipología de alminares.

das por alminares octogonales y cilíndricos. Suelen ser alminares puntiagudos de gran altura y, aunque las mezquitas sólo suelen tener un único alminar, en las ciudades más importantes pueden tener dos, cuatro o incluso seis.

Madrasas

Parece probable que fueran los selyuquíes quienes construyeran las primeras *madrasa*s en Persia a principios del siglo V/XI, cuando se trataba de pequeñas edificaciones con una sala central con cúpula y dos *iwan*s laterales. Posteriormente se desarrolló una tipología con un patio abierto y un *iwan* central rodeados de galerías. En Anatolia, durante el siglo VI/XII, la *madrasa* se transformó en un edificio multifuncional que servía como escuela médica, hospital psiquiátrico, hospicio con comedores públicos (*imaret*) y mausoleo.

La difusión del Islam ortodoxo sunní alcanzó un nuevo momento cumbre en Siria y Egipto bajo el reinado de los zenyíes y los ayyubíes (siglos VI/XII - p. VII/XIII). Esto condujo a la aparición de la *madrasa* fundada por un dirigente cívico o político en aras del desarrollo de la jurisprudencia islámica. La fundación venía seguida de la concesión de una dotación financiera en perpetuidad (*waqf*), generalmente las rentas de unas tierras o propiedades en la forma de un pomar, unas tiendas en algún mercado (*suq*) o unas termas (*hammam*). La *madrasa* respondía tradicionalmente a una planta cruciforme con un patio central rodeado de cuatro *iwan*s. Esta edificación no tardó en convertirse en la forma arquitectónica dominante, a partir de la cual las mezquitas adoptaron la planta de cuatro *iwan*s. Posteriormente, fue

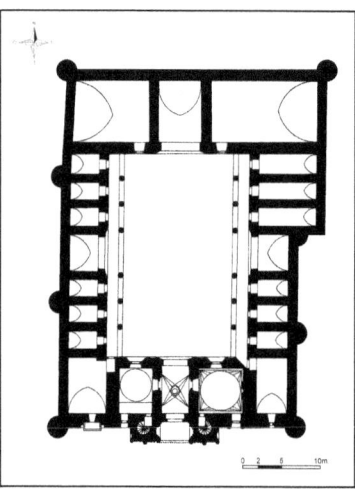

Madrasa de Sivas Gök, Turquía.

perdiendo su exclusiva función religiosa y política como instrumento de propaganda y comenzó a asumir funciones cívicas más amplias, como mezquita congregacional y como mausoleo en honor del benefactor. La construcción de *madrasas* en Egipto y especialmente en El Cairo adquirió un nuevo impulso con la llegada de los mamelucos. La típica *madrasa* cairota de esta época consistía en un gigantesco edificio con cuatro *iwans*, un espléndido portal de mocárabe (*muqarnas*) y unas espléndidas fachadas. Con la toma del poder por parte de los otomanos en el siglo X/XVI, las dobles fundaciones conjuntas —las típicas mezquitas-*madrasas*— se difundieron en forma de extensos conjuntos que gozaban del patronazgo imperial. El *iwan* fue desapareciendo gradualmente, sustituido por la sala con cúpula dominante. El aumento sustancial en el número de celdas con cúpulas para estudiantes constituye uno de los elementos que caracterizan las *madrasas* otomanas.

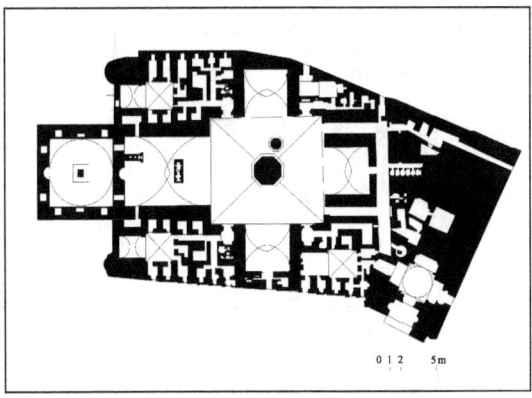

Mezquita y madrasa Sultán Hassan, El Cairo, Egipto.

Una de las varias tipologías de edificios que puede relacionarse con la *madrasa* en virtud tanto de su función como de su forma es la *janqa*. Este término, más que a un tipo concreto de edificio, se refiere a una institución que aloja a los miembros de una orden mística musulmana. Los historiadores han utilizado también los siguientes términos como sinónimos de *janqa*: en el Magreb, *zawiya*; en el mundo otomano, *tekke*; y en general, *ribat*. El sufismo dominó de forma permanente el uso de la *janqa*, que se originó en el este de Persia durante el siglo IV/X. En su forma más simple, la *janqa* era una casa donde un grupo de discípulos se reunía en torno a un maestro (*chayj*) y estaba equipada con instalaciones para la celebración de reuniones, la oración y la vida comunitaria. La fundación de *janqas* floreció bajo el dominio de los selyuquíes en los siglos V/XI y VI/XII, y se benefició de la estrecha asociación entre el sufismo y el *madhab chafi'i* (doctrina), favorecida por la elite dominante.

Mausoleos

La terminología utilizada por las fuentes islámicas para referirse a la tipología del mausoleo es muy variada. El término descriptivo corriente de *turba* hace referencia a la función del edificio como lugar de enterramiento. Otro término, el de *qubba*, hace hincapié en lo más identificable, la cúpula, y a menudo se

Qasr al-Jayr al-Charqi, Siria.

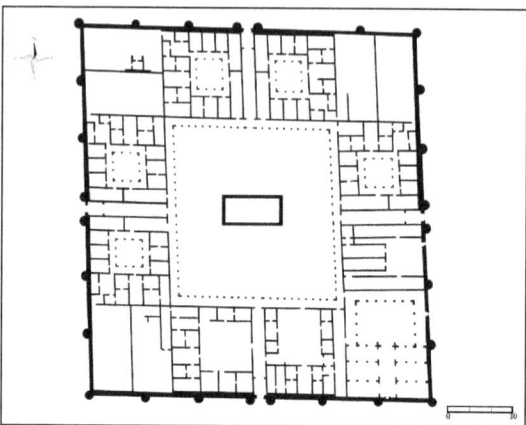

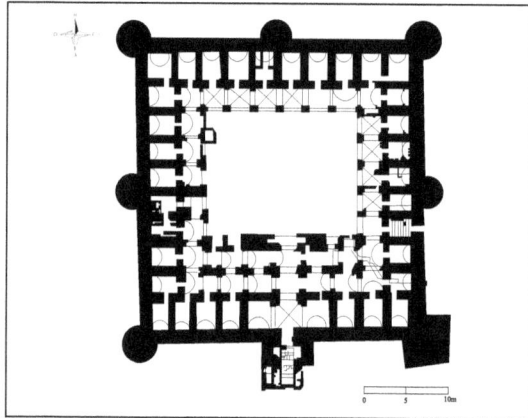

Ribat de Susa, Túnez.

aplica a una estructura donde se conmemora a los profetas bíblicos, a los compañeros del Profeta Muhammad o a personajes notables, ya sean religiosos o militares. La función del mausoleo no se limita exclusivamente a la de lugar de enterramiento y conmemoración, sino que desempeña también un papel importante para la práctica "popular" de la religión. Son venerados como tumbas de los santos locales y se han convertido en lugares de peregrinación. A menudo, estas edificaciones suelen estar ornamentadas con citas coránicas y dotadas de un *mihrab* que los convierte en lugares de oración. En algunos casos, el mausoleo forma parte de alguna edificación contigua. Las formas de los mausoleos islámicos medievales son muy variadas, pero la forma tradicional tiene la planta cuadrada y está rematada por una cúpula.

Arquitectura secular

Palacios

El período omeya se caracteriza por los palacios y las casas de baños situados en remotos parajes desérticos. Su planta básica proviene de los modelos militares romanos. Aunque la decoración de estas edificaciones es ecléctica, constituyen los mejores ejemplos del incipiente estilo decorativo islámico. Entre los medios utilizados para llevar a cabo esta notable diversidad de motivos decorativos se encuentran los mosaicos, las pinturas murales y las esculturas de piedra o estuco. Los palacios abbasíes de Irak, tales como los de Samarra y Ujaydir, responden al mismo esquema en planta que sus predecesores omeyas, pero sobresalen por su mayor tamaño, el uso de un gran *iwan*, una cúpula y un patio, así como por el recurso generalizado a las decoraciones de estuco. Los palacios del período islámico tardío desarrollaron un estilo característico diferente, más decorativo y menos monumental. El ejemplo más notable de palacio real o principesco es La Alhambra. La amplia superficie del palacio se fragmenta en una serie de unidades independientes: jardines, pabellones y patios. Sin embargo, el rasgo más sobresaliente de La Alhambra es la decoración, que brinda una atmósfera extraordinaria al interior del edificio.

Caravansarays

El *caravansaray* suele hacer referencia a una gran estructura que ofrece alojamiento a viajeros y comerciantes.

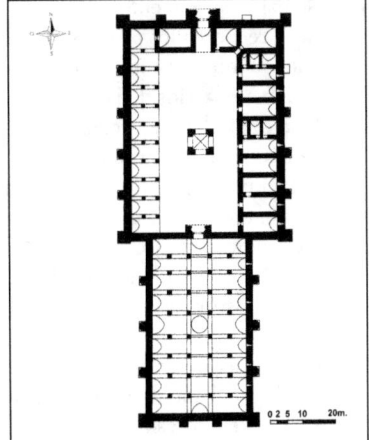

Jan Sultan Aksaray, Turquía.

Generalmente es de planta cuadrada o rectangular, y ofrece una única entrada monumental saliente y torres en los muros exteriores. En torno a un gran espacio central rodeado por galerías se organizan habitaciones para los viajeros, almacenes de mercancía y establos.

Esta tipología de edificio responde a una amplia variedad de funciones, como lo demuestran sus múltiples denominaciones: *jan*, *han*, *funduq* o *ribat*. Estos términos señalan diferencias lingüísticas regionales más que distinciones funcionales o tipológicas. Las fuentes arquitectónicas de los diversos tipos de *caravansarays* son difíciles de identificar. Algunas derivan tal vez del *castrum* o campamento militar romano, con el que se relacionan los palacios omeyas del desierto. Otras tipologías, como las frecuentes en Mesopotamia o Persia, se asocian más bien a la arquitectura doméstica.

Organización urbana

Desde aproximadamente el siglo III/X, cualquier ciudad de cierta importancia se dotó de torres y muros fortificados, elaboradas puertas urbanas y una prominente ciudadela (*qal'a* o alcazaba) como asentamiento del poder. Estas últimas son construcciones realizadas con materiales característicos de la región circundante: piedra en Siria, Palestina y Egipto, o ladrillo, piedra y tapial en la Península Ibérica y el norte de África. Un ejemplo singular de arquitectura militar es el *ribat*. Desde el punto de vista técnico, consistía en un palacio fortificado destinado a los guerreros islámicos que se consagraban, ya fuera provisional o permanentemente, a la defensa de las fronteras. El *ribat* de Susa, en Túnez, recuerda los primeros palacios islámicos, pero difiere de ellos en su distribución interior con grandes salas, así como por su mezquita y alminar.

La división en barrios de la mayoría de las ciudades islámicas se basa en la afinidad étnica y religiosa, y constituye por otra parte un sistema de organización urbana que facilita la administración cívica. En cada barrio hay siempre una mezquita. En el interior o en sus proximidades hay, además, una casa de baños, una fuente, un horno y una agrupación de tiendas. Su estructura está formada por una red de calles y callejones, y un conjunto de viviendas. Según la región y el período, las casas adoptan diferentes rasgos que responden a las distintas tradiciones históricas y culturales, el clima o los materiales de construcción disponibles.

El mercado (*suq*), que actúa como centro neurálgico de los negocios locales, es de hecho el elemento característico más relevante de las ciudades islámicas. La distancia del mercado a la mezquita determina su organización espacial por gremios especializados. Por ejemplo, las profesiones consideradas limpias y honorables (libreros, perfumeros y sastres) se sitúan en el entorno inmediato de la mezquita, mientras que los oficios asociados al ruido y el mal olor (herreros, curtidores, tintoreros) se sitúan progresivamente más lejos de ella. Esta distribución topográfica responde a imperativos basados estrictamente en criterios técnicos.

*Palacio Real,
Habitación de
Ruggero, detalle,
Palermo.*

INTRODUCCIÓN HISTÓRICO-ARTÍSTICA

Eliana Mauro, Ettore Sessa

La cultura arquitectónica y artístico-figurativa de la Edad Media en Sicilia se caracteriza por la convivencia de tres culturas —bizantina, árabe y normanda— que, unidas a una gran pericia artística y constructora, dieron resultados originales. La presencia de la cultura árabe en Sicilia hay que rastrearla principalmente en las obras de la época normanda, ya sea porque los testimonios directos fueron destruidos en su mayoría durante la guerra con los normandos o en acontecimientos sucesivos, o porque los normandos hicieron transformaciones considerables en los edificios y las obras hidráulicas del periodo precedente.

La influencia de la cultura árabe en Sicilia es, de todos modos, un fenómeno complejo y singular (en parte similar a las vicisitudes del arte medieval de la Península Ibérica), que abarca un amplio abanico de manifestaciones artísticas no comprendidas únicamente en los límites cronológicos del periodo de pertenencia de la isla al *Dar al-Islam* y de la sociedad sículo-normanda posterior. Los edificios más representativos de este periodo dan fe del carácter sincrético de las propuestas de la "política de la imagen" buscada por los reyes normandos Ruggero II (r. 1130-1154), Guglielmo I (r. 1154-1166) y Guglielmo II (r. 1171-1189) y por las altas personalidades del reino como Giorgio de Antioquía, Maione da Bari y el arzobispo Gualtiero Offamilio.

En 670 comienza la ocupación musulmana del actual Túnez, con la posterior creación de la nueva capital Kairuán. Con este acontecimiento traumático para el imperio bizantino, que pierde definitivamente la capital del *exarcado* norteafricano, Sicilia asume la función clave de tierra de confín del turbulento mundo cristiano que asiste a la imparable expansión del *Dar al-Islam*.

A partir del periodo fatimí (aunque sólo desde mediados del siglo X), Sicilia no vivirá ya la condición de provincia marginada, papel al que la había reducido la definitiva sumisión a Roma con la ocupación, en 212 a. C., de Siracusa. Ramificación territorial del reino ostrogodo a partir de 476, Belisario la reconquista en 535 y extiende así hasta ella el dominio de Bizancio, que, siguiendo el grandioso plan justiniano de expansionismo legitimista, pretendía volver a unir Sicilia al mundo griego con el propósito primordial de reconstruir la unidad del imperio romano. Surge con ello la oportunidad de atraer más tarde a la isla (siglo VII), desde los asentamientos urbanos del África septentrional, a altos personajes, eclesiásticos, funcionarios, militares y miembros de las comunidades mercantiles, pero también a poblaciones enteras de religión cristiana (entre ellas los restos de tribus bárbaras a esas alturas convertidas y sedentarias), en precipitada fuga debido al recrudecimiento de los actos de intolerancia ligados a la primera e irrefrenable fase de la *yihad* en los territorios más occidentales del imperio de Bizancio. La isla vuelve a adquirir un papel relativamente importante, sobre todo en relación con la estabilización de la autoridad de la Iglesia en los difíciles equilibrios europeos de la Alta Edad Media.

Catedral, sección de la cubierta y techo, detalle, Mesina (Viollet-le-Duc, 1980).

Es la primera incursión islámica, cuando todavía la posesión musulmana de la costa septentrional de África al sur del *thema* bizantino es todo menos segura. Para defender mejor los territorios bizantinos en Italia, sobre los cuales seguía pesando la amenaza del expansionismo longobardo, y para evitar, además, la quiebra total de la presencia imperial en el norte de África, anunciada por las repetidas tentativas islámicas de fagocitar las posesiones residuales de Bizancio en el *Dar al-Islam*, el emperador Constante II decide transferir su residencia a Siracusa en 663.

La muerte de Constante II, víctima de una conjura palaciega, ocurrida en Siracusa en 668, induce a los musulmanes a una primera expedición militar en Sicilia de resultados no del todo favorables, que se traduce en una razia sin ocupación territorial estable. De ella deriva directamente la creación en la isla de un contingente siciliano para la defensa territorial mediante el encuadramiento de los campesinos en pequeñas unidades operativas de milicianos. El renovado sistema defensivo, en cuya cúspide estaban los tradicionales "cuadros" de las jerarquías militares bizantinas, se volvía indispensable por el escenario bélico, entonces considerado permanente y previsto como duradero. Al mando de un *strategós*, que asume también los poderes civiles, actúan *turmarcas*, duques y *drungarios*, mientras que en el orden administrativo del *thema*, para garantizar la viabilidad y eficacia del nuevo potencial bélico, se aplica el principio

Entre tanto, el avance islámico de 635 a 642 ha provocado la caída de Damasco, la rendición de Jerusalén, la toma de Cesarea, la ocupación de Alejandría y la derrota persa en Nahavand. En 652, después de la victoriosa batalla naval contra la flota bizantina que lleva a la ocupación de Chipre, una escuadra musulmana zarpada de Siria ataca las costas meridionales de Sicilia.

del reparto de las tierras cultivables entre los soldados.

Las incursiones musulmanas se intensifican entre finales del siglo VII y principios del VIII; en esta primera fase, Pantelleria (Cossyra) es la primera isla siciliana en caer. Después del fallido intento de saquear Siracusa, en 705, aminora la presión sobre la isla, porque desde 711 todos los esfuerzos de los musulmanes de Ifriqiya se concentran en la conquista de la Península Ibérica. En 720, la relativa tregua se ve interrumpida por la catastrófica incursión del caudillo Muhammad Ibn 'Aws, seguida en 727 de una correría encabezada por Bisr Ibn Safwan, tenazmente combatido por los desorganizados milicianos sicilianos y por el modesto contingente de mercenarios a sueldo de Bizancio. Pero la derrota, en 733, de la expedición naval promovida por el gobernador de los árabes magrebíes contra las escuadras de la flota imperial y, por otro lado, la intensificación de la guerrilla beréber antimusulmana en el Magreb impiden campañas más esforzadas en Sicilia.

Es en 740, de todas formas, cuando 'Abd al-Rahman, con un conspicuo destacamento de caballería ligera, entabla con las tropas bizantinas un combate decisivo como parte de la gran expedición encabezada por su padre Habib Ibn Abi 'Ubayda. El posterior asedio de Siracusa obligó al *strategós* bizantino a una tregua bajo rescate. El suceso se repite en 753, cuando el propio 'Abd al-Rahman, a esas alturas entrado ya en la mitología de los grandes

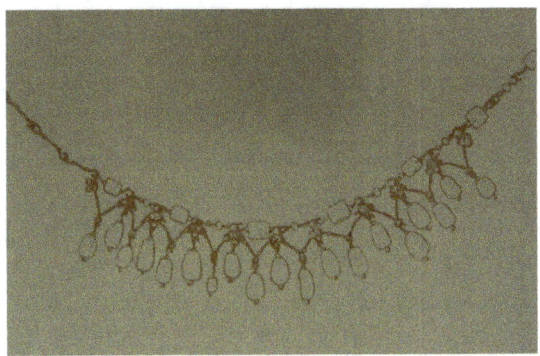

Collar bizantino en hilo de oro, piedra pulida y perlas, Museo Arqueológico Regional A. Salinas, Palermo (A. Salinas, 1886).

caudillos islámicos, emprende una nueva campaña siciliana; seguirán cincuenta años de estancamiento, salvo las recurrentes correrías piratas. Así, en los años siguientes los bizantinos pueden proceder a las obras de fortificación de la isla y, en 805, llegar a una primera tregua con los emires aglabíes, interrumpida en 813 por algunas cruentas escaramuzas navales frente a Lampedusa, y a una tregua posterior, rota a finales del siglo X por la incursión naval promovida por el emir Ziyadat Allah I. El pretexto para una

Candelero de latón, s. XIV (Egipto), Museo de Arte Islámico, Zisa, Palermo.

Ánfora del tipo Alhambra con inscripciones cúficas, s. XIV (Málaga), Galería Regional de Palacio Abatellis, Palermo.

nueva y definitiva agresión a la isla será la rebelión de un *turmarca* del imperio. En 827, en la corte del emir en Kairuán se refugia Eufemio, veterano *turmarca* de gran valentía pero desterrado por su implicación en una turbia historia de rencores personales con el *strategós* Constantino; este suceso había culminado con la ocupación de Siracusa por el contingente fiel a Eufemio (que lo proclamaba emperador) y con la muerte del *strategós*, seguidas de una guerra interna en las milicias sículo-bizantinas y la derrota de los rebeldes. Eufemio tratará de convencer a los musulmanes de que es el momento propicio para cercenar definitivamente la unión entre Sicilia y el imperio bizantino. La exaltación del carácter independentista de la sedición de Eufemio, que todavía contaba en Sicilia con elementos partisanos o, en todo caso, hostiles al poder central, fue consecuencia, verosímilmente, de los acontecimientos. De hecho, el acuerdo entre el *turmarca* huido y los musulmanes preveía un compromiso militar destinado únicamente a acabar con el control bizantino de Sicilia; contemporáneamente, la isla entraría como tributaria y aliada en la esfera de influencia musulmana, sin formar parte, en todo caso, del *Dar al-Islam* y, por tanto, soberana, con ordenación administrativa propia y con autonomía militar y religiosa.

Los preparativos para la gran empresa se completarán durante la primavera de 827, después de no pocas resistencias de los círculos cortesanos de Kairuán y del propio Ziyadat Allah I. Al final había prevalecido la línea agresiva del jurista coránico Asad Ibn al-Furat, a quien se encomendó la empresa.

El 14 de junio de 827, la armada de Asad Ibn al-Furat, formada por 10.000 combatientes islámicos (provenientes sobre todo de Ifriqiya, entre árabes y beréberes convertidos, pero también de la Península Ibérica y de Persia) y por una considerable parte del contingente siciliano fiel a Eufemio, se embarca en Susa. Las más de cien naves que forman la flota de invasión anclan el 17 de junio frente a las costas occidentales de Sicilia, en el cabo Granitola.

El ejército de defensa reunido apresuradamente por Balata (superviviente antagonista de Eufemio) es dispersado inmediatamente; Asad Ibn al-Furat, convencido de que podía repetir el imparable empuje de la edad de oro de la *yihad* y sobrevalorando el peso de las tropas regulares mercenarias bizantinas, busca una resolución drástica del conflicto poniéndose como objetivo Siracusa. Eliminadas definitivamente las rémoras jurídicas relacionadas con el estado de tregua con Bizancio, al-Furat transforma la empresa en una expedición de conquista, traicionando así los acuerdos con Eufemio, quien a continuación tratará, sin éxito, de encabezar una revuelta antimusulmana. Pero el asalto de al-Furat a Siracusa fracasa, entre otras cosas por la relativa superioridad naval bizantina (que contaba también con el apoyo veneciano); los musulmanes, obligados a replegarse hacia Mazara, en esos momentos baluarte del territorio conquistado pese a haber expugnado ciudades fortificadas como Castrogiovanni (Enna) y Agrigento (castigada por su determinación en la acción defensiva), se enfrentan a la irreductibilidad de los combatientes irregulares, debida a más de cien años de guerra latente que había inculcado en gran parte de los habitantes de la isla un sentido de identidad colectiva. Los musulmanes habían experimentado ya manifestaciones análogas de hostilidad compartida en las poblaciones agredidas; así había sucedido en el caso del extenuante conflicto sin interrupción con las tribus beréberes y, sobre todo, en la Península Ibérica, donde la sublevación del pequeño reino asturiano, después de la vana resistencia visigoda y precisamente en los años de la *yihad* en Sicilia, sonaba a señal conclusiva de la capacidad de la guerra santa de extenderse por Occidente.

En el curso de los tres años siguientes, forzado por la guerrilla de los soldados-campesinos y por las dificultades de aprovisionamiento en la defensa de Mazara, el grueso de la armada musulmana, abandonada también Agrigento (después de haberla saqueado y pasado a hierro y fuego), pierde contacto con un contingente que había dejado en Mineo. Desde esta ciudade-

Torre de Federico, vista general, Enna (Publifoto, Palermo).

la, los "sarracenos", asediados por las bandas irregulares sicilianas y los mercenarios bizantinos, serán auxiliados por una escuadra naval corsaria proveniente de la Península Ibérica. Su caudillo Fargalus (que morirá en el asedio de Enna) asume el mando general, así como el de la armada regular aglabí, de forma que, revitalizados por una serie de inesperados éxitos sobre las exiguas tropas bizantinas, los musulmanes asedian Palermo, que resiste un año. Presa del hambre, la ciudad se rendirá en septiembre de 831, tras haber perdido decenas de miles de habitantes.

Se nombra *valí* de Sicilia a Muhammad Ibn 'Abd Allah, sobrino del emir Ziyadat Allah I; el primer acto oficial del nuevo gobierno será la acuñación de moneda en 835.

Los bizantinos intentan entonces una guerra de posiciones sobre el eje fortificado intermedio de la isla, que se extendía desde Cefalù hasta la costa meridional, con Butera como plaza fuerte del sistema. De esta manera quedan aisladas las guarniciones supervivientes en Val di Mazara, aniquiladas en el año 841. Análoga suerte corren Mesina, Modica, Lentini y Ragusa, fortalezas expugnadas, después de resistencias desesperadas gracias a la contribución de cristianos latinos provenientes en parte de la Italia meridional. En 848, seis años después de la subida al trono imperial de Bizancio de Miguel III el Beodo, sólo quedaban bajo el control de las tropas bizantinas los territorios de los alrededores de Siracusa y el formidable sistema del eje intermedio que garantizaba suministros y refuerzos a Enna, gozne central de la defensa territorial remanente de lo que había sido el *thema* bizantino.

Los musulmanes expugnan una a una todas las fortalezas del sistema, procediendo en forma de tenaza tanto desde el norte como desde el sur. Tras la rendición de Caltavuturo, la pérdida de Butera (asaltada en 853) y de Cefalù (en 858, veinte años después del primer asedio del formidable peñón) frustra las esperanzas de que lleguen refuerzos desde el mar. De todos modos, mientras las eficaces tropas de al-'Abbas Ibn Fadl van preparando el asedio de Enna, reaparece el espectro de las revueltas de las poblaciones urbanas y, sobre todo, de la implacable guerrilla de los soldados-campesinos. Aprovechándose de la maniobra diversiva, los bizantinos mandan hasta dos expediciones, pronto diezmadas por el mítico Ibn Fadl, cuya estrategia, sin embargo, no logrará imponerse a la heroica resistencia de la guarnición bizantina y los ciudadanos de Enna.

Rebautizada por los musulmanes como Qasr Iyani (del nombre medieval Castrum Hennae) y llamada después Castrogiovanni, la ciudad, considerada por Calímaco el ombligo de Sicilia, sólo gracias a un traidor podrá ser expugnada y saqueada en 859. La caída de la antigua Enna, considerada una plaza imposible de tomar, y las noticias de las masacres posteriores hunden en la consternación a los cristianos sicilianos de rito griego y a las fuerzas bizantinas. Los restos de la armada imperial y los milicianos irregulares desbandados se repliegan como pueden a Siracusa y se atrincheran para una defensa agónica.

En el año 861, la muerte de al-'Abbas Ibn Fadl priva a los musulmanes del guía idóneo para sacar ventaja rápidamente de los resultados obtenidos. Por otra parte, la falta de capacidad de decisión de Bizancio y el carácter localista del sistema defensivo confiado a los contingentes sicilianos no permiten una coordinación eficaz de las fuerzas cristianas en el campo de batalla para un contraataque resolutivo, aprovechando el estado de crisis del mando musulmán en Sicilia. De hecho, pese a que la tardía designación de Jafayiya Ibn Sufyan como digno intérprete de la acción estratégica de Ibn Fadl da resultados inesperados (capitulación de Scicli y Troina, reconquista de Noto y Ragusa), los musulmanes sufren graves reveses, a manos tanto de las tropas regulares como de las poblaciones rebeldes. Precedida de saqueos y masacres en casi toda la Sicilia oriental, la batalla de Siracusa adquirirá el tinte oscuro de la tragedia. El ejército musulmán ya no era el de los tiempos de Ziyadat Allah: disponía de potentes máquinas de guerra para abatir murallas; estaba apoyado por fuertes escuadras navales que, equipadas como las unidades de la flota bizantina (incluido el mal afamado sistema incendiario denominado "fuego griego"), cortan las vías marítimas de suministro; estaba mandado por valientes cabecillas con lugartenientes

Castillo, escalera de acceso, Sperlinga.

disciplinados y no simplemente por osados aventureros o exaltados comandantes improvisados. Hambrienta, semidestruida, aislada del enclave montañero bizantino de la Sicilia nororiental, que retaría a las fuerzas musulmanas hasta la quinta década del periodo fatimí, Siracusa es abandonada a su suerte. El 28 de mayo de 878, después de dieciséis meses de asedio, los musulmanes cogen por sorpresa a la agotada guarnición ciudadana, formada por mercenarios y por los habitantes todavía capaces de combatir de la diezmada población. Las consiguientes masacres y deportaciones de supervivientes y la casi completa destrucción de Ortigia (los arrabales de Siracusa habían sido devastados en las fases iniciales del asedio) interrumpen irreparablemente una historia de civi-

Introducción histórico-artística

Capilla Palatina, Pantocrátor, Palacio Real, Palermo.

lización urbana que había durado, aunque con intensidad discontinua, al menos catorce siglos.

A la gran impresión suscitada por esta catástrofe en todo el mundo cristiano seguirá, después del culpable inmovilismo, un renovado vigor militar de los bizantinos, que en el año 880 tratan de cambiar la suerte de una guerra dramáticamente destructiva desembarcando con un gran contingente en la costa septentrional. Los generales del emperador Basilio I el Macedonio, además de amenazar la nueva capital de la Sicilia musulmana, Palermo, organizan un sistema fortificado en la región montañosa de Madonie. Se pretende oponer a la conquista una primera línea de detención en el noreste, el sector hasta entonces menos vulnerable. En un principio, el plan consigue aliviar la presión sobre el enclave bizantino; con todo, se registra un incremento de actividad militar musulmana con saqueos en los territorios orientales y con un primer ataque a Taormina en 881.

Rechazados por el *strategós* Barsaikios, los musulmanes sufren una grave derrota también en Madonie. Pero al éxito del *strategós* Mousilikes seguirá, en 882, la aniquilación del cuerpo expedicionario bizantino que se había atrincherado en la mal identificada "Ciudad del Rey" (se aventura que estaba en el territorio montañoso cercano a Castelbuono). Los tres gobernadores árabes Muhammad Ibn al-Fadl, Husayn Ibn Ahmad y Sawada Ibn Muhammad Ibn Jafayiya, que se suceden en Sicilia entre la desastrosa derrota musulmana de Qal'at Abu al-Zawr (Caltavuturo) de 881 y la tregua con Bizancio de 895, se muestran particularmente activos en el relanzamiento de la *yihad* antibizantina. En 882 tiene lugar una expedición punitiva contra Taormina, aunque sin resultados definitivos; en 884 se desencadena un ataque a gran escala en el territorio de Rometta, pero la ciudadela resiste. Después de un largo periodo de reveses militares de las tropas beréberes en Calabria, combatidas y repelidas en Sicilia por las tropas regulares bizantinas (entre los años 881 y 886), en 888 es destruida en aguas de Milazzo la flota de Nicéforo Focas.

Superada la crisis interna que había llevado a la guerra civil de 886-887, los musulmanes de Sicilia concentran sus fuerzas en la eliminación de los focos de rebeldes y en los lugares de fuerte resistencia. Sus escuadras llevan la guerra santa, todavía en forma de razias, a las posesiones continentales de Bizancio, en particular Reggio. En 889 Taormina sufre su enésimo asedio, repetido diez años después, cuando hace su aparición en la escena siciliana el caudillo 'Abd Allah, que invade el sur de Calabria y desbarata a las tropas imperiales en Reggio. En 902, la isla está en su mayor parte bajo control musulmán como punta de lanza del *Dar al-Islam*, que se extendía desde la Cordillera Cantábrica hasta el norte de la India.

El año 948 ve, finalmente, la creación del emirato siciliano y el nombramiento del emir de Sicilia al-Hasan Ibn 'Ali Ibn Abi al-Husayn al-Kalbi por el califa al-Mansur; la transformación de este cargo en título hereditario da lugar a la dinastía kalbita. Estrechamente ligada a los fatimíes, esta dinastía gobierna inicialmente con sabiduría, pacificando a las varias etnias de musulmanes presentes en la isla, acelerando el proceso de regulación jurídica de las relaciones entre cristianos y musulmanes, promoviendo la actividad constructora y la producción artística —dependientes en todo caso de Ifriqiya— y buscando una especie de emancipación de Sicilia del califato magrebí con una política autónoma orientada al acercamiento con Egipto. En esta línea, se estabiliza la organización territorial administrativa con una redistribución de las tierras que eliminaría el latifundio hasta la restauración normanda de la época medieval. Hasta el primer decenio de la segunda mitad del siglo XIX, la división administrativa en tres "valles" se corresponde con el reparto territorial de la Siqilliya islámica y, después, del periodo del reino normando y suevo: el Val di Mazara coincidía con la parte occidental de la isla; el Val Demone comprendía los territorios predominantemente montañosos de la Sicilia nororiental; el Val di Noto abarcaba toda la parte suroriental de la isla.

No obstante, el giro de la época kalbita no excluye violentos actos de guerra interna contra, esencialmente, los enclaves filobizantinos supervivientes y las irreductibles comunidades cristianas de las montañas de la Sicilia nororiental. En 962, Ahmad Abi al-Husayn, después de una masacre de cristianos, tiene que

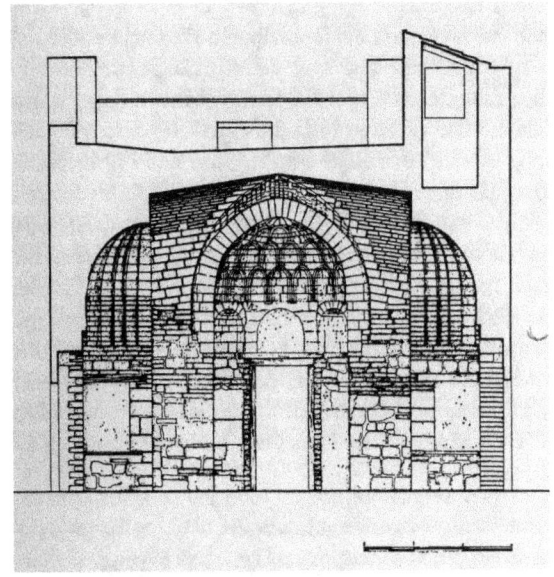

Castillo, sección transversal de la sala norte, Caronia (Krönig, 1977).

Conradus Lotter, mapa de Sicilia con los tres valles, mediados del s. XVIII, Fundación Mormino, Palermo.

reconquistar Taormina y deporta a sus habitantes, alzados contra el destacamento musulmán local.

En 965, tras una agónica resistencia y decenios de guerrilla en las montañas, la ciudad de Rometta, última plaza fuerte, es expugnada por los musulmanes al cabo de un fatigoso asedio.

Entre los no pocos testimonios de la pertenencia de Sicilia al *Dar al-Islam*, y no ya sólo en términos de dominio, una de las peripecias más asombrosas es la del caudillo siciliano conocido con el nombre de Yawhar (969). Antiguo mercenario a sueldo de Bizancio caído en desgracia, Yawhar, que se había pasado al servicio de al-Muʻizz y convertido al Islam, participa activamente en el refuerzo del imperio fatimí, ganándose la fama de ser uno de los principales artífices de la refundación urbana de al-Qahira (El Cairo).

Pero aún ciento cincuenta años después del desembarco de Asad Ibn al-Furat, los musulmanes sólo podían contar con una estabilidad efectiva en la parte occidental de la isla; principalmente en Palermo (rebautizada como Balarmu, donde se habían visto obligados, todavía al final del cuarto decenio del siglo X, a construir una ciudadela fortificada propia cerca del puerto, a la que llamaron al-Jalisa), pero también en Agrigento (llamada

Palacio Corvaja, detalle de la fachada principal, Taormina.

Girgent, con un importante asentamiento de beréberes) y, sobre todo, en el Val di Mazara, tradicionalmente extraño a la cultura griega y, por consiguiente, poco partícipe del revanchismo filobizantino.

Los múltiples intentos de reconquista de los bizantinos corren a cargo directamente del ejército imperial, que, merced a su superioridad naval, parte desde el sur de la Italia meridional con pequeños y eficaces contingentes mandados por caudillos míticos como Aniceto y Nicéforo, quienes, en 963 y 989 respectivamente, revivirán los efímeros éxitos militares de la célebre campaña del año 880, guiada por Nasar y por Eufrasio y Musulice.

Por último, Giorgio Maniace, entre 1038 y 1042, sustrae casi toda la Sicilia oriental al control de los musulmanes y devuelve la isla a la órbita del imperio bizantino, gracias también a la contribución de los primeros caballeros normandos (a sueldo de Constantinopla) y de los rebeldes sicilianos.

De 902 a 1061 el dominio musulmán efectivo, al principio extendido a una parte de Sicilia, abarca nominalmente casi toda la isla y sus archipiélagos (con la salvedad de las poblaciones de montaña y otros enclaves irreductibles). Pero será por poco tiempo, pues en 1061 comenzará su declive con la llegada de los normandos, que por otra parte encontrarán una situación favorable debido al descontento y a las formas latentes de rebelión entre la población cristiana de la isla.

Llamados *ahl al-dimma* ("gente del pacto") por tener garantizados, eufemísticamente, sus derechos respecto a las poblaciones sometidas sin condiciones, estos cristianos gozaban de algunos privilegios, como el de poder practicar su culto, aunque con la prohibición en todo caso de celebrar procesiones u

Castillo, pinturas de la capilla, Paternò.

Introducción histórico-artística

Fragmento de inscripción árabe en caracteres nasjí, s. XII, Museo Municipal, Termini Imerese.

otras manifestaciones públicas. No estaban obligados a seguir las rígidas normas de conducta de las comunidades islámicas, pero debían obsequiar a los musulmanes como representantes de la clase dominante, cediéndoles el paso y poniéndose en pie en su presencia; podían conservar la mayor parte de sus bienes o todas sus propiedades, pero estaban sujetos al *jarash*, una tasa patrimonial especial; podían conservar sus usos, pero en público tenían que abstenerse de todo lo que les estaba prohibido a los musulmanes (como beber vino); tenían garantizaba la libre circulación y la incolumidad, pero al precio de un tributo individual (*yizya*), y en ningún caso les estaba permitido poseer armas; los sacerdotes estaban protegidos oficialmente y se les reconocía el cargo de oficiantes, pero estaba prohibido tocar las campanas, exhibir la cruz y leer la Biblia al aire libre

o en público, así como la construcción de nuevas iglesias.

Por contra, los refinados viajeros musulmanes de visita en Sicilia manifiestan su sorpresa por la blanda observancia de las reglas coránicas por parte de sus correligionarios (entre los que se contaban los sicilianos convertidos por conveniencia) y señalan la tendencia a ausentarse de la oración del viernes y el comportamiento de los maestros coránicos (*mu'allimun*), demasiado interesados en las ganancias de su oficio de escribanos y en los servicios notariales; además, los sicilianos bebían vino sin pudor, incluso en público. Su puede decir que, en todo caso, en el siglo X había varias generaciones de musulmanes nacidos en Sicilia, aunque no se dio nunca una auténtica integración. Prueba de ello es lo ocurrido con las comunidades de musulmanes en la época normanda (recluidos en guetos u obligados a vivir en verdaderas reservas), por no hablar del dramático resultado final de la política de Federico II con los núcleos supervivientes, cuya concentración en el interior durante la época normanda es ya sintomática de su exiguo número.

En 1015, el emir Ya'far II, sucesor de Yusuf, sofoca la sedición de su hermano 'Ali; pero su mal gobierno instiga la revuelta, cuatro años después, de la población palermitana. Con la deposición de Ya'far II, se nombra emir a Ahmad al-Akhal, que reanuda la guerra con los bizantinos en la Italia meridional. Con esta campaña logra una cierta estabilidad: en 1031 repele el contraataque hasta el mar Egeo, con gravosas incursiones de sus tropas sículo-musulmanas en la parte sur y adriática de los Balcanes. La extensión de los esfuerzos militares del emir provoca una reacción más decidida de la corte de Bizancio, que madura el propósito de una gran y resolutiva campaña siciliana encabezada por el *strategós* Giorgio Maniace, a cuyas milicias se añade un contingente de caballeros normandos mercenarios. Su eficacia había sido demostrada, a costa de los propios bizantinos, en la fase de afirmación feudal contra las posesiones imperiales en Apulia y Calabria. El recuperado vigor bélico, esta vez con un marcado carácter de conquista cristiana, se veía favorecido sin duda por el disgusto general suscitado entre las clases altas de los musulmanes nacidos en Sicilia por la política del emir, que privilegiaba a la nobleza norteafricana afincada recientemente.

Cuando, en 1061, los dos caudillos normandos Ruggero y Roberto el Guiscardo de Altavilla entran, desde los asentamientos conquistados en el sur de Italia, en la lucha intestina entre Ibn al-Hawwas (Belcamet) e Ibn al-Zumna (Betumen), *caídes* de Agrigento y de Catania respectivamente, Sicilia vivía la difícil cohabitación político-multiconfesional (más que multiétnica) entre la nutrida minoría de musulmanes —en aquel entonces atormentada por conflictos entre potentados locales y de tipo cismático—, las irreconciliables mayorías cristianas de rito occidental y de rito oriental (*romaioi*) y las pequeñas pero económicamente fuertes comunidades judías urbanas. De 1061 a 1091, los Altavilla estarán ocupados en la reconquista de Sicilia para la cristiandad.

De la persistencia de una radicada y en ciertos aspectos doctrinaria sociedad cristiana siciliana, incluso durante la inestable ocupación musulmana, dan fe la proclamada tolerancia religiosa islámica y la rápida proliferación de importantes monasterios basilios, sobre todo en Val Demone, durante la reconquista cristiana encabezada por los normandos. Por lo demás, el Papado quería reafirmarse en la isla como única autoridad religiosa aprovechando el impulso de las expansiones territoriales de los Altavilla.

En 1098, el conde Ruggero obtiene del Papa Urbano II la ambicionada Legacía Apostólica. En virtud de este privilegio, los sucesores de Ruggero I (y después todos los herederos legítimos de la corona de Sicilia) se aseguran el rango de Legado Apostólico en sus territorios, con plenos poderes en asuntos jurídicos, administrativos y, sobre todo, eclesiásticos en nombre de los pontífices. El

S. Ciro, arcos de la fuente, Maredolce (Goldsmith, 1898).

Lápida de Ibrahim hijo de Jalaf al-Dibayi, 1072, Museo de Arte Islámico, Zisa, Palermo.

Moneda de cobre del Gran Conde Ruggero, dibujo (Di Stefano, 1955).

título y las atribuciones del legado apostólico eran hereditarios por voluntad expresa del Papa y no se suspendieron hasta 1871, año de la creación del Reino de Italia).

Tras la toma de Palermo en 1072, Roberto el Guiscardo se queda inicialmente con la antigua capital del emirato y Val Demone, mientras que a su hermano Ruggero le asegura el derecho de posesión de todos los demás territorios liberados y de aquellos todavía bajo control musulmán. En aquel momento, de todos modos, los normandos están muy lejos de saber que habían emprendido el proceso de formación de una nueva unidad nacional. Más tarde, Roberto renunciará a toda aspiración sobre la isla, manteniendo para sí las posesiones de Calabria.

Muerto Ruggero I en 1101, su mujer, la condesa Adelasia (de la casa de los

monarca nombraba obispos y arzobispos, y tenía derecho de exequátur sobre las disposiciones provenientes de Roma; el Tribunal de la Monarquía, emanación del rey considerado "legado nato", tenía competencia, por último, en los asuntos jurídico-eclesiásticos (el

margraves de Aleram), gobernará en nombre de su hijo Ruggero II, nacido el 22 de diciembre de 1095, hasta 1112, cuando él puede asumir por fin el gobierno del Condado de Sicilia. En 1124 también hereda, sin embargo, el Ducado de Apulia, al haber muerto los descendientes directos de su tío Roberto el Guiscardo. Cuatro años después, el Papa Honorio II (1124-1130) se verá obligado a reconocerle su nuevo dominio. Esto marca el principio de la larga aunque discontinua época imperialista bajomedieval de la isla, elevada al rango de reino independiente en 1130, año en que Ruggero II tomó el título de rey en la Catedral de Palermo (25 de diciembre). Del 27 de julio de 1139 es la investidura por parte de

G. Sciuti, "Coronación de Ruggero II en Palermo", h. 1895, telón del Teatro Massimo, Palermo.

Inocencio II del rey normando, que, además de ser reconocido definitivamente como rey de Sicilia, se asegura los títulos de Duque de Calabria y Príncipe de Capua.

Los restos arquitectónicos que datan de la época normanda —y atestiguan la continuidad de una apreciable actividad constructora, provincial pero no carente de calidad y con peculiaridades del todo isleñas, a partir de las eras paleocristiana y bizantina— disipan las sospechas de sincretismo estético artificioso y de importación ecléctica de modelos que han recaído sobre la nueva dinastía real y su corte: de las ruinas existentes en Tindari a los restos de cimientos de Mesina, de los monumentos en cruz con cúpula central de la provincia de Siracusa a los de la provincia de Catania, de las basílicas paleocristianas de San Miceli en Salemi y San Focà en Priolo a las iglesias paleocristianas y bizantinas de Agrigento o la de San Salvador en Rometta.

A esta presunta persistencia de una tradición romana, superviviente a la decadencia de la época bárbara, se añaden, ya a finales del siglo VI, signos innegables de la penetración de modos de construir norteafricanos, sirios y propiamente bizantinos (como en las iglesias antaño existentes en el territorio de Buonfornello, con estructuras abovedadas de tubos figulinos), que se evidencian también en la configuración, en el territorio de Siracusa, de una serie de iglesias con reconocibles influencias orientales combinadas con la tradición local (aquí, además de las iglesias de San Pedro y San Martín, hay que citar la cripta de San Marciano). Estas características permanecieron hasta el florecimiento de una embrio-

Introducción histórico-artística

Santísima Trinidad de Delia, vista del interior, Castelvetrano.

naria cultura ornamental musulmana de Sicilia, casi en el declive del dominio islámico.

Se remonta al periodo del Condado o condal (1061-1130) la primera fase de incubación de la arquitectura y el arte promovidos en Sicilia por la dinastía normanda: es una fase todavía nebulosa en su discontinuo y en parte impeditivo predominio de uno de los componentes sobre los demás, con un cierto desequilibrio románico, a todas luces tardío con respecto a la evolución artística contemporánea en su tierra de origen, que por lo demás los Altavilla habían abandonado cuando la "escuela" románica de Normandía estaba aún en vías de definición y en su periodo primitivo.

En cambio, se caracterizan por una síntesis de influencias orientales y septentrionales las iglesias de este periodo edificadas por los basilios, los benedictinos y otras órdenes, tanto en Val Demone (entre ellas San Felipe de Fragalà en Frazzanò, San Miguel Arcángel en Troina, Santa María en Mili San Pietro, San Pedro en Itàla, San Alfio en San Fratello, San Salvador en San Marco d'Alunzio, Santos Pedro y Pablo en el valle de Agrò) como en áreas más del interior (por ejemplo, Santo Espíritu en Caltanissetta o San Andrés en Piazza Armerina) o incluso en Val di Mazara (San Nicolás la Latina en Sciacca, San Miguel en Altavilla, Santa María del Alto en Mazara).

Se trata de edificios con muros mixtos, de hiladas de ladrillo con añadidos polícromos (piedra arenisca, piedra pómez, lava) o bien con argamasa de gran grosor e hiladas de ladrillo cocido, pero también de *aparejo isódomo* de sillares perfectamente cortados. Las fachadas presentan composiciones de aislados arcos ciegos rehundidos (en ocasiones con abertura) en paramentos uniformes o articulaciones con esquemas de arquerías ciegas, en algunos casos resultantes del cruce de estructuras ornamentales en arco, unas veces apuntado (Santa María en Mili San Pietro), otras trilobulado rebajado policéntrico (San Pedro en Itàla). Tales diversificaciones técnicas y compositivas se combinan sincréticamente, en cada caso, con esquemas planimétricos (también derivados) que no se corresponden necesariamente con los modelos de referencia del alzado.

Los elementos islamizantes estaban presentes ya en las construcciones del periodo del Condado; así es en el caso de los arcos rehundidos murales, las viguerías entrelazadas, los arcos apuntados de *pie derecho* peraltado, las

Introducción histórico-artística

Santos Pedro y Pablo, vista general, Forza d'Agrò.

Abadía de S. Felipe de Demenna, monóforo, Frazzanò.

incrustaciones alternas en las franjas de basamentos internos, las inscripciones *cúficas*, las cúpulas de casquete peraltado. Lo mismo puede decirse de los sistemas de enlace entre las impostas de las cúpulas y bóvedas de cascarón y el vano inferior en forma cuadrangular o la hornacina: solución obtenida disponiendo, en lugar de las acostumbradas pechinas y *trompas*, cuatro elementos angulares de arcos escalonados concéntricos, unidos por otros cuatro arcos y formando en conjunto un octógono. En los edificios civiles, como los *solaces* y las moradas reales, a menudo se adoptaban en tales transiciones estructuras fruncidas con alvéolos y estalactitas, como los *mocárabes*, de explícita procedencia islámica.

En el primer gran ciclo de edificios eclesiásticos sículo-normandos del periodo ruggeriano (1130-1154) predomina la planta en forma de T (más raramente en cruz latina) o bien la basilical de sala única o de tres naves pero con estructura central, o con presbiterio de tres ábsides bien diferenciado del cuerpo longitudinal. Excepcionalmente se encuentran plantas centrales, como en el caso de San Nicolás el Real de Mazara del Vallo, cuya configuración (una disposición de tres ábsides y cruz griega inscrita en un cuadrado) puede emparentarse con modos bizantinos medios pero también con formas manifestadas en Sicilia antes del siglo IX, con rasgos islamizantes como los tipos con planta central de Palermo mandados construir en la época de Ruggero y durante el reinado de Gu-

glielmo I (1154-1166) por personajes de cultura griega.

La pacificación interna asegura la estabilidad política y la reorganización administrativa que permiten a Ruggero II emprender una política expansionista, cuyo objetivo es conjurar el estado de guerra latente provocado por los musulmanes de Ifriqiya, de un lado, y por el imperio bizantino del otro. El dominio de los mares se garantizará rápidamente en las rutas meridionales y occidentales, ya sea con la creación de una temible y ágil fuerza naval (con la valiosa contribución organizativa de elementos greco-itálicos) o con la ocupación de gran parte de la franja costera del Túnez actual y de algunas plazas fuertes más en el interior (que las milicias sículo-normandas abandonarán, como casi todos los territorios del norte de África, durante el reinado de Guglielmo I). Entre las ciudades más importantes conquistadas por el nuevo reino de Sicilia están Yerba, Mahdia, Sfax y Susa, la ciudad desde la cual había partido en 827 la *yihad* que durante casi dos siglos y medio había sostenido la fe islámica en la isla. Del nuevo escenario bélico promovido por Ruggero II forma parte también la expedición a Trípoli, asaltada en 1146 y agregada a las posesiones de ultramar. Es el primer y más sorprendente episodio de la inversión de la tendencia, en las relaciones de fuerza entre Sicilia y el norte de África, que en adelante caracterizará toda la política exterior del reino de Sicilia durante el resto de la Edad Media, hasta la llegada de la temible potencia otomana. En consecuencia, ya a mediados de la primera mitad del siglo XII los nuevos equilibrios en esta parte del Mediterráneo empujaban a los almohades, desde Marrakech, a elegir Túnez como capital (regida por un gobernador) y a llamar por segunda vez a la *yihad* contra Sicilia.

Análogo ímpetu de conquista dirigirá Ruggero II hacia el este, con la imponente flota mandada por el almirante Giorgio de Antioquía (oriundo de la localidad homónima, donde se había asentado una rama de la dinastía de los Altavilla), que había llevado la insignia del reino de Sicilia a las costas adriáticas de los Balcanes, obligando a Bizancio a penalizantes tratativas de paz. Tras estas expediciones, que reportan a las fuerzas sículo-normandas botines excepcionales y posesiones costeras, el imperio bizantino desistirá definitivamente de la política de restauración de su autoridad en Occidente.

La política de agresión de Ruggero II en detrimento del imperio bizantino crea una escisión en la armada de la II Cruzada y ocasiona, indirectamente, el fracaso de toda la campaña militar. En aquellos años, Ruggero intercambia correspondencia sobre este asunto con el abad Suger de Saint Denis y con Pedro el Venerable, abad de Cluny. La dinastía de los Comneno (entonces en decadencia) sufrirá su caída definitiva precisamente por obra de los Altavilla: en 1185, los normandos de Sicilia ocupan Tesalónica y en Bizancio muere asesinado el último de los Comneno, Andrónico I. Concluía así casi un siglo y medio de hostilidad entre los normandos y Bizancio.

Introducción histórico-artística

Castillo, vista parcial, Cefalà Diana.

En un cuarto de siglo de reinado, Ruggero II pone las bases para la creación de una identidad nacional, siguiendo un proceso que precisamente en el arte, y en primer lugar en la arquitectura, tiene una de sus manifestaciones más homogéneas. Los intentos programáticos de Ruggero II al perseguir una calculada política de la imagen recuerdan los de soberanos europeos precedentes, como los carolingios o los otones, artífices de florecimientos artísticos caracterizados por el principio de *renovatio imperii*.

La tradicional magnanimidad de Ruggero II y sus descendientes permite una continuidad cultural en varias ciencias y disciplinas que se demuestra en el avance, y en lo que podríamos llamar "puesta al día", de las nociones y los conocimientos.

La carta geográfica de la Sicilia del siglo XII, incisa en un disco de plata con inscripciones arábigas y de concepción esencialmente árabe, con el norte abajo y el sur arriba, acompañaba la descripción del geógrafo musulmán al-Idrisi, el llamado *Libro de Ruggero (El deleite de quien está apasionado por los viajes alrededor del mundo)*. Escrita por encargo del propio rey y a él dedicada, constituye una de las primeras producciones cartográficas de la historia de Europa. Se sabe, por otra parte, que el propio al-Idrisi compuso más tarde una edición ampliada con el título *Jardín de la civilización y solaz del alma* para Guglielmo I, ya que también "en esa corte singular, donde aquella bizarra sociedad se reflejaba en su multiforme armonía, se pedían y retribuían largamente tratados y estudios nuevos a doctos árabes, griegos y latinos" (Siragusa, 1929).

Guglielmo I, apodado el Malvado, tercer hijo de Ruggero II (el único que

Introducción histórico-artística

Catedral, tumba de Ruggero II, Palermo (Publifoto, Palermo).

sobrevivió al padre), reina a partir de 1154. A su muerte, ocurrida el 7 de mayo de 1166, le sucede en 1171 (después de la regencia de su madre Margarita de Navarra) su hijo Guglielmo II, llamado el Bueno, que reinará hasta 1189.

Con él se verifica un salto cualitativo en la cultura sículo-normanda, que culminará en el último decenio de la dinastía y que, en la continua puesta a punto de un código arquitectónico que cumpliera la función de "instrumento regio", amalgamará las matrices griega, latina y musulmana; el resultado es un arte que no parece ya una síntesis de las tres culturas, sino una manifestación original en la que no se reconoce cada uno de los componentes, pese a que hayan alimentado las raíces del nuevo orden arquitectónico.

Entre las realizaciones de la época normanda, el Parque Real de la llanura (la *Piana*) de Palermo y los edificios construidos en él, los llamados *solaces*, figuran entre las creaciones más complejas y originales del arte y la arquitectura civiles, cuya belleza inspiró más tarde a los poetas sicilianos musulmanes expatriados de su propio país.

Múltiples son los relatos de viajes en toda la época de la regencia normanda, a menudo de musulmanes árabes, como el dedicado a Guglielmo II por el famoso Ibn Yubayr. Se trata a veces de nostálgicos exiliados sicilianos que solían intercalar, en el relato de las bellezas y la dulzura del clima y de los frutos de la isla, las imprecaciones y las maldiciones dirigidas a las nuevas clases hegemónicas de Sicilia para asegurarse la benevolencia de Dios por haber cantado las magnificencias de los infieles. Esto va acompañado siempre del lamento por ver transformadas a las poblaciones de la isla en seguidoras de la iglesia cristiana.

La arquitectura religiosa palermitana de apreciable carácter románico del periodo condal, ejemplificada en la iglesia aún en pie de San Juan de los Leprosos, es seguida por el áulico ciclo de una arquitectura eclesiástica más acorde con el nuevo rango de la ciudad como sede de la corona y del solio real, ya no vinculada a una impeditiva afirmación de la cultura de origen de la dinastía en el poder.

La contienda entre cristianos de Oriente y cristianos de Occidente, reavivada por la sucesión al solio pontificio de papas ligados al rito greco-bizantino y al rito latino (entre ellos Honorio II e Inocencio II), puede explicar la afirmación del arte decorativo árabe en el periodo normando. Frente a la necesidad de un arte religioso de Estado, el antagonismo creado por la introducción del clero latino, al que Ruggero confía los lugares de culto más importantes, produce un cierto descontento entre el clero griego, presente en la isla antes de los musulmanes. Los dos cleros permiten que las artes decorativas de las renovadas catedrales e iglesias recurran a los repertorios determinados por la presencia de los artistas y maestros constructores nativos musulmanes y cristianos ortodoxos, que introducen significados nuevos y motivos antropomorfos de la representación de Cristo y las historias del Antiguo Testamento y los Evangelios. Lo demuestran el uso de un aparato decorativo tridimensional de origen islámico en los techos, hornacinas y cúpulas, el empleo de revestimientos musivos de tradición bizantina o el de la escritura como elemento decorativo, común al arte árabe y al bizantino.

La mayor permeabilidad a las influencias orientales y musulmanas, hacia las cuales se ven guiados los maestros cons-

Zisa, fachada principal y estanque, Palermo.

tructores de la corte normanda (entre los que sobresale la figura de Girardo el Franco) ineluctablemente renovados con la incorporación de artistas nativos o extranjeros formados en aquellas culturas, además de derivar de la confrontación con las pequeñas pero refinadas obras patrocinadas por los cada vez más poderosos dignatarios griegos, es consecuencia de la estabilidad política interna alcanzada entre las distintas etnias y confesiones, y de una buscada identidad estatal.

Zisa, vista imaginaria de R. Lentini, 1935 (Superintendencia Regional de Bienes Culturales), Palermo.

Catedral, arco, Monreale.

También la magnificencia de la corte normanda (como, más tarde, la de Federico II de Suevia) reproduce modelos orientales, y lo mismo puede decirse de las series de mosaicos de las iglesias y residencias levantadas por Ruggero II, Guglielmo II y sus grandes almirantes, principalmente después de las brillantes expediciones militares contra Bizancio que reportaron al reino, además de enormes riquezas, cualificados maestros griegos.

Cuando muere Ruggero II ya está consolidada la fama del reino como lugar paradisiaco. En *Liber ad honorem Augusti*, de 1195, Pietro da Eboli canta en dísticos elegíacos la pérdida del rey normando Guglielmo II: las miniaturas de la composición, conocida también como *De Rebus Siculis Carmen* y conservada en la Biblioteca de Berna, presentan elocuentes imágenes de la política normanda de convivencia entre los pueblos. La miniatura que ilustra la ciudad llorosa por la muerte de Guglielmo II muestra, divididos por sus barrios de pertenencia, a los representantes latino, árabe, griego y normando. Se sabe también, por los documentos y actas de la época, que los reyes normandos habían reunido las producciones científicas y culturales de las disciplinas más diversas. Ellos empujan a los sabios árabes, a su pesar, a escribir y estudiar para el progreso de los conocimientos de los infieles, ayudados en la producción escrita, ciertamente, por el uso del papel, cuya elaboración habían aprendido los árabes en Egipto, en vez del pergamino.

Los supervivientes de aquellas poblaciones musulmanas inmigradas siguiendo a los emires y escapadas de las persecuciones cristianas eran tolerados si se agrupaban en pequeñas comunidades aisladas en el territorio; tanto es así que Ibn Yubayr refiere que estas comunidades tenían mercados propios y mezquitas, obedecían las sentencias de sus *cadíes*, seguían la oración de los *muecines* y escuchaban en sus escuelas a los maestros coránicos.

Se remonta a los primeros años del reino la aplicación de un régimen de tolerancia que contemplaba, en todo caso, formas concretas de la diversidad: "La administración de la justicia mantenía las formas establecidas bajo Ruggero II según las cuales se admitía por igual a musulmanes y cristianos a declarar en juicio, pero regían para unos las prescripciones del Corán, para los otros el derecho de los longobardos, y el de los francos para la aristocracia de los feudos de origen latino o normando; mientras que para los nativos de origen griego o latino, para la burguesía y, en general, para todas las clases no sujetas a los feudos, se aplicaba el Derecho Romano" (Siragusa, 1929).

A la época de Guglielmo II, extensible idealmente a la breve duración del reinado sucesivo de Tancredi, pertenecen importantes reformas organizativas de la administración y el protocolo institucional (para Federico II de Suevia, este ordenamiento sería determinante en su programa de gobierno y de política de la imagen). Análogo impulso se registra en el campo arquitectónico y artístico: algunos de los edificios más importantes del medioevo siciliano se construyen o ultiman precisamente en el periodo comprendido entre 1166 y el primer lustro de la década de 1190. Esto ocurre por directo interés regio o en el ámbito del clima cultural inculcado por la corte de los últimos Altavilla. En Palermo, además de la conclusión de los trabajos de decoración en el interior del Palacio Real y en los *solaces*, comienza la obra inmensa de reconstrucción definitiva de la Catedral. Algunas de estas obras, las más áulicas, atestiguan la definitiva metabolización de la *koiné* artística islámica contemporánea con los códigos figurativos bizantinos, sobre la base de una cultura arquitectónica siciliana por entonces ya robusta. Esta también ejerce su influencia en parte de la Italia meridional, donde, por lo demás, se habían difundido ya los repertorios de la cultura artística islámica llevados por los propios normandos o con otra proveniencia (entre ellas, el efímero emirato en Apulia). En particular, en Amalfi y Ravello (Campania), se deja sentir la tardía difusión de rasgos estilísticos de las culturas artísticas y arquitectónicas islámica y sículo-normanda. En ellas toma forma una peculiar experiencia arquitectónica de base ecléctica como síntesis de una *koiné* mediterránea medieval.

Capilla Palatina, púlpito y candelero para el cirio pascual, Palacio Real, Palermo.

Introducción histórico-artística

Cuba, vista general, Palermo (Gally Knight, 1838).

Cuba, detalle de la fachada lateral, Palermo.

De 1189 a 1194, extinguida con Guglielmo II la línea hereditaria masculina del rey Ruggero, está en el trono Tancredi di Lecce, hijo natural de Ruggero, Duque de Apulia y sobrino de Guglielmo II, que en los dos últimos años reinará junto con su hijo Ruggero. De febrero a noviembre de 1194 le sucederá finalmente Guglielmo III, bajo la regencia de su madre Sibilla; con él termina trágicamente la dinastía de los Altavilla, barrida por la ocupación del sur de Italia y de Sicilia de Enrique VI de Hohenstaufen, rey de Alemania y emperador del Sacro Imperio Romano, hijo de Federico Barbarroja.

Con Enrique VI culminaba el antiguo sueño imperial, de ascendencia otoniana, de conquistar territorios italianos para restaurar un único dominio en el área mediterránea. Antes de la campaña contra los feudatarios sicilianos fieles a los Altavilla, había capturado a Ricardo Corazón de León, que albergaba pretensiones dinásticas al reino de Sicilia; a continuación obtiene, además de un conspicuo rescate, la sumisión formal del reino de Inglaterra (fundado en 1066 por Guillermo, Duque de Normandía). Casado en 1186 con Costanza de Altavilla, hija de Ruggero II, Enrique VI reivindicó para sí la sucesión a la corona de Sicilia, que detentó junto con su mujer de 1195 a 1197, año en que muere en Mesina durante una cacería, dejando el trono a su hijo Federico.

Después de la regencia de su madre Costanza (1197-98), el pequeño Federico II de Suevia es confiado, durante su minoría de edad, a la tutela del Papa Inocencio III. El plan normando de supremacía centromediterránea será reafirmado precisamente por Federico II, para ser secundado después, aunque con menos intensidad, por los primeros soberanos de la dinastía aragonesa, que sucederá en el reino de Sicilia a la casa de Anjou después de la revuelta de 1282.

Entre otras cosas, Federico II establece en su corte un centro de producción literaria en vulgar siciliano y una verdadera escuela poética, después documentada en los cancioneros toscanos, dando vida así a la primera experiencia poética original e institucional italiana y a la primera elaboración literaria del futuro vulgar italiano.

Después de la muerte de Federico II (1250), hasta 1270 los Anjou no logran reprimir la resistencia de los barones y del pueblo, unidos en su rechazo a la nueva dinastía *güelfa* impuesta por el Papado. La fidelidad a la casa sueva y el horror por la ejecución del adolescente Corradino, último descendiente masculino de Federico II, decapitado por Carlos de Anjou el 29 de octubre de 1268 en Nápoles, en la plaza del mercado, no pueden ser erradicados por el régimen de terror y abusos instaurado por el lugarteniente Guglielmo l'Etendart: el 30 de marzo de 1282, lunes de Pascua, a la hora del véspero (*vespro* en italiano, de ahí el nombre de la revuelta), comienza en Palermo, apoyada por la facción feudal legitimista, la sublevación popular que llevará a la separación de los territorios continentales del reino italiano de los Anjou.

Con la *Guerra del Vespro*, la aristocracia de la isla redescubre su originaria vocación feudal, por lo que arregla, transforma o construye castillos, burgos fortificados y torres. La recuperación aristocrática de las alturas, con los asentamientos rupestres fortificados, introduce un carácter que se convertiría en distintivo del paisaje siciliano de la Edad Media.

Estos castillos, situados en las zonas de desarrollo de los valles o en el curso alto de los ríos, o incluso guardando vados o collados, reintegran viejos *donjons*

Corona de la tumba de Costanza, Tesoro de la Catedral, Palermo (Publifoto, Palermo).

Catedral, tumba de Federico II, Palermo (Publifoto, Palermo).

Introducción histórico-artística

Castillo, vista panorámica, Mussomeli.

normandos, caseríos fortificados del periodo de la *yihad*, restos de *caravansarays* y todo cuanto se había salvado, durante la decadencia de la segunda mitad del siglo XIII, de la que había sido florida campiña en la época árabe y en los períodos normando y suevo. Entre las construcciones que ofrecían mejores condiciones de asentamiento para el proceso de edificación militar ligado al relanzamiento del feudalismo (fenómeno que los normandos habían encauzado subordinándolo, sin embargo, a un eficaz centralismo y que la autocracia de Federico había mantenido), estaban ciertamente los restos de aquellas fortalezas en lo alto, de aquellos caseríos y pueblos a gran altitud a los que se habían retirado los musulmanes no integrados en el nuevo orden cristiano del reino normando de Sicilia.

Los musulmanes de clase social alta, al igual que los reintegrados en las filas militares (los llamados "árabes" nacidos en Sicilia que formaban tropas elegidas, en particular arqueros y caballería ligera además de marineros) o los dedicados a las ciencias, las artes, el comercio y la administración, se reinsertan en la vida de las mayores ciudades para después ser absorbidos totalmente en la nueva realidad del proceso de latinización de Sicilia. Por el contrario, las comunidades islámicas campestres constituyen durante largo tiempo auténticas reservas, jurídicamente sometidas pero de hecho fieles a sus tradiciones, incluidos el tipo de organización social y la función institucional del derecho coránico.

De común acuerdo con los barones latinos, los inmigrantes lombardos (llegados a Sicilia a partir de 1087) habían empezado una sistemática persecución de los musulmanes: una latente guerra civil, con una fase aguda en 1161, que diezmaría a las comunidades agrícolas islámicas, por otra parte hostigadas por los Altavilla y la corte. El resultado había sido una masacre de musulmanes en la capital, y se había puesto en peligro la autoridad del propio Guglielmo I, cuyas simpatías por el mundo islámico, sobre todo en los campos artístico y científico, eran poco apreciadas por los labriegos y los terratenientes cristianos. En la cúspide del reino se había producido una integración étnica, religiosa y cultural entre musulmanes, griegos y latinos nacidos en Sicilia, con la pacífica intromisión de elementos extranjeros (griegos de los Balcanes o de la Italia meridional, normandos y musulmanes norteafricanos). Un modelo de vida cosmopolita que reflejaba en versión áulica el clima de convivencia instaurado en Palermo entre las clases populares y verificable hasta la época de los dos reyes Guglielmo.

Con la muerte de Guglielmo II se quiebra aquel difícil equilibrio que la corona normanda había sabido mantener con autoridad exaltando, entre otras cosas, la contribución de los artistas y los estudiosos musulmanes a la delineación de un carácter original de la cultura siciliana de la Edad Media: desde el formidable ciclo de las arquitecturas reales de la capital hasta la notable actividad constructora aristocrática en las ciudades o la promoción de una floreciente actividad productiva (y aquí hay que destacar los astilleros, las industrias de la seda en la zona de Mesina y las del papel).

Fragmento de jarrón, antes de 1161, Museo Regional de la Cerámica, Caltagirone.

Fragmento de copa pintada y vidriada, primera mitad del s. XII, Museo Regional de la Cerámica, Caltagirone.

Introducción histórico-artística

La fascinación por la cultura islámica será determinante en la formación de Federico II, sobre todo en la fase inicial, exclusivamente siciliana, de su reinado, caracterizada por una renovación de la cultura sículo-normanda que precedió al giro germanizante de los años veinte del siglo XIII, cuando empieza a idear un plan militar sistemático, tras fallarle todas las formas intimidatorias, para reducir los enclaves de musulmanes a la condición precedente de sujeción jurídica. Impulsado por motivos políticos, antes de iniciar la campaña militar en Alemania decide resolver de una vez por todas la cuestión de la insurrección musulmana en Sicilia. Con una armada considerable asedia Calatrasi, Jato y Entella, y al final logra eliminar a Muhammad Ibn 'Abbad, creador de un emirato independiente. Después de una enésima revuelta en 1243, el posterior contraataque de Federico II se traduce en la expugnación definitiva, en 1246, de todos los asentamientos musulmanes supervivientes, con el traslado forzoso de los últimos disidentes a Lucera.

Castillo Ursino, escalera de una de las torres, Catania.

Quizá obligado a estas medidas drásticas por los acontecimientos, Federico había cultivado, en cambio, la idea de un gran imperio mediterráneo, e incluso después de esta guerra civil en Sicilia sigue influido por el mundo islámico. Sus castillos en la costa jónica de la isla, los de Augusta, Siracusa (Castillo Maniace) y Catania, como casi todas las edificaciones promovidas por Federico, aúnan sistemas constructivos y códigos ornamentales de decidida impronta gótica con esquemas arquitectónicos de clara proveniencia musulmana (particularmente evidentes son los rasgos que remiten al *ribat* de Susa y a otros edificios fortificados de Ifriqiya).

Por otro lado, las raíces sículo-normandas afloran en el aspecto gótico de los elementos arquitectónicos —sin duda bajo la culta dirección o la inspiración del arquitecto del emperador, Riccardo da Lentini—, casi como si se quisieran aunar los principales componentes de la pretensión supranacional de Federico. Y si bien estamos seguros de la aportación de maestros musulmanes a algunos de estos edificios (en Siracusa, es identificable la comunidad islámica aún después de la diáspora de Lucera), en esto no se tienen noticias fiables de las sucesivas etapas medievales del arte y de la arquitectura siciliana. Y, sin embargo, incluso en la época aragonesa permanece en el arte decorativo italiano un aura islamizante, a veces apenas perceptible (en las decoraciones de puertas y ventanas o en ciertas manifestaciones de *horror vacui* comunes al área siciliana y a la ibérica), a veces impetuosa; valga de ejemplo, entre otros,

Palacio Real, Habitación de Ruggero, bóveda, Palermo.

la longeva tradición de los techos de madera pintados, incluso en el creciente sesgo gótico de los repertorios correspondientes.

Por lo demás, a partir de los primeros años del Trescientos, la intromisión de rasgos arquitectónicos y ornamentales ibéricos (aragoneses y catalanes) en un gótico siciliano de derivación (con bases sículo-normandas) y en los remanentes "arábigo-sicilianos" termina por crear una especie de *koiné* cultural de dos áreas mediterráneas que, únicas en Europa, tenían en común su pertenencia durante mucho tiempo al *Dar al-Islam* y la permanencia de la cultura islámica, en plena reafirmación del cristianismo, bajo la forma del redescubrimiento.

Influencias islámicas, decantadas de la tradición áulica sículo-normanda y federiciana, se descubren tanto en los palacios urbanos de la gran aristocracia de la época aragonesa (los Chiaramonte, los Sclafani) como en los caracteres figurativos y a veces en la distribución de las residencias urbanas y las construcciones fortificadas de las familias que dominaban vastas áreas de Sicilia formando un Estado dentro del Estado (entre ellas, los Alagona, los Moncada, los Peralta, los Ventimiglia y también los Chiaramonte y los Sclafani).

Suevos y aragoneses acogen, sin conseguir ni el equilibrio ni la grandiosidad de la política de la imagen, la lección de la dinastía normanda con la voluntad de perpetuar la vocación imperialista y las implicaciones de la *renovatio imperii*, en una consciente identificación dinástica y garantista con la nueva patria. Diferían, en esto, de la falta de promoción artística de los aborrecidos angevinos, los únicos, incluso respecto a Enrique VI, que ejercieron sobre la isla una auténtica dominación, cuya arrogancia y rapacidad habían despertado un movimiento de redención nacional con la participación de casi todas las facciones aristocráticas, de los campesinos, los artesanos y la plebe urbana en la *Guerra del Vespro*.

No es casual que, cronológicamente, la *Historia Sicula* de Nicolò Speciale coincida con el relanzamiento del imperialismo de la corona de Sicilia, siguiendo la tradición normando-sueva hecha propia por Federico III de Aragón (r. 1296-1337), que quería devolver el reino de Sicilia a aquel centralismo trasplantado, en cuanto a hechos europeos y mediterráneos se refiere, del periodo en que el reino extendía su soberanía a todas las provincias del sur de Italia y a las costas de Túnez y de la península balcánica entre Durrës y el Peloponeso.

El acontecimiento final de esta ansia de centralismo se consuma con el enfren-

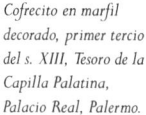

Cofrecito en marfil decorado, primer tercio del s. XIII, Tesoro de la Capilla Palatina, Palacio Real, Palermo.

Introducción histórico-artística

G. Conti, *"Federico II recibe del filósofo Miguel Scoto la traducción de las obras de Aristóteles"*, 1860, Palacio Real, Palermo.

tamiento, por la supremacía en Italia, entre Luis III de Anjou y Alfonso V de Aragón, que había sucedido en la corona del Reino de Sicilia a Fernando I después de la regencia de su madre Blanca, regente ya con Martín II.

La acción político-cultural inaugurada por Alfonso V y continuada por sus sucesores alejará definitivamente Sicilia (y el sur de Italia) de los intercambios con el norte de África y con Oriente, un proceso que había comenzado al día siguiente de la *Guerra del Vespro* pero que a finales del siglo XV ve superponerse una culta tendencia renacentista a aquel declive humanístico del tardogótico siciliano, testigo aún de influjos islámicos.

RECORRIDO I

Arte regio de la época normanda: los *solaces* y el Parque Real

Comité científico

I.1 PALERMO
    I.1.a Zisa
    I.1.b Cuba
    I.1.c Pequeña Cuba
    I.1.d Torre Alfaina
    I.1.e Uscibene

Los estudios de la cultura arquitectónica sículo-normanda en el siglo XIX

I.2 MONREALE
    I.2.a Castillote (Castellaccio)

I.3 ALTOFONTE
    I.3.a Palacio Real y Capilla de San Miguel Arcángel

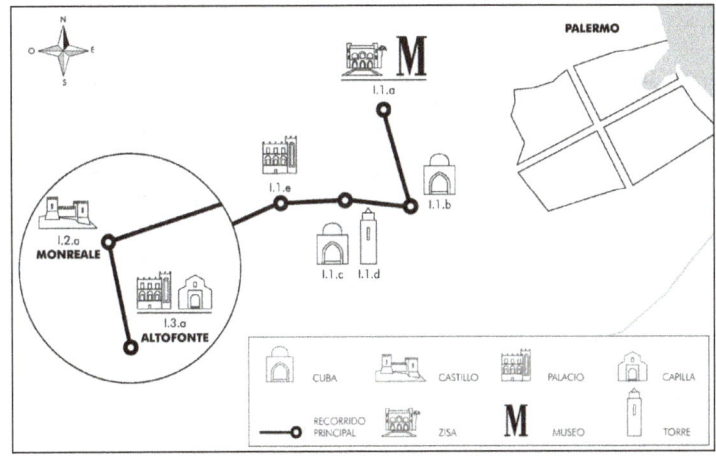

Zisa, arco de entrada, Palermo.

*Zisa, iwan, Palermo
(Gally Knight, 1838).*

Es el 25 de diciembre de 1071 (en otras dataciones, enero de 1072); Palermo, asediada desde hace cinco meses por las tropas del duque Roberto el Guiscardo y el conde Ruggero, hijos del normando Tancredi de Altavilla, capitula: "El duque, preparados los ingenios y las escalas para salvar los muros, penetró a escondidas con trescientos soldados en los jardines que se encontraban en el lado opuesto al que estaba la flota, mientras su hermano hacía lo propio por su lado. A una señal convenida, irrumpieron con gran estrépito y sin dudarlo. Toda la ciudad, aterrada por el clamor, corrió a las armas y se dispuso a la defensa. (...) Al día siguiente, las autoridades, establecida una tregua, se presentaron ante los dos hermanos, asegurando que no querían violar o desacatar las condiciones de paz, siempre que se les garantizase que no serían vejados con nuevos e injustos tributos" (Malaterra, 2000).

La época normanda siciliana ha pasado a la historia como un reinado de gran tolerancia, y los reyes de la dinastía, como ilustrados y cultos. Junto a su tradicional fama de guerreros, los Altavilla tienen también la de promotores de la arquitectura civil y religiosa más insigne del medioevo siciliano, de las realizaciones más refinadas y perfectas, de los arreglos más deleitosos en el arte de los jardines. La exigencia de que se reconociera la imagen del nuevo reino, sea en el ámbito político o en el geográfico, la necesidad de exhibir una superioridad cultural y patrimonial y la exclusión de la autoridad papal

RECORRIDO I   *Arte regio de la época normanda: los* solaces *y el Parque Real*

inducen a los Altavilla a llevar a cabo una auténtica política de la imagen que los condicionará para el mantenimiento atento de ordenamientos y formas administrativas dentro de la convivencia con todas las culturas y religiones presentes en Palermo y, en general, en la isla. Reconocidos como los protagonistas de una de las cortes más admiradas, el conde Ruggero y sus descendientes sacarán provecho, quizá a su pesar, del proceso de antropización del territorio efectuado por la política musulmana con el asentamiento de colonos y la introducción de cultivos (como los cítricos, la caña de azúcar, la palmera datilera) y de nuevas técnicas de plantación y riego; fascinados por las moradas extramuros (los *qasr*s emirales con lujuriantes jardines), se apropiarán de ellas y enriquecerán sus ambientes y jardines.

La realización de parques con *solaces* y bosques obedece al intento de la casa real normanda de crear un "paisaje ideal", un paraíso. Territorio abundante en agua, lugar de "gran fertilidad", la Piana de Palermo (más conocida como Cuenca de Oro —*Conca d'Oro*— desde el siglo XVI) cumple no sólo los requisitos de paisaje cultivado, sino también los de lugar de deleite con jardines placenteros. En Sicilia se asiste, por otra parte, a una continuidad que, a partir de una tradición ya fijada en la era romana, había incluido también las realizaciones musulmanas, tanto de placer como con fines económicos, dada la intensificación de los cultivos y el perfeccionamiento de los sistemas de irrigación favorecidos por las reducciones de tasas sobre la inversión agrícola. La construcción de edificios y pabellones aislados, de jardines, estanques y arroyos artificiales en un único territorio se ha hecho descender de la tradición que tiene su origen en la disposición "en pabellones" de los palacios urbanos de Roma del siglo III y que se repropone en el siglo XII, en la corte normanda de Sicilia, con fórmulas originales. Algunos estudiosos (entre ellos Krautheimer, 1986) identifican esta continuidad tipológica en tres hitos fundamentales: la villa de la tradición romana de época imperial (como la de Piazza Armerina), el palacio bizantino de la Constantinopla de los siglos IX-X y los edificios de jardín de la época normanda en Sicilia. Según lo que nos han transmitido los cronistas latinos de la época, el gusto cultural de la corte normanda era bastante tolerante, pues seguía usando para sus entretenimientos y vacaciones de corte "los albergues que habían confortado los ocios de los emires kalbitas", apropián-

Capilla de S. Miguel Arcángel, fachada lateral, Altofonte.

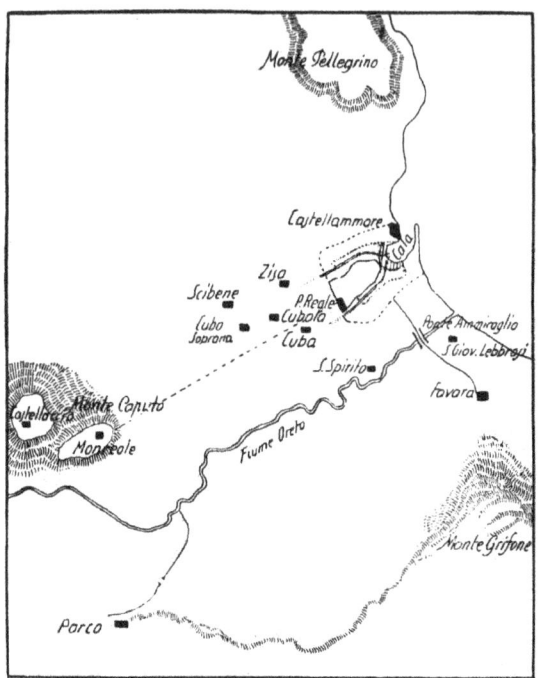

Parque Real de caza con la ubicación de los sitios reales (Di Stefano, 1955).

se con mínimas resistencias (y tal vez también con el fin de exorcizar su presencia) de construcciones y zonas ya utilizadas en época árabe, manteniendo, después de haberlas restaurado y ampliado, las villas suburbanas y los edificios profanos.

La presencia de jardines y casas árabes extramuros constituía un fenómeno de gran extensión, como lo atestigua la complacencia de los viajeros musulmanes; los *muʿaskar*s denotaban, en efecto, la apropiación de la campiña suburbana y eran resultado de una beneficiosa política de aprovechamiento de los manantiales y cursos de agua existentes. La ordenación del territorio extraurbano sufrió radicales transformaciones en la época nor-

manda, entre otras razones porque la corona entró en posesión de los vastos alrededores de la ciudad, cerrados por relieves montañosos. La existencia anterior de los cultivos constituyó, verosímilmente, un tejido unificador que permitió la transformación de la llanura de Palermo en el gran Parque Real Normando que se extendía en torno a la ciudad, variadamente transformado, ampliado y enriquecido con pabellones desde la época de Ruggero II (1112-1154) hasta la de Guglielmo II (1171-1189).

En la organización general del parque, también el agua de manantiales, pozos y torrentes está domesticada de una manera arquitectónica y encuentra expresión en las fuentes, los lagos artificiales, las estructuras que regulan la salida de los manantiales, los estanques y los viveros. Transfigurada en materia artística, se convierte en el elemento natural inspirador de poemas y descripciones nostálgicas, y entre las fuentes más bellas de la época figuran las de la sala central de la Zisa y la del Claustro de Monreale. También los tipos de canalización artística de las aguas hechos por los soberanos normandos en sus residencias de temporada encuentran referencia en ejemplos de la era romana, seguramente transmitidos por el conocimiento indirecto de modelos y prototipos entonces ya sustraídos a la memoria colectiva (como el *ninfeo* de Ulises y Polifemo de la Domus Aurea neroniana, o los juegos acuáticos de los jardines de las casas de Pompeya), los mismos a los cuales es posible reconducir también las realizaciones musulmanas de Sicilia.

En el interior del gran Parque Real Normando, que se extendía alrededor de la ciudad y comprendía la zona de Monreale y de Parco (Altofonte), surgen durante la regencia de los Altavilla los pabellones con viveros y estanques (los *solaces*), cuya peculiaridad consiste en la presencia de *iwan*.

En su desarrollo, el Parque Real está caracterizado por tres periodos, como lo demuestran las diversas tipologías y la configuración arquitectónica de los *solaces*, construidos en los terrenos de caza como lugares para reposar o hacer un alto. De ahí derivan las distintas denominaciones con las que figura en actas y documentos: Parque Viejo, Parque Nuevo y Genoardo (del árabe *yannat al-'ard*, "paraíso en la tierra").

El Parque Viejo existía antes de la llegada de los normandos; se trataba de un parque de gran extensión que, desde las laderas del monte Grifone, se extendía hacia el norte hasta las murallas de la ciudad, comprendido el río Oreto.

Entre 1130 y 1150, Ruggero II restaura y amplía para uso propio el palacio de Maredolce o de Favara del emir kalbita Ya'far, en ruinas dentro del parque, le agrega numerosos jardines y extiende el gran lago (hoy en buena parte sacado de nuevo a la luz). *Mare dolce* ("mar dulce") era el nombre del lago, que estaba alimentado por dos surtidores (*fawwaras*), con una isla central plantada de naranjos y limoneros, y con dos palmeras gemelas; el palacio estaba construido sobre un promontorio que se reflejaba en el lago. No queda ni rastro, en cambio, del palmeral que se extendía desde el palacio del emir Ya'far hasta la orilla del río Oreto y que Ibn Hawqal había visto a mediados del siglo X (aunque segu-

Federico II con sus halconeros, "De Arte Venandi cum avibus", códice del s. XIII, Biblioteca Apostólica Vaticana, Roma.

Cuba, mocárabes del saliente, Palermo.

Pequeña Cuba, vista general, Palermo (Gally Knight, 1838).

ramente fue destruido por los pisanos en 1063).

Más tarde, Ruggero II creará un verdadero parque cinegético que llamará Parque Nuevo: circunda una vasta área con una muralla continua y edifica en su interior nuevos palacios, aunque se cree que fueron levantados sobre anteriores *hipogeos* y baños. Dentro del Parque Nuevo surgen, así, el Palacio del Parque (hoy Altofonte), famoso por una "fuente amenísima", y el Palacio de Uscibene, en Altarello di Baida, al suroeste de la población, cuyo jardín atravesaban cuatro grandes canales que desembocaban en un vivero. Delimitado por un muro en sus lindes, al Parque Nuevo se llegaba, para quien saliera de los muros de Palermo cerca del Palacio Real, por una carretera que, tras pasar el río Oreto, se dirigía hacia la actual Villagrazia y llegaba hasta la "Puerta Lirio", entrada al parque.

Entre 1165 y 1180 aparece uno de los edificios más complejos y artísticamente rematados, la Zisa, en una zona que después se conocerá por Genoardo; es la última creación paisajística, perteneciente ya a la fase final del periodo de estabilidad de la casa de Altavilla por línea masculina. Como indica su nombre, debió de considerarse el parque más exuberante y representativo, entre otras cosas por los *solaces* y los pabellones que comprendía y los que se habían erigido, la expresión más refinada en la creación de tal tipología. En 1194, cuando llega a Sicilia Enrique VI de Hohenstaufen para obtener la corona real (1195), el Parque Viejo estaba poblado por varias especies animales y todavía se usaba para la actividad venatoria, que gozaba en Sicilia de una larga tradición, como lo prueba el relato de Plinio el Joven de una antigua cacería de pájaros con ramitas de muérdago atadas a cañas. En 1149, Romualdo, arzobispo de Palermo, narra que Ruggero II había introducido en el parque gamos, corzos y jabalíes, y que lo había cercado con un muro, plantando también árboles y diversas especies vegetales. Con ocasión de la última ampliación del parque, también Guglielmo II introduce animales selváticos y nuevas especies arbóreas. Finalmente, las complejas combinaciones de cultivos y floresta y la presencia de edificios sin conexión material entre sí han inducido a estudiosos como Krautheimer a entroncar, por analogía, el vasto parque normando con los grandes sistemas de explotación económica y de entretenimiento creados por las dinastías

RECORRIDO I *Arte regio de la época normanda: los solaces y el Parque Real*
Palermo

musulmanas de los almorávides y los almohades en España.
Hasta la época de Federico II, heredero del reino normando por línea femenina, la caza real se practicaba también en los bosques de los alrededores de la ciudad. Apasionado de la caza con halcón, Federico cuidará del parque de sus antepasados normandos y se preocupará por renovar las datileras de Maredolce, reimportar la jena y el índigo e incentivar el cultivo de la caña de azúcar. La atención de Federico II a las creaciones y el mundo de la naturaleza nace de las enseñanzas recibidas en la corte y de los educadores de Sicilia bajo la guía de su madre Costanza. Culto y refinado, él mismo importa halcones y aves de cualquier parte del mundo conocido, de Inglaterra y de Bulgaria, de la Península Ibérica y de Egipto, de Irlanda y de la India, y en la práctica de la caza se apasiona por la puesta a punto de un sistema científico, como se deduce por su obrita en forma de tratado, *De Arte venandi cum avibus*, sobre la caza con halcón (se conoce por la trascripción de su hijo Manfredi).
Sobreviven aún, en un estado de conservación más o menos bueno, los edificios y los pabellones construidos por la casa real en el gran parque extraurbano. Por sus dimensiones, por la distribución y por la ausencia de casas secundarias, los pabellones del interior de los parques reales no eran utilizados como residencias. Los palacios normandos extramuros parecen más bien destinados a un uso temporal como alto, más o menos breve, durante los paseos o la caza. La fuerza del parque normando en la imagen del paisaje extraurbano es tan tenaz que todavía en

Zisa, detalle con mocárabes, Palermo.

1526 Leandro Alberti, en su *Viaggio in Italia*, describe la ciudad como "país fértil y deleitable (...) con gran copia de bellos y graciosos jardines, llenos con mucho orden de cedros, limoneros, naranjos y otros frutos gentiles", aludiendo también a los jardines cultivados próximos a los edificios reales de la época normanda. Las creaciones en el arte paisajístico serán una constante en la tradición cultural siciliana hasta finales del siglo XIX.

I.I PALERMO

I.1.a Zisa

Desde la Piazza Ruggero Settimo (Piazza Politeama) tomar Via Dante, torcer a la izquierda en Via Serradifalco y dejar el coche en

RECORRIDO I *Arte regio de la época normanda: los solaces y el Parque Real*
Palermo

Zisa, vista de la fachada principal, Palermo.

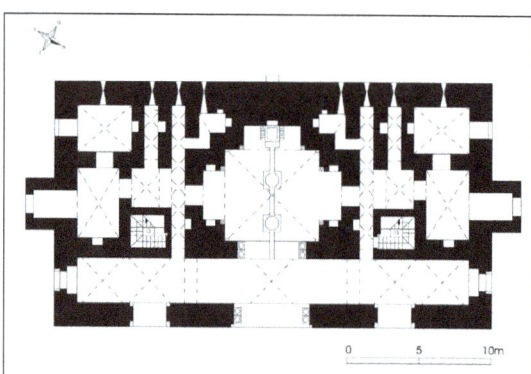

Zisa, planta, Palermo.

Piazza Principe di Camporeale; seguir por Via G. Whitaker y Piazza Zisa, donde está el monumento.

Acceso con entrada, gratuita para menores de 18 años y mayores de 65; se puede comprar un abono (válido durante dos días) para visitar también la Cuba, S. Juan de los Eremitas y el Claustro de Monreale. Horario: laborables de 9 a 19 (en invierno, 18:30), festivos de 9 a 13.

El nombre podría derivar, según algunos estudiosos, del árabe *al-'Aziz* ("el Fuerte"). La construcción (1165-1180) se empezó durante el reinado de Guglielmo I y se concluyó bajo Guglielmo II, como atestigua la inscripción de la Sala de la Fuente, en la que figura el apelativo *Musta'izz*, "ansioso de gloria", de lo cual se jactaba este último rey. El palacio, orientado a levante, hacia la ciudad y el mar, se alzaba dentro del Genoardo, cerca de un acueducto y de unas instalaciones termales, quizá de época romana, cuyos restos se hallaron en 1972 en el área contigua al lado norte del palacio. Frente a la fachada principal está el estanque del vivero, cuyos restos se ven aún junto a los de un pequeño pabellón en el centro del espejo del agua y al que en otro tiempo se podía llegar por un puentecillo. El complejo del *solaz* comprende una capilla, dedicada a la Santísima Trinidad, con ábside y bóveda de crucería y altar cubierto por una cúpula hemisférica sobre *trompas* escalonadas y con el plano de imposta sobre bovedillas alveoladas. En 1803, a la capilla original del palacio se le añadió al lado la pequeña iglesia de Jesús, María y San Esteban.

El palacio se caracteriza por un cuerpo compacto de tres pisos, con una altura de 25,7 m, de planta regular y con dos salientes torreados en el centro de los lados menores. La planta baja está ocupada en el centro por una gran sala y, en los lados, por espacios más pequeños, dos de ellos con escaleras de acceso a los pisos altos. A la sala, como a los corredores de paso

RECORRIDO I   *Arte regio de la época normanda: los* solaces *y el Parque Real*
Palermo

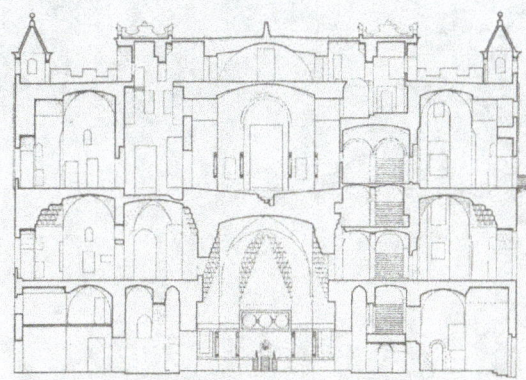

Zisa, sección, Palermo (Gabrieli y Scerrato, 1979).

Zisa, nicho lateral del iwan, Palermo.

a las estancias periféricas, se entra a través de un vestíbulo abovedado, dispuesto paralelamente a la fachada principal (la oriental) del palacio y de la misma longitud que esta.

La Sala de la Fuente es un ambiente cuadrado, con un lado abierto al vestíbulo por un amplio arco ojival sostenido por columnitas pareadas y, en los otros tres lados, amplias hornacinas con columnitas y de terminación recta, rematadas en bóvedas de *mocárabes*. El nicho occidental, en eje con el portal, es el más complejo y articulado, y de su pared brota, por un particular *ninfeo*, el agua que discurre en ondas sobre un plano inclinado escultórico y se encauza por una serie de piletas y canalillos de mármol para desembocar subterráneamente en el vivero. Las paredes de la sala conservan todavía parte de los mosaicos que las revestían y parte de la inscripción musiva con caracteres *nasji* que, alrededor del arco de entrada, exalta el palacio y al soberano que lo terminó. Por la gran altura de la Sala de la Fuente y del vestíbulo de entrada, el segundo piso del palacio está limitado a las dos alas, que se comunican en la fachada occidental por un largo corredor. El tercer piso, que ocupa toda la superficie, recupera la distribución de la planta baja; está constituido, así, por un gran salón central con una sala-mirador contigua que se asoma a la fachada principal y dos unidades residenciales, en las alas norte y sur. El salón, que retoma el esquema planimétrico de la sala de la planta baja, sería en origen un patio descubierto, hipótesis avalada por el desnivel del pavimento hacia un *impluvio* central y por la presencia de cuatro columnas aisladas, colocadas en

RECORRIDO 1   *Arte regio de la época normanda: los solaces y el Parque Real*
Palermo

Zisa, ninfeo del iwan, Palermo.

Zisa, mocárabes del ninfeo del iwan, Palermo.

correspondencia con los cuatro ángulos. Debió de cubrirse en las obras de 1635, encomendadas por la familia Sandoval.

El paramento mural externo de la Zisa está marcado por arcos ciegos ojivales rehundidos. Los de los dos órdenes superiores de la fachada principal y las laterales están dotados de *bíforos* con columnita central y *óculo* (hornacinas en las torrecillas) en la pechina de los arcos. En la fachada oriental se abren las tres puertas ojivales de entrada al palacio, de las cuales la central, más amplia y recalcada con un arco doble, sobrepasa la altura de la planta baja. Una cornisa de ático con epígrafe árabe, incluida en una rica orla con frisos, cierra el edificio con una línea decidida, hoy fragmentada por haberse practicado en el pasado un coronamiento almenado.

Propiedad de la monarquía siciliana y después de diversos particulares, que la utilizaron como residencia de finca agrícola, fue transformada en 1624, en tiempos de peste, en lugar de cuarentena. Finalmente, en 1635 fue adquirida en subasta por Juan de Sandoval, que por ello obtuvo el título de Príncipe de Castel Reale. A continuación se hicieron varias intervenciones, como la citada cubierta del patio central del tercer piso y la construcción de una escalinata en el ala norte. En 1951, la Zisa fue expropiada y entregada a la administración regional de los bienes públicos y, en esos mismos años cincuenta, se hicieron las primeras obras para despojarla de las transformaciones barrocas. El ala norte, de todos modos, ha sido reconstruida en las últimas décadas, después del derrumbamiento de las estructuras y del paramento mural ocurrido el 12 de

RECORRIDO I   *Arte regio de la época normanda: los solaces y el Parque Real*
Palermo

Zisa, sala superior, Palermo.

Zisa, sala superior, detalle, Palermo.

octubre de 1971. El desarrollo de algunas excavaciones ha permitido, además, el hallazgo de una parte de galería subterránea que, paralela a la fachada occidental, tenía la función de conducto para el drenaje de las aguas.

Después de la restauración y la reconstrucción, el palacio se ha abierto al público y alberga el Museo de Arte Islámico. En el primer piso se exponen ánforas con decoración en barniz rojo y pardo, barreños, anforillas con filtros, candiles y jofainas vidriadas que datan de los siglos XI y XII. La mayor parte de la cerámica que forma parte de esta colección se ha encontrado durante las excavaciones arqueológicas hechas en Palermo, en las zonas de las fortificaciones del Castillo de San Pedro, en el barrio de la iglesia de San Alejandro y en el barrio de Seralcadio. En el mismo piso se encuentra una serie de ánforas halladas en la propia Zisa durante los trabajos de restauración de 1972. Se trata de ánforas acanaladas, es decir con el cuerpo recorrido por líneas ejecutadas en el torno, que se utilizaban como relleno de los lados de las bóvedas, conforme a una práctica consolidada desde época romana. Naturalmente, las tipologías de producción varían según los diferentes usos: se distinguen ánforas de cuello estrecho y largo, cuyas dimensiones van de los 45 a los 50 cm de altura, empleadas para el transporte de líquidos, y ánforas con el cuello atrofiado y boca ancha, de más de 60 cm de altura, para conservar alimentos.

En las salas del primer y el segundo piso hay algunas manufacturas provenientes de los países de la cuenca del Mediterráneo: bacías, lavamanos, morteros, cuencos y

Cuba, vista general, Palermo.

candelabros en latón batido, algunos con decoración ejecutada en *niel* y enriquecidas con plata, otras con incisiones que representan escenas de la vida de corte. Un denominador común de ambas tipologías son los caracteres *cúficos*, preciados documentos del arte sirio-mesopotámico de los siglos XIII y XIV. De gran interés es también el lavamanos en latón batido con decoración incisa e incrustaciones en plata, con inscripciones que representan escenas de la corte y signos del zodiaco, que data del siglo XIII.

Otra manufactura de extraordinaria importancia se expone en la sala suroeste del primer piso; se trata de una lápida marmórea de forma hexagonal, con una cruz central con incrustaciones musivas polícromas y alrededor de la cual se repite una inscripción en tres lenguas (latín, griego y árabe) y con cuatro caracteres distintos (el árabe también con caracteres hebraicos), realizada para el sepulcro de la madre de Grisanto, prelado del rey Guglielmo I, en el momento del traslado de sus restos a la iglesia de San Miguel Arcángel (1149), significativo testimonio del sincretismo cultural que caracterizó la civilización de la Sicilia normanda.

I.1.b Cuba

Desde Piazza Principe di Camporeale, proseguir por Corso Finocchiaro Aprile, torcer a la derecha en Corso Alberto Amedeo, otra vez a la derecha en Piazza Indipendenza y tomar por último Corso Calatafimi; el monumento está ubicado en el núm. 100.
Acceso con entrada, gratuita para menores de 18 años y mayores de 65. Horario: laborables de 9 a 19, festivos de 9 a 13.

El Palacio de la Cuba (del árabe *qubba*), en el actual Corso Calatafimi, estaba en otro tiempo rodeado por viñedos y frutales y por un gran vivero de peces. Mandado levantar por Guglielmo II, se concluyó en 1180, como lo atestigua la inscripción en caracteres *cúficos* que decora la cornisa del lado noreste del edificio, descifrada por Michele Amari en 1849: "En el nombre de Dios, clemente y misericordioso, considera esto, pon aquí tu atención, párate y mira. Verás la Egregia Estancia del Egregio entre los reyes de la tierra, Guglielmo Segundo, no hay castillo que sea digno de él, ni bastan sus salas (...) en las cuales nó-

tanse los momentos más aventurados y los tiempos más prósperos. Y de nuestro Señor el Mesías mil y ciento y ochenta [años] que han corrido tan ledos".
Como en la Zisa, el cuerpo es un paralelepípedo, aunque animado por cuatro salientes tan altos como el edificio, uno en el centro de cada lado, y por el tratamiento del paramento mural, dividido a lo largo por los arcos apuntados. El perfil mural está aligerado también por la introducción, en los muros enmarcados por los rehundimientos, de secuencias piramidales de ventanas ciegas. El palacio es contemporáneo de la Zisa, se terminó en 1180 y debía de igualarla en magnificencia, pero no ha quedado nada de las plantas interiores ni de los revestimientos de la planta baja; hoy se presenta como una gran caja mural vacía, con algún resto pensil —estalactitas y relieves de estuco con dibujos geométricos y marcos— donde en otro tiempo hubo espacios decorados. La entrada se hacía por uno de los lados menores del palacio (fachada sur), ante el cual se han hallado los vestigios del puentecillo que lo unía a tierra, pues el edificio estaba circundado por un amplio estanque; dicha entrada llevaba desde el cuerpo saliente a un vestíbulo constituido por tres crujías rectangulares abovedadas y comunicadas entre sí. Desde aquí se accedía a un gran espacio central cuadrado, una especie de atrio descubierto con deambulatorio y cuatro columnas angulares (análogo al atrio del piso superior de la Zisa y a la Sala de los Vientos del Palacio Real), con dos fuentes en hornacinas en los lados norte y sur, ciegas, y un *impluvio* central con suelo de mosaico (del que pueden verse los restos de la argamasa). En el lado oeste se abría la amplia arcada del *diwan*.

La Cuba, perteneciente a las propiedades de la corona hasta el siglo XIV, pasó a manos privadas en 1320; en aquel siglo, Boccaccio ambientó en ella el sexto cuento de la quinta jornada del *Decamerón*, sobre el amor del joven Giovanni da Proci-

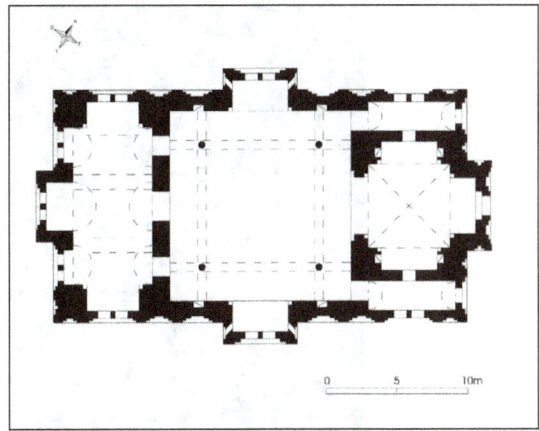

Cuba, planta, Palermo.

Cuba, vista del interior, Palermo.

RECORRIDO I   *Arte regio de la época normanda: los* solaces *y el Parque Real*
Palermo

Pequeña Cuba, vista lateral, Palermo.

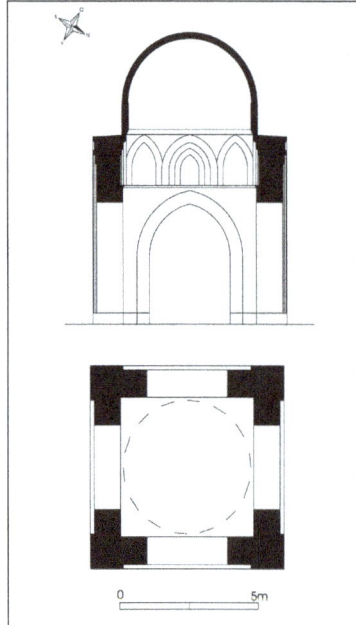

Pequeña Cuba, sección y planta, Palermo.

da por una muchacha destinada a Federico II y encerrada en el palacio regio. De nuevo patrimonio de la corona, Alfonso V de Aragón, el Magnánimo, se la concedió a Guillermo Raimundo Moncada (uno de sus virreyes en Sicilia), hasta que, durante la peste de 1575, el edificio se convirtió en lazareto; en el siglo XVIII se agregó al cuartel de caballería de los Borgognoni y sufrió grandes transformaciones y agrandamientos con nuevos cuerpos de fábrica. En 1921, la gestión de la Cuba se confió al Ministerio de Instrucción Pública.

El proceso de recuperación del complejo arquitectónico entero empezó lentamente en los años veinte (bajo la dirección de Francesco Valenti) con la demolición de todos los tabiques y de los techos, la reconstrucción de los grandes arcos de descarga, la colocación de las pequeñas bóvedas que cubrían los espacios situados a los lados de las salas principales, la recuperación y valorización de la inscripción *cúfica*, etc. En la última década se ha efectuado un nuevo trabajo de conservación.

I.1.c **Pequeña Cuba**

Proseguir, en coche, por Corso Calatafini, torcer a la derecha por Via G. Arcoleo y, después de atravesar Piazza Coppola, por Via Villa di Napoli; seguir finalmente a la derecha por Via F. Speciale, en cuyo núm. 10 se encuentra la entrada al monumento.

Se puede visitar previo permiso de la Superintendencia de Bienes Culturales y Ambientales. En restauración en el momento de redactarse este catálogo (terminación prevista para 2004).

RECORRIDO I   *Arte regio de la época normanda: los solaces y el Parque Real*
Palermo

La llamada Pequeña Cuba (Piccola Cuba), erigida en la segunda mitad del siglo XII, durante el reinado de Guglielmo II, se encuentra hoy en el huerto de cítricos de la desaparecida Villa Napoli, en la que se hallaba englobada la construcción normanda denominada "Torre Alfaina".

El pabellón tiene forma cúbica y está abierto en sus cuatro lados por arcos triples ojivales, de los cuales el central está formado por una serie de sillares almohadillados, elemento decorativo utilizado en Palermo también en el campanario de las iglesias de Santa María del Almirante, Santo Espíritu y La Magione (Di Stefano, 1955). Está cubierto por una cúpula hemisférica peraltada que se apoya sobre hornacinas angulares de arcos escalonados. La fábrica, que ha dado lugar a la hipótesis de que perteneciera al dique de la Cuba (Valenti, 1932), está orientada hacia la pared este de la Torre Alfaina (llamada también Cuba Soberana), de la que dista, en eje con ella, unos 200 m. En 1556, el historiador Tommaso Fazello sugirió su uso como lugar de descanso de la fatiga de las cacerías, entre otras cosas por la existencia de una serie discontinua de tales pabellones que casi formaban una unión entre la Cuba Soberana y la gran Cuba.

la base esconde un complejo sistema de aducción y distribución de las aguas provenientes del manantial del Gabriele, utilizando un canal que, a través del actual patio externo al que dan la fachada y la escalinata del Setecientos, penetra en el interior del edificio y, en correspondencia con el último espacio del lado este, se ramifica, como tantas veces se lee en las descripciones literarias y poéticas del siglo XII, en cinco canales que llegan al exterior como una corona de rayos. En la fachada, la presencia de agua está evidenciada actualmente por un estanque que la recoge, pero las características del sistema de canalización hacen pensar en la existencia originalmente de una fuente que fluía a través del amplio vano de arco apuntado que determina el eje central de toda la base del frontal. De todos modos, el propio vano parece haber sido realizado después. En el basamento de la fachada se observa el vértice de tres arcos ojivales menores que tal vez fueran puntos por los

Torre Alfaina, fachada, detalle, Palermo.

I.1.d Torre Alfaina

En la misma zona que el monumento anterior. En restauración en el momento de redactarse este catálogo (terminación prevista para 2004).

La construcción normanda estaba formada por una torre de forma rectangular, probablemente de dos pisos. La planta de

81

RECORRIDO I   *Arte regio de la época normanda: los* solaces *y el Parque Real*
Palermo

Uscibene, fachada lateral de la capilla, Palermo.

que atravesaban los canales de riego de la parte circundante del parque o bien, como afirman hipótesis nunca comprobadas (Valenti, 1932), canales que llevaban el agua a un gran lago artificial contiguo (y aquí serviría de referencia la disposición del complejo de Favara).

El edificio original se comenzó durante el reinado de Guglielmo II, y fue llamado Cuba Soberana (Cuba Soprana) quizá para distinguirlo del situado más abajo, posterior y de mayores dimensiones. En el siglo XV se transformó en torre fortificada con terreno agrícola y tomó el nombre de Torre Alfaina, con el cual es conocido hoy. El nombre de Cuba Soberana se perdió cuando el jurista don Carlo Napoli adquirió, en 1758, el complejo para la construcción de su villa extramuros.

En 1995 empezaron trabajos sistemáticos de restauración de la villa barroca y de las partes supervivientes de mampostería medieval bajo la dirección de la Superintendencia Regional de Bienes Culturales y Ambientales de Palermo, durante los cuales se han vuelto a sacar a la luz los muros normandos, ya redescubiertos en 1920, lo que ha permitido una vez más ver las sucesivas ampliaciones del siglo XVI que conllevaron también la modificación en clave informal del jardín ornamental.

I.1.e **Uscibene**

Volver a Via G. Arcoleo, torcer a la izquierda en Via La Loggia y luego a la derecha en Viale della Regione Siciliana; seguir un kilómetro por esta calle en dirección a Trapani por el carril paralelo y torcer a la izquierda en Via G. Pitré; desde aquí, torcer a la izquierda en Via A. Barbera y después también a la izquierda en Via Altarello, luego a la derecha en Via Tasca

RECORRIDO I   *Arte regio de la época normanda: los* solaces *y el Parque Real*
Palermo

Lanza; seguir esta hasta llegar a Via Nave, desde la cual se accede al Fondo De Caro, donde está el monumento.
Para la visita, dirigirse a alguno de los propietarios del Fondo en el propio lugar.

En el lugar donde se levantaba el palacio de Uscibene, uno de los *solaces* destinados a residencia temporal de los soberanos en el interior del gran parque, citado también en documentos antiguos como Xibene, Sirbene o Scibene y levantado a mediados del siglo XII, surge hoy el modesto conglomerado urbano del llamado Fondo De Caro, próximo al Viale della Regione Siciliana. Al estar apoyado en un frente rocoso, a sus restos, situados por debajo del nivel de los sucesivos rellenos y totalmente ocultos por los edificios circundantes y más altos, se accede hoy por un declive. Sólo la capilla se alza por encima del nivel de la tierra, como parte del frente de la vía más moderna.

Un cuidadoso alzado, hecho en 1898 por Adolph Goldschmidt, reproduce fielmente lo que existe aún hoy, si bien lleno de detritus y totalmente cubierto. El palacio tenía, seguramente, varios pisos; lo que queda se puede atribuir fácilmente a las salas de la planta baja del cuerpo principal. De hecho, hay un espacio de unos seis metros de altura formado por un *iwan* unido por un lado a dos amplias salas laterales (de las que sólo quedan los muros del perímetro), por el otro a un ambiente rectangular cubierto con una cúpula (quizá una *habitación del siroco*) que comunica con una gruta natural colindante. El *iwan*, todavía reconocible, está constituido por un ambiente con bóveda de crucería y tres hornacinas rectangulares. La bóveda del nicho que hay enfrente de la entrada está decorada con *mocárabes* de piedra y estuco, y de ellos sólo quedan trazas en la parte inferior; las bóvedas de los dos nichos laterales eran cascarones en forma de concha revestidos de estuco, todavía visibles. Goldschmidt reproduce también una abertura en la pared del fondo, bajo la hornacina de los *mocárabes*, de la que provenía un regato de agua que atravesaba la habitación, por lo que se ha pensado que de las rocas de detrás de la pared brotase un manantial y el agua, a través de una fuente, discurriese hasta el centro de la sala por un canalillo para ir a alimentar, pasada la puerta de entrada, un vivero (tomando como referencia el único modelo existente, el del estanque de la Zisa).

Uscibene, iwan, Palermo.

RECORRIDO I   *Arte regio de la época normanda: los solaces y el Parque Real*
Palermo

Uscibene, ninfeo del iwan, Palermo.

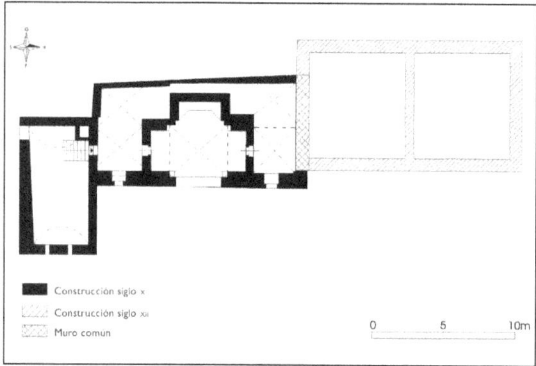

Uscibene, planta, Palermo.

A ambos lados del *iwan* se abren dos puertas que introducen en sendos espacios de planta cuadrada cubiertos por bóvedas de crucería. La capilla, de sencilla forma rectangular, conserva aún una parte de la cubierta de madera en forma de quilla invertida, pero está, de todos modos, transfigurada por las restauraciones de Francesco Valenti en 1928. Siguen a la vista, aunque muy arruinadas, la fachada principal y la lateral, delineada y pautada esta última por arcos ojivales rehundidos. Los habitantes del Fondo, propietarios de los restos monumentales, se han reunido en consorcio para promover su recuperación.

LOS ESTUDIOS DE LA CULTURA ARQUITECTÓNICA SÍCULO-NORMANDA EN EL SIGLO XIX

Gianluigi Ciotta

En la primera mitad del siglo XIX, el interés de algunos eruditos franceses e ingleses por los edificios sículo-normandos sirvió para determinar la inclusión de la arquitectura medieval siciliana en el ámbito de estudio de aquellos teóricos y arquitectos europeos que, en su intento por revalorizar la arquitectura gótica, trataron de identificar en la isla la anterioridad de algunos recursos arquitectónicos (el primero de todos el arco apuntado) que caracterizarían la arquitectura gótica transalpina.

Jean Baptiste Louis George Seroux d'Agincourt (1826) descubrió la aplicación del arco apuntado en la Capilla Palatina de Palermo y en la Catedral de Monreale, e incluyó ambos edificios entre los ejemplos que debieron de constituir puntos de referencia para la arquitectura gótica transalpina. Un decenio después de su viaje a Sicilia (1823-24), los arquitectos franceses Jacques Ignace Hittorff y Louis Zanth trazaron un cuadro de la formación y desarrollo de la arquitectura "moderna" siciliana (siglos X-XIV), identificando el arco apuntado traído por los árabes a la isla como el principal elemento ornamental, y sostuvieron que fueron ellos, usando el arco apuntado y la bóveda de crucería en los más importantes edificios civiles (Zisa, Cuba) y religiosos construidos en Palermo entre mediados del siglo X y mediados del XI, quienes habían elaborado todos los elementos peculiares de la arquitectura gótica.

El arqueólogo inglés Henry Gally Knight, que llegó a Sicilia en 1836 después de haber estudiado los monumentos medievales de Normandía, puso en evidencia el carácter ecléctico de los edificios normandos sicilianos debido a la combinación de elementos tomados esencialmente de las culturas predominantes en la isla (islámica, bizantina, nórdica), y distinguió dos fases en el desarrollo de la arquitectura normanda: en la primera, la población indígena había restablecido formas planimétricas de inspiración bizantina para la construcción de nuevos edificios de culto; en la segunda, los reyes normandos habían mostrado una marcada preferencia por las plantas de cruz latina. Además, pese a reconocer a los árabes el mérito de haber introducido en Sicilia el uso del arco apuntado, no compartió la teoría de Hittorff y Zanth según la cual los normandos habrían adoptado el arco apuntado de la arquitectura islámica siciliana y lo habrían empleado también en su país de origen.

Domenico Lo Faso Pietrasanta (1938), Duque de Serradifalco, orientó su interés, en cambio, al estudio de los esquemas iconográficos de los edificios medievales de la isla. Demostró que las formas planimétricas de las "más conspicuas o mejor conservadas iglesias sículo-normandas" derivaban de la unión del cuerpo de las iglesias paleocristianas con la zona presbiterial de tipo bizantino, y adscribió la responsabilidad de la construcción de las iglesias normandas sicilianas a artistas nativos, que habrían seguido aplicando prácticas empleadas en la isla desde el periodo de la dominación bizantina y perpetuadas en la época islámica.

Girault de Prangey, que pasó algún tiempo en Sicilia en 1834, consideró los palacios de la Zisa, Cuba y Maredolce como probables fundaciones musulmanas y trató de incluirlos en el ámbito de la cultura arquitectónica islámica cairota y andalusí. Más tarde (1887), Gioacchino Di Marzo dio la vuelta a las teorías sobre el arco apuntado, sosteniendo que los normandos lo conocían desde antes de conquistar Sicilia, pues lo habían tomado de la arquitectura visigoda, y lo habían introducido en la isla, donde sólo se conocía el arco de herradura, importado por los árabes en el siglo IX.

Domenico Benedetto Gravina (1859) había subvertido la datación de muchos edificios medievales sicilianos. Indagando, en concreto, las estructuras de la Catedral de Monreale y del Claustro anejo, quiso remontar la fundación del edificio y la parte superior del Claustro a los tiempos de Gregorio Magno (siglo VI) y limitó la intervención de Guglielmo II a obras de mera restauración. A la Catedral de Monreale le asignó un puesto de primer plano en la producción arquitectónica de su época, sosteniendo que había sido el modelo uniformador de los planes de construcción de la Catedral de Palermo y de otras iglesias palermitanas. Su tesis fue vigorosamente invalidada por Camillo Boito, que demostró con exactitud la debilidad de las argumentaciones de Gravina y ordenó con mayor precisión la cronología de los monumentos normandos sicilianos ya establecida por los estudiosos precedentes.

Michele Amari, frente a las opiniones de todos los demás eruditos, que reconocían en el arte siciliano las señales de una mezcla de estilos y de influencias disparatadas, recondujo todas las manifestaciones artísticas sicilianas a una matriz cultural común, marcada por la impronta unificadora del lenguaje musulmán. Adscribió a la cultura islámica un papel tan importante como para considerar apropiada la denominación de "arquitecturas arábigas" para las construcciones realizadas en la isla en el siglo XII. A falta de ejemplos islámicos en Sicilia, identificó en las arquitecturas tuluníes y fatimíes cairotas los modelos de referencia de los edificios normandos de Sicilia. Oskar Mothes (1884), polemizando con Anton Sprinter, negó aportaciones inglesas a la arquitectura siciliana.

En el periodo comprendido entre los últimos años del siglo XIX y el primer cuarto del siglo XX, los numerosos estudios llevados a cabo por historiadores del arte, arqueólogos y técnicos de la Superintendencia de Bellas Artes (Isodoro Carini, Andrea Terzi, Giuseppe Patricolo, Antonio Salinas, Vincenzo Di Giovanni, Arne Dehli, G. H. Chamberlain, Lothar Heinemann, Adolph Goldschmidt, Giulio Ulisse Arata, Edwin Hansdon Freshfield, Walter Leopold, Willy Cohn, Ettore Gabrici, Gustavo Giovannoni, Enrico Mauceri), pese a no aportar resultados interpretativos originales, ampliaron sin duda el conocimiento de edificios ya estudiados o aún por explorar. La investigación directa de los monumentos se vio favorecida también por las primeras intervenciones de restauración, que llevaron al redescubrimiento de numerosas construcciones una vez despojadas de las superestructuras barrocas.

RECORRIDO I   *Arte regio de la época normanda: los solaces y el Parque Real*
Monreale

I.2 MONREALE

I.2.a **Castillote (Castellaccio)**

Volver en coche a Via della Regione Siciliana, en dirección a Catania. En el cruce de Calatafimi, torcer a la derecha y proseguir por la SS186 hacia Monreale; pasado el pueblo, seguir las indicaciones hacia S. Martino delle Scale; a unos 3 km, una vez en la explanada con el cartel del monumento, dejar el coche y continuar por el camino de tierra batida.
Hay que fijar con antelación la visita en el CAS (Club Alpino Siciliano), tel. 091 581323.

El castillo de la cima del monte Caputo, llamado *Castellaccio* ("castillote"), fue erigido entre 1174 y 1200. Constituía, para los monjes benedictinos de la villa de Monreale, el emplazamiento fortificado de vigilancia contra las agresiones provenientes de los burgos musulmanes del interior. En aquel periodo, en efecto, el distrito musulmán de los relieves montañosos de Val di Mazara se había hecho independiente y, así, Monreale se convirtió hasta 1246 en una localidad fronteriza, expuesta a la hostilidad sarracena.
La pequeña fortaleza se alza sobre una planta en forma de paralelogramo irregular. A lo largo de la fachada occidental hay empotradas cuatro torres rectangulares, dos en los ángulos y dos intermedias, mientras que en el muro opuesto sobresalen un torreón de esquina, una torreta intermedia y el ábside de la capilla.
En el interior de la muralla, el espacio está dividido en dos zonas, una occidental con una serie de habitáculos pegados al muro que dan lugar a un patio interior, y una oriental, de carácter marcadamente monástico, que da paso a un patio cuadrangular identificable como el claustro. Las dos áreas están comunicadas por un estrecho corredor. Al fondo del claustro, casi tan largo como todo el lado sur, se alza la iglesia del conjunto, construida en parte sobre una cisterna.

Castillote, vista general, Monreale.

La Cuenca de Oro
Desde las murallas del Castillote se disfruta del paisaje de la Cuenca de Oro, circunscrita por los Montes de Palermo. Estos relieves calcáreos y dolomíticos se caracterizan por cumbres aisladas y laderas escarpadas que emergen sobre planicies arcillosas y se extienden desde Termini Imerese hasta las islas Egadi y, al sur, hasta los montes Sicani. Grifone, Caputo y Cuccio son algunas de las cimas

RECORRIDO I   *Arte regio de la época normanda: los solaces y el Parque Real*
Altofonte

de estos montes que describen un semicírculo alejándose del mar, en paralelo con una profunda ensenada de la costa tirrena, el Golfo de Palermo. Otros lugares con buenas vistas, como el jardín público de Monreale, el monte Pellegrino, la iglesia de Santa María de las Gracias o la cumbre del monte Cuccio, constituyen miradores desde los que es posible reproducir aquella gran visión que fascinó a J. F. Sinkel y llegó a inspirarle el dibujo del panorama circular de la Cuenca.

Desde el Castillote, la vista es completa, porque está en el centro y en el eje de lo que serían los grandes jardines del parque normando. Todavía hoy queda algo de aquella maravilla de equilibrio entre naturaleza y asentamiento humano. Los montes, la vegetación, las aguas muestran aún algunas trazas visibles; sin duda, el gran paisaje, donde los montes que coronan la Cuenca tienden a cerrarse sobre el monte Pellegrino dejando dos grandes puertas al mar, una más amplia que acoge la Palermo histórica y una menor que alberga el balneario decimonónico de Mondello. Dentro de esta corona se extiende, en un plano de suave declive, la geometría de los campos y las casas que forman hoy la Cuenca, surcada en otro tiempo por riachuelos e interrumpida por alturas y depresiones, e incisa en toda su longitud por el cañón del río Oreto, que determina el único paso en los Montes de Palermo hacia el interior; sobre él, frente a frente, los territorios de Altofonte y Monreale. El río es hoy un torrentoso curso de agua cuyas márgenes, antaño cultivadas en huertos y frutales, se han llenado de vegetación espontánea. Salvado de los proyectos de urbanización derivados del reciente crecimiento de la ciudad de Palermo también hacia el sur, será pronto un parque urbano.

I.3 ALTOFONTE

I.3.a **Palacio Real y Capilla de San Miguel Arcángel**

Volver en coche por la SS186; seguir las indicaciones a Altofonte y, una vez en el centro urbano, tomar Via Vittorio Emanuele II y después torcer a la derecha en Via Belvedere, donde está el monumento.

Hay que fijar con antelación la visita poniéndose en contacto con el párroco de S. José, Sr. Quaglino, tel. 091 437204.

Su fundación se atribuye a Ruggero II y está atestiguada por el médico Romualdo Guarna, que vivió largo tiempo en la corte de Palermo con la función de consejero político de Guglielmo I y Guglielmo II. De la construcción original quedan algunas estancias con bóveda de crucería del piso bajo, la capilla consagrada a San Miguel Arcángel, cuya entrada se abre en la actual Via Belvedere, y tres arcos ornados por discos con incrustaciones de lava del pórtico suroeste del patio pequeño. Transformaciones radicales han afectado al edificio normando desde el siglo XIV, cuando Federico II de Aragón fundó, sobre las estructuras del antiguo palacio normando, un monasterio cisterciense con la iglesia de Santa María de Altofonte.

La reserva natural orientada de Monte Pellegrino
Monte Pellegrino es una de las dos reservas naturales orientadas que se pueden visitar en el territorio de Palermo (la otra es la de Monte Gallo) y cierra el golfo por el norte. Un

RECORRIDO I   *Arte regio de la época normanda: los solaces y el Parque Real*
Altofonte

Capilla de San Miguel Arcángel, cúpula y zona del presbiterio, Altofonte.

camino transitable en coche lo recorre desde debajo de la cima, donde se venera a la santa patrona de Palermo, que vivió en la época normanda, en un santuario construido alrededor de una gruta. En las escarpadas laderas del monte se abren numerosas cuevas, algunas de las cuales son también lugares de hallazgos prehistóricos. Cubren las llanuras bosques plantados desde finales del siglo XVIII, pero las laderas empinadas, las cimas y sobre todo la pared de falla que da al mar son ambientes naturales de vegetación rupícola y matorral de euforbio arbóreo. En el lugar nidifican numerosas especies de aves, entre ellas el halcón peregrino.

El Castello Utveggio, sobre el Primo Pizzo, se construyó en 1936 como hotel climático y alberga un centro de formación. La reserva está gestionada por la institución Rangers de Italia, a cuya sede hay que dirigirse para la visita guiada (Viale Diana alla Favorita, 90100 Palermo, tel. 0916716066).

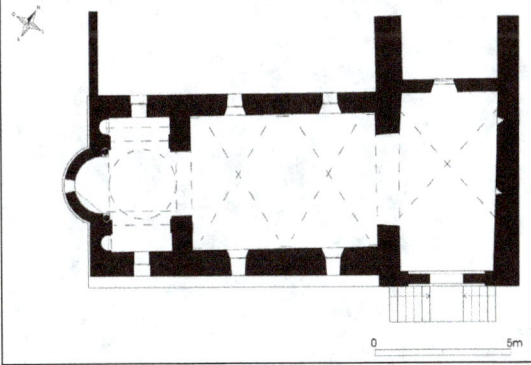

Capilla de San Miguel Arcángel, planta, Altofonte.

RECORRIDO II

Testimonios de la época árabe

Comité científico

Primer día

II.1 PALERMO

    II.1.a Capilla de la Coronada – Sala hipóstila
    II.1.b San Juan de los Eremitas – Restos de mezquita, iglesia, cementerio y claustro
    II.1.c Qanat (dentro del Hospital Psiquiátrico)

Los qanats *de la Cuenca de Oro*

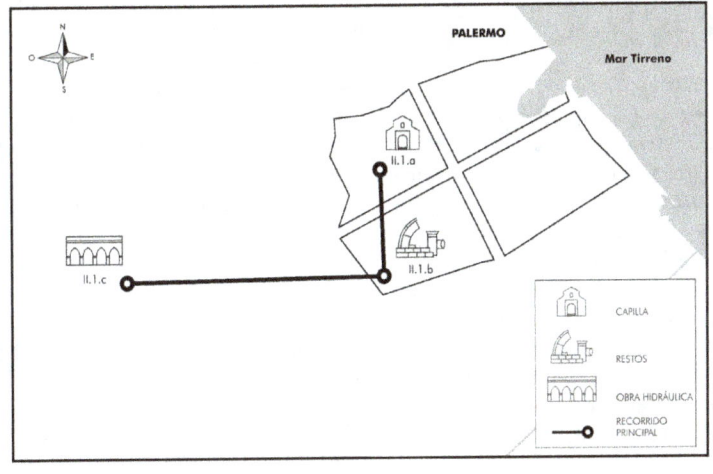

S. Juan de los Eremitas, cúpula y zona del presbiterio, Palermo.

Reconstrucción del plano de Palermo en época árabe (Di Giovanni, 1889-1890)

condado normando de Trinacria (1072-1130) y, luego, de prestigiosa sede de la corona del Reino de Sicilia (1130-1412). La ocupación de 831 por las tropas musulmanas, mandadas en Sicilia por Ziyadat Allah, tiene lugar tras un largo asedio (casi un año de duración) que ocasiona la masacre de los habitantes. El acontecimiento hay que encuadrarlo en la primera fase de la *yihad* guiada en Sicilia por Asad Ibn al-Furat, después de cuatro años de incierta campaña militar que había llevado al contingente musulmán (tras el giro repentino en perjuicio de Eufemio y de su facción independentista) hasta las puertas de Siracusa. Después, sin embargo, las fuerzas de invasión se habían visto obligadas a replegarse desastrosamente al baluarte de Mazara (la primera ciudad siciliana importante que se convierte en musulmana), dejando la aislada fortaleza de Mineo a merced de un cruento asedio. La ocupación de Palermo es el primer signo de aquella recuperación que llevará las enseñas musulmanas a un imparable avance hacia las provincias orientales de la isla para concluir victoriosamente en 965 con la caída de Rometta, después de la épica resistencia del último foco de bandas cristianas de montañeses de Val Demone. Precisamente desde estos territorios nororientales, después de poco menos de un siglo, partirá la reconquista cristiana encabezada por los caballeros normandos. Once años después de la toma de Mesina, en 1072, el relevo normando en la posesión de Palermo es vivido como una reconquista cristiana por la mayoría de la población, que de hecho participa en la "liberación" de la ciudad pese a los doscientos cuarenta años de dominación mu-

El arco temporal en que se inserta Palermo dentro de la expansión del Islam por el Mediterráneo va del año 831 al 1072. Los extremos cronológicos son dos acontecimientos dramáticos: el primero introduce, después de la ocupación musulmana, el lento proceso de superación de la condición de periférica ciudad-emporio del imperio bizantino para transformarse en la principal ciudad de Siqilliya; el segundo marca el paso del estado de metrópoli emiral (entre las más considerables del *Dar al-Islam*) al de capital del

sulmana. El cristianismo sobrevive a pesar de la importancia adquirida por Palermo en la época musulmana, ciudad preferida a las de la Sicilia oriental tanto por motivos estratégicos (estaba menos expuesta a los intentos de reconquista por mar de las flotas bizantinas) como porque los habitantes (los pocos nativos supervivientes y los muchos venidos quizá de los pueblos de Val di Mazara), no siendo de tradición o de lengua helénica, carecían absolutamente del sentimiento de identidad con el mundo bizantino.

Al contrario que otras urbes de Sicilia, que durante la conquista musulmana habían sufrido destrucciones y aniquilaciones irreparables o drásticas deportaciones de población (como en el caso de Siracusa, Taormina, Enna y Agrigento), Palermo se había beneficiado de la condición privilegiada que los musulmanes reservaban a quienes, después de indómitos actos de resistencia, hubiesen capitulado con condiciones. De todas formas, también en Palermo, como en el territorio circundante (la Cuenca de Oro), el estatus jurídico de los cristianos bajo la dominación musulmana —contrariamente a la tradicional apacibilidad, liberalidad y tolerancia que nos han transmitido cronistas y viajeros de la época y no pocos eruditos de la era moderna y de la historiografía decimonónica— era el de las poblaciones sujetas a limitaciones, aunque fueran solamente formales, sobre todo en el último siglo de la llamada "era árabe de Sicilia".

No asombra, por consiguiente, que en 1072 Roberto el Guiscardo y su hermano Ruggero lograran expugnar la "ciudadela árabe" de Palermo, después de cinco meses de asedio que habían visto al contingente musulmán de la capital emiral sometido a presión en un doble frente: el exterior, con la armada normanda, y el interior, el de los habitantes cristianos

S. Juan de los Eremitas, claustro y cúpolas de la iglesia, Palermo.

S. Juan de los Eremitas, detalle de los elementos de transición a una cúpula, Palermo.

musulmanes a concentrar allí la mayor parte de sus mejores combatientes, Roberto, con un destacamento de tropas selectas, aprovechó el elemento sorpresa penetrando en al-Jalisa por el acceso fortificado, que se rebautizaría como Puerta de la Victoria (y cuyos restos están incorporados hoy a la iglesia de Santa María de la Victoria, en Piazza dello Spasimo).

La existencia misma de al-Jalisa, la ciudadela árabe de perímetro cuadrangular, es ciertamente reveladora de un clima ciudadano nada pacífico. Al-Jalisa, que seguramente dio nombre al barrio de Kalsa y que en otro tiempo se extendía entre la actual Piazza Marina y el Bastione dello Spasimo, había sido edificada en poquísimo tiempo a partir de 937, dentro de las acciones represivas emprendidas contra los habitantes de fe cristiana pero también contra facciones musulmanas disidentes durante el gobierno del emir Jalil Ibn Ishaq. Abandonada la ciudad antigua (que correspondía a la actual zona de Piazza della Vittoria y de todo el sector urbano formado por los complejos del Palacio del Arzobispo y del barrio militar de San Giacomo), los musulmanes conservaban en ella el control de la fortaleza, sobre cuyas ruinas los normandos edificarán su palacio real.

Más de un siglo después de la reconquista cristiana de Palermo, los musulmanes se veían obligados a atrincherarse en una ciudadela estratégicamente próxima a la vía de escape por mar; no debían de constituir, por tanto, más que una minoría considerable, a la cual hay que añadir las comunidades de los asentamientos productivos, también fortificados (los *mahals*), de las tierras en torno a la ciudad. Los habitantes de Balarmu en la fase final para los que el régimen de tolerancia discriminada había cumplido ya su tiempo. La resolución final del asedio estuvo asegurada por una acción perfectamente coordinada: mientras Ruggero desarrollaba una esforzada maniobra de despiste desencadenando un ataque con el grueso de la armada a los muros de la Galca (en la "ciudad vieja", es decir el promontorio fortificado sobre el que se edificaría el Palacio de los Normandos) y obligando a los

de la dominación islámica vivían, sustancialmente, en los tres sectores urbanos delimitados por los lechos de los dos cursos de agua, el Kemonia (al-Wadi al-Satawi) y el Papireto (Pepyritus). Entre ellos estaba el promontorio o Pie Fenicio (se extendía desde el Palacio de los Normandos hasta el actual cruce entre Via Roma y Corso Vittorio Emanuele), sobre el cual había crecido la antigua Panormus, que en época árabe comprendía dos barrios, al-Jalqa o Galca (antes Paleópolis) y al-Qasr al-Qadim (antes Neápolis). Al sur del Kemonia (o de la actual Via Castro) estaba el arrabal de al-Hara al-Yadida, separado del mar por al-Jalisa. Al norte del desaguadero de la ciénaga de Papireto, que lamía los muros de Paleópolis (cuyo límite septentrional se corresponde con el trazado de Via Celso), se extendía el barrio de Harat al-Saqaliba (hasta las actuales Via Mura di S. Vito, Piazza Verdi y Via S. Spinuzza). Las fuentes históricas atestiguan que había una población de unos 300.000 habitantes, aunque quizá sea excesivo el número; debía de ser, en todo caso, una cantidad considerable para la época, como para asegurar a Palermo un lugar entre las mayores y más importantes ciudades del Mediterráneo, a menudo parangonada, con generosa adulación, a la grandeza y los esplendores de Córdoba. La población, pese a haberse amoldado de una manera poco estricta a las reglas coránicas, haría suyos no pocos rasgos distintivos de aquel mundo islámico del cual era ya parte integrante: de los modos de conducta y las formas de las casas a la cultura figurativa y literaria, de la vestimenta a las técnicas de cultivo, de la organización administrativa a la toponimia, de la industria artística al arte culinario; un aspecto, este último, en el que las raíces de la cultura islámica se demostrarían tan duraderas que en el periodo positivista fueron consideradas como una de las tradiciones populares locales más interesantes. Lugar de honor ocupa la pastelería. Entre las costumbres que han pervivido, una de las más típicas de la cultura musulmana es el uso del azúcar para endulzar el requesón. El resultado es una crema que, aderezada o no, forma la base de algunos de los más característicos dulces sicilianos, predominantemente originarios de Palermo. Es el caso de la *cassata*, auténtica "arquitectura" efímera que la tradición remonta al año 998 y cuyo mismo nombre tiene raíz árabe, mientras que debe de ser originario de Caltanissetta el *cannolo*, dulce mítico de la cocina siciliana en el que también se emplea crema de requesón.

El expansionismo religioso islámico arraigó muy poco en la espiritualidad de los sicilianos. Muchos se convertían, pero debían de ser actos fundamentalmente formales para sustraerse a las limitaciones y los tributos impuestos a los cristianos. Sólo la prole femenina nacida de matrimonios en-

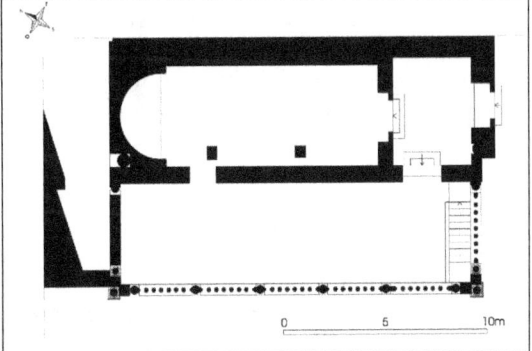

Capilla de la Coronada, planta, Palermo.

S. Juan de los Eremitas, celosía de estuco de la ventana, primera mitad del s. XII (Gabrieli y Scerrato, 1979)

tre no musulmanes podía ser educada en la fe cristiana; pero no parece que ningún gran movimiento de peregrinación a La Meca partiera alguna vez de Palermo, como probablemente tampoco del resto de Sicilia. Ibn Hawqal, cuya proveniencia de la refinada pero demasiado "observante" Bagdad no le predisponía favorablemente hacia el clima de relajación religiosa de la capital emiral de la isla, hacía constar entre 972 y 973, no sin perplejidad, estas y otras derogaciones sustanciales del Islam; más aún, los sicilianos no musulmanes, además de faltar a la solemne plegaria del viernes, bebían "sin pudor" vino, mientras que los *mu'allimun* tendían a eludir la faceta teológica de su mandato educativo y, seguramente, a perseguir los fines más lucrativos de su profesión.

Israelitas y cristianos (pese a estar los segundos en neta mayoría) se beneficiaban de un régimen de tolerancia, nada más. Podría, por tanto, resultar tendencioso el número de 300 mezquitas de que habla Ibn Hawqal, como si quisiera atestiguar el predominio islámico; tal número comprendía seguramente las mezquitas privadas (normalmente de dimensiones muy modestas, aunque asimismo abiertas al público de fieles), propiedad de los notables y los ricos mercaderes de la ciudad y de las cerca de 200 familias acaudaladas que moraban en casas de campo fortificadas alrededor del centro urbano.

En la ciudad, la escasa altura de los edificios debía secundar el relieve orográfico del lugar, poniendo en evidencia el promontorio de la antigua Panormus en el centro y sobresaliente respecto a los dos barrios exteriores, de los cuales estaba separada por los dos lechos fluviales del Kemonia, torrentoso, y del Papireto, cenagoso. Estos, en la práctica (durante toda la época árabe), impedían edificar en una considerable porción de terreno interior del conglomerado urbano.

Ibn Hawqal, en 977, describe una Palermo formada por cinco barrios bien definidos. En alto, la ciudad propiamente dicha, con su fortificación, habitada por mercaderes y llamada al-Qasr ("el castillo", *cassaro*, como todavía hoy es llamada); más cerca del mar, al-Jalisa ("la elegida", edificada en 937 en terrenos allende el río "Maltiempo", el Kemonia), también fortificada, sede del emir y de su corte, con dos baños, una mezquita para uso propio, las cárceles, el arsenal y el *diwan*; en la zona del puerto, Harat al-Saqaliba ("barrio de los esclavos", al norte), el más populoso y rico en agua; después, Harat al-Masyid ("barrio de la mezquita"), grande y con una enorme mezquita, con capacidad para 7.000 fieles, pero sin agua corriente y que sólo disponía de pozos; al-Hara al-Yadida ("el barrio nuevo", al sur), separado del de la mezquita por los mercados, frecuentados por los vendedores ambulantes de aceite.

Fuera de la muralla se ejercían los distintos oficios y allí residían sastres, armeros, caldereros; los carniceros, en gran número, habitaban intramuros. En la playa, muchos aventureros se alojaban en los *ribat*s. El barrio judío (Harat al-Yahud, que en 1172 contaría con una población de 1.500 individuos según el testimonio del judío español Benjamín de Tudela) estaba, en cambio, en la franja hundida, delimitado por el meandro del Kemonia, nada más salir por la Puerta de Hierro de la muralla del Qasr (en un zona hoy atravesada por Via Maqueda y que comprendía las actuales Via Ponticello y Via Calderai). Las expansiones más allá de los dos lechos fluviales del Kemonia y del Papireto, a excepción de al-Jalisa, se presentaban, por tanto, como *rabad* amurallado, pero no necesariamente bien fortificado, todo lo contrario que la Panormus antigua. El perímetro de muro del promontorio en la época árabe se fortificó posteriormente y se le dotó de nuevas puertas. Desde el extremo occidental de la muralla septentrional de la Galca (no muy distante del actual Corso Alberto Amedeo), yendo en dirección este hasta la Bab al-Bahr ("puerta del mar"), que unía el Qasr con el puerto (la Cala), había, por orden: la Bab al-Ruta ("puerta de Rota o Roda", a la que daba nombre una gran corriente subterránea de agua que activaba un sistema de molinos y afloraba precisamente junto a la puerta sita en el muro de la Galca, en otro tiempo próximo a la actual Piazza Domenico Peranni); la puerta de Abu al-Hasan; la Bab al-Chifa' (por el nombre de la fuente 'Ayn al-Chifa' que brotaba en las inmediaciones). La Bab al-Bahr ("puerta del mar") era adyacente al actual cruce de Via Roma con Via Vittorio Emanuele, antaño punto de convergencia del Kemonia y del Papireto en la Cala, entonces mucho más retrasada respecto a la actual línea costera. Yendo desde esta hacia el oeste, hasta la Bab al-Abna' ("puerta de los jóvenes", comunicada con el castillo de la Galca), en la muralla del perímetro meridional se abrían: la puerta que unía el Qasr con el barrio de Abu Himaz (después convertido en Fieravecchia), hecha construir también por Abu al-Hasan y que se cree estaba cerca de la actual Via Discesa del Giudici, a la altura de Via degli Schioppettieri; la Bab al-Hadid ("puerta de hierro"), a cuyo extremo había crecido Harat al-Yahud; la Bab al-Sudan, que se supone estaba en correspondencia con el barrio de los herreros.

Placa de mármol con inscripción trilingüe, 1049, Museo de Arte Islámico, Zisa, Palermo.

G. Patricolo, "Entrada del conde Ruggero en Palermo", primera mitad del s. XIX, Palacio Real, Palermo (Calandra et al., 1991).

Englobada en la nueva forma urbana, la vieja Panormus encerraba un rico mercado, que la atravesaba de este a oeste, denominado al-Samt ("la fila"), enlosado enteramente de piedra; era una calle-emporio de variadas mercancías, identificada con el antiguo trazado viario longitudinal de Neápolis, después rectificado definitivamente en 1575 y que recibió el nombre de Via Toledo (o el más usual de Cassaro, hoy Via Vittorio Emanuele).

Al-Idrisi escribirá, a mediados del siglo XII, que Palermo "tiene edificios de tanta belleza, que los viajeros se ponen en camino [atraídos por la] fama de las [maravillas que aquí ofrece] la arquitectura" (trad. original al italiano de M. Amari, 1854-1868). Se refería, sin embargo, a la ciudad en gran parte reconstruida por Ruggero II; es difícil saber con certeza qué quedaba de la época árabe o, mejor, qué se había hecho realmente de nueva planta en el periodo de los kalbitas. Igual de difícil es aventurar hipótesis sobre qué había transmitido el largo periodo bizantino de su propia cultura urbana y de la herencia romana a los musulmanes, los nuevos dominadores.

Es indudable el empeño, en época árabe, en obras hidráulicas considerables que atravesaban el territorio y llevaban el agua a la ciudad. Como también considerable debió de ser la realización de obras portuarias y de fortificación. Palermo, ciertamente, es la única de las grandes ciudades sicilianas que experimentó un fuerte renacimiento en la época árabe; el florecimiento de una industria artística de calidad, ligada al nacimiento de una clase artesana, sería una prerrogativa de tal relevancia como para inducir a los Altavilla a instituir una manufactura real (el Tiraz) para cuyo desarrollo se empleó también a maestros capturados o reclutados en Ifriqiya. Interesantes colecciones de documentos, restos y objetos de uso de fabricación musulmana, sicilianos o no (tanto del periodo de ocupación árabe como de periodos sucesivos), se han conservado en el Museo Arqueológico, en el Tesoro de la Catedral y en la Capilla Palatina.

De todos modos, no es probable que madurara, en esta fase histórica, una cultura arquitectónica y artística islámica original en Sicilia.
En Palermo, en un conglomerado urbano de naturaleza heterogénea, vivían discriminadamente diversas etnias: minorías de los descendientes de los persas y los griegos de la era bizantina pero también beréberes, andalusíes y magrebíes del periodo de la conquista y de sucesivas inmigraciones de Ifriqiya, no necesariamente de acuerdo con la clase hegemónica. Esta actuaba en el aspecto decisorio, pero subordinada a la autoridad del *valí*, con una asamblea de electos (la *yama'a*) que se reunía principalmente en Palermo y más raramente en Agrigento. No pocas veces *yama'a* y *valí* estarían en desacuerdo, algo ciertamente revelador de un encomiable ejercicio de gobierno que, no obstante, no estaba exento de degeneraciones institucionales, como demuestran los claroscuros del ocaso de la época árabe en Sicilia. Contrariamente al conocimiento del ordenamiento administrativo y de las costumbres de vida, las huellas arquitectónicas y artísticas de este periodo son un tanto fragmentarias, sea porque los testimonios han sido demolidos en su mayoría (durante la guerra con los normandos o en acontecimientos posteriores) o sustraídos, en el caso de obras de arte o de objetos usuales preciosos, sea porque los Altavilla y sus dignatarios hicieron notables transformaciones en los edificios o las obras hidráulicas existentes a su llegada.
Vestigios notables del periodo islámico, además de las obras de albañilería y de buena parte de los cuerpos de fábrica del Palacio de Maredolce y de San Juan de los Leprosos, se encuentran en el centro histórico de Palermo. Restos y testimonios fruto de excavaciones están en el Palacio Real y en el vecino complejo de San Juan de los Eremitas, donde había una mezquita. Igual de interesantes son tanto los restos de una sala hipóstila en la Logia de la Coronación como la Puerta de la Victoria, incorporada al edificio del Oratorio de los Bianchi.
Un recorrido especial es el de las calles y los mercados de los antiguos barrios árabes de Palermo, que, completamente transformados ya en la Baja Edad Media, conservan todavía la disposición viaria original.

Tejido de seda, manufactura real, s. XII (Sicilia), Victoria and Albert Museum, Londres.

RECORRIDO II *Testimonios de la época árabe*
Palermo

II.I PALERMO

II.1.a Capilla de la Coronada – Sala hipóstila

Dejar el coche en Piazza della Vittoria y seguir por Corso Vittorio Emanuele; torcer a la izquierda en Via M. Bonello e ir hasta el cruce con Via dell'Incoronazione, donde se encuentra el monumento.
En restauración en el momento de redactarse este catálogo.

Capilla de la Coronada, secciones longitudinal y transversal, Palermo (Di Stefano, 1955).

La Capilla de la Coronada se alza detrás de la Catedral, más o menos alineada con la fachada del atrio. La configuración actual resulta de la agregación de la Capilla de Santa María la Coronada y de un pórtico que se apoya en su lado occidental, conocido como Logia de la Coronación. La Capilla (que puede datarse después de 1130) está precedida por un *pronaos* que introduce en una sala con un único ábside. Los restos de basas de columnas y pilastras empotrados en los muros de la Capilla de Santa María la Coronada, en particular en la zona del *pronaos* y en el ábside, han hecho pensar en estructuras de la época aglabí (siglo IX), probablemente pertenecientes a la gran mezquita surgida de las obras de modificación de la antigua iglesia bizantina, en particular a una sala *hipóstila* de 18 m de largo y 3,8 de ancho (Bellafiore, 1990).
El pórtico, que se completaba con una balaustrada, en 1591 fue cegado para ser utilizado como oratorio; se abatieron los arcos de la cubierta y se construyó un nivel superior.
El 27 de mayo de 1860, las bombas de la artillería borbónica dañaron gravemente el edificio, que desde entonces ha sido objeto de intervenciones de restauración y de restitución de las estructuras preexistentes.

II.1.b San Juan de los Eremitas – Restos de mezquita, iglesia, cementerio y claustro

Volver a Piazza della Vittoria y seguir, a pie, por Via del Bastione; recorrer esta hasta cruzarse con Via dei Benedittini, en cuyo núm. 16/1 está el monumento.

RECORRIDO II *Testimonios de la época árabe*
Palermo

Acceso con entrada, gratuita para menores de 18 años y mayores de 65; es posible comprar un abono (válido para dos días) con el que visitar la Zisa, la Cuba y el Claustro de Monreale. Horario: laborables de 9 a 19 (en invierno, 18:30), festivos de 9 a 13.

Situado junto al Palacio Real, el complejo, tal como se presenta después de las intervenciones de liberación y restauración dirigidas por Giuseppe Patricolo en 1877, muestra un articulado conjunto de distintas arquitecturas, la más significativa de las cuales es la constituida por el edifico de culto cristiano. Las construcciones normandas (iglesia y monasterio) fueron edificadas al abrigo de la muralla por Ruggero II entre 1132 y 1148, sobre restos de datación imprecisa pero que, según se cree, se remontaban al siglo VI, a la época del Papa Gregorio Magno. La cercanía del monasterio a la residencia real lo convirtió enseguida en lugar privilegiado, destinado también a sepultura de los altos dignatarios de la corte.

Después de un periodo de abandono, coincidente con el final de la dinastía de los Altavilla y el traslado de la residencia real, en 1464 fue asignado a los monjes benedictinos de San Martín de las Escalas y después, en 1524, por voluntad del emperador Carlos V, les fue concedido como "hospicio o granja" a los monjes benedictinos de Monreale y al arzobispo de aquella diócesis para su propio alojamiento. Se sucedieron modificaciones y transformaciones a lo largo de los siglos: a la iglesia se adosaron estructuras del monasterio y viviendas más modestas, demolidas en los trabajos de restauración, durante los cuales se liberaron también la zona del ábsi-

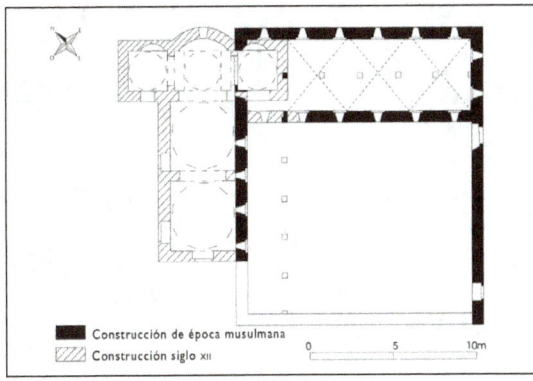

de y la fachada septentrional de la iglesia, se retiraron los revoques y los estucos internos y se devolvió a las ventanas rectangulares su zoriginal con arco apuntado. Se redescubrieron, por último, los restos de las estructuras de la época musulmana.

Como prueba del uso del lugar en la época islámica, se puede ver hoy, de hecho, que la pared sur de la nave está constituida por el muro septentrional del recinto de un edificio precedente denominado "sala árabe", una sala rectangular también afectada por la construcción de época

S. Juan de los Eremitas, planta del complejo, Palermo.

S. Juan de los Eremitas, vista del claustro, 1836-37 (Viollet-le-Duc, 1980).

RECORRIDO II *Testimonios de la época árabe*
Palermo

S. Juan de los Eremitas, cúpula, Palermo.

S. Juan de los Eremitas, vista general, Palermo.

normanda y cortada en su lado menor por la extensión del *diacónicon* de la iglesia cristiana.

El edificio islámico estaría constituido por tres unidades arquitectónicas —la sala rectangular, el pórtico y un recinto—. La "sala árabe" (17,76 por 5,62 m), con el eje principal orientado de norte a sur en dirección a La Meca, estaba dividida longitudinalmente en dos naves por cinco pilares de sección cuadrada. Sobre ellos descargaban las bóvedas de las doce crujías cuadradas (seis por lado), de las cuales queda un fragmento de la estructura del muro meridional del *diacónicon*. Cada crujía estaba iluminada por un ventanuco ojival con *esviaje*. La sala está hoy cubierta por tres grandes bóvedas de crucería del Quinientos. Del pórtico se conserva únicamente el muro septentrional. El tramo que perdura presenta cinco ventanitas ojivales oblicuas y los restos de las arcadas originarias de la cubierta, de las que existen los cimientos de dos *pies derechos* y medio pilar apoyado en el muro occidental de la sala. El recinto, a cielo abierto, estaba delimitado por el pórtico al norte, por la sala al este y por un muro, conservado en toda su longitud, al sur; del límite oriental no queda rastro.

Testimonios de épocas sucesivas se han encontrado, por último, en el paramento interno del muro oriental de la sala: un fresco con tres figuras y monogramas, algunas inscripciones sepulcrales pintadas en rojo y nichos. La iglesia de San Juan, despojada de añadidos posteriores, aparece hoy con su volumen regular y compacto, al que hacen contrapunto, a diversas alturas, las cúpulas de extradós a la vista, revocadas de rojo. La planta de la iglesia tiene forma de T, con la nave constituida por dos amplias crujías cuadradas separadas por un poderoso arco ojival y con un transepto de tres ábsides de los que el central, casi semicircular, sobresale en el exterior. El altar está junto al lado sur del *diacónicon* y al norte de la *prótesis*, ambos provistos de pequeños ábsides contenidos en el espesor del muro. Sobre el cuerpo de la *prótesis* se yergue la torre cuadrangular. Dos únicos arcos ojivales transversales dividen el espacio longitudinal de la nave. En el exterior, la sala resulta visible por dos cúpulas hemisféricas peraltadas sobre tambores cilíndricos con *trompas* angulares de arcos apuntados es-

RECORRIDO II   *Testimonios de la época árabe*
Palermo

calonados. La progresiva yuxtaposición de volúmenes cúbicos que distingue el edificio culmina en el emergente campanario. Lo que queda del claustro es resultado de una construcción realizada en dos fases consecutivas y de numerosas transformaciones. Los restos de la columnata se alzan en el ángulo noroccidental del jardín, que constituye uno de los elementos característicos del complejo. Parece probable, por sus características constructivas y estilísticas, que el claustro, originariamente unido a los edificios monásticos, fuera construido, o en todo caso modificado, alrededor del siglo XIII. El pórtico está formado por una secuencia de pequeños arcos ojivales dobles con columnitas pareadas. En el jardín se ha encontrado también, adyacente al lado septentrional del claustro, un cuerpo de fábrica posterior que ha sido identificado como la casa del arzobispo de Monreale.

II.1.c Qanat (dentro del Hospital Psiquiátrico)

Volver a Piazza della Vittoria y, en coche, seguir Corso Calatafimi, torcer a la derecha en Via Pindemonte y luego a la izquierda por Via G. La Loggia, en cuyo núm. 5 está la entrada del Hospital Psiquiátrico. Hay un aparcamiento en el interior del centro.

Acceso con entrada. Hay que fijar con antelación la visita poniéndose en contacto con la cooperativa La Solidarietà, Via G. La Loggia, tel. 091 580433.

La entrada al llamado Qanat Jesuítico Bajo está ubicada en el interior de la extensa área del Hospital Psiquiátrico, a la izquierda de la fachada principal del antiguo monasterio jesuítico denominado Della Vignicella ("de la viñita"). El *qanat*, sistema hídrico subterráneo cuyo origen se remonta al periodo comprendido entre 3000 y 2500 a. C., es una galería de drenaje que intercepta las aguas de ladera y las conduce, incluso desde grandes profundidades, a pocos metros del plano de la superficie. Los descubiertos en Palermo pertenecen al tipo de *qanat*s arábigo-

S. Juan de los Eremitas, nave, Palermo.

Qanat Jesuítico Bajo, rama de drenaje, Palermo.

persas, con casi los mismos elementos constructivos y funcionales, adaptados, no obstante, a la geología del lugar. Una característica tipológica que los diferencia de los orientales es la falta de un verdadero pozo de alimentación, que se sustituye por una galería transversal de drenaje, llamada *muchatta*, ubicada pendiente arriba. Gracias a estos conductos se garantizaba un flujo continuo y espontáneo de agua desde las profundas faldas subterráneas hasta la superficie, lo que alentaba la creación de fuentes, estanques, baños públicos, canales de agua y jardines lujuriosos que connotaron el aspecto del interior urbano.

El Qanat Jesuítico Bajo está formado por un pozo serial de 14 m de profundidad que intercepta un conducto de unos 60 cm de ancho y 4 m de alto, con un metro de agua. El curso tiene dos sentidos: uno aguas abajo orientado hacia el este y otro aguas arriba orientado al oeste. Al oeste el conducto termina, unos 6 m más adelante, en un sifón que lleva al *qanat* de partida, cuya bóveda de albañilería, después de 5 m, desciende hasta tocar el agua, haciendo la galería impracticable. En la parte más alta, sobre el sifón, corre un conducto inactivo, probablemente destinado al drenaje, situado bajo el convento. Aguas abajo, el conducto continúa con trazo sinuoso unos 40 m, hasta una estancia de planta más o menos triangular sobre cuya bóveda se abre otro pozo serial cerrado por fuera. Desde esta estancia parten dos conductos: uno hacia el norte, de unos 120 m de largo y donde el nivel del agua desciende, y otro hacia el sur, que presenta una altura mayor de la bóveda respecto a la de las galerías antes descritas. Este último conducto, que continúa hacia Via G. La Loggia, seguramente es el más curioso por la presencia de numerosas raíces que penden del techo; su curso está interrumpido, sin embargo, por gran cantidad de material descargado a través de un pozo situado en lo alto. Las aguas debían de subir hasta el nivel de Via G. La Loggia (S. Tusa), donde probablemente eran encauzadas por alguno de los canales de la calle, identificada como *qanat* Scozzari (P. Todaro). Ha resultado imposible verificar el enlace real entre los dos *qanat*s, pues el Jesuítico Bajo ha sido cortado, en las cercanías de Via G. La Loggia, por un desagüe que impide su continuación natural. El sistema merece especial atención por algunas soluciones tecnológicas adoptadas con el fin de salvar condiciones hidrogeológicas desfavorables.

El interés y originalidad del *qanat* están en la perfecta conservación del sistema y en su casi integridad, sobre todo en la zona de captación.

LOS *QANATS* DE LA CUENCA DE ORO

Vincenzo Biancone, Sebastiano Tusa

En el ámbito de uno de los más legendarios imperios de Oriente, el aqueménida de Ciro y de Jerjes, nace una de las tipologías de acueductos más sugestivas e ingeniosas que la humanidad haya ideado nunca: el sistema basado en el *qanat*, un canal subterráneo cubierto.

El *qanat* nace precisamente allí donde unos milenios antes, en las primeras sociedades neolíticas, había nacido el canal a cielo abierto. Fue probablemente la larga experiencia de canalizaciones en un clima árido o semiárido la que indujo a los expertos ingenieros hidráulicos aqueménidas a idear un sistema de transporte hídrico que permitiese salvar dos peligrosos inconvenientes: la pérdida de agua, debida a la evaporación causada por el calor, y la vulnerabilidad de los canales, por la facilidad con que los enemigos podían bloquearlos y ocasionar colapsos económicos letales.

El *qanat*, cuyo nombre deriva del acadio *qanu*, al ser un canal subterráneo, a veces excavado bajo tierra a lo largo de kilómetros, evita tales inconvenientes subvirtiendo el concepto de transporte hídrico en superficie. El agua era captada en la fuente y sumergida, más o menos directamente, en conductos excavados en el suelo con una pendiente constante (del 0,5% aproximadamente) y que, gracias a la sabia graduación de la inclinación, permitían un ágil discurrir evitando al tiempo peligros de erosión o de enterramiento, así como de contaminación y control por parte del enemigo.

La genialidad de esta invención determinó su rápida difusión por Oriente y Occidente: el *qanat* arraiga en Europa y en el Mediterráneo después de la caída del imperio romano y sólo en zonas limitadas y llanas donde la excavación resultaba fácil sin tener que alcanzar profundidades prohibitivas.

En Sicilia, este sistema quizá llegara con los árabes, pero más verosímilmente en el periodo normando sucesivo gracias a al-Idrisi, que había aprendido su construcción en el norte de África.

Las investigaciones efectuadas por la sección palermitana del Club Alpino Italiano, coordinadas por Vincenzo Biancone, al enriquecer el cuadro elaborado con gran mérito en su momento por Pietro Todaro, han ofrecido un esquema orgánico de cómo hasta hace poquísimo tiempo Palermo se abastecía por una vasta red de *qanats* que, desde las faldas somontanas hasta los bordes de la Cuenca de Oro, traían el agua tanto al centro urbano como a las fértiles tierras adyacentes a él. Los *qanats* localizados llegan a gran parte del campo palermitano.

El hallazgo en dos de ellos, situados en la parte central de la Piana dei Colli (Castelforte y Scalea I), de fragmentos de cerámica atribuibles a los siglos XII y XIII hace sostener tal datación como un indicio óptimo para confirmar su existencia en Sicilia al menos desde aquel periodo. No obstante, nada excluye que futuras investigaciones puedan demostrar la existencia de conductos hídricos subterráneos en periodos anteriores.

En el Palermitano, el *qanat* debió de constituir, durante muchos siglos (por lo menos siete), parte integrante de un sistema de aducción hídrica útil tanto para las actividades agrícolas que se desarrollaban en la Cuenca de Oro como para el aprovisionamiento de agua de grandes partes de la ciudad. Tipológicamente, los *qanats* pa-

Qanat Jesuítico Bajo, canal de transporte, Palermo.

lermitanos presentan analogías metrológicas y tecnológicas con los mayorquines. Las evidentes analogías con otras regiones del Mediterráneo, o incluso otros lugares, derivan también de obvias convergencias en el patrimonio de conocimientos tecnológicos que, probablemente, se habían transmitido durante generaciones en las familias o corporaciones de *muqanni* (nuestros *puzzari*, "poceros"), las cuales, a su vez, los habían recibido de los primeros artesanos que los importaron de las regiones limítrofes. Las convergencias entre el norte de África, Sicilia y la Península Ibérica se explican con la hipótesis de una difusión común, en torno a los siglos X-XII, de los mismos conocimientos y técnicas de construcción y manejo de los *qanats* por parte de maestros que los habían aprendido de los árabes.

De todos modos, los conocimientos generales se adaptaron a las diversas zonas de arraigo de los *qanats*. Sicilia no escapa a esta lógica de adaptación de las influencias exteriores a las exigencias propias. Por esto, la función originaria del *qanat* tal y como había surgido en Oriente, que era la de transportar el agua largas distancias bajo tierra, en Palermo se enriqueció también con la función de tubería de drenaje. De hecho, si nos ponemos a analizar detalladamente los varios *qanats* del campo palermitano, nos damos cuenta de que a menudo no son paralelos a las líneas de fluencia hídrica de la falda, sino transversales a ellas en todo su recorrido, o presentan ramificaciones más o menos desarrolladas, ortogonales a las líneas de flujo. Se vino a crear, pues, un *qanat* con funciones mixtas de drenaje hídrico y de colector. Por ello, los *qanats* de la llanura di Palermo drenan en todo su desarrollo, función que en los *qanats* orientales tenía únicamente el pozo de alimentación.

RECORRIDO II

Testimonios de la época árabe

Comité científico

Segundo día

II.1 PALERMO
  II.1.d Puente del Almirante
  II.1.e Iglesia de San Juan de los Leprosos
  II.1.f Castillo de la Favara en Maredolce (restos árabes)

II.2 CEFALÀ DIANA
  II.2.a Hammam
  II.2.b Castillo

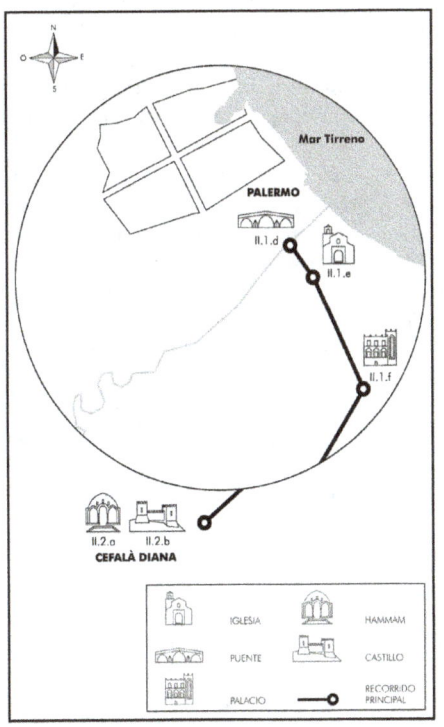

Palacio de la Favara, vista general, Palermo (Gally Knight, 1838).

La mayor fuente de noticias sobre la realidad siciliana en el periodo árabe la constituyen las narraciones escritas por los viajeros que se desplazaban desde las costas de África y la Península Ibérica hacia el centro del Mediterráneo. La escasa consistencia de los restos arquitectónicos presentes en la isla no permite evaluar con certeza los testimonios artísticos de un asentamiento que duró más de doscientos años. Las mezquitas públicas, hechas sobre iglesias cristianas existentes, vuelven a ser lugares cristianos con la llegada de los normandos a la isla; desaparecen de la oficialidad, por tanto, todo vestigio y toda transformación estilística y distributiva relacionada con la práctica religiosa musulmana. De viaje en el año 977 (para otros, 973), Ibn Hawqal, en su *Libro de los caminos y de los reinos*, describe la ciudad y su territorio. Fuera del perímetro de la población, ceñida por altas murallas de defensa y circundada por sus barrios, se extendía la campiña, cortada al sur por el río Oreto de aguas abundantes ("un gran y grueso río"), denominado en árabe Wadi 'Abbas, aumentado por afluentes que discurrían desde el interior, como los que provenían del pueblo de Balhara (Monreale), a su vez rico en jardines y viñedos. A lo largo de las orillas del río eran numerosos los molinos, cuya actividad Ibn Hawqal no asigna a la distribución de las aguas en el territorio para el riego de huertas y jardines, pues este se hacía mediante canalizaciones de otras fuentes de agua ("como en Siria y en otros países").

El aprovisionamiento de agua para riego estaba asegurado, de hecho, por los manantiales que en gran número brotan de los relieves montañosos que rodean la ciudad. Por todo el territorio, de este a oeste, las aguas discurrían en abundancia y con vigor e iban a alimentar, también en torno a los barrios de la ciudad, molinos que habían surgido cerca de los lechos de las aguas torrentosas. Todavía hoy corren bajo las calles de la ciudad las aguas de dos torrentes, el Kemonia y el Papireto, encauzados y enterrados seguramente cerca del antiguo perímetro de los muros fortificados de la época fenicia. A lo largo de las orillas, donde los terrenos eran pantanosos y abundaban las charcas, crecía la "caña persa" y se cultivaban calabazas. También crecía, en las márgenes del río, la planta del papiro, utilizada para el cordaje de las naves y para la producción del papel en que se redactaban las actas administrativas oficiales. Los reyes normandos, aprovechando la tradición de las papeleras existentes en el territorio, serán de los pocos reyes medievales que utilicen para las actas oficiales el papel, aparte del acostumbrado pergamino. Uno de los cañaverales empleados para este fin, incluso en época normanda (como lo demuestra un diploma en árabe de 1115), crecía cerca del palacio de la Favara (del árabe *fawwara*), un "manantial de copiosa agua" que, brotando del monte Grifone, alimentaba los jardines del campo meridional, entre los cuales Ibn Hawqal omite citar los magníficos de Maredolce. En realidad, el emir kalbita Ya'far, al cual se atribuye el complejo (llamado también Favara), gobernó en Palermo unos decenios más tarde, entre 998 y 1019. Muchos historiadores (Vincenzo Auria lo dibuja en una vista del siglo XVII y Gaspare Palermo lo ve todavía en 1816) mencionan también la existencia, al este del palacio, de una instalación termal o "lacónico" (Palermo, 1816) y que en cualquier caso ha desaparecido ya en un alzado de 1880. El edificio, dividido en tres estancias y con una pequeña cúpula (como se ve en la reproducción de Auria), respetando por tanto las principales características de los baños privados, era una estufa dotada de canalizaciones subterráneas para el paso del aire caliente, emparentable con tipologías de la era romana. Algunos estudiosos han identificado también vestigios de época romana en estructuras extraurbanas, como villas y fincas agrícolas, en algunos hallazgos (posteriormente recubiertos) sacados a la luz en las excavaciones de los siglos XVII y XVIII en el Piano di Sant'Erasmo y cerca del río Oreto.

Es, en todo caso, un fenómeno musulmán la formación de la pequeña propiedad de tierra, con la práctica de apropiaciones a la manera colonial, regulada por las leyes de ocupación militar. Los amplios territorios alrededor de las ciudades eran divididos en pequeñas fincas agrícolas mediante libres ocupaciones individuales, que se sucedían después de controversias entre los ocupantes. Las obligaciones a que estaban sometidos eran, principalmente, las de suministrar madera para la fabricación de las naves y hombres para las filas de los combatientes de la guerra santa. La actividad agrícola, por lo demás favorecida por las buenas condiciones fiscales, dio lugar a la exportación de los productos al norte de África y a países costeros del Mediterráneo. El bienestar inmobiliario, con todo, había declinado ya cuando Ibn Hawqal visitó el país. Tachado de falsario por sus traductores debido a su ira contra sus correligionarios porque vivían en promiscuidad con los cristianos, ofrece, no obstante, un cuadro social que pone de relieve fundamentalmente cómo la sociedad musulmana trasplantada a Sicilia se encaminaba al declive. Nada de un florecimiento de civilización, sino un abandono social, constructor, económico y, sobre todo, religioso es lo que narra el viajero árabe, que no olvida, de todos modos, describir las características que el paisaje de las inmediaciones de Palermo había adquirido con la creación de las casas coloniales, cada una de ellas dotada de una pequeña mezquita privada, un recinto de separación de la propiedad, jardines y tierras de labranza.

Los "muchos grupos de casas" denominados *mahals*, de los que habla Ibn Hawqal,

Puente del Almirante, vista general, Palermo (Gally Knight, 1838).

salpicaban, pues, un territorio fragmentado por cultivos y jardines que tomaban el nombre de mu'askars. Tras la conquista normanda, los mahals musulmanes del siglo X fueron habitados por población latina y constituyeron el tejido que conectaba los parques de caza reales.

Durante el reinado normando, en la época de Ruggero II, al-Idrisi cuenta que el territorio de la isla, "de infinitas bellezas y valía singular", bulle de masadas, caseríos y casas de campo.

Con la llegada de los normandos, el perímetro amurallado se amplió hasta comprender también los barrios exteriores. De las puertas de comunicación con el campo circundante, tres daban al norte del río: la Puerta Termini (en correspondencia con la actual Via Garibaldi y demolida en 1852), que permitía salir a los campos del sureste y atravesar el río Oreto a través del puente construido por el almirante Giorgio de Antioquía, en 1125 (y por eso llamado Puente del Almirante); la Puerta de Santa Ágata (todavía existente en Corso Tukory, en correspondencia con la calle del mismo nombre), desde la cual, a partir de 1170, se podía alcanzar también el Monasterio del Santo Espíritu, fundado en aquellos años por el arzobispo Gualtiero; la Puerta Mazara (todavía existente en Corso Tukory, aunque con la configuración del siglo XIV), que conducía a los asentamientos del sureste próximos al río. En aquella parte del territorio, los normandos construyeron varios edificios religiosos en distintas épocas: la iglesia de San Miguel de Indulciis (desaparecida en el siglo XVIII), cercana al Puente del Almirante y atribuida al propio Giorgio de Antioquía; la iglesia de San Juan Bautista, después de los Leprosos; la iglesia de la Virgen de Oreto, levantada, con su convento, sobre un promontorio del río en 1088 (de ella quedan hoy pocos restos a la entrada del puente de Viale della Regione Siciliana); el Monasterio de San Nicolás el Gurgo, edificado hacia 1145 (en ruinas a principios del siglo XX). Destruida la fortificación de la Kalsa, creadas nuevas iglesias, introducidos nuevos cultivos, las tierras comprendidas entre la muralla meridional y el río Oreto pasaron en su mayor parte, ya extinguida la dinastía de Ruggero II, a propiedad de los Chiaramonte a principios del siglo XIV, aunque les fueron confiscadas a finales del mismo siglo.

Hammam, vista del interior, Cefalà Diana (Gally Knight, 1838).

Castillo, vista panorámica, Cefalà Diana.

En el diario de su largo viaje, el peregrino Ibn Yubayr cuenta, entre 1183 y 1185, las condiciones de los musulmanes en la isla, a esas alturas reconquistada para la cristiandad. Retrata a los musulmanes que se habían quedado en Mesina en estado de servidumbre, y aislados en masadas los del resto de la isla; sólo en la capital del reino, Palermo (denominada al-Madina por los musulmanes, Balarmu por los cristianos), los musulmanes viven en los arrabales y tienen mezquitas y mercados propios; son admitidos en la corte del rey Guglielmo II, que se sirve de ellos como esclavos y eunucos, pero también como cocineros, *visires* y chambelanes. Con complacencia, cuenta que el soberano "se parece a los reyes musulmanes por la afición a estar inmerso en las delicias del principado no menos que por las órdenes legislativas, por las costumbres, por la gradación de sus próceres, la magnificencia de la corte y el lujo de los ornamentos" (trad. original al italiano de M. Amari, 1854-1868). Pero también recoge en la misma ciudad de Mesina la amarga confesión de uno de los pajes de la corte del rey, obligado a esconder su profesión de fe musulmana por temor a perder la vida. Al llegar a Palermo, donde no se ahorra la intercalación recurrente y exorcizante ("que Dios la devuelva a los musulmanes"), narra su asombro y su complacencia: "Antigua y elegante, espléndida y graciosa (…), se envanece entre sus plazas y sus llanuras, que son todas un jardín. Espaciosa en las callejuelas [así como] en las calles mayores, deslumbra la vista con la rara venustidad de su aspecto. Estupenda ciudad, semejante a Córdoba por la arquitectura: sus edificios son todos de piedra tallada; un límpido río la parte; cuatro fuentes irrumpen desde sus lados. Su rey vio en ella cada placer del mundo, y sin embargo la hizo capital de su reino franco, ¡que Dios lo extermine!" (trad. original al italiano de M. Amari, 1854-1868).

En la ciudad parece ver con sus ojos el sucederse de las estratificaciones, la realidad romana, bizantina, árabe y normanda, y le sorprende descubrir, en lugar de piedra revestida de revoque, la piedra escuadrada y sobrepuesta una a otra con soberbia maestría, como en la ciudad de Córdoba; en lugar de las callejuelas claras pero tortuosas, una distribución urbana naturalmente recta y regular, donde la ciudad antigua, encerrada y circundada por la nueva y también en esto semejante a Córdoba, tiene palacios "que parecen castillos bien amurallados, de los que se alzan en el aire galerías, y ciegan los ojos con su belleza" (trad. original al italiano de M. Amari, 1854-1868).

A lo largo de la carretera costera por la que se llega a Palermo, a 6 km de la población, se detiene en Qasr Sa'd (una localidad que todavía en 1880 Michele Amari reconoce como "Cannita" y que Nino Basile identifica como Favara di San Filippo), poblado por una colonia de musulmanes y con una mezquita que considera una de las más bellas del mundo, de planta rectangular alargada, con arcos apuntados, iluminada por cuarenta lámparas de latón y de vidrio, y con un suelo ricamente trabajado. El *qasr*, que define como grandioso y hace remontar a la época musulmana de la isla, está rodeado de muros, cerrado por una puerta de hierro y formado por chozas, casas y construcciones bien alineadas; la mezquita se encuentra en la parte más elevada, está rodeada de una amplia calle y cerca de un pozo de agua dulce; en el exterior de la muralla está el cementerio musulmán. Cuenta Ibn Yubayr que vio en la carretera el Qasr Ya'far (Maredolce), con su estanque y el manantial de agua dulce y, más allá aún, cerca del mar, la leprosería cercana a la iglesia de San Juan.

Puente del Almirante, vista general, Palermo.

RECORRIDO II *Testimonios de la época árabe*
Palermo

II.1 PALERMO

II.1.d Puente del Almirante

Ir a Piazza G. Cesare, girar en la rotonda para tomar Via P. Balsamo, torcer a la derecha en Corso dei Mille y, pasado el río Oreto, proseguir hasta llegar a Piazza Ponte Ammiraglio.

El Puente del Almirante, llamado así porque lo hizo construir, alrededor del segundo cuarto del siglo XII (según algunos, en 1132), el almirante Giorgio de Antioquía —que estaba al servicio del rey Ruggero II, y fundador asimismo de la iglesia de Santa María del Almirante—, está actualmente desecado y circunscrito en un recinto tres metros por debajo del nivel del Corso dei Mille, al cual está unido. El puente, paso sobre el río Oreto, se levantó cerca de la Puerta Termini. Presenta una configuración en "lomo de asno", con las dos características rampas simétricas, y está constituido por siete ojos de arco ojival rehundido y altura decreciente desde el centro a los extremos. Los seis gruesos pilones tienen aberturas en arco sobre el nivel del agua para aminorar el empuje del río en las crecidas. Toda la estructura está realizada con sillares de calcarenita de corte regular, y retoma, por técnica y forma, una tipología difundida en el área magrebí. En su tiempo, el curso del río sufrió en ese tramo, cerca de la desembocadura, un notable desplazamiento y la modificación de la propia configuración del lecho, tanto que, en 1838, fue necesaria la construcción de un nuevo puente, llamado Puente de las Cabezas (Ponte delle Teste).

Puente del Almirante, arcada central, Palermo.

S. Juan de los Leprosos, vista de la torre, Palermo.

113

RECORRIDO II *Testimonios de la época árabe*
Palermo

S. Juan de los Leprosos, ábsides, Palermo.

II.1.e **Iglesia de San Juan de los Leprosos**

Proseguir por Corso dei Mille hasta cruzarse con Via S. Cappello, en cuyo núm. 38 se encuentra el monumento. Hay un aparcamiento frente a la iglesia.

S. Juan de los Leprosos, nave central, Palermo.

Horario: de 9 a 11 y de 16 a 18:30. Hay que fijar la visita con antelación, tel. 091 475024.

La iglesia, consagrada a San Juan Bautista, debe su nombre al hospital para leprosos posteriormente unido a ella. La fachada se presenta desequilibrada hacia la izquierda por el volumen de la escalera del pórtico-campanario, que marca la entrada de la iglesia y sustituyó al original en las restauraciones dirigidas por Francesco Valenti entre 1925 y 1930. Los nítidos volúmenes de la iglesia, ejecutados con pequeños sillares de toba dispuestos en hiladas regulares, están interrumpidos solamente por las comedidas ventanas de arco doble apuntado abiertas a los lados y en el centro de los ábsides. El interior presenta una planta basilical de tres naves, divididas por tres parejas de robustos pilares de sección poligonal sobre los que se alzan cuatro arcadas de curvatura ligeramente apuntada. Las naves conducen, en la parte oriental, al espacio tripartito del presbiterio, elevado a una altura de tres escalones respecto al plano de la basílica y precedido, yendo desde la sala, por un par de pilares cruciformes. Las tres crujías del presbiterio terminan en tres ábsides con columnitas en las esquinas. A la derecha puede verse el capitel de una columna angular, con inscripción árabe en caracteres *cúficos*, lamentablemente indescifrables por estar desgastados. La crujía central del presbiterio está cubierta por una cúpula, enlazada al cuadrado de imposta mediante las tradicionales pechinas de nichos escalonados. Los ábsides sobresalen en el exterior. A falta de documentos, resulta incierto datar la planta más antigua. En el siglo

RECORRIDO II   *Testimonios de la época árabe*
Palermo

XVI, Tommaso Fazello (y otros historiadores de tiempos más recientes han suscrito su tesis) afirmaba que la iglesia fue fundada por Roberto el Guiscardo y su hermano Ruggero de Altavilla durante el asedio de Palermo de 1071, en el mismo lugar donde había un castillo sarraceno. De este se ven algunos restos, en su mayoría tramos de muro y fragmentos de pavimento, junto a la iglesia; estaba rodeado por un palmeral que los normandos destinaron a campamento, desde el cual desencadenaron el ataque decisivo para expugnar la ciudad. Parece probable, sin embargo, que durante el asedio los normandos únicamente empezaran la construcción y la terminaran una vez concluida la conquista. Se ha sostenido luego que, durante el asedio, Roberto el Guiscardo dio inicio a la construcción de la iglesia en un ala del *qasr* existente y que concluyó la obra después de la conquista (1071), en cumplimiento de un voto y probablemente antes del año de su muerte, ocurrida en 1085. Con todo, la iglesia muestra algunas peculiaridades respecto a las otras realizaciones palermitanas: revela algunas afinidades con las primeras iglesias construidas por los normandos en territorio de Mesina y presenta algunos rasgos originales, como el uso de pilares en las naves. La leprosería se añadiría entre 1140 y 1150, y Guglielmo I haría redactar los estatutos después.

En época sueva, Federico II donó la iglesia y el hospital a la Orden de los Caballeros Teutónicos de La Magione, que lo poseyó hasta el final mismo del siglo XIV. Sucesivamente, el hospital fue administrado por el senado ciudadano, mientras que la iglesia quedó al cuidado del abad de

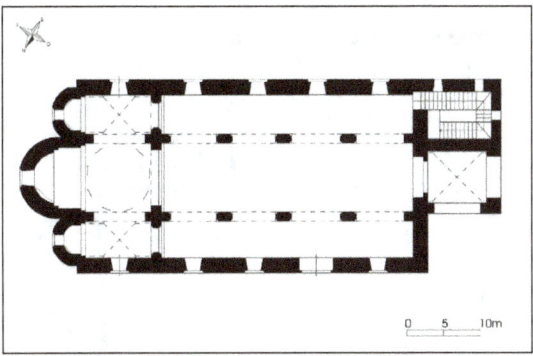

La Magione hasta el siglo XVIII. Hoy forma parte del patrimonio regional.

S. Juan de los Leprosos, planta, Palermo.

II.1.f **Castillo de la Favara en Maredolce (restos árabes)**

Retomar Corso dei Mille, recorrerlo unos 2 km, torcer a la derecha en Via Emiro Giafar y, pasado el núm. 62, torcer a la izquierda en Vicolo Castellaccio, en cuyo núm. 19 está la entrada al monumento.

Palacio de la Favara, vista de la fachada oeste, Palermo.

RECORRIDO II *Testimonios de la época árabe*
Palermo

Palacio de la Favara, planta, Palermo.

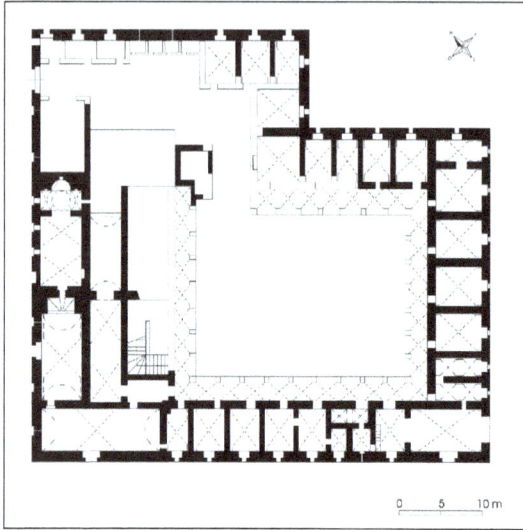

Horario: lunes a viernes por la mañana, miércoles también por la tarde.

La residencia del emir, después *solaz* real normando, más conocida como Castillo de la Favara o de Maredolce, fue construida entre 998 y 1019 por el emir kalbita Ya'far, en tiempos de su gobierno, como palacio suburbano. Ubicada entre las faldas del monte Grifone y el embalse del río Oreto, quedó en ruinas, según M. Amari, tras la agresión sufrida en 1019, durante los motines populares. Bajo los reyes normandos, en particular con Ruggero II, promotor de una vasta intervención de restauración y ampliación, el edificio alcanzó su máximo esplendor. La posición y la organización del complejo gustaron a los nuevos soberanos, que mantuvieron sus características más significativas. El edificio primitivo, como el que todavía hoy puede verse, estaba rodeado en tres de sus lados por el agua de un lago artificial —alimentado por el manantial existente a los pies del monte— que discurría por dos grandes vanos de arco apuntado, desde los que venía canalizada. La fachada principal del complejo es la noroccidental, la única no bañada por las aguas y la que actualmente está en mejor estado de conservación. En el complejo ya transformado por Ruggero II hacia 1150, los ambientes privados estaban dispuestos a lo largo de los lados meridional, oriental y occidental. Los espacios destinados al protocolo y al uso común se disponían, en cambio, en el lado noroccidental. Una distribución similar de las estancias alrededor de los patios se encuentra en el palacio de Ruggero II en Altofonte, según la hipótesis de reconstruc-

Palacio de la Favara, vista del patio, Palermo.

RECORRIDO II *Testimonios de la época árabe*
Palermo

ción. El principio distributivo que regula el *solaz* de la Favara ha sido emparejado y confrontado con el de los *ribat*s de la arquitectura árabe, verdaderos conventos fortificados que hospedaban a combatientes de la fe musulmana. Tenían el aspecto de fortines cuadrados con torres redondas en las esquinas y en el centro de los lados, una más alta destinada a la vigilancia y a la oración, y una única entrada; los alojamientos consistían en pequeñas celdas dispuestas a lo largo de los lados en dos plantas; en la superior se encontraba la sala de oración.

El término *fawwara* aludía a la fuente de agua dulce que, a través de un conducto de aducción, alimentaba el lago; en los recientes trabajos de despeje del estanque, a los pies de la presa se han hallado canales de bombeo de agua, uno de los cuales muestra rasgos constructivos atribuibles a la época musulmana. El lago estaba revestido de revoque hidráulico con su característico color rojo, que se obtenía mezclando cal, arena de río y trozos de ladrillo, y del que quedan trazas en las paredes del estanque liberado del huerto de cítricos. Con el descubrimiento de un hipocausto (cámara abovedada excavada bajo el suelo con canalizaciones para la circulación de los vapores) a los pies del monte Grifone, se ha especulado también con la existencia de un antiguo edificio termal al servicio del complejo.

Ruggero II intervino en el edificio ampliándolo y dotándolo de una capilla cristiana, quizá en el mismo lugar de la originaria mezquita privada del emir y de la última morada de *muecines* y preceptores. El lago, también ampliado, como se sabe por las crónicas contemporáneas, fue poblado con peces de varias regiones. El pa-

Palacio de la Favara, cúpula de la capilla, Palermo.

lacio debía de extenderse, con dos elevaciones, en torno a un vasto patio en L, con pórticos cubiertos por bóvedas de crucería. No se tienen todavía datos sobre posibles restos de mampostería o de elementos aislados de la época musulmana; es seguro, en todo caso, que el lago es obra del emir y que Ruggero II ordenó su ampliación e hizo construir una presa para contener las aguas.

La fachada principal, correspondiente a las estancias protocolarias y de uso común, es la noroccidental. En ella se abren los pasajes de entrada a la estancia frente a la capilla, que resalta en la fachada por la acentuación del ritmo de las arcadas ciegas. El ángulo suroccidental deja entrever la probable presencia de una gran abertura arqueada que daba al lago artificial, utilizada para el atraque de las embarcaciones ligeras que atravesaban el

RECORRIDO II   *Testimonios de la época árabe*
Palermo

Hammam, vista de la fachada oeste, Cefalà Diana.

Hammam, vista de la sala de las bañeras, Cefalà Diana.

lago. Las fachadas están animadas por una serie de arcos rehundidos, algunos de ellos descubiertos en los trabajos de restauración, con ventanas dispuestas libremente. Los ambientes privados se reparten a lo largo de los lados restantes.

La capilla, consagrada a los santos Felipe y Jacobo, es una sala con dos crujías cubiertas con bóvedas de crucería y un pequeño transepto que termina en tres ábsides. La crujía central tiene una pequeña cúpula sobre un alto tambor unido a la nave mediante nichos angulares. El Aula Regia es de planta rectangular, dividida en tres crujías; presenta también una hornacina en el lado corto, cubierta por una bóveda con cordones de estuco.

En el centro del lago surgía una pequeña isla artificial de forma irregular, plantada de cítricos. El lago fue provisto por Ruggero II de una presa de contención aguas abajo, construida utilizando la tierra de acarreo de la excavación sujeta por un muro de gruesos sillares cuadrados, sobre los cuales se han encontrado los símbolos incisos de los maestros lapidarios. Siete paredes, de altura decreciente, subdividían el caudal en un sistema de estanques que dejaba fluir el agua a través de una arcada en el muro septentrional.

Extinguida la dinastía normanda, el castillo pasó al patrimonio del virrey hasta que, en 1328, Federico II de Aragón lo cedió a la Orden de los Caballeros Teutónicos de La Magione, que lo transformaron en fortaleza. A finales del siglo XV, el *solaz* fue donado a particulares, que cultivaron los árboles frutales nacidos en el lecho del lago. Adquirido finalmente para el patrimonio público regional, hoy está en fase de restauración.

RECORRIDO II *Testimonios de la época árabe*
Cefalà Diana

II.2 CEFALÀ DIANA

II.2.a Hammam

Continuar en coche siguiendo las indicaciones hacia la autopista Palermo-Catania; en la salida para Villabate, tomar la SS121 en dirección a Agrigento e ir hasta la salida para Baucina y Cefalà Diana; al llegar a la bifurcación, seguir el cartel para Villafrati; en la siguiente bifurcación, tomar la carretera hacia Palermo; a un kilómetro aproximadamente, torcer a la derecha, hacia el monumento.
Horario: martes a domingo de 9 a 13; lunes cerrado.

Aprovechando probablemente un establecimiento romano análogo, el baño está construido sobre un pequeño alcor que baja en ligera pendiente hacia el valle del río Cefalà, casi escondido por modestas construcciones que lo rodean por tres lados, razón por la cual G. Lo Jacono pensó en una función originaria de hostal-hospital. En el complejo, la disposición de los edificios, además de retomar la difundida tipología de las masadas presentes en la campiña siciliana, recuerda también a un recinto, núcleo generador de tanta arquitectura islámica.
El baño propiamente dicho está formado por una única sala de forma rectangular, articulada en dos ambientes distintos: uno, más largo, partido transversalmente en tres piletas decrecientes por cuatro tabiques en forma de asiento; el otro, contiguo, situado cerca de la fuente y formado por una única pileta. Los dos ambientes están separados por una amplia divisoria de tres arcos ojivales sobre columnas, casi un laico *tribe-*

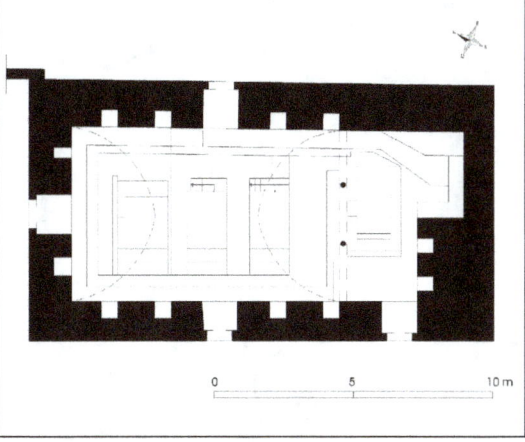

Hammam, planta, Cefalà Diana.

Hammam, detalle de la fachada oeste, friso con inscripción cúfica, Cefalà Diana.

lon. Las columnas, una variante del orden corintio, tienen base ática y capiteles de terracota en forma de cáliz, con doble orden de hojas que envuelven una decoración de óvolos y volutas. El arranque de las arcadas está aumentado por la inserción de un *salmer* de ladrillo. También los arcos son de ladrillo y sostienen una mampostería del mismo tipo que cierra la bóveda, desmoronada y rehecha en el siglo XV junto con las arcadas. Tres ventanitas rectangulares, muy

RECORRIDO II *Testimonios de la época árabe*
Cefalà Diana

Castillo, planta, Cefalà Diana.

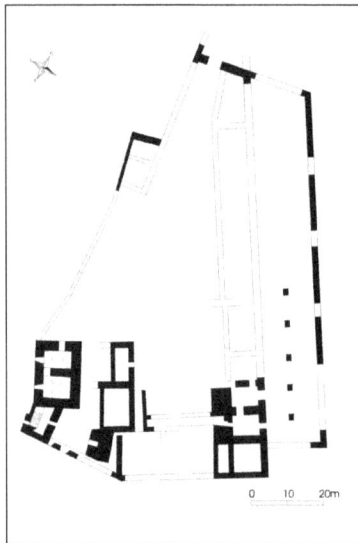

alargadas, se abren en la mampostería encima de los arcos; una bóveda de cañón, de grandes dimensiones y dotada de respiraderos, cubre todo el sistema. El edificio tiene un esquema volumétrico cerrado y bloqueado; las paredes externas presentan, como único elemento decorativo, una franja constituida por una hilada central de sillares calcáreos y con una inscripción en caracteres *cúficos* muy deteriorada, y por dos franjas más estrechas que la encuadran. Estas están realizadas con ladrillos de gran formato, por lo demás visibles en diversos puntos de la fábrica (quizá ladrillos de la época romana reutilizados en la construcción prenormanda). El sistema de canalizaciones subterráneas que garantizaba el llenado y el vaciado de las piletas es todavía parcialmente reconocible en las cercanías. Sobre la fecha de construcción, las opiniones son aún controvertidas, tanto más

cuanto en el *Libro de Ruggero* el geógrafo al-Idrisi, que concluyó su obra poco antes de la muerte del soberano normando (1154), pese a las señales de la presencia de once baños termales en grandes y pequeños centros de Sicilia, no hace mención alguna del de Cefalà Diana. Un estudioso ha propuesto recientemente una distinción cronológica entre las varias partes de la construcción, atribuyendo los muros norte, oeste y este a la época helenístico-romana (entre el año 50 a. C. y el 50 d. C.); las dos columnas que sostienen los arcos del *tribelon*, a la época árabe; la franja de imposta con la inscripción en caracteres *cúficos*, al periodo normando siguiente a la muerte del primer Guglielmo en 1166 (Ryolo, 1971). Una última datación lo atribuye entero al periodo más tardío del reino normando (W. Krönig, en Di Stefano, 1979), reivindicando muchas analogías con el lenguaje propio de la arquitectura del periodo de Guglielmo II.

La reserva de Pizzo Chiarastella
En las inmediaciones del hammam se encuentra la reserva natural orientada de Pizzo Chiarastella. La vegetación presente, limitada a las pendientes orientales del monte, está constituida por especies de matorral mediterráneo. El relieve del Pizzo es especialmente importante, entre otras razones porque constituye una de las áreas de alimentación del circuito hidrogeológico que confluye en los baños. Y a la salvaguardia de los numerosos manantiales de agua caliente que brotan a diversas temperaturas en las rocas de carbonita está destinada, de hecho, la reserva, que toma su nombre también del edificio termal. La reserva está gestionada por la administración provincial de Palermo.

Castillo, vista de la entrada oeste, Cefalà Diana.

II.2.b **Castillo**

Volver a la bifurcación en dirección a Cefalà Diana por la SS77; un kilómetro más adelante, a la derecha, seguir la indicación para el Castillo.
Horario: laborables de 9 a 13, festivos de 16 a 19. Hay que fijar con antelación la visita, por grupos, tel. 091 8201184/8291546.

No se tienen noticias ciertas sobre la fecha de construcción, pero algunos estudiosos han sugerido su existencia a partir de 1121. El patio principal, comprendido entre la muralla interior y el muro en desplome de la pared, está enlosado con la piedra desnuda del relieve rocoso, un adoquinado natural de fuerte pendiente y una forma irregular trapezoidal. En la parte más sobresaliente de la roca se eleva el *mastio*, un sólido torreón de planta rectangular. Una serie de pequeños ambientes, cubiertos por bóvedas de cañón, descansan sobre el segundo perímetro de muralla y se abren al patio entre los dos muros.

RECORRIDO III

Arte regio de la época normanda: la arquitectura institucional

Comité científico

III.1 PALERMO
  III.1.a Palacio Real (Palacio de los Normandos)
  III.1.b Capilla Palatina

Árabes, griegos y latinos de Sicilia. Fuentes documentales de las épocas normanda y sueva

  III.1.c Puerta Mazara
  III.1.d Catedral
  III.1 e Puerta de la Victoria (opción)

III.2 MONREALE
  III.2.a Catedral (Santa María la Nueva)
  III.2.b Claustro
  III.2.c Convento del complejo episcopal

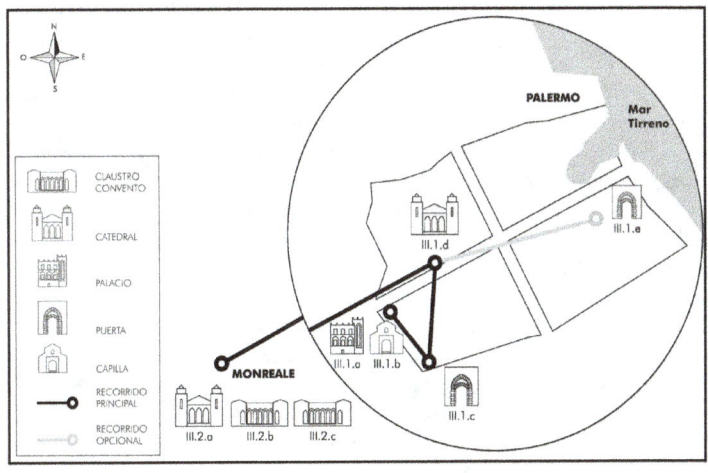

Capilla Palatina,
detalle del techo
de madera pintado
de la nave central,
Palacio Real, Palermo.

Capilla Palatina, revestimiento mural musivo, detalle, Palacio Real, Palermo.

La interpretación de las grandes obras arquitectónicas de la época normanda, realizadas en Sicilia entre el siglo XI y el XII, puede hacerse de una forma extremadamente articulada. La introducción de los componentes del arte árabe en la época de efectiva islamización forzosa de Sicilia (comprendida entre la ocupación sistemática a partir del año 827 y el abandono progresivo a partir de 1061 a causa de las guerras con los cristianos) había estado precedida por un largo periodo de intercambios (y choques) con las culturas de las poblaciones de la isla; en la arquitectura, además, el arte islámico, que experimentaba en aquel momento influencias greco-romanas y persas, había encontrado una fuerte presencia bizantina con significativas raíces de la era tardoantigua.

De todos modos, sobre los rasgos reales de la arquitectura y las artes urbanas entre los siglos VI y XI no es posible dar un parecer homogéneo a causa de las destrucciones o las ingentes transformaciones, ya ocurridas en el periodo medieval, de las construcciones de la época bizantina. En cualquier caso, los actuales conocimientos inducen a una valoración más cautelosa, en la arquitectura palermitana de la Baja Edad Media, de la aportación del periodo de los emiratos islámicos; la contribución artística del mundo árabe se vio incentivada, en cambio, por los normandos, lo mismo que el componente bizantino, después del periodo condal y en el ámbito más específico de las artes decorativas y la industria artística.

Después de una primera continuación de los ordenamientos y de los modos artísticos de las respectivas áreas culturales de origen, tanto la dinastía normanda como los altos dignatarios sículo-griegos del nuevo Reino de Sicilia promovieron unitariamente el florecimiento artístico, científico y cultural que había arrancado en Sicilia (en 969) con los propios fatimíes, y dieron origen al más rico desarrollo artístico del periodo, caracterizado por la orientación sículo-normanda autónoma de una *koiné* islámica por entonces madura.

Las obras más importantes y arquitectónicamente más conseguidas son las que atestiguan la "política de la imagen" buscada por los reyes normandos, principalmente Ruggero II, Guglielmo I y Guglielmo II, y otras personalidades del reino, como el arzobispo Guglielmo Offamilio. Los edificios, cuyo carácter monumental viene dado por la perfección constructiva y la riqueza decorativa, están situados en Palermo —sede de la corona real—, en el circuito de la antigua Galca y sus alrededores; junto a las obras más representativas, como la Capilla Palatina, la Habitación de Ruggero, las salas en otro tiempo decoradas de la Torre Pisana, todas ellas pertenecientes al Palacio Real, y la Catedral, surgen en las inmediaciones iglesias menos áulicas pero relacionadas con la actividad organizativa de la corte, como San Juan de los Eremitas y, seguramente, Santa María Magdalena. Junto con las catedrales de Monreale y Cefalù, estos edificios constituyen un ciclo completo y representativo del arte institucional del periodo normando, y dan fe, en un arco de sesenta años, de la formación y la completa maduración de un auténtico "arte regio" con un notable carácter de originalidad y de calidad artística.

En la arquitectura religiosa, desde las iniciales mezclas entre componentes románicos, bizantinos e islámicos, el ciclo de obras de la Corona llega a formas innovadoras y peculiares, donde los diversos componentes se encuentran armoniosamente en un género arquitectónico animado por el principio de la *renovatio imperii*. Con Ruggero II, en cuestión de pocos años se pasa de la objetiva austeridad románica de la Capilla de la Coronada (1129) al refinado arte combinatorio de la síntesis de esquemas basilicales paleocristianos occidentales y de tipos centrales orientales, como en la Capilla Palatina, o a la descubierta agregación de módulos arquitectónicos completos, como en San Juan de los Eremitas.

En 1148, la llegada de artistas griegos, venidos de Tebas, Atenas y Corinto con las armadas de Ruggero II después de la conquista de las costas balcánicas, modifica la realización iconográfica en los mosaicos hechos a partir de entonces: con el mundo griego y latino de los mosaicos figurativos (sacros) se combina el arte musulmán del arreglo decorativo, constituido por suelos suntuosos y paredes revestidas por entero. Junto a los artistas griegos trabajan los musulmanes, bajo una cuidadosa y controlada dirección. Imágenes simbólicas de la flora y la fauna proce-

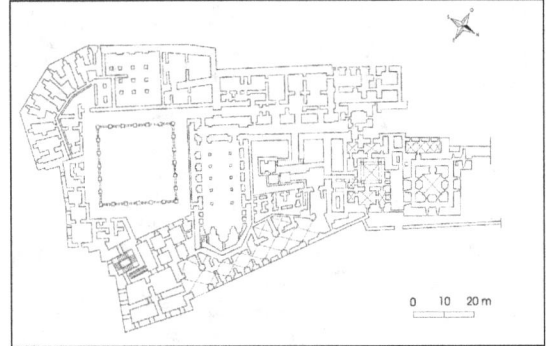

Palacio Real, planimetría generale del conjunto, Palermo.

RECORRIDO III   *Arte regio de la época normanda: la arquitectura institucional*
Palermo

Palacio Real, fachada este de la Torre Pisana, Palermo.

Palacio Real, Sala de los Vientos (o de las Cuatro Columnas), Palermo.

dentes de las tradiciones orientales y aprendidas por los musulmanes en la conquista de Persia (la lucha de dos animales, el árbol de la vida, etc.) aparecen profusamente junto a festones y ornatos con motivos vegetales en la realización del aparato decorativo que envuelve la figura humana.

El encuentro de civilizaciones artísticas diferentes —la fatimí en la arquitectura y la bizantina en la decoración musiva— y la fusión de la planta longitudinal latina con la central bizantina, identifican la Capilla Palatina como el ejemplo más completo del eclecticismo estilístico siciliano del siglo XII (Di Stefano-Krönig, 1979).

III.I PALERMO

III.1.a Palacio Real (Palacio de los Normandos)

Tiene la entrada por Piazza Indipendenza. Horario: lunes, viernes y sábados de 9 a 12; martes, miércoles, jueves y domingos sólo se admiten grupos (mínimo diez personas). Para visitar la Sala de Hércules hay que pedir permiso con antelación.

Los restos más antiguos de un asentamiento en el lugar corresponden a una estructura fortificada con una puerta de entrada a la ciudad, y pueden datarse en el periodo comprendido entre los siglos VI y V a. C. De la época romana a la árabe, la fortificación se agrandó y se hizo más idónea para resistir los asaltos. En la segunda mitad del siglo XI, Roberto el Guiscardo y el conde Ruggero modifica-

RECORRIDO III   *Arte regio de la época normanda: la arquitectura institucional*
Palermo

ron la vieja fortaleza árabe haciéndola más fuerte y segura, y la convirtieron en su residencia. Ya los árabes la habían fortificado y utilizado como sede administrativa (831-1072), edificando sobre los restos bizantinos y púnico-romanos. Roberto el Guiscardo, según afirman textos contemporáneos como el *Libro de Ruggero*, de al-Idrisi (1154), y los escritos de Romualdo Palermitano, hizo erigir la llamada Torre Roja, orientada a la ciudad. Más tarde, Ruggero II ordenó trabajos de embellecimiento y ampliación para utilizar la construcción como palacio real, y mandó levantar la Capilla Palatina, con varios ambientes y tres torres: la Greca al sur, la Pisana al norte (con la sala fortificada del tesoro) y la Gioaria, contigua a la Pisana. Guglielmo I continuó la obra de su padre Ruggero y levantó una torre, la Chirimbi, quizá terminada por su hijo Guglielmo II. A los años transcurridos entre los reinados de Guglielmo I y Guglielmo II se remontan, en cambio, los mosaicos de la Habitación de Ruggero. Después de 1250 (año de la muerte de Federico II de Suevia) pasó a ser exclusivamente una guarnición militar, mientras que en el periodo de los virreyes la corte se transfirió al palacio de la familia Chiaramonte en Piazza Marina. A partir de la segunda mitad del siglo XVI, el palacio sufrió notables cambios y añadidos.

Las partes del complejo pertenecientes con certeza al periodo normando se identifican hoy con las siguientes construcciones: la Capilla Palatina con su cripta, el cuerpo de las cárceles políticas (levantado en el interior de la fortificación meridional del palacio) y las torres Gioaria y Pisana, contiguas y situadas en el extremo

Palacio Real, Habitación de Ruggero, Palermo.

septentrional del conjunto. Han desaparecido la Torre Roja, la Torre Greca (de la que hoy se ve la reconstrucción posterior de época renacentista) y la Torre Chirimbi (demolida en 1571). Dentro del palacio estaba también el Tiraz, la fábrica para la elaboración de seda, creada por los árabes y en la que se hizo magistralmente la capa del rey Ruggero (datada en 1133-34).

El frente del palacio presenta al sur la larga y regular fachada del edificio levantado en 1616 por el virrey Juan Fernández Pacheco, Marqués de Villena, con sus dos

RECORRIDO III *Arte regio de la época normanda: la arquitectura institucional*
Palermo

Palacio Real, anejos a la sala principal de la Torre Pisana, Palermo.

puertas de entrada. En 1791 se instaló, en lo alto de la Torre Pisana, el Observatorio Astronómico Universitario fundado por Giuseppe Piazzi.

Pasando por la Sala de los Virreyes y la Sala de la Plegaria, se llega a la Sala de los Vientos y la Habitación de Ruggero, ambas en la Torre Gioaria. La Sala de los Vientos o de las Cuatro Columnas fue objeto de una profunda transformación en su cubierta, hoy formada por una techumbre piramidal de madera, cuyo intradós se pintó en 1713. Contigua a la Sala de los Vientos, en el lado este, está la llamada Habitación de Ruggero, una pequeña sala de planta rectangular con hornacinas en los lados menores, cubierta por una bóveda de crucería que presenta ante todo los caracteres peculiares de la decoración mural en la arquitectura civil normanda. Sobre un alto zócalo de mármol se extiende una rica decoración en mosaico, datada en el periodo de regencia de Guglielmo II (hacia 1170) y que recubre paredes, lunetas, intradós y bóveda de crucería. Leopardos, leones, ciervos, pavos reales, centauros y arqueros guardan simetría entre árboles frutales y palmeras en las grandes lunetas; volutas de ramas con hojas y flores constituyen el entrelazado de la decoración de la bóveda, interrumpida solamente por bandas geométricas (en correspondencia con las intersecciones) y por medallones con leones y grifos. Domina la composición, en el centro de la bóveda y dentro de un octógono, el águila sueva, mientras que en la clave de los arcos menores aparece el águila bicéfala; todo el aparato decorativo se extiende sobre un mismo fondo de teselas de panes de oro. También en la Torre Gioaria, bajo la Sala de los Vientos, se encuentra la Sala de los Armígeros. La sala principal, en el piso noble de la Torre Pisana (no se puede visitar), hoy destinada a las audiencias del Presidente de la Asamblea Regional Siciliana, consta de un espacio de planta cuadrada con bóveda de crucería en el centro de la torre y un pasaje cubierto con tramos de bóvedas ojivales que llega hasta el muro exterior, donde se abre una ventana. Algunos restos de la decoración musiva originaria (según algunos, de motivos cinegéticos) confirman el carácter prestigioso también de este espacio. En el piso inferior está la Sala del Cuño o del Tesoro (tampoco se puede visitar), donde aún hoy se ven cuatro grandes ogros, uno en cada ángulo, hundidos en el suelo. Los trabajos de restauración emprendidos en 1921-22, cuando el edificio pasó de patrimonio real a propiedad del Estado y, más tarde, al patrimonio de la Región Siciliana, continúan en nuestros días.

III.1.b Capilla Palatina

En el interior del Palacio Real.
Horario: laborables de 9 a 11:45 y de 15 a 16:45; festivos de 9 a 10 y de 12 a 13; sábados, Lunes de Pascua, 25 de abril, 1 de Mayo y 25 de diciembre cerrada.

La Capilla Palatina se yergue en posición central en correspondencia con el segundo piso del gran patio Maqueda. El volumen de la iglesia, en origen bien identificable, resulta hoy difícil de reconocer debido a las ampliaciones de la residencia real obradas hasta finales del siglo XVIII. El uso de los oratorios palatinos se había extendido desde los tiempos de Constantino el Grande, y el propio duque Roberto el Guiscardo erigió en el palacio la capilla de Santa María de Jerusalén y la decoró con mosaicos. La iglesia actual, consagrada a San Pedro Mártir, fue mandada construir por Ruggero II inmediatamente después de su coronación, alrededor de 1131, en sustitución de la iglesia del Guiscardo. Una inscripción en mosaico de la cúpula data en 1143 el año en que se consagró la nueva capilla palatina. La iglesia está flanqueada, a lo largo del muro sur, por un pórtico de arcos apuntados sobre *pies derechos*, decorado con mosaicos decimonónicos que sustituyeron a los del siglo XVI; el acceso al interior se hace por un *pronaos* rectangular abovedado, restaurado entre 1930 y 1935. Desde este espacio se entra también en la sacristía, donde se guarda el Tesoro, consistente en preciados materiales documentales (*Tabulario*) y objetos litúrgicos: de él forman parte, entre otras piezas, los dos ejemplos más valiosos de cajitas ebúrneas medievales que se conservan en Sicilia. Todo el plan de ampliación del Palacio Real ordenado por Ruggero y en el que se incluye la creación de la Capilla Palati-

Capilla Palatina, vista del interior, Palacio Real, Palermo (Publifoto, Palermo).

RECORRIDO III *Arte regio de la época normanda: la arquitectura institucional*
Palermo

Capilla Palatina, detalle del techo de madera de la nave lateral, Palacio Real, Palermo.

Capilla Palatina, trono real, Palacio Real, Palermo.

na tiene la impronta de una manifiesta voluntad de fortalecimiento y propaganda del poder por medio de las culturas latina, greco-bizantina y árabe. Los soberanos normandos, y especialmente Ruggero II y Guglielmo I, hicieron confluir en sus obras arquitectónicas, en efecto, muchos elementos de las culturas de la isla, testimoniando así en la figuración "una precisa orientación destinada a subordinar la iconografía islámica al servicio de la ideología del poder de los normandos" (Ciotta, 1993).

La arquitectura de la iglesia nace "de la integración del sistema basilical occidental con el central del santuario bizantino" (Lo Faso Pietrasanta, 1838). Desde el *pronaos* se entra en el espacio basilical, dividido en tres naves por dos filas de cinco columnas de granito egipcio y mármol cipolino, con capiteles compuestos que sostienen arcos apuntados. El cuerpo del presbiterio, de tres ábsides, es cinco peldaños más alto que el suelo de las naves. El lugar del altar de la Capilla Palatina es un espacio cúbico circunscrito por la estructura de sostén de la cúpula hemisférica sobre pechinas; está cerrado lateralmente por lastras de mármol que sirven de respaldo a los escaños del coro, mientras que una balaustrada lo separa de la nave central.

En la parte opuesta al altar, en la pared occidental de la nave central, se halla el trono real, adosado al muro del fondo y alzado algunos peldaños, como el presbiterio; su ubicación es un tanto insólita, pues en los oficios, incluso en la época normanda, el monarca tomaba asiento con los ministros religiosos, entre el presbiterio y el altar. En la última crujía de la

RECORRIDO III   *Arte regio de la época normanda: la arquitectura institucional*
Palermo

Capilla Palatina, cúpula, Palacio Real, Palermo.

nave derecha hay un *ambón* cuadrangular del siglo XII, realizado en mármol y pórfido (con dibujo geométrico de matriz bizantina) y sostenido por columnas (dos de ellas con perfiles en zigzag en los fustes) con capiteles de corte clásico, y el candelero para el cirio pascual. Enteramente esculpido con figuras, en la base se representa a cuatro leones en el acto de morder a hombres y animales; se va elevando ágilmente con registros sobrepuestos, en los cuales resulta nítida la figura de Cristo bendiciendo, entre motivos vegetales y animales (y con la imagen a los pies, seguramente, de Ruggero II con los hábitos de su cargo de Legado Apostólico); repertorios y caracteres figurativos de esta apreciable obra escultórica llevan el sello de la imaginería románica, pese a la evidente huella de un nuevo sentir partícipe ya de la estética escolástica. En el *ambón* se abre la entrada a la cripta, compuesta por una sala cuadrada con ábside unida a un vano subterráneo posterior por una serie de *ambulacros*; aquí se conservaron los restos mortales de Guglielmo I hasta su traslado a la Catedral de Monreale.

En la capilla, las naves laterales están cubiertas por techos de madera inclinados, mientras que la nave central tiene techo de madera esculpida con casetones de *mocárabes* pintados en que se desarrollan series figurativas. Esta obra constituye el mayor repertorio de motivos pictóricos que el arte sículo-normando produjo en Sicilia con maestros musulmanes. El suelo de la iglesia, que puede datarse entre 1143 y 1149, está realizado con adornos geométricos en mosaicos de piedras duras como el pórfido, la serpentina y el granito. Análogos motivos ornamentales se encuentran en la alta franja basamental de mármol que recubre las paredes de la capilla. En toda la superficie mural, por encima de esta franja, se despliega el manto musivo realizado en dos fases sucesivas: de 1140 a 1143, bajo Ruggero II, se ejecutaron los mosaicos del presbiterio, como recuerda la inscripción griega que se lee en el tambor de la cúpula, mientras que los de las paredes de las naves se remontan al reinado de Guglielmo I y pueden fecharse hasta 1163.

Las figuras están dispuestas jerárquicamente del cielo a la tierra: en la cúpula, el Pantocrátor, representado con la tipología ya fijada desde los tiempos del arte bizantino, se eleva sobre los cuatro arcángeles; en el tambor octogonal, entre las *trompas*, en cuyo interior están representados los cuatro evangelistas, encontramos a los profetas y reyes del Viejo Testamento; en el cascarón del ábside mayor hay otro Pantocrátor, con un libro abierto. La Historia Terrenal está representada en la serie que empieza en el *arco triunfal*, con la *Anunciación* y la *Presentación en el Templo*, para continuar después en el ábside derecho del transepto con el *Nacimiento de Jesús* y *El viaje y la adoración de los Reyes Magos,* y enlazar, finalmente, con las tres franjas sobrepuestas que se despliegan a lo largo de las paredes del transepto. En la franja superior están *El sueño de José* y *La huida a Egipto*; en la intermedia, *El bautismo de Cristo* y *La transfiguración y resurrección de Lázaro*; en la franja inferior,

entre las dos figuras de los santos Pablo y Andrés, figura La entrada de Cristo en Jerusalén, una posible alusión a la entrada de los normandos en Sicilia. En la pared septentrional del santuario (desde cuya galería, sustituida hoy por una ventana, la familia real asistía a las ceremonias religiosas) está representada la imagen de la *Virgen Hodigitria*, mientras que en la pared opuesta están los cuatro santos guerreros vueltos hacia la galería y acompañados de San Nicolás, patrón del reino normando. En la nave central se narran, en dos bandas sobrepuestas, el *Génesis* y el *Antiguo Testamento*, que empieza en el lado derecho del *arco triunfal* y continúa a lo largo del piso del *cleristorio* con la serie de la *Creación* y sigue con otras historias en las pechinas de los arcos. Encima de cada capitel hay figuras de obispos y santos. En las naves laterales, una única secuencia muestra las *Historias de los santos Pedro y Pablo* y algunos episodios extraídos de los *Actos de los Apóstoles*.

El relato de la investidura del poder terrenal y apostólico de los monarcas normandos se representa en la pared occidental de la iglesia, donde, por encima del trono real, un mosaico ilustra significativamente la *Entrega de la Ley*. La pared está dividida en toda su longitud en dos partes sobrepuestas: en la superior hay un *Cristo en el trono*, con los apóstoles Pedro y Pablo; en la inferior, la fachada de una iglesia con imágenes de pavos reales y leones.

ÁRABES, GRIEGOS Y LATINOS DE SICILIA.
FUENTES DOCUMENTALES DE LAS ÉPOCAS NORMANDA Y SUEVA

Eliana Calandra

Urbs felix populo dotata trilingui: así viene definida Palermo en la *Lamentatio* por la muerte de Guglielmo I recogida en un códice del siglo XII, el *Liber ad honorem Augusti* de Pietro da Eboli.

Ciudad multiétnica en la cual se encuentran y armonizan lenguas, usos, costumbres, religiones y culturas distintas, producto de la sucesión de dinastías reinantes y del complejo papel desempeñado por la isla en el ámbito europeo y mediterráneo, la Palermo del siglo XII se refleja en la documentación cancilleresca que ha llegado hasta nosotros.

Nacida en el periodo condal, la Cancillería es el despacho en que se redactan, autentican y expiden las actas emitidas por el soberano en el ejercicio de su función gubernativa.

Al frente de ella encontramos al Gran Canciller, a quien se confía la custodia del sello real; le ayudan el vicecanciller, el protonotario (jefe de los notarios griegos), el *scriniario* o archivista, el *logoteta* (jefe de protocolo y secretario del rey), el maestro notario y varios notarios más, en número variable.

Como es sabido, la cancillería normanda, instrumento de un Estado centralizado y burocrático, expresa, en sus tres distintas secciones, las tres "almas" de la cultura isleña: árabe, griega y latina.

En ella, notarios y juristas de formación cultural griega trabajan junto a los "latinos" y a escribas y técnicos musulmanes que, con la experiencia adquirida bajo la administración precedente, siguen prestando sus servicios a los reyes normandos. A veces incluso conviven felizmente en la misma persona culturas diversas. Es el caso, por ejemplo, del famoso Almirante o Arconte (es decir, jefe de una suerte de gran dicasterio administrativo-financiero llamado *Dohana*) Giorgio de Antioquía, de formación cultural latino-bizantina pero árabe por lengua y griego por religión.

Son numerosos los *tabularios* —los archivos de pergaminos— de la época: se trata de una documentación preciosa, en su mayor parte editada en forma de transcripciones íntegras o resumidas.

En Palermo, más de seis mil pergaminos constituyen el Fondo Diplomático del Archivo de Estado. Se trata de documentos cancillerescos, regios o pontificios, provenientes en gran parte de los archivos de las corporaciones religiosas suprimidas, en particular de la diócesis de Mesina, pero también de ayuntamientos y de archivos gentilicios.

Citemos, entre todos, el pergamino del año 565 de la Hégira (1187-1188) proveniente del Tabulario de Cefalù, que presenta la particularidad de estar escrito en judeo-árabe (se trata de un árabe dialectal magrebí enriquecido con términos hebreos y que los judíos sicilianos emplearon hasta el siglo XV); por ese documento, la Universidad de los Judíos de Siracusa obtiene del obispo de Cefalù un pedazo de tierra con una extensión de cuatro cañas que servirá para ampliar el cementerio hebreo siracusano, previo pago, a la iglesia de Santa Lucía de Cefalù, de un cahíz de aceite.

Otro importante núcleo de documentación de la época normanda se conserva en el Tabulario de la Capilla Palatina.

De Ruggero I (1071-1101) a Federico II (1198-1250) se suceden capítulos de confraternidades, concesiones, privilegios o confirmaciones de privilegios. Pero también contratos privados, y muchos de ellos, redactados en Palermo, están en lengua árabe; es el caso, por ejemplo, del acta de compraventa de una casa que el cristiano Gartel (Gualtiero) adquiere, por cuenta del arzobispo de Mesina, a 'Ali, hijo del hijo de 'Abd Allah, el droguero, y por la que le paga 412 ducados. Documento notable entre otras cosas por el interés toponímico que presenta al registrar —para definir los confines de la propiedad— las denominaciones de las callejuelas y caminos de entonces.

En estos documentos, según el caso, el año se calcula a la manera bizantina, "desde la creación del mundo", a la manera árabe, desde la Hégira, o al modo occidental desde la Encarnación; en los pergaminos bilingües o trilingües, a veces el texto griego va suscrito en árabe y latín o viceversa. Y así sucesivamente, en un sincretismo cultural favorecido por una corte cosmopolita y tolerante.

El almirante Giorgio de Antioquía, arriba citado como ejemplo de alto burócrata de cultura mixta, firma (en griego, calificándose de "Arconte de los Arcontes") uno de los pergaminos de la Capilla Palatina: con el consentimiento del rey, asigna la iglesia de Santa María de Palermo (la futura "Martorana"), que él mismo había fundado, al clero griego, estableciendo la dotación (un caserío en Misilmeri con 12 villanos) y cuantificando el "donativo" que destinar a la abadesa y las monjas.

El texto comienza con la loa a Dios (nombrado como Alá) y después continúa en griego. El elenco de los villanos está en griego y árabe con traducción interlineal, después vuelve a emplearse el griego y, por último, el árabe para la apostilla del sello; como cierre, la *Hasbala* ("Nuestro sostén es Alá, y dulce es nuestro defensor").

Otros pergaminos se encuentran también en el Tabulario de la Catedral de Palermo. Entre ellos recordamos uno, latino, en el que Guglielmo II concede al arzobispo de Palermo, Gualtiero, y a sus sucesores jurisdicción contra los adulterios, así como, al tribunal eclesiástico, todos los derechos en relación con los clérigos, a condición de que no estén en contraposición con la jurisdicción civil.

En el sello colgante de cera roja, en forma de almendra, encerrado en una teca de madera de boj, se puede ver a Guglielmo sentado en el trono, coronado, con los pies apoyados en un escabel: con la derecha sostiene el lábaro y con la izquierda el globo con la cruz encima. La leyenda dice: "Willelmus Dei gratia Rex Sicilie Ducatus Apulie et Principatus Capue".

Y, para terminar, asimismo del Tabulario de la Catedral de Palermo, citemos el pergamino, también con sello colgante de cera roja, fechado en enero de 1210, por el cual Federico II concede a Parisio, arzobispo de Palermo, y a sus sucesores a perpetuidad jurisdicción sobre todos los judíos de Palermo y el privilegio de recaudar los derechos que los tintoreros habían pagado hasta aquel momento a la aduana real. La iglesia de Palermo es declarada "Caput et Sedes Regni nostri" (capital y sede de nuestro Reino).

RECORRIDO III *Arte regio de la época normanda: la arquitectura institucional*
Palermo

III.1.c Puerta Mazara

Ir a pie por Via dei Benedettini hasta llegar a Piazza Porta Montalto, donde está ubicado el monumento. Al frente exterior de la puerta se accede por el Instituto de Patología General, sito en Corso Tukory, núm. 211.
Horario del Instituto: lunes, martes y jueves de 8 a 13:30 y de 15 a 17; miércoles y viernes de 8 a 13:30.

Formaba parte de la muralla medieval suroccidental de la ciudad, y se erigió en el periodo normando para sustituir a una puerta árabe anterior, la Bab Ibn Qurhub. En 1325 la restauró la familia de los Incisa; en el siglo XVI había perdido ya su función como puerta de la ciudad, al ser englobada en el Bastión de Montalto, integrado en las nuevas y más poderosas murallas fortificadas de la ciudad. En eje con la vieja puerta se construyó la Puerta Montalto, después demolida junto con el bastión (1885), lo que dejó de nuevo a la vista la antigua Puerta Mazara.
La puerta tiene tres arcadas ojivales realizadas en piedra cortada; las dos laterales, menores, actualmente están tapiadas. En la parte alta se ven todavía los restos de los caminos de ronda y la escalera de servicio. Restos de frescos de tema religioso (al menos dos capas pintadas en distintas épocas) se han encontrado en la luneta del arco central.

III.1.d Catedral

Volver a Piazza Indipendenza y seguir a pie por la derecha; una vez atravesada la Porta Nuova, recorrer el primer tramo de Corso Vittorio

Puerta Mazara, fachada suroeste, Palermo.

Emanuele, junto al Palacio Arzobispal; torcer a la izquierda en Via M. Bonello o seguir la calle bordeando la anteiglesia.
Horario: laborables de 7 a 19; festivos de 8 a 13:30 y de 16 a 19. La visita en grupo se permite a partir de las 9:30.

La iglesia vuelve su fachada meridional a la vasta anteiglesia cercada en 1761 con balaustradas de mármol. En esta área surgía, ya en época paleocristiana (siglo IV), un santuario funerario sobre cuyas ruinas construyó el obispo Víctor, y por voluntad de San Gregorio Magno, la Sanctae

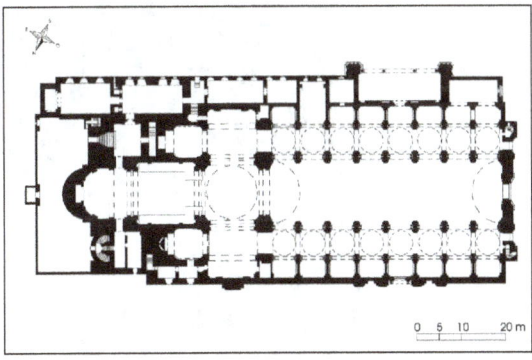

Catedral, planta, Palermo.

135

RECORRIDO III   *Arte regio de la época normanda: la arquitectura institucional*
Palermo

Caja cilíndrica de marfil pintado, s. XIII, Museo de la Catedral, Palermo (Publifoto, Palermo).

Mariae Basilica en 592, consagrada en el año 604. Tras la ocupación árabe, en el siglo IX, la iglesia fue transformada en una gran mezquita al servicio de la ciudadela fortificada del Alto Cassaro, sede de los emires hasta 938. Cuando los normandos tomaron la ciudad, el templo fue restituido al culto cristiano (1072) y asumió su cargo el obispo Nicodemo. Después del terremoto de 1169, durante el reinado de Guglielmo II, se reconstruyó por completo por deseo del arzobispo Gualtiero Offamilio (en el cargo entre 1169 y 1190) y la nueva iglesia fue consagrada en 1185. Desde su origen, la Catedral tuvo funciones de culto y de fortaleza, y también de templo funerario reservado a los reyes, sus familias y los arzobispos. En efecto, se destinaron a tal fin dos espacios simétricos a los lados del coro, en estrecha relación con los dos tronos, el real y el arzobispal. La construcción gualteriana se alzaba sobre una planta basilical de tres naves, unida a un presbiterio formado por la unión del transepto con un cuerpo de tres ábsides, el central de mayores dimensiones y con un *bema* profundo. El largo cuerpo de fábrica de planta basilical presentaba una serie de

Catedral, vista del lado sur, Palermo.

diez arcos apuntados sobre nueve tetrástilos corintios por cada lado de la nave mayor, más un grupo de columnas pareadas, del mismo orden, en los dos extremos.
El gran campanario se alza enfrente de la fachada principal, unido a ella por dos enormes arcos suspendidos sobre Via Bonello. De las dos torres que flanquean la fachada, sólo los dos primeros órdenes pertenecerán a la época de Gualtiero Offamilio. Las puertas de madera menores de la fachada principal se remontan a mediados del siglo XIII, mientras que la mayor, originalmente de 1353, fue sustituida en 1961 por otra de bronce de Filippo Sgarlata.
En la parte este, además de los volúmenes de los ábsides, se halla una cripta, a la que se accede por una puerta situada a la izquierda del presbiterio; en ella se guardan los sarcófagos de arzobispos palermitanos de varias épocas. La fecha de su fundación es incierta, y algunos estudiosos la consideran contemporánea a la construcción gualteriana, otros incluso anterior.
De la primitiva basílica normanda se reconocen una crujía cuadrangular con ábside, correspondiente al antiguo *antetítulo*, en la que se conservan trazas de la pavimentación originaria, y otro vano en la parte opuesta, más allá de los restos de una galería que lo coronaba, de dos *monóforos* bajo un gran *óculo* y un pequeño *mocárabe*; también las columnas hoy adosadas a los pilares de la nave central pertenecieron a los grupos tetrástilos originales. A la izquierda de la entrada por el pórtico meridional están colocadas las tumbas reales, primero situadas en el coro: la de Ruggero II, en pórfido con baldaquín ornado de mosaicos; la de Enrique VI, también en pórfido y con baldaquín en forma de templo; la de Costanza de Altavilla, similar a la precedente; la de Federico II, con sarcófago en pórfido sobre una pareja de leones adosados (traídos de la Catedral de Cefalù) y con baldaquín de templete; la de Costanza II de Aragón, sólo con el sarcófago; y la de Guillermo, Duque de Atenas, hijo

Catedral, ábsides, Palermo.

Catedral, mocárabes de la torre absidal sur, Palermo.

RECORRIDO III   *Arte regio de la época normanda: la arquitectura institucional*
Palermo

Catedral, trono real, Palermo.

Catedral, axonometría, Palermo (Ciotta, 1992).

Catedral, reconstrucción de la estructura gualtieriana, Palermo (Bellafiore, 1976).

de Federico II de Aragón. Se ha conservado, además, un candelabro para el cirio pascual de 2,60 m de alto, con fuste de mármol blanco con franjas de mosaico.
Hacia 1429 se añadió a la fachada principal un pórtico obra de Antonio Gambara. En la fachada del ábside, la decoración exterior se caracteriza por incrustaciones polícromas, articuladas en arcos entrecruzados, motivo que vuelve a encontrarse en la Catedral de Monreale.
En los continuos intentos de adaptar la iglesia al estilo de los tiempos, en 1767 Ferdinando Fuga, arquitecto real, fue encargado de elaborar un proyecto de total

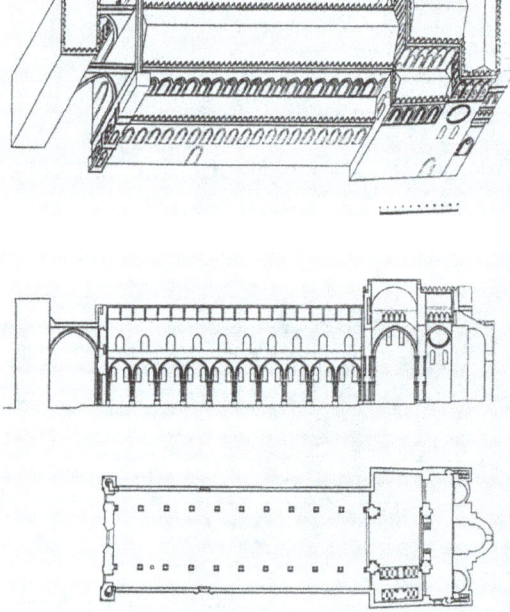

modernización que se realizó bajo la dirección de Giuseppe Venanzio Marvuglia y Salvatore Attinelli de 1781 a 1801. Estos trabajos conllevaron la total reforma del interior de la iglesia para conferirle un aspecto neoclásico. Se ensancharon las naves laterales sacrificando la profundidad de las capillas; los grupos tetrástilos se desmantelaron y los fustes de las columnas originales, remodelados, se adosaron a los nuevos pilares, los capiteles antiguos se sustituyeron por nuevos; sobre las crujías de las naves laterales se colocaron cupulitas revestidas de baldosines vidriados policromados; la nave central se cubrió con una bóveda de cañón con lunetas y se le dio un nuevo tamaño, pasando de los diez arcos primitivos a los ocho nuevos; se modificó, finalmente, el coro y se construyó la cúpula neoclásica. Todavía en 1840-44 se erigieron en estilo neogótico los campanarios occidentales, según proyecto de Emanuele Palazzotto. Hasta hoy

RECORRIDO III *Arte regio de la época normanda: la arquitectura institucional*
Palermo

mismo se han sucedido las intervenciones de restauración y mantenimiento.

III.1.e **Puerta de la Victoria** (opción)

Desde Piazza Indipendenza, seguir en coche por Corso Vittorio Emanuele hasta torcer a la derecha en Piazza Marina, donde hay que dejar el automóvil. Ir por Via IV Aprile hasta Via Alloro y, recorridos pocos metros de esta calle, torcer a la derecha en el Vicolo della Salvezza y seguir por él hasta llegar a Piazzetta dei Bianchi, donde se encuentra el monumento, en el interior del Oratorio de los Bianchi.
En restauración en el momento de redactarse este catálogo.

Situada en las inmediaciones del Bastión del Spasimo en la Kalsa, hoy está integrada en la mampostería de la iglesia de Santa María de la Victoria, oculta por la pared del fondo de la primera capilla a la derecha de la entrada.
La puerta, la antigua Bab al-Futuh (Puerta de las Victorias), pertenecía al sistema defensivo de la ciudadela musulmana de al-Jalisa (938-941), junto con otras tres puertas: Bab Kutama (Puerta de los Kutama, la tribu beréber), Bab al-Bunud (Puerta de las Banderas) y Bab al-San'a (Puerta del Arsenal).
Consistía en una simple arcada apuntada, recortada en el sólido espesor de las murallas de grava y cerrada por un robusto portón de madera.
Los historiadores narran que en 1072 el conde Ruggero, para celebrar la entrada victoriosa por esta puerta, quiso que se conservara e integrara en una capilla consagrada a la Virgen de la Victoria. En el

Catedral, puerta de la pared sur del antetítulo, Palermo.

Catedral, torre absidal sur del antetítulo, Palermo.

RECORRIDO III *Arte regio de la época normanda: la arquitectura institucional*
Monreale

Monreale, vista desde arriba.

lado interno del arco se pintó un fresco que representaba a la Virgen que había guiado a las tropas hasta la victoria. En 1542, la Compañía de los Bianchi obtuvo del virrey Ferrante Gonzaga el permiso para edificar su propio oratorio sobre la iglesia de Santa María de la Victoria. Tapada durante siglos por un altar de piedra, no fue hasta 1866 cuando Michele Amari redescubrió la imagen de la Virgen y, en 1868, el altar de piedra fue sustituido por uno de madera con tres hojas para que se vieran los restos de la puerta.

III.2 MONREALE

III.2.a Catedral (Santa María la Nueva)

En coche, volver a Piazza Indipendenza, tomar Corso Calatafimi y seguirlo hasta el final. Continuar luego por la SS186 hacia Monreale; a 2,6 km, torcer a la derecha para llegar al aparcamiento municipal de pago (horario: de 8 a 20). Subir a pie por Via Torres hasta Piazza Guglielmo II, donde está la Catedral.

RECORRIDO III *Arte regio de la época normanda: la arquitectura institucional*
Monreale

Acceso gratuito a la Catedral y con entrada a la terraza. Horario: de 8 a 18:30 para la Catedral, de 8 a 18 para la terraza (en invierno, de 9:30 a 17:45).

Su fundación se remonta a los años comprendidos entre 1172 y 1189, durante el reinado de Guglielmo II, periodo de construcción de todo el conjunto; en 1176 se trasladaron a Monreale los monjes benedictinos de Cava dei Tirreni, y el 15 de agosto de aquel año el rey estuvo presente en la ceremonia de consagración a la Virgen Asunta; en 1183, el Papa Lucio III confirió a la sede religiosa la dignidad de arzobispado. Más tarde, en 1267, con el final del pacto hereditario del Legado Apostólico del Reino de Sicilia y el nacimiento del virreinato de Anjou, la iglesia se volverá a consagrar, esta vez a la Natividad de la Virgen, por deseo del Papa Clemente IV.

La concepción planimétrica de la Catedral deriva de la mezcla entre la tipología de la basílica de cruz latina, con transepto apenas sobresaliente, y la de la iglesia central bizantina, con coro de tres ábsides. A lo largo del eje longitudinal de la planta se suceden la fachada principal con dos robustas torres, el gran volumen del cuerpo basilical con las tres naves —la central tres veces más ancha que las laterales— y el cuerpo oriental cuadrangular, más elevado y formado por el transepto, el coro con *antetítulo* y los tres ábsides. En el exterior, en paralelo con las naves, se extiende el pórtico longitudinal del siglo XVI adosado a la fachada lateral, con lápidas y sepulturas.

El exterior presenta características arquitectónicas y decorativas peculiares en cada uno de los lados. La portada, en el lado oeste, tiene un pórtico central, construido en sustitución de otro que se derrumbó en 1770 después de numerosas restauraciones, caídas y reconstrucciones. El antiguo pórtico, contemporáneo de la construcción del edificio, estaba formado por tres arcos ojivales con columnas corintias en mármol cipolino. Sobre la ar-

Catedral, vista de la nave central, Monreale (Gally Knight, 1838).

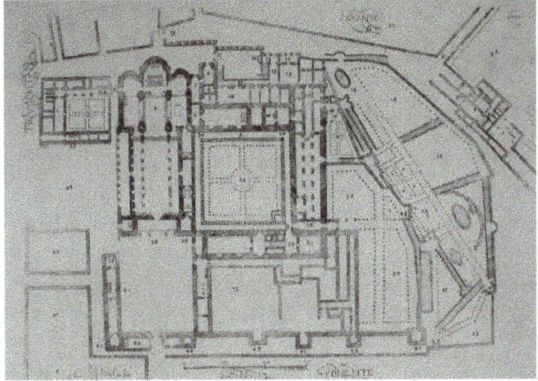

Catedral, planimetría general del complejo, Monreale (Del Giudice, 1702).

RECORRIDO III *Arte regio de la época normanda: la arquitectura institucional*
Monreale

Catedral, ábsides, Monreale.

cada central estaban representados en mosaico los arcángeles Isaías y Balaam, acompañados de dos inscripciones. El nuevo pórtico de tres arcadas, con las paredes esculpidas por Ignacio Marabiti, se impone por el colorido del mármol, que contrasta con la piedra de las torres. La puerta tiene cuatro arcos ojivales rehundidos, decorados con motivos geométri-

cos en forma de estrella, en mosaico con fondo de oro, y con volutas de hojas entre las que aparecen figuras humanas y animales. Una hilera de hojas de acanto delimita externamente el aparato escultórico de las jambas y flanquea la puerta para cerrarse arriba con un tímpano triangular. La puerta de bronce es de 1186 y su artífice fue Bonanno Pisano, como informa la frase incisa abajo a la izquierda: "Anno Domini MCLXXXVI III ind. Bonannus civis pisanus me fecit". Los dos batientes están formados por 40 recuadros en los cuales figuran escenas del Antiguo y del Nuevo Testamento. La torre occidental, incompleta, está coronada por un muro almenado (siglo XVI) y por las campanas; en 1664 se le instaló el reloj. La torre meridional se alza dos niveles más. Una cúspide, abatida por un rayo en 1807, cerraba el volumen escalonado de la torre. La fachada presenta, en la parte que sobresale por encima del pórtico, una rica decoración de arcos ciegos con incrustaciones bícromas de motivos geométricos y que se cruzan dando vida al típico dibujo de doble arquería, con un registro superior y uno inferior.

El pórtico septentrional, compuesto por once arcos de medio punto sobre columnas, se añadió al cuerpo de la Catedral a partir de 1546. Por encima de la puerta, contorneado por una franja continua de mosaico de motivos geométricos, se encuentra el escudo de Guglielmo II coronado por una cruz de pórfido inscrita en un rombo de mosaico. La puerta de bronce, de 1179, es obra de Barisano da Trani y está formada por 28 recuadros rodeados de bandas decoradas con ramas y flores, figuras de santos y de los evange-

RECORRIDO III   *Arte regio de la época normanda: la arquitectura institucional*
Monreale

Catedral, nave central, Monreale.

Catedral, arcos de la nave central, Monreale.

listas. Encima del pórtico, la pared de la nave lateral está modulada por la alternancia de estrechas ventanas y arcos ciegos. Los ábsides constituyen el aparato decorativo exterior más emblemático; los dos primeros niveles decorativos ciñen todo el perímetro del ábside, mientras que el volumen del ábside central se eleva más que los dos laterales con un tercer orden decorativo. El primer nivel se distingue por el aspecto macizo, apenas aligerado por la decoración de arcos entrecruzados en relieve con incrustaciones bícromas que dan vida al doble motivo sobrepuesto de *monóforos* y arcos ojivales, con *óculos* decorativos de taracea bícroma en las superficies recortadas del cruce de los arcos. El segundo nivel utiliza la trama de la decoración articulando su perímetro mural en un sistema de arquerías tridimensionales, con tres órdenes diferentes —*pies derechos*, columnas y arcos— remarcados también en los arcos por bandas horizontales y *óculos* decorativos. La última elevación del ábside central retoma el sistema de arquerías (aunque con resaltos menos pronunciados) pero de sólo dos órdenes: el de las columnas y el de los arcos.

En el interior, las columnas que dividen las naves son de expolio y tienen fustes de granito (a excepción de la primera, a la derecha de la entrada, esculpida en mármol cipolino), con diámetros diferentes y alturas variables, uniformizadas con la introducción de *salmeres* sobre el capitel. Los capiteles, de expolio, tienen diversa procedencia, pero evidentemente romana. Los ocho arcos ojivales de cada lado de la nave presentan roscas ligeramente hundidas, decoradas en mosaico con densos motivos vegetales sobre fondo de oro.

143

RECORRIDO III   *Arte regio de la época normanda: la arquitectura institucional*
Monreale

Catedral, Pantocrátor, Monreale (Publifoto, Palermo).

Catedral, transepto, "Las tres tentaciones", del ciclo de la Vida de Cristo, Monreale (Gravina, 1859-1870).

El *arco triunfal* da acceso al amplio espacio del crucero, dominado por las altas paredes de la cabecera de la cruz con grandes arcos ojivales. Adosados a los pilares orientales se encuentran el trono arzobispal, en el lado sur, y el trono real, en el norte, en correspondencia con el Palacio Real y con la comunicación directa entre los dos edificios por una puerta del ala izquierda del presbiterio, tapiada en 1492 pero de la que aún es visible el arquitrabe en pórfido rojo. El altar está separado de la *prótesis* y el *diacónicon* por arcos con columnas pareadas de granito; el ábside mayor está encuadrado y hecho más profundo por el despliegue de arcos rehundidos con toda la altura, y está enteramente ocupado por la representación sagrada. Ilumina la iglesia un doble orden de ventanas ojivales, abiertas a lo largo de los muros de las naves laterales y de la nave central. Esta, como el espacio del presbiterio, está cubierta por un techo de madera a dos aguas con vigas decoradas y ménsulas esculpidas, y con estalactitas de madera en la cabecera de la cruz, mientras que las naves laterales tienen techo a un agua; todas las cubiertas se rehicieron, en cualquier caso, en el siglo XIX, después del incendio que las destruyó en 1811.

La obra musiva fue realizada directamente *in situ*, extendiendo una primera capa de argamasa sobre la que se hizo el dibujo; sobre la capa siguiente, extendida en partes delimitadas, se esbozaron en pintura las imágenes con los colores y las superficies correspondientes, que sirvieron de guía al mosaiquista. Los muros del perímetro de la iglesia se caracterizan por un zócalo horizontal continuo en mármol blanco, interrumpido a intervalos regula-

También en este templo, los intradoses de los arcos están revestidos por mosaicos decorativos, con bandas de motivos geométricos y vegetales (atribuidos generalmente a los maestros musulmanes), y en ellos están representados los rostros de tres mártires.

RECORRIDO III   *Arte regio de la época normanda: la arquitectura institucional*
Monreale

Catedral, detalle del pavimento de mármol, Monreale (Gravina, 1859-1870).

res por inserciones decoradas con motivos geométricos en mosaico; todas las superficies restantes de la iglesia están revestidas enteramente de mosaico con escenas y figuras sobre fondo de oro. En ellas trabajaron al mismo tiempo varias cuadrillas de mosaiquistas que, dirigidas por una única persona coordinadora, pese a pertenecer a talleres distintos tenían en común una misma tradición estilística y técnica. Entre las diversas escenas representadas en los mosaicos no se ven, pues, sustanciales diferencias estilísticas, sino más bien variaciones cualitativas, apreciables por el menor esmero en la ejecución en las zonas menos expuestas.

En cuanto al aspecto narrativo, se pueden distinguir tres series: la principal, constituida por los temas representados en la nave central, el presbiterio y el ábside mayor, y las secundarias de las naves laterales y los ábsides menores. En la nave central, los mosaicos están dispuestos en tres niveles; en el superior, por encima de las ventanas, hay un largo friso decorado con anillos concatenados, dentro de los cuales se ven figuras angélicas; en los dos niveles inferiores, entre las ventanas y encima de los arcos, se representan, en cambio, escenas del Antiguo Testamento. En las paredes interiores del presbiterio se cuenta la vida del Redentor, mientras que en el ábside mayor encontramos el punto principal de toda la decoración, el Pantocrátor y la corte celestial. Las series menores representan episodios de la vida de Cristo y de sus milagros en las paredes de las naves laterales; de la vida de San Pedro en el ábside derecho y de la de San Pablo en el izquierdo. Los otros motivos que integran la representación general

musiva son bustos y figuras de santos, arcángeles, querubines y profetas.

De particular interés son los mosaicos que muestran la *Coronación de Guglielmo II* y la *Dedicación de la Catedral a la Virgen*, situados encima del trono real y de la silla arzobispal respectivamente.

Ajenas a la planta, a lo largo de la nave meridional de la iglesia se abren las dos capillas dedicadas a San Castrense (finales del siglo XVI) y San Benito (siglo XVI también).

Catedral, sección de la cubierta y detalle del techo de madera, Monreale (Gravina, 1859-1870).

RECORRIDO III *Arte regio de la época normanda: la arquitectura institucional*
Monreale

Catedral, nave central, tercera arcada de la pared norte, la "Creación" y el "Diluvio Universal", del ciclo del Antiguo Testamento, Monreale (Gravina, 1859-1870).

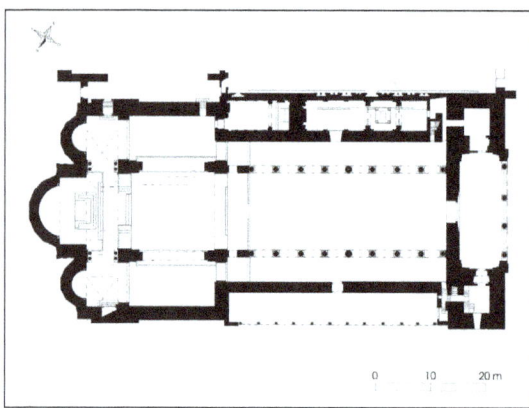

Catedral, planta, Monreale.

normandos: el sarcófago de pórfido de Guglielmo I y el de mármol de Guglielmo II (1575). En el brazo izquierdo del transepto se encuentran, en cambio, cerca del monumento conmemorativo a San Luis de Francia con los restos del santo, las tumbas murales (reconstruidas en 1846) de Margarita de Navarra y de Ruggero y Enrico de Altavilla, mujer e hijos de Guglielmo I.

En el siglo XIX la iglesia sufrió más daños, y graves, con la devastación del transepto en 1811 a causa de un incendio. Las obras de reconstrucción tuvieron lugar de 1817 a 1859, mientras que en 1881 Giuseppe Patricolo llevó a cabo nuevas obras de restauración. Datan de 1955-1957, en cambio, las restauraciones dirigidas por la Superintendencia de Monumentos de Palermo en los ábsides, los paramentos murales externos y el suelo de toda la iglesia, y de 1979 son los trabajos de consolidación de los techos de madera.

III.2.b **Claustro**

Entrada por Piazza Guglielmo II.
Acceso con entrada, gratuita para menores de 18 años y mayores de 65; se puede comprar un abono (válido para dos días) para visitar la Zisa, la Cuba y San Juan de los Eremitas. Horario: laborables de 9 a 19 (en invierno, 18:30); festivos de 9 a 13.

Desde el brazo izquierdo del transepto se accede a la Capilla del Santo Crucifijo, dedicada al crucifijo del siglo XV que en ella se conserva. En el brazo derecho se hallan los restos mortales de los reyes

El claustro de la abadía benedictina, erigido entre 1175 y 1182 por deseo de Guglielmo II, está flanqueado al oeste por la Catedral. En el tardo medioevo se procedió a la sustitución de los techos originales de madera por un sistema de bóveda

RECORRIDO III *Arte regio de la época normanda: la arquitectura institucional*
Monreale

Claustro, fuente, Monreale.

de cañón, de la que se reconocen aún, en las alas este y oeste, trazas de las impostas (en 1596, de hecho, las bóvedas, en parte derruidas, cedieron su lugar a nuevos techos de madera). A finales del siglo XVI se hicieron grandes cambios en el Claustro con la introducción de elementos renacentistas en las paredes de los pórticos. En 1881, las restauraciones a cargo de Giuseppe Patricolo llevaron al redescubrimiento y la liberación de muchos elementos de la obra original.

Perfectamente cuadrado, de 47 m de lado, está constituido por una secuencia de 26 arcadas ojivales por cada pórtico, con columnitas pareadas de mármol blanco. En el ángulo suroeste del claustro se encuentra el pabellón con la fuente, formada por una pileta circular de cuyo centro se eleva una columna escultórica con remate esférico, que se ha interpretado como la figura de una palma.

La base de las columnas revela no pocas peculiaridades en la decoración, sobre todo en lo que respecta a los enlaces ornamentales entre los distintos elementos de las bases de los ángulos, donde se distinguen hojas, cabezas de animales y de seres fantásticos, rosetas, garras de león, figuras humanas y animales. La riqueza decorativa aumenta en los fustes: las columnitas pareadas se disponen, de hecho, en las cuatro alas con alternancia regular de fustes lisos o variadamente decorados con incrustaciones (rombos, repetidos a lo largo del eje vertical), espirales, regulares y escalonadas (donde las incrustaciones se alternan con los relieves de mármol blanco), zigzags horizontales y verticales. En origen, la disposición de los motivos decorativos en los cuatro lados estaba ordenada por un principio especular respecto a la pareja central, principio que hoy se reconoce sólo en el lado sur.

RECORRIDO III *Arte regio de la época normanda: la arquitectura institucional*
Monreale

Claustro, columnas de la fuente y pórtico noroeste, Monreale.

Restauraciones antiguas, al cambiar la ubicación de las columnas, alteraron el rigor compositivo del claustro con modificaciones y variaciones sustanciales en la secuencia de las columnas, especialmente en el pórtico oriental. Características compositivas y figurativas más occidentales se encuentran en la iconografía sacra de los capiteles. Estudiando su factura, se ha reconocido la mano de cinco maestros: el Maestro de la Misión de los Apóstoles (34 capiteles), el Maestro de la Dedicatoria (30 capiteles), el Maestro de los Amorcillos (70 capiteles), el Maestro de las Águilas (40 capiteles) y el Marmolista (42 capiteles), del único que tenemos firma, enfrente de la arcada XIX del lado norte. A partir del pórtico norte, los capiteles representan, por este orden: *La parábola del rico Epulón* (arcada VIII), las *Historias de Sansón* (arcada XIV) y *La matanza de los inocentes* (arcada XXIV) del Maestro de la Dedicatoria; *Los símbolos de los cuatro Evangelistas y monjes* (arcada XXVI) del Maestro de los Amorcillos; *La Anunciación y la Natividad* (ángulo noreste), *Historias de José* (arcada XVIII del ala este), escenas del *Pecado original* (arcada XX) y escenas de *Después de la resurrección de Cristo* (arcada XXIV) del Maestro de la Dedicatoria también; *La leyenda de la Vera Cruz* (ángulo sureste) del Maestro de las Misiones de los Apóstoles. En el ala sur, en la arcada XXII, también el Maestro de la Misión de los Apóstoles ha representado *El sacrificio del dios Mitra*, así como, en el ángulo suroeste tanto del claustro como de la fuente, *Los Apóstoles e historias de Jesús*; en la fuente hay, además, obras del Maestro de la Dedicatoria y capiteles de las *Alegorías de los meses*; en los capiteles de la arcada VI del ala oeste, por último, el Maestro de los Amorcillos ha representado a *Los Profetas (Isaías, Jeremías, Daniel y David)*, la *Anunciación* y un centauro, mientras que el Maestro de la Dedicatoria ha esculpido en los capiteles de la arcada VIII *La dedicatoria de la catedral de Monreale* y las figuras alegóricas de las virtudes, en la arcada XX las *Historias de Noé* y en la XXVI las *Historias de Jacob*.

Sobre los *ábacos*, unificados para cerrar el sistema de las columnas pareadas, se asienta una serie continua de arcos ojivales peraltados de doble cuerpo, decorados con incrustaciones geométricas bícromas de piedra calcárea y lava. El mismo motivo se encuentra en la franja horizontal que corona el pórtico. En el intradós de los arcos hay una moldura de piedra, añadida posteriormente y apoyada en el *ábaco* de los capiteles.

III.2.c Convento del complejo episcopal

Acceso por el Claustro.
Para la antigua sala capitular (hoy Capilla de S. Plácido), hay que fijar con antelación la visita hablando con el párroco de la Catedral, tel. 091 6404423.
El dormitorio y el refectorio (hoy sala de consejo del Ayuntamiento) están en restauración en el momento de redactarse este catálogo.

El conjunto monumental de Monreale estaba en origen abaluartado por su lado más bajo y provisto de murallas y torres por el más alto, como convenía a una institución surgida para satisfacer necesidades religiosas y al mismo tiempo políticas y militares. La fundación del complejo episcopal, debida a Guglielmo II, comenzó en 1174. La antigua abadía comprendía, además de la Catedral, el dormitorio de los monjes, el refectorio, la hospedería y todas las instalaciones de la vida comunitaria, distribuidas en los cuatro edificios que rodean el Claustro, elemento central y unificador de la planta abacial. En la parte septentrional del ala oriental del convento está la sala capitular, transformada en 1599, por voluntad del arzobispo Ludovico II de Torres, en Capilla de San Plácido, para convertirse finalmente en Museo Diocesano. El ala meridional del convento albergaba en el piso bajo el dormitorio. El ala occidental es la única nave que ha conservado en su aspecto esencial la disposición original del siglo XII. A los antiguos edificios conventuales pertenece también la Torre del Abad, un cuerpo estrecho y alto que se yergue cerca de los ábsides de la iglesia. Los restos del palacio real normando se utilizaban en parte como casa consistorial ya a mediados del siglo XVI, uso hoy transferido al último edificio occidental, cuya fachada orientada a la plaza se remonta a los siglos XVIII y XIX, mientras que las estancias de las alas oriental y septentrional se ampliaron para destinarse a Seminario de los Clérigos, fundado en 1589 por el arzobispo Ludovico II de Torres. Una restauración, en 1997, recuperó tres torres del monasterio, la del Horno (Fornace), la del Belvedere y la de las Cárceles (Carceri).

Convento, fachada suroriental del ala sur, Monreale.

RECORRIDO IV

Encuentro de culturas en el arte normando

Comité científico

IV.1 PALERMO
  IV.1.a Casa en Via del Protonotaro (Casa de los Artale)
  IV.1.b Iglesia de Santa María del Almirante (La Martorana)
  IV.1.c Iglesia de San Cataldo
  IV.1.d Iglesia del Santo Espíritu
  IV.1.e Iglesia de Santa María de la Esperanza (opción)
  IV.1.f Iglesia de la Santísima Trinidad (La Magione)
  IV.1.g Torre Maestra del Castillo del Mar

  El arte del mosaico

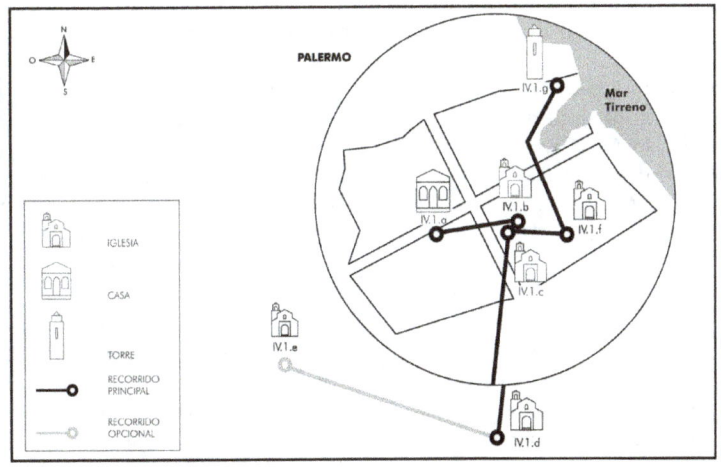

Santa María del Almirante, campanario, Palermo.

Superposición de los barrios de la época árabe al mapa de Palermo de 1818 (Spatrisano, 1972).

La historia urbana de Palermo registra un giro decisivo a partir de su elección, por voluntad de los Altavilla, como capital del Estado normando de Italia. Según lo averiguado por Michele Amari gracias a los datos aportados por Ibn Hawqal, al final de la época árabe de Sicilia eran más de 300.000 los habitantes del territorio de la Cuenca de Oro, con una minoría en los muchos arrabales y caseríos (de ahí la hipótesis de las 200 mezquitas) y una mayoría en el nuevo conjunto urbano formado por la ciudad romano-bizantina y los barrios nacidos entre finales del siglo IX y la primera mitad del siglo XI a los lados de los dos ríos, Kemonia y Papireto. Un complejo urbano todavía no perfectamente amalgamado que, sin embargo, podía preciarse de unas dimensiones excepcionales en una Europa medieval despoblada y que podía compararse perfectamente con las grandes ciudades del *Dar al-Islam*.

Primera ciudad del Condado de Sicilia desde 1072 (año de la rendición del último emir a Roberto el Guiscardo y su hermano Ruggero), Palermo se convirtió en capital real, sede de la corte y de las asambleas de los barones de Sicilia, Calabria, Apulia, Lucania y gran parte de la Campania el día de Navidad de 1130, cuando Ruggero II fue coronado una primera vez en la antigua Catedral (todavía no reformada) por el cardenal Conti, enviado por el antipapa Anacleto II.

Las fortificaciones se ampliaron para abarcar los burgos externos, y se crearon otras puertas en el nuevo perímetro amurallado de la ciudad: la Puerta de los Griegos (probablemente en un lugar distinto del actual) para entrar desde el arenal y la costa; la Puerta de Termini para entrar desde la carretera consular proveniente de la costa meridional y, en especial, de Mesina; la Puerta de Santa Ágata y la Puerta Mazara.

La extensión de la ciudad era poco menor que las dimensiones del actual centro histórico.

El arsenal, que en la época árabe había pertrechado a las escuadras de los emires que aterrorizaban las posesiones bizantinas de Italia, se desplazó de su vieja ubicación (en la zona de la actual Piazza Marina), próxima a la ciudadela de la clase hegemónica musulmana (al-Jalisa), a un sitio más estratégico como la antigua confluencia del Kemonia y el Papireto, ya entonces un tanto soterrada. Mucho más imponente que el anterior, este nuevo arsenal estaba construido entre la ensenada de la Cala y el barrio de los mercaderes llamado Amalfitana (hay que recordar que los normandos ejercieron una forma de protectorado sobre la república marinera de Amalfi) que había crecido fuera de la Bab al-Bahr ("puerta del mar"), la más oriental de las puertas del viejo *qasr*.

Junto con los demás arsenales construidos en Sicilia (entre ellos el formidable de Mesina), el gran astillero de Palermo contribuirá a la creación de la potente flota regia, principal instrumento de presión de la dinastía normanda tanto frente al Papado como frente al Sacro Imperio Romano, e insustituible maquinaria de guerra de la agresiva política exterior dirigida a la supremacía del Reino de Sicilia sobre los emiratos del norte de África y sobre el imperio bizantino de los Balcanes. Federico II perpetuaría su gloria ratificando, en esencia, los ambiciosos planes de la corona normanda de Sicilia en detrimento de los mismos antagonistas que los de los Altavilla.

En la principal tripartición de los territorios de la isla entre posesiones directas de la corona (después convertidas en territorios estatales), propiedades de la iglesia y dominios de barones y caballeros, los normandos tuvieron la prudencia de reservarse una notable prioridad. Esta medida, a diferencia de las posesiones continentales, conjuró en Sicilia, con la única excepción de los hechos de Palermo de

1161, presiones y sediciones de la aristocracia terrateniente. Esta, que no participaba de los esplendores palermitanos de la etiqueta regia, en realidad siguió sintiéndose mal protegida en sus intereses. Como en el caso de los grupos de colonos lombardos inmigrados en tiempos de la condesa Adelasia en busca de mejores condiciones de vida, habían visto en las comunidades agrícolas árabes el verdadero obstáculo para su afirmación, con la

S. Cataldo, sistema de transición en la imposta de la cúpula, Palermo.

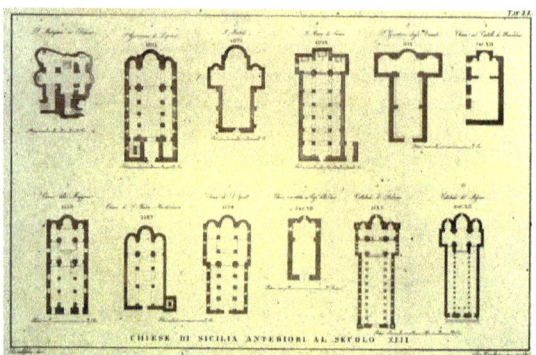

Tabla comparativa entre las plantas de las iglesias sículo-normandas (Lo Faso Pietrasanta, 1838).

Santa María del Almirante, detalle de la puerta de madera, Palermo (Di Marzo, 1858).

consiguiente persecución que llevará a la desaparición de los musulmanes del campo. En la corte del Palacio de los Normandos, además de los musulmanes y del séquito de los normandos, la presencia de altos dignatarios de las jerarquías militares de cultura griega (basta con pensar en Giorgio de Antioquía y Maione da Bari) y de prelados de alto rango provenientes de Francia e Inglaterra, auténticos transmisores de la mundanidad intelectual y de la evolución artística del medioevo, contribuía al tenor cosmopolita general de la capital y al suntuoso estilo de vida de sus clases más pudientes. La ciudad hacía maravillarse incluso a los más cultos y refinados viajeros musulmanes venidos de regiones del *Dar al-Islam* particularmente ricas y generadoras de modelos culturales. Nos ofrece una buena muestra el ibérico Ibn Yubayr, que en la Navidad de 1184 destaca, no sin asombro, el clima mundano de los festejos, anotando con complacencia (reprimiéndose enseguida en nombre de su fe) el modo de presentarse en público de las mujeres cristianas, que "bien habladas, con manto y velo, habían salido en la fiesta susodicha con vestidos de seda mezclada de oro, capas elegantes y velos de varios colores; calzaban botines dorados y caminaban hacia sus iglesias (…) cargadas de todo ornamento en uso entre las mujeres musulmanas: collares, tintes, perfumes".

En Palermo, pues, la sociedad acomodada se había apropiado de modos de conducta y costumbres áulicas de los musulmanes; tendencia que se manifestaba también en el modo de vestir las telas preciosas y quizá en algunos cortes de vestidos, y ciertamente en la orfebrería. No obstante, las técnicas de fabricación y los repertorios figurativos de las telas preciosas tejidas en Palermo eran transposición directa sobre todo de patrones bizantinos, debidamente reconducidos a un proceso de estilización de las formas naturales, según un lenguaje ya autóctono que había naturalizado recuerdos de modos decorativos célticos (una de las pocas herencias artísticas de la cultura de origen de los normandos). El Tiraz, instituido por el rey Ruggero II en el Palacio Real, reverdecía las tradiciones artesanales musulmanas; pero, aunque muchos de los maestros eran islámicos, el impulso para este tipo de manufactura regia había derivado del traslado forzoso a la ciudad de maestros especialistas griegos, capturados durante la afortunada campaña militar en las posesiones balcánicas de Bizancio. Tal era la importancia asignada por Ruggero a estos tejedores de paños (hábiles en la fabricación tanto de las sedas sencillas como de las entrelazadas de hilo de oro y de plata), que no hizo incluir su restitución en el tratado de paz con el emperador de Oriente. Entre las piezas preciosas de esta excepcional escuela sérica palatina que se conservan en Viena, en el Kunsthistorisches Museum, está el gran manto ceremonial de Ruggero II (de paño rojo recamado en oro y seda, y adornos de varios materiales y piedras preciosas, con una inscripción *cúfica* en la línea de la curvatura, tejido en el Taller Real de Palermo entre 1133 y 1134) que, sustraído por Enrique VI de Hohenstaufen junto con casi todo el tesoro de los reyes normandos (incluido el célebre guardarropa de Guglielmo II) después de la coronación como Emperador del Sacro Imperio Romano de su hijo Federico II en Roma en 1220, se convirtió en parte integrante del tesoro imperial, como atributo mayor de la dignidad real.

La arquitectura y las artes figurativas promovidas por la clase hegemónica de la corte de los Altavilla atestiguaban un aca-

tamiento original al plan real de homogeneizar los diversos componentes culturales del nuevo Estado sículo-normando. Tal homogeneización, por consiguiente, no es resultado pasivo de varias influencias, sino activo proceso de metabolización sincrética de elementos bizantinos, normandos, islámicos y autóctonos: estos últimos, en la Alta Edad Media, habían resurgido de las cenizas de la cultura griega siciliana y de la romana local en forma de un arte provincial, arcaizante y, sin embargo, dotado de gran vigor expresivo. Los soberanos normandos y los dignata-

Manto de Ruggero II con bordados en oro y piedras preciosas, Kunsthistorisches Museum, Viena (Publifoto, Milán).

G. Patania, "Guglielmo el Bueno le restituye su hija al rey de Marruecos en señal de paz", Galería Regional de Palacio Abatellis, Palermo.

rios, así como los altos cargos eclesiásticos, seguros de la supremacía conseguida, se adueñaron de los signos culturales islámicos y bizantinos y transfiguraron los repertorios armonizándolos en un fondo común, con sensible predominio ora de uno ora de otro componente —con una cierta permanencia de motivos nórdicos sólo en la decoración escultórica—, proceso que culminó en la creación de formas autónomas.

El resultado sería una nueva cultura siciliana capaz de condicionar o influir en los periodos medievales posteriores a la época normanda, desde el suevo hasta el aragonés o el chiaramontano.

Entre los edificios privados palermitanos, la casa-torre del palacio del conde Federico, al igual que las obras promovidas por las familias Chiaramonte y Sclafani, atestiguan una voluntad programática de fidelidad a modelos culturales locales áulicos. Las dos iglesias de Santa María del Almirante y de San Cataldo, financiadas, respectivamente, por los grandes almirantes Giorgio de Antioquía y Maione da Bari, definen mejor que todas las demás obras de este periodo la flexibilidad del procedimiento, a esas alturas maduro, de encuentro y amalgama de culturas.

A la par que las construcciones reales, estos edificios, ciertamente más comedidos en sus dimensiones, atraían la atención de los viajeros cultos de la época medieval, asombrados de que tanta magnificencia se debiera a personas que, por rango, no pertenecían a la dinastía reinante.

Ibn Yubayr, en particular, quedó impresionado por el esplendor de la iglesia mandada levantar por Giorgio de Antioquía (Santa María del Almirante) y afirma: "Este edificio nos ofrece una vista que faltan palabras para describir y es obligado callar, porque es el más bello monumento del mundo. (...) Esta iglesia tiene un campanario, sostenido por columnas de mármol (...) y coronado por una cúpula sobre otras columnas: lo llaman campanario de las columnas (*sawama al-sawari*)".

Había sido, no obstante, la innovación de la planta de la Capilla Palatina la que anticipó rasgos de originalidad tipológica que, combinados con la vuelta a influencias nórdicas, ya perceptibles en las catedrales de Cefalù y Mesina, dieron vida a la última gran serie de edificios eclesiásticos monumentales sículo-normandos levantados durante los reinados de Guglielmo II y de Tancredi dentro de las murallas de Palermo y en el territorio circundante de la Cuenca de Oro.

Es esta última serie de construcciones la que revela el mayor grado de originalidad logrado, hasta el punto de configurar un auténtico filón "nacional" siciliano, entonces en su madurez expresiva.

Es una nueva manifestación de una vieja tendencia que ahora induce a imitar de una especie de *koiné* normanda esquemas decorativos y arquitectónicos, subordinándolos a modos y sistemas sículo-normandos. De ello da fe el abandono de estructuras con cúpula en favor de techumbres y, en particular, el uso de pilares de sección cuadrada en el presbiterio y de forma circular en las naves, en vez de las infaltables columnatas palermitanas.

La referencia de las formas maduras del arte de Guglielmo II pasará a ser un preciso plan de política de la imagen dinásti-

RECORRIDO IV *Encuentro de culturas en el arte normando*
Palermo

ca con Federico II (de descendencia normanda por parte materna) y, en el siglo XIV, de afirmación legitimista de los primeros soberanos aragoneses, deseosos de aparecer como los verdaderos continuadores de la línea monárquica normando-sueva.

Igual de poderosos, como modelo palermitano que imponer en el territorio siciliano, serán los elementos sículo-normandos presentes en los edificios levantados o reformados en sus posesiones por la poderosa familia Chiaramonte, que en el curso del siglo XIV creó una suerte de Estado dentro del Estado, con previsibles ambiciones de dominio, inspirado en los modelos normandos. Raíces sículo-normandas, no exentas de algunas manifestaciones de matriz islámica (no sabemos hasta qué punto inconscientes), se registran en el palacio urbano edificado a partir de la segunda década del siglo XIV por Manfredi I Chiaramonte: ese Hosterium (de ahí la denominación de "Steri") que pende sobre la Marina (hoy Piazza Marina) con valor de aristocrática sede real y fuerte cariz militar, deudor de los *ribats*. De la misma manera, los Sclafani, emparentados con los Chiaramonte, emulaban, en 1330, su determinación en materia de política de la imagen edificando, en la parte opuesta de la ciudad (en la actual Piazza di S. Giovanni Decollato) una residencia colosal. A diferencia de la precedente, reflejaba también en la fachada principal, con su trama de estructuras de arcos cruzados típica del periodo de Guglielmo II, aquella necesidad de continuidad ideal con la cultura sículo-normanda que la facción latina de la aristocracia siciliana había asumido como

Casa en Via del Protonotaro, fachada, Palermo.

blasón cultural que oponer a la propagación de los modelos traídos por la facción de los barones catalanes, de reciente implantación.

IV. I **PALERMO**

IV.1.a **Casa en Via del Protonotaro (Casa de los Artale)**

Aparcar en Piazza Bologni y seguir por Corso Vittorio Emanuele, hacia la Catedral; torcer a la izquierda en Via del Protonotaro, en cuyo núm. 2 se encuentra el monumento.
Sólo se puede ver por fuera.

RECORRIDO IV   *Encuentro de culturas en el arte normando*
Palermo

La falta de referencias anteriores al siglo XV hace difícil establecer una datación segura de este edificio, a menudo identificado, siguiendo la tradición erudita local, con el monasterio basilio anejo a la primitiva iglesia del Santísimo Salvador, fundada por Roberto el Guiscardo alrededor de 1073 y ampliada posteriormente, en 1148, por Ruggero II. La misma tradición indica que fue un cenobio en el que ingresó como monja Costanza de Altavilla, salida después para casarse con Enrique VI de Hohenstaufen. Se tiene noticia de que en 1440 era de la familia Artale y estaba destinado a Hospicio Grande.

Parece que la distribución volumétrica original no se modificó con los años, pese a que diversas transformaciones hayan alterado su aspecto.

El edificio más antiguo se compone de un cuerpo de planta rectangular, con la fachada principal en Via del Protonotaro, calle de gran importancia para el antiguo barrio de Cassaro. El frente, en su mayoría ejecutado en ladrillo de arenisca bien cortado, conserva aún las señales de los graves daños causados por los bombardeos de junio de 1943, cuando el edificio recibió el impacto de los cascotes del palacio Papè-Valdina situado enfrente. Resulta reconocible aún una de las cuatro ventanas, formada por dos órdenes sobrepuestos de *bíforos* y rematada en lo alto por un arco apuntado decorado con motivos geométricos tallados y con un *óculo* en la pechina del arco. Son visibles, además, tres *monóforos* de arco apuntado, hoy cegados por una vieja mampostería, y las trazas de una ventana de varios vanos similar en su dibujo a la primera y también tapiada. Una estructura de mayor elevación se ve a la derecha de la fachada del cuerpo central, que se correspondería en el siglo XV con una parecida en el lado izquierdo. La hipótesis aventurada es que fuesen, en origen, torres de defensa, entroncadas con las formas constructivas del último periodo de Guglielmo II. Los elementos decorativos, identificables, con todo, en la fachada, atestiguan en todo caso la adhesión de quienes encomendaban las obras y de los maestros constructores a la tipología residencial predominante entre las familias aristocráticas que vivían en Palermo en los siglos XIV y XV, caracterizada por la continuidad de la tradición constructiva y decorativa de la época normanda, con una tendencia evidente a la adopción de modos y rasgos góticos.

IV.1.b **Iglesia de Santa María del Almirante (La Martorana)**

Desde Via del Protonotaro, seguir a pie y torcer a la derecha por Corso Vittorio Emanuele; a la altura de Piazza Villena, torcer a la derecha por Via Maqueda y luego a la izquierda en Piazza Bellini, en cuyo núm. 3 se encuentra el monumento.
Horario: laborables de 8 a 13 y de 15:30 a 19; festivos de 8:30 a 13.

La iglesia de Santa María del Almirante, más conocida como La Martorana, revela con claridad el contraste entre la fachada barroca y la superficie mural de la construcción normanda original, fácilmente reconocible por los rasgos ligados inconfundiblemente a la cultura arquitectónica del medioevo siciliano: el diseño de las arcadas concéntricas en amplios en-

RECORRIDO IV *Encuentro de culturas en el arte normando*
Palermo

Santa María del Almirante y S. Cataldo, vista general, Palermo.

trantes dentro de las que están insertas las ventanitas ojivales, la línea simple y cuadrada de sus volúmenes, la mampostería ejecutada con hiladas de pequeños sillares bien cortados, la presencia de cúpula, peraltada mediante un pronunciado tambor octogonal.

La iglesia debe su denominación más común a la presencia de un monasterio benedictino femenino, fundado en 1194 por una cierta Eloisa Martorana y al cual el rey Alfonso V de Aragón concedió la iglesia en 1435. Esta fue edificada a partir de 1143 (hasta 1185) por deseo de Giorgio de Antioquía, Gran Almirante del Reino de Sicilia durante la regencia de Ruggero II, como exvoto por la protección que le había concedido la Virgen.

El aspecto actual se debe a los añadidos de la época barroca, en parte eliminados en las restauraciones decimonónicas dirigidas por Giuseppe Patricolo (1870-73). Expurgando algunas modificaciones posteriores, es posible, todavía hoy, restituir la imagen originaria, constituida por una iglesia de cruz griega inscrita en un cuadrado, con los brazos de la cruz cubiertos por bóvedas de cañón y los espacios de las diagonales por bóvedas de crucería. En el centro, cuatro columnas

Santa María del Almirante, vista del interior, Palermo.

RECORRIDO IV *Encuentro de culturas en el arte normando*
Palermo

Santa María del Almirante, cúpula, Palermo.

Santa María del Almirante, fachada sur, Palermo (Di Stefano, 1955).

enlazadas por arcos moderadamente ojivales sostienen un tambor octogonal con pechinas de nichos escalonados, sobre el cual se imposta el casquete hemisférico de la cúpula. Desaparecido el ábside mayor, quedan los dos pequeños laterales, que sobresalen en el exterior como volúmenes semicilíndricos.

Riquísima es la decoración musiva del interior, de mediados del siglo XII, en gran parte sobreviviente a las sucesivas alteraciones. Los paneles que la constituyen siguen una rigurosa disposición que responde a un programa litúrgico predeterminado. Punto central de la composición es el *Cristo sentado bendiciendo*, en la parte alta de la cúpula, con la tierra a los pies y, repartidos por el casquete, cuatro ángeles postrados en adoración; en la base de la cúpula, un friso en madera de abeto, descubierto en 1871, lleva una inscripción pintada

RECORRIDO IV *Encuentro de culturas en el arte normando*
Palermo

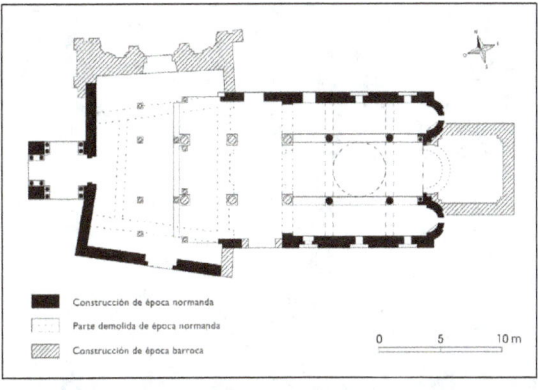

Santa María del Almirante, planta, Palermo (Di Stefano, 1955).

S. Cataldo, cúpulas, Palermo.

en blanco sobre fondo azul celeste cuyo texto, admirable ejemplo de convivencia entre culturas diferentes, comprende un himno de la liturgia bizantina (el *Sanctus* con *Hosanna* y *Gloria*) traducido al árabe, la lengua materna de quien encargó la obra. En el tambor de la cúpula hay ocho profetas y, en los nichos de las pechinas angulares, los cuatro evangelistas. En el *arco triunfal* figura la *Anunciación* y en los arcos mayores, la *Natividad*, el *Tránsito de la Virgen* y la *Presentación en el Templo*. En las bóvedas de cañón hay figuras de santos, mientras que de la decoración musiva que probablemente ornaba el atrio y el *nártex* quedan sólo dos sugerentes paneles, actualmente colocados en los huecos laterales de la ampliación de finales del siglo XVI (a la entrada): en el de la derecha está representado Giorgio de Antioquía a los pies de la Virgen; en el de la izquierda, la legitimación de la *renovatio* buscada por los Altavilla, con el *Rey Ruggero coronado por Cristo*.

En el exterior, embelleció la iglesia con posterioridad el elegante campanario de planta cuadrada, construido en la segunda mitad del siglo XII siguiendo un esquema de cuatro órdenes, con los dos primeros bien escuadrados y los superiores con muchas aberturas. En cada nivel se abren amplias ventanas ojivales articuladas por *bíforos* sobre delgadas columnitas. En los dos órdenes superiores, el cuadrado de la base se cierra en los ángulos con cuatro torrecillas cilíndricas, cuya superficie recibe calculados efectos de claroscuro por la decoración de pequeños arcos ciegos sobre columnitas.

RECORRIDO IV *Encuentro de culturas en el arte normando*
Palermo

S. Cataldo, vista del interior, Palermo.

S. Cataldo, planta, Palermo.

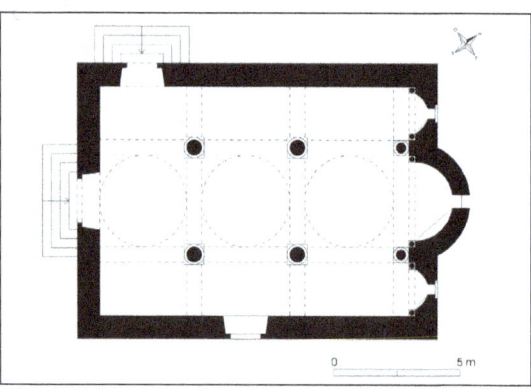

IV.1.c **Iglesia de San Cataldo**

Ubicada junto a la precedente.
Para visitarla, dirigirse al sacerdote ortodoxo (en los locales contiguos) de lunes a viernes de 9 a 15:30, los sábados de 9 a 12:30 y los festivos de 9 a 13.

Entre los ejemplos de arquitecturas surgidas durante el reino normando, la pequeña iglesia representa una acabada obra maestra y merece especial atención como típico producto de los maestros de cultura fatimí al servicio de clientes cristianos. Su actual ubicación, dominando como desde una acrópolis Piazza Bellini, se debe al rebajamiento de finales del siglo XIX del antiguo nivel de San Cataldo para regularizar las alturas del área urbana circundante. Atribuida habitualmente al reinado de Guglielmo I (1154-1166), la iglesia formaría parte de un conjunto de edificios hoy desaparecido, suntuosa posesión de Maione da Bari, Almirante y después Gran Canciller del rey. Ciertas analogías formales con ejemplos del románico de Apulia, sobre todo con la Catedral Antigua de Molfetta, han inducido a algunos estudiosos a reconocer en Maione a la persona que encargó su construcción durante el periodo en que ocupó el cargo de Gran Almirante (1154-1160), quizá movido por el espíritu de emular a su predecesor Giorgio de Antioquía, que había erigido la vecina iglesia de Santa María del Almirante.

En el exterior, el edificio se presenta como un volumen puro escuadrado, cuyas paredes están animadas por los arcos ciegos que enmarcan las tres ventanas abiertas en cada fachada. Una arcada ciega de menores dimensiones marca, en los

RECORRIDO IV *Encuentro de culturas en el arte normando*
Palermo

laterales, la zona de paso entre las naves y el altar. Corona la iglesia, construida con pequeños sillares de piedra cortada bien escuadrada, un almenaje restaurado en muchas de sus partes, por encima del cual sobresalen los rojos volúmenes hemisféricos de las tres cupulitas que cubren la nave central, sustentadas por un bajo tambor continuo donde se abren pequeñas ventanas. En el interior, las cúpulas marcan las tres crujías cuadradas de la nave central, cerrada por dos breves naves laterales con crujías cubiertas por bóvedas de crucería. Los arcos sobre columnas

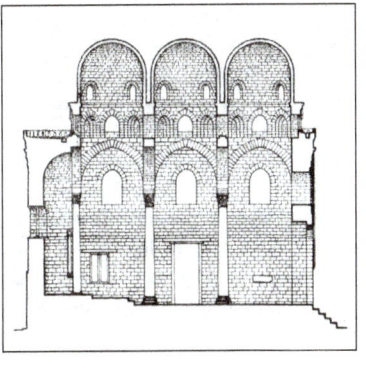

que en sentido longitudinal delimitan las naves son apuntados; algunos capiteles son de expolio, reutilizados de edificios más antiguos. El paso del cuadrado de base a la circunferencia de la imposta de las cúpulas se hace mediante enlaces angulares de nichos reentrantes. La planta se cierra con tres ábsides; los dos menores practicados en el espesor del muro, mientras que del central, mayor, sobresale en el exterior la pared semicilíndrica, única concesión en la pureza del volumen paralelepípedo.

S. Cataldo, fachada de los ábsides, Palermo.

S. Cataldo, fachada norte, Palermo (Di Stefano, 1955).

S. Cataldo, sección, Palermo (Di Stefano, 1955).

RECORRIDO IV *Encuentro de culturas en el arte normando*
Palermo

Sto. Espíritu, ábsides, Palermo.

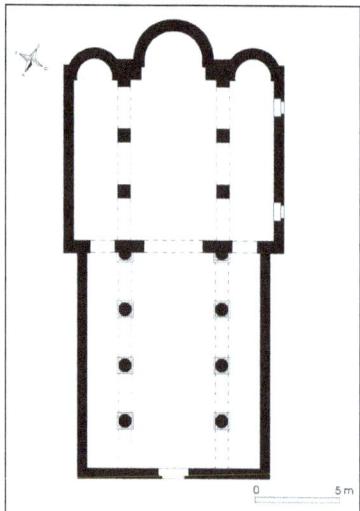

Sto. Espíritu, planta, Palermo.

A la riqueza del original pavimento de incrustaciones en mármol y pórfido, con un mosaico cuyo dibujo subraya las principales líneas estructurales del edificio, se contrapone la sencillez de las paredes desnudas, pautadas por una serie de ventanas de arco apuntado abiertas a lo largo de todo el perímetro, en correspondencia con las crujías de los tres ábsides y del portal de entrada. De los ornamentos internos se conservan solamente el altar y una losa de mármol blanco adornada con una cruz griega con los símbolos de los evangelistas. En 1877 empezaron los trabajos de restauración, dirigidos en los años 1882-1885 por Giuseppe Patricolo: se liberó el edificio de los volúmenes añadidos y se reconfiguró el exterior según los criterios de la restauración estilística. Hoy la iglesia pertenece a la Orden Ecuestre del Santo Sepulcro de Jerusalén.

IV.1.d Iglesia del Santo Espíritu

Desde Piazza Bologni ir en coche hasta Piazza G. Cesare, seguir por Piazza S. Antonino y Corso Tukory y torcer a la izquierda en Via del Vespro; atravesar el paso a nivel y, al llegar a Via Parlavecchio, entrar a la derecha en el aparcamiento del Hospital M. Ascoli; dejar el coche e ir, a la derecha, hasta Piazza S. Orsola, donde se encuentra la entrada al cementerio, dentro del cual está el monumento. Horario: todos los días de 9 a 12.

La iglesia cisterciense del Santo Espíritu, fundada poco después de 1170 por el arzobispo de Palermo Gualtiero Offamilio (1169-1190), debe su más famoso apelativo de "iglesia del Vespro" al sangriento

RECORRIDO IV *Encuentro de culturas en el arte normando*
Palermo

Sto. Espíritu, fachada norte, Palermo.

episodio que se consumó en la anteiglesia, que provocó el estallido de la revuelta popular contra el reinado de Carlos de Anjou. Según la tradición, la chispa de la revuelta, en la que encontraron la muerte los soldados franceses, fueron las impertinencias de uno de los soldados a una mujer siciliana que había acudido a la iglesia para asistir a la función del Lunes de Pascua.

La simplificación del lenguaje arquitectónico que la distingue adquiere un preciso valor programático en las construcciones de la orden del Císter, a la cual había pertenecido en principio el conjunto monástico del Santo Espíritu. Habitada por los monjes provenientes de la abadía de Sambucina, en Calabria, ligada a la casa matriz de Clairvaux, la iglesia se consagró en 1179, y desde 1232 pasó a las dependencias del abad de Casamari. En 1573 se concedieron los bienes de la abadía a los

Sto. Espíritu, nave central, Palermo.

RECORRIDO IV Encuentro de culturas en el arte normando
Palermo

padres benedictinos del Monte Oliveto, quienes fueron sus propietarios hasta 1748. En 1783, por deseo de Domenico Caracciolo, la iglesia sufrió la transformación más radical hasta ese momento, pues fue incorporada al cementerio de Santa Úrsula, el primer cementerio público extramuros hecho en Sicilia. En 1882, en el clima de los festejos por las celebraciones del VI centenario de la *Guerra del Vespro*, la iglesia fue restaurada por Giuseppe Patricolo, que trató de restablecer la imagen original de la construcción normanda, liberándola de los añadidos barrocos y de las edificaciones funerarias adosadas a su perímetro exterior. Antes de finales del siglo XIX se demolieron también los restos del monasterio y los del claustro, pero no fue posible restituir la antigua fachada, a esas alturas demasiado afectada por las transformaciones precedentes.

La planta, bastante usual en los edificios normandos más tardíos, presenta la yuxtaposición del cuerpo basilical de tres naves de cuatro crujías con el central del altar. El área del presbiterio, que sobresale a los lados como si fuera un transepto, dividida en tres por arcadas sobre pilares de sección cuadrada, termina en tres ábsides semicirculares visibles desde el exterior. Los arcos de las naves, apuntados, están sostenidos por gruesos *pies derechos* cilíndricos. Entre el cuerpo de las naves y el del altar hay una separación neta, marcada por pilares macizos y en escuadra sobre los que se apoya el *arco triunfal*. La cubierta es un techo de viguería de madera (resultado de la restauración que liberó al edificio normando de las sobreestructuras), tanto en la sala como en el presbiterio, donde la parhilera está girada 90 grados respecto a la del techo del cuerpo basilical, siguiendo una configuración ya presente en las grandes basílicas paleocristianas erigidas en Roma en el siglo IV. La fachada norte está recorrida, en toda su longitud, por arquerías entrecruzadas bícromas (piedra clara combinada con lava) alternativamente ciegas y con ventanas ojivales. El frente de la zona de los ábsides está articulado también por arquerías cruzadas que encuadran las ventanas, remarcadas por un arco de sillares almohadillados. Si los motivos decorativos reafirman experiencias pertenecientes al gusto de los artífices sicilianos, su interpretación indica una orientación nueva y, según algún estudioso (Basile, 1975), la conformación del presbiterio, sus proporciones y su carácter corroborarían la hipótesis de que la obra no fue confiada a artífices sicilianos islamizados. Análoga consideración se ha hecho para el cuerpo de las naves, donde se registra una ascética renuncia a las columnas, forma tradicional de sostén, en favor de pilares cilíndricos de mampostería, coronados por un simple *ábaco* cuadrado.

IV.1.e **Iglesia de Santa María de la Esperanza** (opción)

Desde Via Parlavecchio, volver en coche por Via del Vespro, torcer a la izquierda en Corso Tukory, recorrer este hasta girar a la derecha en Via Cadorna y luego a la izquierda en Via del Bastione; torcer a la derecha bordeando el Palacio de los Normandos, seguir el sentido obligatorio en torno a Piazza Indipendenza, después torcer a

RECORRIDO IV *Encuentro de culturas en el arte normando*
Palermo

la izquierda en Corso Pisani y proseguir por Via Catalano, en cuyo núm. 122 se encuentra la entrada al monumento.
Sólo se puede ver por fuera.

No se sabe a ciencia cierta la fecha de su fundación. Las estructuras normandas están en la planta baja del edificio que las engloba. Se reconocen claramente la puerta de entrada con doble arco, las dos ventanas laterales que la flanquean y una encima, con motivos ornamentales diversos, pero todas de arco apuntado. El arco interior de la puerta tiene relieves en zigzag; el exterior, sillares almohadillados. También las ventanas dispuestas a los lados de la puerta están marcadas por un arco doble, con pliegues en dentellón. El *monóforo* de encima de la puerta está delimitado por un marco que encierra un doble arco con motivos en zigzag. El análisis de la naturaleza de la talla de estos restos ha sido suficiente, en todo caso, para asignar la fundación de la iglesia al periodo de Guglielmo II (1166-1189).

IV.1.f **Iglesia de la Santísima Trinidad (La Magione)**

Ir en coche hasta Piazza G. Cesare; desde allí, bordeando la estación, torcer a la izquierda en Via Balsamo, luego a la izquierda en Corso dei Mille; torcer a la derecha en Via Lincoln y después a la izquierda en Via Rao; seguir hasta Piazza Magione, donde está ubicado el monumento.
Ofrenda voluntaria a la entrada. Horario: de 9 a 19 (en invierno: laborables de 9 a 19, festivos de 9 a 13).

Santísima Trinidad, fachada principal, Palermo.

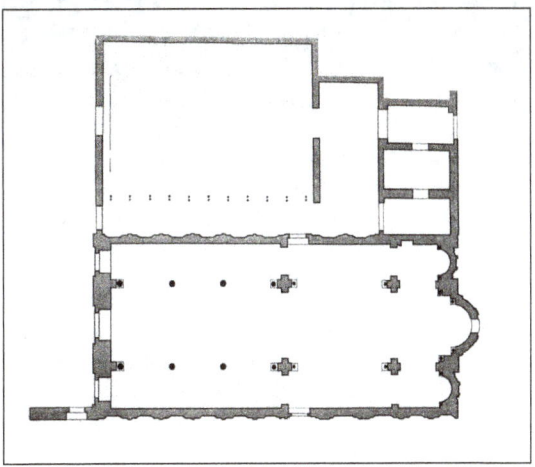

Santísima Trinidad, planta de la iglesia y el claustro, Palermo.

RECORRIDO IV *Encuentro de culturas en el arte normando*
Palermo

Santísima Trinidad, vista del interior, Palermo.

Dentro de una vasta área urbana, desfigurada por los bombardeos de la última guerra mundial, surgen el conjunto abacial y la iglesia de la Santísima Trinidad, llamada La Magione, fundados a finales del siglo XII (probablemente entre 1191, fecha a que se remonta el primer documento, y 1193) por deseo de Matteo D'Ajello, vicecanciller de Guglielmo II (r. 1166-1189) y canciller bajo el último rey normando Tancredi (r. 1189-1194). Entregada, después de su fundación, a los monjes del Císter, estos tuvieron su posesión pocos años. En 1197, en efecto, Enrique VI, que había hecho su entrada triunfal en Palermo tres años antes y comenzó un feroz proceso de depuración de los exponentes de la corte normanda, concedía los edificios a la orden secular de los Caballeros Teutónicos, que contaba entre sus cofrades con el propio emperador. Desde ese momento, la iglesia asumió el título de Santa María, convirtiéndose en *mansio* (*Magione*, "mansión") de los Teutónicos, mientras que los edificios anejos se transformaron para alojar a los regulares de la orden y para disponer de un hospital destinado a los peregrinos que se dirigían a Tierra Santa o volvían de ella. Los caballeros conservaron la posesión de La Magione hasta 1492 e hicieron, en casi tres siglos de uso y ocupación, notables transformaciones, entre ellas la oclusión de los pórticos oriental y occidental del claustro alrededor del cual se extendía la abadía cisterciense, algunas elevaciones, la construcción de nuevos cuerpos de fábrica y la creación de nuevos altares y capillas en la iglesia. Contemporáneamente al traslado de los Teutónicos, La Magione fue elevada a encomienda y gobernada durante casi dos siglos por abades comendatarios. Hasta finales del siglo XVI se hicieron en el conjunto intervenciones de mantenimiento y pequeñas transformaciones, pero a partir de 1601, y durante todo el siglo XVII, una intervención general de modernización llevó a la fundación de nuevas capillas y a rehacer las existentes, y también a construir un pórtico.

En 1875 comenzaron los trabajos de restauración, que duraron hasta los primeros

RECORRIDO IV *Encuentro de culturas en el arte normando*
Palermo

años del siglo XX, dirigidos primero por Giuseppe Patricolo y luego por Francesco Valenti. El objetivo de ambos era recuperar la presunta imagen original de la construcción normanda. Las restauraciones se prolongaron hasta 1941, pero apenas dos años después un trágico bombardeo aéreo golpeó duramente la iglesia de La Magione. La restauración posterior, emprendida a principios de la posguerra, se preocupó una vez más de recuperar una hipotética imagen original.

La iglesia presenta un riguroso orden estereométrico de los volúmenes, con superficies encuadradas por marcos rectilíneos. La parte central de la fachada es a dos aguas y está abierta en la zona del basamento por tres puertas de entrada: una mayor en el centro, caracterizada por un arco de tres cuerpos rehundidos, la del medio de sillares almohadillados; dos puertas menores a los lados, con doble arco también rehundido. Sobre las puertas se alinean cinco ventanas, tres ciegas en el centro y dos con vano en los lados, de perfil apuntado; más arriba hay una ventana situada en eje con la puerta principal. La parte posterior de la iglesia termina en tres ábsides, de los que el central está ornado con arcos entrecruzados muy salientes, mientras que en los laterales están apenas esbozados. También en los lados de la iglesia aparece el motivo de las ventanas ciegas con arcos rehundidos, con una definición más neta de los recuadros horizontales.

En la organización espacial, la iglesia une el tipo de planta longitudinal en cruz con un cuerpo central de tres ábsides. La planta que resulta es del tipo basilical de tres naves, divididas por grandes arcos apuntados sobre columnas con capitel y *salmer*; el área del altar, constituida por un transepto no sobresaliente, está elevada y las columnas sobre las que se apoyan los arcos están adosadas a pilares. De los tres ábsides, el mayor está encuadrado por un triple orden de columnitas en nicho. Las actuales cubiertas de madera, en gran parte reconstruidas, retoman las originales, que han pervivido en breves tramos de la nave central. En el suelo se ven algunas losas funerarias de los Caballeros Teutó-

Santísima Trinidad, claustro, pórtico sur, Palermo.

RECORRIDO IV *Encuentro de culturas en el arte normando*
Palermo

Santísima Trinidad, vista de los ábsides, Palermo.

nicos. En un lugar adyacente a la entrada de la iglesia, antaño destinado a baptisterio, se aprecia un hermoso *bíforo* del siglo XII, para el cual se aprovechó un fuste de columna con inscripciones árabes.

En el regular paramento externo, realizado con pequeños y escuadrados sillares de toba, se reconoce mejor la ingente obra de reconstrucción que los restauradores decimonónicos primero y los del siglo XX después obraron. Sobre todo la fachada, en buena parte reconstruida por Francesco Valenti en la segunda década del siglo XX, muestra cierta arbitrariedad debido a la imposibilidad de conocer con certeza el aspecto original. El antiguo conjunto monástico se extiende en torno a un claustro (datable a finales del siglo XII) del que se conservan sólo los pasillos norte y sur. Este último, contiguo al lado norte de la iglesia, fue reconstruido casi por completo en los años cincuenta del siglo pasado. Al igual que el mayor ejemplo de Monreale, retoma el orden de las arcadas ojivales de doble cuerpo y nervio en el intradós, sobre columnitas pareadas con capiteles de buena factura, pero se diferencia en sus dimensiones y su menor riqueza decorativa. Entre 1987 y 1990, el ala septentrional del claustro y el edificio que se levanta sobre ella fueron objeto de una nueva restauración.

IV.1.g Torre Maestra del Castillo del Mar

Desde Piazza Magione, en coche, volver a Via Rao, torcer luego a la izquierda en Via Lincoln y proseguir por ella hasta girar a la derecha en el Foro Italico Umberto I; tomar la dirección norte y seguir por Via della Cala, Piazza Castello y Via dei Barillai hasta Piazza XIII Vittime; dejar el coche, atravesar Via Francesco Crispi y entrar en el Fondo Patti, donde está ubicado el monumento.
Sólo se puede ver por fuera.

Esta torre se alza frente al actual muelle trapezoidal, al noreste del antiguo puerto de la Cala, y presenta una planta cuadrada, con vano central y nichos semicilíndricos en tres lados, rodeada por un muro que en otro tiempo la envolvía por entero. Pese a que la torre aparezca incompleta en altura, sin las partes cimeras, la tipología defensiva resulta igualmente reconocible. La zona del basamento está constituida por un muro en declive de ejecución posterior: sobre él, partes de paredes verticales, más homogéneas en los frentes norte y oeste, sobre los que encajan, una en el centro de cada lado, dos garitas semicilíndricas según una disposición poco habitual. Las vertientes oeste y norte del muro en declive presentan anchas zonas derruidas, tapadas con pequeños sillares; la vertiente sur se caracteriza, en cambio, por gruesos elementos de mampostería injertados en el muro medieval. En el frente oriental, en alto, quedan trazas de un gran arco tapiado, mientras que abajo se abre el vano de una puerta.

La mampostería del edificio medieval está formada por pequeños bloques de piedra dispuestos con esmero, que confieren a las partes aún en buen estado un carácter de precioso acabado. La mampostería de las intervenciones sucesivas se reconoce con facilidad al estar formada por bloques gruesos.

La torre se encuentra en una zona ocupada todavía por edificios comerciales y depósitos, que escamotean su figura y hacen parcial la visión, pese a que representa uno de los pocos testimonios supervivientes de la antigua fortaleza del Castillo del Mar (*Castello a mare*), baluarte extremo del sistema defensivo de la ciudad amurallada. Se trataba, muy probablemente, de la esquina noroeste del viejo *castrum-palatium* medieval, un fuerte más pequeño y antiguo situado dentro de una fortaleza mayor y más reciente. Según algunos estudiosos, la planta original a la que se puede adscribir la Torre Maestra podría remontarse a finales del siglo XII, pero el primer núcleo dataría de la época árabe, si es verdad que hasta los tiempos de Guglielmo I (r. 1154-1166) el edificio incluía todavía una mezquita. Los hallazgos hechos en el interior de la Torre han llevado a pensar también en su uso original como residencia.

En la primera mitad del siglo XIII, quizá dañado a causa de eventos naturales, el edificio se demolió parcialmente y se amplió, con injertos de nuevos elementos arquitectónicos destinados a mejorar su capacidad defensiva, como las garitas y el muro en declive del basamento.

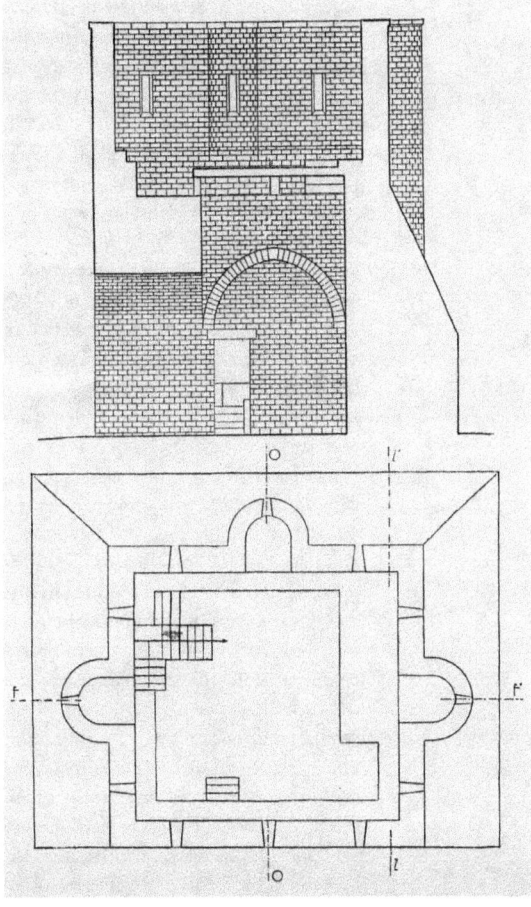

Torre Maestra del Castillo del Mar, sección y planta, Palermo (Di Stefano, 1955).

RECORRIDO IV *Encuentro de culturas en el arte normando*
Palermo

La configuración defensiva se desarrollaría probablemente en dos momentos distintos, el último de los cuales, con la construcción del muro en declive, podría datarse en la primera mitad del siglo XIII, durante el reinado de Federico II de Suevia. En el curso del siglo XVI, la parte superior de la Torre se demolió, su perímetro externo se rodeó de una muralla defensiva y se unió con los cuerpos adyacentes, convirtiéndose en parte de un conjunto arquitectónico encerrado por un nuevo recinto de murallas, más amplio que el medieval.

Las demoliciones de 1923-24, llevadas a cabo para acondicionar las nuevas instalaciones portuarias, completaron la reducción de la planta a sólo el núcleo central y la demolición de todas las estructuras elevadas. Tras los bombardeos de la última guerra, en 1943, se vino abajo una parte de las estructuras superiores. En la posguerra, por el efecto de derrumbes y resquebrajamientos, también la parte alta del frontal este cedió: se trataba de un gran arco ojival, rehundido y subrayado por otro arco de sillares radiales que enmarcaba arriba una ventanita, también ojival, y abajo una puerta con arquitrabe, un tipo de aparato arquitectónico-decorativo relacionado, según algunos estudiosos, con la influencia que la arquitectura árabe fatimí, a través del Magreb, ejerció en la arquitectura palatina siciliana de los siglos XI y XII. El vano del arco está tapiado actualmente; la puerta, en cambio, ha sido sacada de nuevo a la luz en las últimas intervenciones de excavación y restauración, destinadas a despejar lo que aún queda.

El Jardín Botánico de Palermo
En Via Lincoln, a escasa distancia del cruce con el Foro Itálico, tiene la entrada el Jardín Botánico (Orto Botanico).
Realizado entre 1789 y 1795 con el auspicio del reinante Fernando IV de Borbón y la asesoría científica de Giuseppe Tineo, además de expresar la dirección racional tomada por la ciencia de las plantas en el siglo XVIII, es también resultado de una cuidadosa planificación encargada a célebres arquitectos de aquel tiempo: Léon Dufourny y, posteriormente, Giuseppe Venanzio Marvuglia, que dirigió los trabajos de construcción de los edificios. El Gymnasium, Schola Regia Botanices con Herbarium Biblioteca y residencia del director, está decorado con pinturas de Giuseppe Velasco y estatuas de Gaspare Ferriolo.
Las plantas, sobre todo de especies tropicales y subtropicales, son cerca de 10.000 y se distribuyen en sectores divididos por senderos o en invernaderos, estanques y sistemas acuáticos, que reflejan el sistema de clasificación del método de Linneo, en la parte más antigua adyacente a los edificios, y las exigencias del jardín experimental.

EL ARTE DEL MOSAICO

Giulia Davì

Según lo ampliamente atestiguado a estas alturas, en Sicilia la relación entre la arquitectura del periodo normando y el mosaico nunca fue sencilla y fue fruto, casi siempre, de un compromiso. Dentro de las diversas situaciones en que desembocó la combinación de arquitectura de tipo occidental con decoración de tipo oriental, en la Catedral de Cefalù se verifica la total independencia de la estructura mural respecto del aparato musivo, ciertamente no previsto en la fase de proyecto de la construcción ruggeriana y completado únicamente en una fase avanzada de la obra. Parece seguro, de todos modos, que los mosaicos se remontan a 1145, cuando Ruggero II pensó en transformar la Catedral en su mausoleo, para lo que llamó a maestros bizantinos y de formación cosmopolita que se encontraron trabajando, como se ha dicho, en un espacio de inspiración noreuropea, lo que evidencia claramente el sincretismo cultural e ideológico de Ruggero en los años 1145-48, cuando tenía puesta su mirada en Saint Denis, de un lado, y en Constantinopla del otro.

En cuanto a la datación, las figuras del cuarto nivel se corresponden con los santos que hay en los *pies derechos* de los arcos de la nave central de la Capilla Palatina, atribuibles a los años de Guglielmo I (1154-1166), mientras que las de niveles superiores, con seguridad precedentes, se sirven de esquemas en línea con la evolución de la pintura comnena en los años 1150-1170.

Y con esta fase entroncan los mosaicos, un poco posteriores, de Monreale, los cuales hacen caso omiso del estilo formado en los años de Guglielmo I y se fijan en los resultados de las decoraciones ruggerianas. Sólo en Monreale la relación mosaico-arquitectura parece desenvolverse con una verdadera toma de conciencia del problema. La decoración musiva de Monreale, ahora ya fechada antes de la muerte de Guglielmo II (1189), muestra un carácter esencialmente bizantino: los responsables de la grandiosa obra no fueron, pues, mosaiquistas sicilianos, instruidos por maestros bizantinos, sino maestros bizantinos, embebidos de cultura figurativa tardocomnena y buscados por el propio Guglielmo II en una fase sucesiva a la ruggeriana. En la Catedral de Monreale, toda

Catedral, vista de la nave central, Monreale (Gravina, 1859-1870)

Catedral, nave central, primera arcada de la pared norte, la "Creación" y el "Diluvio Universal", Monreale (Gravina 1859-1870).

la figuración tiene un desarrollo lógico preciso, desde el punto de vista tanto estilístico como dogmático, puesto que representa el más amplio y articulado programa iconográfico, de concepción occidental, realizado en función de la divulgación de la fe.

El carácter esencialmente sincrético de la decoración musiva de la época normanda en Sicilia, que se infiere de la confluencia de valores iconográficos occidentales y bizantinos, resalta de modo particular en la decoración de la Capilla Palatina de Palermo, donde subsiste, por lo demás, una diferencia cronológica y, en consecuencia, de factura entre los mosaicos de la cúpula y el crucero y los de las naves. Los primeros, anteriores a 1143, pueden atribuirse a los talleres ruggerianos; los otros, en cambio, fechables entre 1154 y 1166, a la época de Guglielmo I, cuando todavía no se presagiaba ninguna de las peculiaridades estilísticas de Monreale. La figuración de estos últimos aparece, pues, más rígida y de angulosidad más marcada respecto a la mayor fluidez y riqueza de la ruggeriana. Iconográficamente, la decoración remite a un preciso lenguaje moral y a una llamada a la ortodoxia.

Más que con los mosaicos de la época de Guglielmo I, los de Monreale guardan una similitud más estrecha con los mosaicos de la iglesia de Santa María del Almirante. La decoración musiva, contemporánea a la más antigua de la Capilla Palatina, y por tanto expresión de las empresas pictóricas ruggerianas, se puede datar entre 1143 y 1151.

De carácter profano y ligado a la representación metafórica del "jardín" islámico, como en la tradición del antiguo Oriente, es el panel de mosaico con escenas de caza y pavos reales frente a una palma de la Sala de la Fuente de la Zisa (1154-1166), afín a los mosaicos de la Habitación de Ruggero del Palacio Real, especialmente por el encuadramiento en campos circulares de las imágenes de animales, lo que remite, por lo demás, a los dibujos de algunos tejidos orientales, como por ejemplo un fragmento persa del siglo IX (Museo Lorena, Nancy), o a las tallas de los cofrecitos de marfil de estilo islámico.

En cuanto al sostén de los mosaicos de la época normanda, está formado por una estructura mural de sillares escuadrados, unidos por sutiles estratos de argamasa, que componen una cortina homogénea, regular y bien pulida. Encima se añadían capas preparatorias de argamasa, generalmente dos, pero a veces tres o una. El espesor total de las capas, comprendida la de los mosaicos, no superaba nunca los siete centímetros. El color de la argamasa y de la capa de preparación era claro, a veces blanco, como en los mosaicos de Cefalù. La primera capa presentaba una superficie un tanto áspera obtenida con las mellas de la paleta en el momento de extenderla. La segunda, o de atracción, se caracterizaba por el uso abundante de paja y el empleo de clavos. La paja servía para conferir firmeza a la argamasa, mientras que los clavos, cuando no se deben a restauraciones, servirían quizá para garantizar la adherencia del soporte musivo a la pared, aunque a menudo resultaban nefastos para la conservación del soporte. En Monreale, así como en la Capilla Palatina y en la Catedral de Cefalù, se ve por todas partes el dibujo preparatorio, pegado al reverso de los fragmentos caídos, delimitado con nitidez con los colores rojo, rojo oscuro, amarillo ocre, amarillo claro, gris y negro. Según una técnica consolidada, a los fondos en oro corresponden en el dibujo preparatorio líneas en rojo, color que da una mayor vibración a los esmaltes de pan de oro. Las teselas miden 1,2 por 1,2 cm y se disponen regularmente en filas horizontales. Sobre el color negro de la base iba el negro de las inscripciones, el gris presenta improntas que remiten a un tejido de teselas más bien pequeñas, variadas y de trama más o menos densa, el amarillo claro servía de guía para las partes desnudas de las figuras, el ocre a veces corresponde también a superficies en oro. En el curso de las despegaduras llevadas a cabo en Monreale se ha encontrado una sinopia que representa un libro y una gran ala, dibujada directamente sobre el paramento mural, dato este último que ha permitido profundizar en el conocimiento de las técnicas de ejecución en las obras bizantino-normandas.

Las superficies de mosaico estaban formadas por teselas de pasta vítrea, a veces dorada, y teselas lapídeas para las que se usaba piedra calcárea local. No se conoce, en el momento actual, el lugar de producción de las teselas de pasta vítrea, aunque un indicio a favor de la continuidad de la tradición nos lo proporciona Masi Oddo, el primero de los restauradores de los mosaicos de Monreale, cuando dice que "el vidrio lo cocía en Monreale". Además, el hallazgo de piezas vítreas no utilizadas en cavidades de los muros y en vanos de ventana después tapiados parece confirmar que las piezas se cortaban *in situ*, es más, sobre los andamios mismos.

RECORRIDO V

Tejidos urbanos y fortificaciones en el territorio de Agrigento

Comité científico

V.1 MUSSOMELI
    V.1.a Castillo

V.2 RACALMUTO (opción)
    V.2.a Castillo
    V.2.b Castillucho (Castelluccio)

V.3 NARO
    V.3.a Catedral Vieja
    V.3.b Castillo

V.4 AGRIGENTO
    V.4.a Barrio de Terra Vecchia
    V.4.b Catedral – Partes normandas (opción)

    La fiesta de Tataratà

V.5 SCIACCA
    V.5.a Ábsides de la Iglesia Matriz
    V.5.b Iglesia de San Nicolás la Latina
    V.5.c Fortaleza de Mazzallaccar

V.6 SAMBUCA DI SICILIA
    V.6.a Barrio árabe

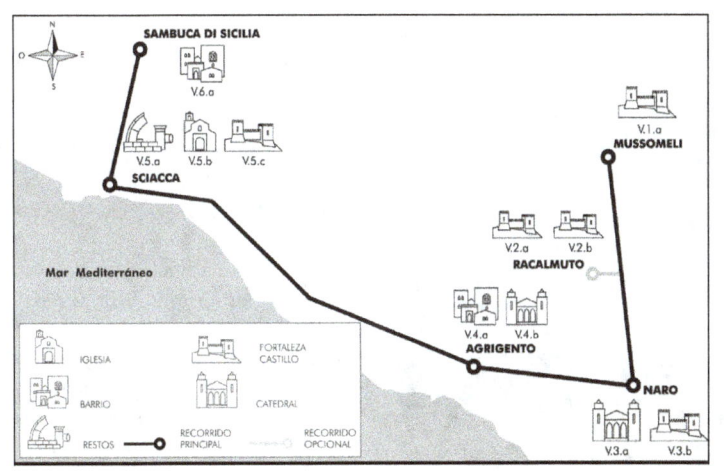

Fortaleza de Mazzallaccar, torre de una esquina, Sciacca.

RECORRIDO V   *Tejidos urbanos y fortificaciones en el territorio de Agrigento*

*Castillo, ventana,
Racalmuto.*

*Catedral Vieja,
vista general, Naro.*

Algunos de los restos más significativos de la época árabe en Sicilia se encuentran en los territorios de las actuales provincias de Agrigento y de Trapani.
Es una trama constituida por hallazgos artísticos, series de edificios con afinidades figurativas y tipológicas, lugares fortificados, estructuras urbanas y zonas históricamente relevantes, pero también por las más hondas implicaciones culturales: de la permanencia lingüística y toponímica a la persistencia de ciertos mitos dentro de las tradiciones populares o a los apreciables vestigios de aquella gran reorganización agraria madurada en la época fatimí, tanto en el plano de las técnicas como en los cultivos, cuya acción de transformación del paisaje es reconocible aún en algunas zonas del territorio de la isla.
Se trata de lugares y edificios que son testigos de la estratificación de diferentes culturas —bizantina, árabe y normanda— a través del dominio de expresiones propias de la cultura islámica.
Se descubre así, en el arte siciliano de este periodo, un sistema de continuidad y discontinuidad histórica que hace pensar en un mundo de diferencias cohabitando dentro de un pluralismo complejo, que encuentra nuevas armonías en el sincretismo de una combinación consciente de los contrastes.
Se pueden reconocer diversos elementos: el redescubrimiento de técnicas que los siglos inciertos que siguieron a la caída del imperio romano habían hecho desvanecerse y el conocimiento de las técnicas constructivas de albañilería de las que el Islam es todavía heredero, aunque con grandes transformaciones.
La pérdida del conocimiento de una técnica, como por ejemplo la de la construcción de bóvedas o cúpulas, no se repara fácilmente. Así, la Sicilia normanda hará de fundamento de la evolución en la época de Federico I, que a su vez será una de las premisas del Renacimiento italiano.

El Islam desempeñó un papel de renovación y de elemento de empuje en la transformación del orden económico productivo de los territorios de la isla. La influencia de la cultura urbanística islámica y la formación de los asentamientos se reconoce, esencialmente, en los tejidos urbanos. Su distribución adquiere caracteres generales y se basa en algunos elementos fundamentales: la jerarquía de las calles, de las más amplias a las callejuelas; la distinción entre área fortificada y área residencial; la articulación de la parte habitada en una parte urbana propiamente dicha (la *medina*) y en arrabales diferenciados y distinguibles (los *rabati* de la toponimia siciliana).

El recorrido por la provincia de Agrigento da preferencia a los sitios históricos ligados a acontecimientos significativos de la época árabe, e incluye restos de plazas fuertes y castillos, trazas de tejidos urbanos, burgos y *ribats*, y aquellos elementos y sincretismos identificables en edificios posteriores a la dominación árabe.

La estructura de las nuevas ciudades islámicas, cuyo rasgo característico es el de estar fortificadas por razones defensivas, obedece a las reformas territoriales, productivas y patrimoniales, apropiadas para garantizar unas mejores condiciones de habitabilidad a los colonos magrebíes y a las tropas de ocupación islámicas.

Los nuevos asentamientos —y nos referimos a pueblos, ciudades y lugares donde fue más sólida la islamización— se hacen a veces en villas cuyo nombre y origen preceden a veces a la época musulmana, pero todas fueron rebautizadas por los nuevos colonos árabes, y el antiguo nombre reaparece en ocasiones en sus futuras denominaciones: Casteltermini; Sant'Angelo Muxaro (con su *qasr*, Moscaria, conquistado en 1087 por los normandos), Raffadali (de Rahl-Faddal, "descanso de 'Ali"), villa con trazas de tejido urbano y

Barrio árabe, vista de una de las callejuelas, Sambuca.

Fortaleza de Mazzallaccar, vista general, Sciacca.

RECORRIDO V *Tejidos urbanos y fortificaciones en el territorio de Agrigento*
Mussomeli

de casales árabes; Favara, ciudad de memoria histórica relevante, cuyo nombre deriva del árabe *fawwara*, "fuente, surtidor"; Menfi, cuyo núcleo de origen árabe nace con el burgo de Bugimilluso y con una antigua fortificación reedificada en tiempos del rey Federico; Caltabellota (Qal'at al-Ballut, "fortaleza de las encinas"), antiguo burgo de origen árabe con muchos restos normandos; Burgio, que conserva en su territorio, a 8 km del centro habitado, el interesante testimonio normando de la iglesia de Santa María de Rifesi y del convento benedictino; San Esteban Quisquina, que tiene su origen en la fundación de un caserío árabe; Cammarata, también de fundación árabe, que conserva los restos del antiguo castillo y la iglesia matriz del siglo XII (si bien transformada en siglos posteriores).

La preocupación por garantizar la indemnidad en los largos recorridos por la isla cuando se transitaba con caravanas, víveres y mercancías para intercambiarlos hizo surgir en Sicilia los hospicios de los caminos llamados *caravansaray*s y, en el occidente islámico, *funduq*s. En sitios aislados, en mitad de un largo recorrido o en lugares inseguros, ocupaban por lo general una superficie muy grande y solían tener un perímetro fortificado para resistir a las agresiones externas.

V.1 MUSSOMELI

V.1.a Castillo

Desde la rotonda de Via Oreto, tomar la A19 para Catania; desde allí, la SS121 para Agrigento y, pasados unos 100 km, en el desvío, seguir las indicaciones para Mussomeli. Una vez en el centro, ir por Via Città di Siracusa y Via Madonna di Fatima; torcer luego a la derecha por Via della Regione y seguir las indicaciones hacia el Castillo. Aparcar en la explanada que hay a los pies del monumento.
Información: Asociación Turística Pro Loco Mussomeli, tel. 0934 993373.

Durante la dominación árabe, es probable que el peñón donde se alza hoy el Castillo estuviese destinado a emplazamiento de una guarnición. Algunos estudiosos han avanzado la hipótesis de que el castillo denominado Qal'at 'Abd al-Mu'min, ubicado sobre un peñón entre Caltavuturo y Platani y que en el año 866 fue asediado por el emir al-'Abbas Ibn Fadl, fuera precisamente el de Mussomeli. Las construcciones más antiguas todavía existentes en el peñón se remontan, en todo caso, al siglo XIV, durante el señorío (1375-1391) de Manfredi III de Chiaramonte (del cual la ciudad tomó el nom-

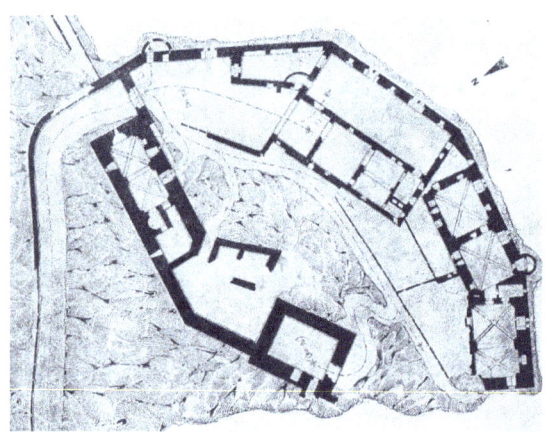

Castillo, planta, Mussomeli (Spatrisano, 1972).

RECORRIDO V *Tejidos urbanos y fortificaciones en el territorio de Agrigento*
Mussomeli

bre de Manfreda), pero ningún testimonio arquitectónico directo avala la hipótesis de que fueran erigidas incorporando y reemplazando edificaciones anteriores. Después de la persecución de la familia Chiaramonte, en 1392 el Patrimonio Regio adquirió el Castillo y, posteriormente, se lo asignó a Raimondo Moncada, Conde de Augusta, representante de la aristocracia feudal fiel a la corona. La fortaleza fue propiedad de la familia Lanza hasta los años noventa del siglo XX, cuando la donó al ayuntamiento de Mussomeli.

El Castillo se alza sobre un peñón de paredes verticales, a excepción del lado septentrional, donde se encuentra el único acceso. Los cuerpos de fábrica, realizados con mampostería de grava informe, se adaptan a la orografía accidentada de la roca, distribuyéndose en dos niveles y vueltos hacia otros tantos patios: uno inferior, que servía de caballeriza, y uno superior, en torno al cual se reparten las estancias señoriales y espacios de servicio. Se entra por el primer patio, de planta trapezoidal y al que dan las cuadras con capacidad para unos cincuenta caballos. Este primer patio está comunicado por un pasaje en recodo con el segundo, cerrado al norte por las dependencias señoriales y al este por un alto muro con troneras. En él se inserta una torreta circular con una escalera helicoidal de piedra que la une con los subterráneos, presumiblemente destinados a prisión. Junto a la puerta ojival de la torre, un segundo arco apuntado encuadra una garita con asiento y tronera. A lo largo del frente septentrional del patio, en cambio, un gran arco ojival da acceso a un vestíbulo desde el que se va a algunos espacios de servicio y a la Gran Sala de los Barones, a través de una puerta de molduras muy trabajadas que recuerdan las de las ventanas del Palacio Chiaramonte de Palermo. La Sala, de planta rectangular con cubierta plana de madera e iluminada por dos *bíforos* abiertos en el muro meridional, está unida a un espacio triangular que, a través de una empinada escalera, comunica con una estancia análoga del piso superior, llamada Habitación de las Tres Mujeres. En el piso bajo se entra, en cambio, en la Sala de la Chimenea; se pasa después a una segunda sala cubierta con bóveda de crucería, similar a la precedente, iluminada también por un *bíforo*. Una pequeña puerta lleva, por último, a un volumen de planta circular, quizá las cocinas. En el ambiente de paso entre esta habitación y la siguiente, una pequeña escalera conduce a un subterráneo y una letrina, cuya puerta es el único ejemplo de vano

Castillo, vista general, Mussomeli.

RECORRIDO V *Tejidos urbanos y fortificaciones en el territorio de Agrigento*
Racalmuto

ojival trilobulado del castillo, con certeza de la época chiaramontana. La última sala de las dependencias señoriales, utilizada probablemente como dormitorio, está cubierta por dos bóvedas de crucería ojival con nervios. Desde el patio se puede bajar a los subterráneos, que se extienden bajo las habitaciones señoriales, algunos iluminados por unas pocas troneras y por tragaluces, destinados probablemente a vivienda de criados y hombres de armas, otros totalmente oscuros como almacenes, bodegas y otras dependencias de servicio. También en el patio se yergue la capilla, cuya puerta tiene ricas molduras. Pasada la iglesia, se llega a la cúspide del peñón, donde se alza una construcción de planta rectangular con paredes de gran espesor coronadas por almenas. La restauración de mayor interés, encargada por la familia Lanza en 1908 a Ernesto Armò y realizada entre 1909 y 1910, afectó principalmente a las construcciones que rodean el patio superior.

Su fundación se remonta al periodo del señorío de los Malcovenant, franceses del séquito del conde Ruggero. El Castillo fue construido por Roberto, primer barón de Racalmuto, en 1087, como morada propia. El edificio fue ampliado después, en 1181, por la familia Barresi, que gobernaba Racalmuto desde 1134 y fue propietaria de la localidad durante todo el tiempo de la dinastía normanda de los Altavilla. En 1296, Federico II Chiaramonte restauró el Castillo, dañado en los motines de 1282, y posteriormente lo amplió. Finalmente, en 1929, la fortaleza sufrió una profunda reforma para poder albergar el convento de las monjas dominicas.

La planta es de forma pentagonal irregular. Desde el frente principal, a través de un pasaje, se tiene acceso al patio interior, en torno al cual se organiza el vasto conjunto edilicio en que se aprecian aún restos de las estructuras originales, como la puerta hoy integrada en el paramento mural del patio.

V.2 **RACALMUTO** (opción)

V.2.a **Castillo**

Volver a Mussomeli y tomar allí la SS121-189 en dirección a Agrigento. Salir en Grotte y dirigirse a Racalmuto. Una vez allí, seguir, a la izquierda, Via F. Villa, después Via Generale E. Macaluso, a la derecha, y continuar por Via F. Martino; al llegar a la rotonda, tomar Via Roma y luego Via Garibaldi para llegar a Piazza Umberto I, donde está el monumento.
Aparcamiento en Piazza Umberto I.
Horario: de 9 a 13 y de 16 a 20.

V.2.b **Castillucho (Castelluccio)**

Proseguir en coche por Via Garibaldi, Via F. Villa, Via Generale Macaluso, Via F. Martino y Via Roma; desde esta, torcer a la derecha y seguir las indicaciones para Monte Castelluccio. Pasados unos 2 km hay una indicación que señala el camino de tierra que conduce al monumento.
El monumento es propiedad privada y sólo puede verse por fuera.

Todavía hoy es posible reconocer en estas ruinas la que fue una pequeña pero sólida fortaleza, consistentemente anclada en el espolón de roca. En 850 y 870, los musulmanes, llegados al territorio agrigentino, se asentaron en las cercanías de la antigua Casalvecchio, integrándola parcialmente en su propia población, que llamaron Rahl al-Mawt (Racalmuto). El asentamiento, por su particular posición estratégica, estaría dotado de un castillo para la vigilancia de las vías de comunicación con la cuenca del Platani y con las zonas interiores. Así, ya en el siglo XI, en el lugar donde hoy está el *Castelluccio* ("castillucho"), se había erigido una fortaleza llamada al-Minsar, utilizada a continuación por los normandos y modificada y ampliada con el tiempo hasta llegar a su configuración actual. La fortaleza fue restaurada en 1134 por Abbo Barresi, señor de Racalmuto, y otra vez en 1229, durante el reinado de Federico II, como lo atestigua la fecha incisa en una piedra del muro suroeste. Su planta rectangular presenta evidentes rehacimientos, que la han privado de la originaria unidad constructiva. La parte central del conjunto está ocupada por los restos de los muros que delimitaban las vastas estancias interiores de formas irregulares, mientras que en la parte occidental se conserva una gran sala trapezoidal, partida en tres longitudinalmente por una serie de arcadas de medio punto. A la derecha, cerca de un pozo, una escalera de dos tramos lleva a las salas superiores y también a la torre de vigilancia y el camino de ronda. En el lado noreste, el complejo estaba ceñido por dos perímetros de muralla con troneras.

V.3 NARO

Recientemente se ha refutado la etimología árabe de su nombre, que hasta finales del siglo pasado se hacía derivar del término *nar* ("fuego") con la consiguiente traducción del topónimo como "pueblo del fuego". La denominación de Naro derivaría, por el contrario, del griego *naron* ("río"), que explicaría la ubicación del asentamiento en las inmediaciones del torrente homónimo.

El núcleo antiguo de la ciudad surgió en el siglo XII sobre los restos de un caserío árabe. La prosperidad de la población en el periodo normando está atestiguada por al-Idrisi, que a mediados del siglo XII, usando palabras inhabitualmente encomiásticas, la describe como "caserío importante y centro notable, con mercados muy frecuentados, industrias en plena actividad y una rica feria regular".

En 1233 Federico II elevó su rango al de ciudad regia, denominándola "fulgurantísima" por su afortunada situación estratégica desde la que dominaba un vasto territorio. Sólo a partir del siglo XIII se edificó una muralla, en el interior de la cual nació el centro urbano hasta hoy visible.

Durante el medioevo, el burgo perteneció a la familia de los Chiaramonte, que hicieron construir algunos de los edificios más suntuosos de la villa. En 1398 Naro fue restituida por el rey Martín de Aragón a su antigua condición de ciudad del Estado.

V.3.a **Catedral Vieja**

Volver en coche hacia Racalmuto. En el primer desvío, seguir en dirección a Agrigento y, en el segun-

RECORRIDO V *Tejidos urbanos y fortificaciones en el territorio de Agrigento*
Naro

Catedral Vieja, puerta, Naro.

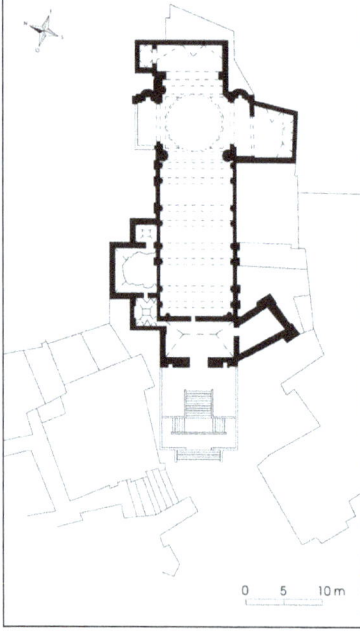

Catedral Vieja, planta, Naro.

do, hacia la SS640 Caltanissetta-Agrigento. Salir en Naro y torcer a la izquierda por la SS122 hacia Castrofilippo. Después de atravesar el pueblo, seguir las indicaciones para Naro; tomar la SS410. Una vez en las cercanías de Naro, seguir los carteles para el centro. Dejar el coche en Via Cavour, seguir por Via Dante y subir, a la derecha, la escalinata que lleva a la Catedral Vieja.
Hay que fijar la visita con antelación en el Departamento de Servicios Culturales del Ayuntamiento, tel. 0922 953013/956368.

Resulta incierta la fecha de su fundación. Rocco Pirri (1735) atribuye su construcción a Matteo Chiaramonte, pero algunos documentos prueban su existencia ya en época normanda, en el lugar donde se supone que había una mezquita. Se sabe, de hecho, que en 1174, abandonada la iglesia griega de San Nicolás, fue elevada a iglesia mayor. Más tarde, en el periodo angevino, la iglesia se enriqueció y agrandó, y fue consagrada el segundo domingo de mayo de 1266.
Perdida su función de iglesia mayor con la fundación de la nueva iglesia de la Anunciada (1619), la Catedral Vieja fue objeto de trabajos de restauración (1771-1788) que cambiaron su aspecto según el gusto barroco.
Conserva la planta general del periodo normando, de cruz latina con nave única, precedida por un vestíbulo de menor altura en cuya pared a la derecha de la entrada hay una hornacina del siglo XIV. El volumen del presbiterio está flanqueado por la *prótesis* y el *diacónicon*, que, sobresalientes exteriormente respecto a los muros del perímetro de la sala, constituyen el brazo transversal de la cruz. Escenográficamente situada en lo alto de una escalinata, la fa-

RECORRIDO V   *Tejidos urbanos y fortificaciones en el territorio de Agrigento*
Naro

chada principal —vuelta hacia la actual Piazza Duomo— se caracteriza por su fastuosa puerta, restaurada ya en 1818, y por un rosetón actualmente ocluido. La entrada de perfil apuntado de la época chiaramontana está remarcada por varios arcos rehundidos, con motivos en zigzag en franjas tableadas y con follaje, encuadrados por marcos escultóricos en bovedilla, baquetones y boceles; los *pies derechos* se combinan con columnitas. La nave estaba cubierta originalmente por una bóveda de cañón hoy perdida; en pésimo estado está también la cúpula hemisférica de la intersección con el transepto. La ausencia del paramento mural en el área del presbiterio caracteriza el lado norte de la iglesia.

V.3.b Castillo

Proseguir a pie por la escalinata de Via S. Antonio para llegar al Castillo, o bien recoger el coche e ir por Via Archeologica, donde, a pocos metros, se encuentra el monumento.

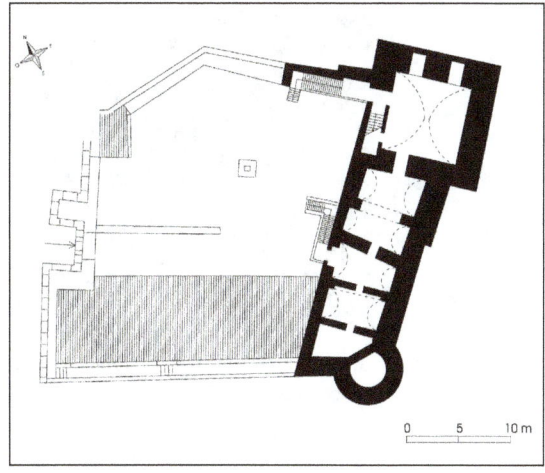

Hay que fijar la visita con antelación en el Departamento de Servicios Culturales del Ayuntamiento, tel. 0922 953013 / 956368.

El Castillo de Naro, de planta cuadrangular, está situado en el interior del barrio medieval. El estado actual de las estruc-

Castillo, planta, Naro.

Castillo, vista general, Naro.

RECORRIDO V   Tejidos urbanos y fortificaciones en el territorio de Agrigento
Agrigento

Castillo, ventana, Naro.

turas murales hace irreconocibles las modificaciones sufridas por el edificio en las distintas épocas. Las hipótesis acerca de su origen son múltiples, aunque los estudiosos concuerdan en remontar el primer núcleo al siglo IX.

Residencia emiral, la fortaleza musulmana se transformó radicalmente alrededor de 1233, bajo Federico II, y fue modificada posteriormente por Matteo Chiaramonte hacia 1366, año en que obtuvo el señorío de Naro. La entrada del edificio, situada en el lado occidental del perímetro fortificado, está flanqueada por dos bastiones que constituyen los emplazamientos defensivos, junto con el camino de ronda que los une. A la izquierda de la entrada se eleva una torre circular; en posición diagonalmente opuesta se encuentra la Torre del Reloj, que parece, por su diferente estructura mural, anterior al resto de la construcción. La puerta, dominada por un arco apuntado erigido entre 1400 y 1500, introduce en el patio, en el centro del cual hay una cisterna. Dos lados del patio están ocupados por las cuadras, la sala de armas y las habitaciones de los soldados. En el lado suroriental se impone el robusto torreón cuadrado cuya construcción, de al-

rededor de 1330, se atribuye a Federico III de Aragón. Dentro de la torre, una sola estancia conserva todavía la estructura original, la llamada Sala del Príncipe; se llega a ella por una escalera externa de piedra con dos tramos. Es un vano cubierto con bóveda de perfil apuntado, reforzada por un arco intermedio transversal sobre pilares semicilíndricos con base semioctogonal y con una puerta cuyo arco reposa sobre cuatro columnitas de mármol y rosca ornada con el característico motivo en zigzag.

La Escalera de los Turcos
Yendo hacia Agrigento se atraviesa un valle caracterizado por la densa presencia del olivo sarraceno, es decir de "ese olivo", como escribe Leonardo Sciascia, "de tronco retorcido, enroscado, de oscuras grietas; como torturado, y casi parece oírse su gemido".
Abandonada la estatal por la carretera a Porto Empedocle, al este hacia el mar, entre la carretera provincial y la playa hay una pared continua de colinas yesosas que, por su singular forma, es llamada "Escalera de los Turcos". Estas colinas presentan un grandioso fenómeno de erosión debido a las aguas y los agentes atmosféricos, que excavan profundos surcos en la blanca escarpadura margosa. La fantasía popular relaciona este sitio con las correrías de piratas de los siglos XV y XVI. El acantilado está contorneado, además, por pequeñas y sugerentes caletas.

V.4 **AGRIGENTO**

La ciudad fue fundada alrededor del año 580 a. C. por un grupo de colonos rodiotas provenientes de Gela, en un territorio habitado desde la prehistoria. La villa conoció un primer periodo de esplendor bajo el gobierno del tirano Terón hacia 490 a. C., tras la victoria, conseguida en Imera, contra los cartagineses. Estos últimos volvieron a devastarla en 409 a. C., y Timoleón la fundó por segunda vez sólo setenta años después de su destrucción. A partir de 210 a. C. estuvo bajo el dominio de Roma.

La decadencia del imperio romano provocó un acentuado descenso demográfico, sólo contenido con la institución, en época bizantina, de uno de los trece obispados sufragáneos de Siracusa, que dio un impulso determinante al aglutinamiento del pueblo sobre el cerro Girgenti.

En 828 fue conquistada por los árabes, que, según algunos cronistas de la empresa, comenzaron en ella la construcción de numerosas mezquitas. En la Kerkent musulmana se establecieron diversas tribus de beréberes, hasta el punto de reconocerla como su capital, y en 937 las mismas tribus, aliadas con los bizantinos, fueron protagonistas de una revuelta contra los fatimíes y su régimen fiscal, tras la que sufrieron una sangrienta represión. El geógrafo Yaqut, a finales del siglo X, la menciona como simple *balad* ("pueblo"). En 1087 fue tomada por los normandos, que establecieron nuevamente el obispado y lo dotaron de vastas posesiones. Al-Idrisi exalta su función de puerto comercial y afirma que "sus palacios superan en altura los de otras ciudades y son una verdadera seducción para quien los admira". Se confirmó así la importancia económica de la villa por sus conexiones naturales con el norte de África y, por el mismo motivo, fue elegida como triste centro de acogida de los últimos sicilianos fieles al Islam y rebeldes a Federico II de Suevia, quien en 1245 dispuso su definitiva expulsión de la isla.

V.4.a **Barrio de Terra Vecchia**

Ir en coche a la SS576 para luego tomar la SS115 en dirección a Agrigento. En las inmediaciones de la ciudad, seguir primero las indicaciones para Valle dei Templi y luego las del centro. Desde Piazza Stazione, seguir las indicaciones para Via Duomo, al final de la cual, en Piazza Don Minzoni, hay que dejar el coche. Dirigirse luego por alguna de las callejuelas que desde Via Duomo se ramifican por el interior de Terra Vecchia.

La estructura del barrio más antiguo, llamado Terra Vecchia ("tierra vieja"), en el sitio donde estaba la *medina*, aunque pre-

Barrio de Terra Vecchia, frente rocoso, Agrigento.

RECORRIDO V *Tejidos urbanos y fortificaciones en el territorio de Agrigento*
Agrigento

senta un gran número de estratificaciones, de las cuales la más antigua reconocible se remonta a la época normanda, permite descubrir en muchas partes, si no el trazado original beréber, sí una organización urbana en que se vislumbra claramente la influencia cultural y social de la civilización magrebí. Las casas se congregan principalmente alrededor de patios a los que se entra por pequeños pasajes abovedados, que protegen la vida del patio mismo y convierten ese espacio en más privado que público. En las ciudades beréberes este tipo de organización respondía a ciertas exigencias, como la necesidad de parapetarse del viento caliente del desierto, que se ahogaba en el laberíntico serpenteo de pasajes, abovedados o descubiertos, que formaban el tejido viario.

V.4.b **Catedral – Partes normandas**
(opción)

Volver a pie a Via Duomo, donde está el monumento.
Horario de 9:30 a 12:30 y de 16 a 18; domingos cerrada.

La construcción de la Catedral de Agrigento empezó alrededor de 1093 a cargo de Gerlando de Besançon, nombrado por el conde Ruggero obispo de la diócesis agrigentina de nueva fundación (después sería elevado a santo y convertido en patrón de la ciudad). La iglesia, erigida cerca del Castillo por temor a los sarracenos que todavía vivían en la ciudad y consagrada en 1099 a María y el apóstol Santiago, estaba constituida por una sala y la torre de levante, construida sobre la Capilla de San Bartolomé. La iglesia, que dominaba y remataba en Agrigento el conjunto fortificado, entraba en la tipología de la *ecclesia munita*, lugar de culto y de defensa al mismo tiempo. La Catedral es un precioso testimonio de expresiones artísticas distintas, pero los rasgos originales normandos no son reconocibles hoy y sólo quedan trazas de la arquitectura de aquel periodo en la estructura general y, posiblemente, en el basamento de la Torre del Reloj, contigua al transepto. Todavía hoy bien conservada, está hecha con sillares cuadrados de toba, pero sobre su origen algunos estudiosos (Di Stefano, 1955) aventuran la hipótesis de que puede ser la que hizo levantar en tres años el obispo Gualtiero (1127-1141). En el interior se puede identificar, en las columnas de base octogonal, el estilo gótico chiaramontano. La rica decoración pictórica del techo de madera de la iglesia es de 1518 aproximadamente.

Las Macalube de Aragona
A poca distancia de Aragona (yendo a Agrigento, pasado un kilómetro hay que desviarse por un camino hasta Casa Salomone, desde donde se prosigue por una vereda hasta el paraje de Macalube), se encuentra una zona de llanura donde de pequeños volcanes de fango de al menos un metro de altura, llamados con topónimo árabe "Macalubbe", brota un cieno blanco salobre con burbujas de gas metano que confiere a la región un aspecto similar al paisaje lunar. Se trata de fenómenos pseudovolcánicos, interesantes desde el punto de vista científico pero también por su singularidad. Antaño origen de numerosas leyendas que consideraban la zona un lugar infernal o maldito, desde 1955 las Macalube de Aragona son una reserva natural

orientada de 256,45 ha, gestionada por Legambiente, que tiene en Aragona su sede, siempre abierta para proporcionar información o para organizar visitas guiadas (Via S. La Rosa, 53, tel. 0922699210).

V.5 SCIACCA

V.5.a Ábsides de la Iglesia Matriz

Volver en coche por la SS115 hasta la salida para Sciacca. Tomar Via Figuli, atravesar Piazza S. Friscia y proseguir por Corso Vittorio Emanuele hasta llegar a Piazza Don Minzoni. Dejar el coche y volver a Corso Vittorio Emanuele para observar los ábsides.

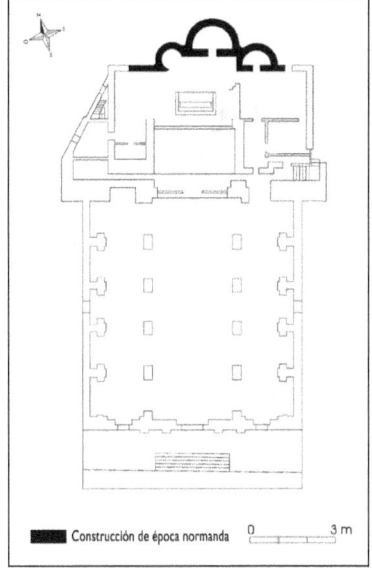

Iglesia Matriz, planta, Sciacca.

Construcción de época normanda

La Iglesia Matriz está ubicada en el barrio de Ruccera, que constituía, junto con el de Rabato, el núcleo fundamental de la ciudad amurallada arábigo-normanda, denominada posteriormente Terra Vecchia. De la iglesia original normanda quedan solamente los tres ábsides de volumen semicilíndrico, en los cuales se abrieron en épocas sucesivas más ventanas, aparte de la del ábside central del periodo normando. Según una reconstrucción de 1900, la Iglesia Matriz, dedicada a Santa María Magdalena, estaba dividida en tres naves por una sucesión de crujías sostenidas por arcos sobre pilares en vez de columnas, característica que parece atestiguar la pertenencia de la construcción al siglo XII, periodo del Condado, y en particular se atribuye su fundación a la condesa Giuditta, hija del gran conde Ruggero. En 1656, el arquitecto Michele Blasco reconstruyó toda la iglesia, que amenazaba ruina, a excepción de los ábsides, que en el interior fueron remodelados con decoración de la época barroca.

V.5.b Iglesia de San Nicolás la Latina

Proseguir a pie por Corso Vittorio Emanuele hasta Piazza Scandaliato; desde ella, subir a la derecha por Via Roma y, al llegar a Via Licata, torcer de nuevo a la derecha por Via C. Molinari; unos metros más adelante, torcer a la izquierda en Via S. Cataldo y seguir esta calle hasta el final; finalmente, ir a la derecha por Via S. Nicolò, donde está el monumento. Horario: sábados a las 18.

La iglesia de San Nicolás la Latina estaba ubicada en el barrio árabe de Rabato. La

Sciacca

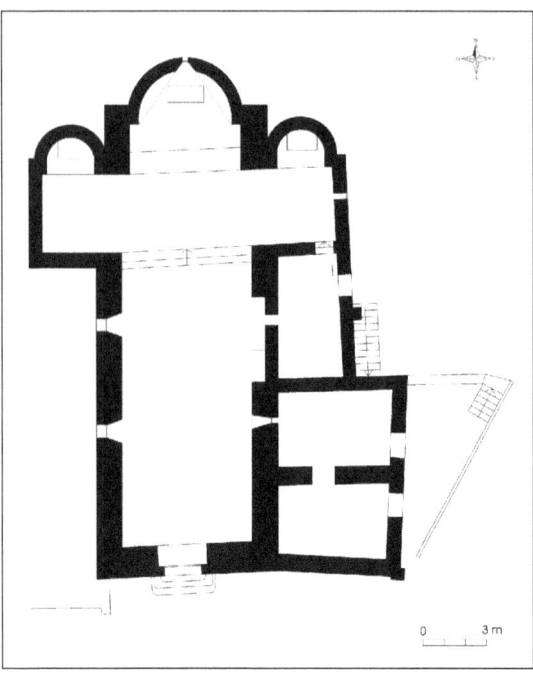

S. Nicolás la Latina, planta, Sciacca.

fecha de su fundación está comprendida entre 1100 y 1136, años en que el territorio de Sciacca fue propiedad de la condesa Giuditta, a quien se lo donó su padre, el gran conde Ruggero. La iglesia, que se libró de las transformaciones posteriores que afectaron a las demás construcciones normandas de la ciudad, presenta todavía su aspecto original. La planta es de cruz latina, de una sola nave, con transepto sobresaliente y tres ábsides. La nave está cubierta por un techo de madera y se une con el transepto por medio de arcos apuntados sustentados por *pies derechos*. La fachada principal está construida enteramente con sillares regulares vistos. En esta fachada, el paramento mural experimenta una variación en su espesor en correspondencia con la línea de imposta del arco ojival de la puerta, determinando así que el nivel superior de la fachada sobresalga respecto al inferior. Además de la puerta central, con arco de doble cuerpo rehundido, la fachada presenta en la zona superior tres ventanas ciegas de arco doble rehundido, talladas en el muro; de las tres, sólo la central tiene abertura.

Confiada a los benedictinos de Montecassino en 1172, elevada a priorato de titularidad regia y anexionada a la abadía de San Felipe de Argirò, dependiente del célebre monasterio benedictino de Santa María la Latina de Jerusalén, al título de San Nicolás se le añadió el atributo de "latina". Del monasterio más antiguo, demolido a fines del siglo XVI, se han conservado sólo unos pocos restos, a la entrada del actual patio San Nicolò. En 1929, Francesco Valenti comenzó algunos trabajos de restauración con el fin de recuperar la conformación original de la iglesia. Se restableció, de hecho, la forma ojival de la ventana central de la fachada, se reabrieron las ventanas de las paredes laterales y se liberaron de las superestructuras los arcos apuntados del crucero. La restauración sacó a la luz también trazas de pinturas bizantinas con figuras de santos, hoy visibles a lo largo de la pared que flanquea la puerta.

V.5.c Fortaleza de Mazzallaccar

El recorrido prosigue en coche. Volver a la SS115 y tomar luego la SS624 Sciacca-Palermo. Salir en Sambuca por la SS188, en la cual hay, a la derecha, una indicación para el lago Arancio; siguiéndola se llega a las inmediacio-

RECORRIDO V *Tejidos urbanos y fortificaciones en el territorio de Agrigento*
Sciacca

nes del muro de la presa, donde hay que dejar el coche. Atravesado el dique, seguir por un terreno accidentado bordeando el lago, hasta alcanzar la Fortaleza.
En general está sumergida por las aguas. Sólo se puede ver por fuera cuando la presa no está llena. Información: Oficina de Promoción del Turismo, tel. 0925 940239.

Son inciertas las noticias sobre este edificio, identificado como la fortaleza en las cercanías de Sambuca a la que se refiere al-Idrisi. De todos modos, no hay acuerdo en las opiniones acerca de la fecha de fundación: se ha escrito que se levantó en el siglo IX, inmediatamente después de la conquista árabe de la isla, con el objetivo de vigilar las vías de comunicación del territorio del que se habían apropiado (Giuffrè, 1980), o bien en el periodo comprendido entre los siglos IX y XI (Schmidt, 1972), al apreciar estrechas similitudes en su distribución entre la fortaleza de Sambuca y los *ribat*s de la franja mediterránea de África. Lo exiguo de los lugares de vivienda en el interior del recinto lleva a suponer, además, que su función fuese la de simple puesto avanzado, mientras que la defensa del territorio en caso de ataque correspondería al castillo de la cima de la colina del pueblo de Sambuca. Otros estudiosos (Santoro, 1985) hablan de una fecha de fundación coincidente con la época bizantina o incluso con el tardo medioevo (siglos XII-XIV), y ponen en duda que la construcción pueda considerarse una auténtica fortaleza, teniendo en cuenta su escasa fortificación; se inclinan por que fuera un *caravansaray* situado en una vía comercial de particular importancia como la que unía Palermo con Sciacca, que pasaba por las cercanías de Sambuca di Sicilia.

Fortaleza de Mazzallaccar, vista parcial, Sciacca.

Fortaleza de Mazzallaccar, interior de una de las torres cilíndricas, Sciacca.

La fortaleza presenta una planta casi cuadrada, provista de torres cilíndricas en los ángulos. Estas están cubiertas por cúpulas hemisféricas, no visibles desde fuera, formadas por la disposición en espiral de sillares de piedra sobre lechos de argamasa, mientras que el paramento del perímetro,

RECORRIDO V   *Tejidos urbanos y fortificaciones en el territorio de Agrigento*
Sambuca di Sicilia

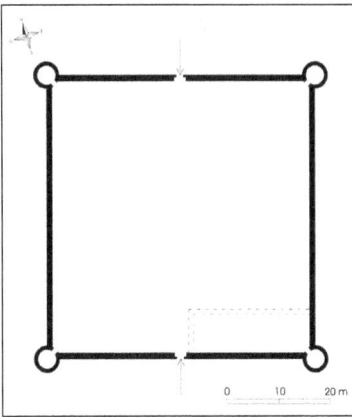

Fortaleza de Mazzallaccar, planta, Sciacca.

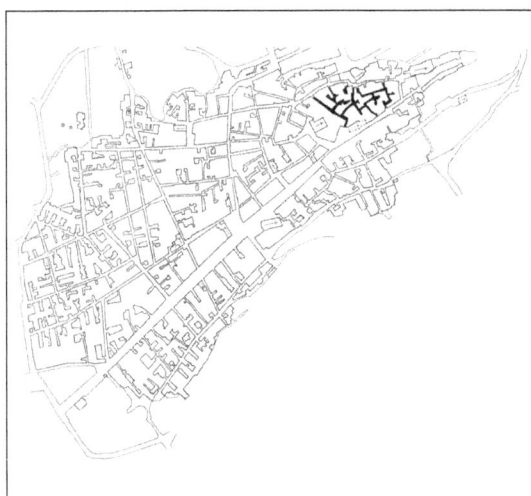

Sambuca, "callejones sarracenos" del núcleo medieval (Gabrieli y Scerrato, 1979).

que conserva aún restos de revoque, está construido con sillares de grava de variado tamaño y con desbaste irregular. Al patio se entra por dos puertas, colocadas en el centro de los frontales meridional y septentrional. La puerta sur, la única íntegra todavía, está coronada por un arco muy rebajado. Sólo desde el interior del recinto se puede acceder a las torres, de las que únicamente perduran las del noreste y sureste. Sus puertas difieren en el perfil y en la técnica constructiva: la primera presenta, de hecho, jambas formadas por tres gruesas piedras sobrepuestas y rematadas con un arquitrabe monolítico; la segunda repite, en cambio, el modelo de la puerta exterior meridional. En los muros de cada torre se abren dos troneras con *esviaje*, realizadas en un único bloque calcáreo, que permitían el tiro cruzado contra el exterior de los muros adyacentes. El único volumen construido, en parte conservado en el interior de la fortaleza, es un cuerpo de fábrica rectangular adosado a la muralla meridional y a la torre del sureste. La construcción era totalmente visible y aparecía en posición más elevada antes de que se anegara artificialmente el valle.

El lago Arancio
La fortaleza de Mazzallaccar se asoma a la cuenca artificial del lago Arancio, rodeado de viñedos y bosques. En el lago es posible observar varias especies de aves acuáticas y otros animales. Sobre las aguas del lago, además, se disputan campeonatos internacionales de esquí náutico, canoas y windsurf.

V.6 SAMBUCA DI SICILIA

El pueblo tuvo su origen en el caserío árabe de Rahl Zabuz ("pueblo de Zabuz"), llamado así para recordar al emir árabe que, según la tradición, hizo erigir en él un castillo.
En 1185, Guglielmo II hizo donación del caserío al convento benedictino de Mon-

reale y, en esa circunstancia, en el diploma de concesión se citaba por primera vez Rahl Zabuz.

V.6.a **Barrio árabe**

Volver en coche a la SS188; al llegar al pueblo, tomar Via Berlinguer, subir a la izquierda por Corso Umberto hasta llegar a Piazza Navarra, donde hay que dejar el automóvil; atravesando un arco se entra en el barrio árabe, delimitado a un lado por el Vicolo degli Emiri y al otro por Via Fantasma.
Información: Administración Municipal de Sambuca di Sicilia, tel. 0925 940111.

El barrio árabe de Sambuca, crecido alrededor del castillo, en la parte alta del cerro, hoy sólo está habitado en parte, pero mantiene los rasgos del trazado original, conservando intacto el trazado viario y el sistema de aglutinamiento de las viviendas individuales, pese a las modificaciones y las transformaciones sufridas. Delimitado por Via Fantasma al norte, Via Belvedere al sur, Vicolo degli Emiri al este y Vicolo Graffeo al oeste, se entra en él atravesando el arco de Piazza Navarro. El barrio se inscribe en un perímetro triangular cuyos vértices son la Iglesia Matriz, la iglesia del Rosario y la antigua iglesia de San Jorge; se presenta como un conglomerado de viviendas muy compacto y diferenciado del resto del centro urbano, y se caracteriza por sus patios de variado tipo (en recodo, en horca, en bayoneta, en garfio, etc.) y por un tejido viario irregular, constituido por callejuelas en gran parte cubiertas o más sencillamente encuadradas por arcos de entrada. El pueblo de Sambuca debe su origen al emir Ibn Mankud, según una tradición confirmada por al-Idrisi y por historiadores sicilianos posteriores: Tommaso Fazzello, Rocco Pirri, Gioacchino Di Marzo. Para defender el centro, en lo alto de la colina se edificó un castillo (demolido en 1854) cuyas primitivas estructuras se remontarían a 1050 aproximadamente. Rodeaba el barrio un perímetro amurallado, provisto de tres torres, una de las cuales ha sido incorporada posteriormente al campanario de la Iglesia Matriz, mientras que de la torre de planta circular sólo quedan restos de los cimientos en la base del templete del mirador. El pueblo permaneció sin alteraciones hasta el siglo XV, cuando, con el aumento de habitantes, se hizo necesaria una expansión extramuros, hacia el noroeste.

Barrio árabe, vista de una de las callejuelas, Sambuca.

LA FIESTA DE TATARATÀ

Nada Iannaggi

El panorama folclórico siciliano es rico en evocaciones épico-caballerescas que retoman, manteniéndolo vivo, el recuerdo de algunas páginas de la Historia ya lejanas en el tiempo.

Antiguamente eran los *contastorie* ("cuentacuentos") quienes recogían la tradición de la epopeya carolingia llegada a Sicilia con los normandos en el siglo XII y, en las esquinas de las calles, narraban los episodios de largos ciclos de episodios. Hacia mediados del siglo XIX, el cuento popular de la épica caballeresca se confió a los *pupi* (títeres sicilianos). Los paladines simbolizan la exaltación de los valores morales y ponen en evidencia el contraste-enfrentamiento entre las civilizaciones europea e islámica.

Lo que sucede en el Teatro dei Pupi encuentra un correlato en las representaciones históricas que cíclicamente dan colorido a calles y plazas de muchas poblaciones de la isla.

Una de las evocaciones más características y singulares es *La sagra de Tataratà* ("la feria de Tataratà") del pueblo de Casteltermini, en la provincia de Agrigento, que se repite cada año el cuarto domingo de mayo.

La *sagra* se ha trasvasado magistralmente a la fiesta religiosa de la Santa Cruz. Para dar mayor solemnidad a tal fiesta, los habitantes de los desaparecidos caseríos árabes del territorio de Agrigento retomaron las antiguas tradiciones y costumbres transmitidas por sus abuelos, entre ellas la danza animada del Tataratà, denominación claramente onomatopéyica que hace referencia al redoble de un gran tambor que regula el ritmo de la danza ejecutada por bailarines armados.

Es una representación de tema agonístico con una estructura basada en la morisca, una danza que se baila a pequeños saltos.

Turbantes negros, una corta túnica blanca ceñida a los costados por un cordoncito de colores y dos espadas para cada uno de los componentes forman la singular vestimenta del grupo de Tataratà, al que sigue una corte formada por el Rey, dos Ministros de la Real Casa, el Médico de Corte y el Notario, vestidos con túnicas, mantos variopintos y coronas de flores en la cabeza. El grupo de los bailarines cierra el cortejo, en el que participan representantes de las cuatro mayores corporaciones antiguas correspondientes a las clases de los Maestrantes, los Pastores, los Burgueses y los Célibes, que desfilan sobre caballos ricamente enjaezados, precedidos por los respectivos palios y estandartes. La auténtica exhibición se hace en Piazza Duomo las tardes del sábado y del domingo.

Los bailarines se disponen al principio en dos filas opuestas, empuñan dos espadas de hierro y, acompañados por el redoble de un tambor, se intercambian rítmicamente golpes. Después forman dos círculos concéntricos, luego uno sólo. En ese momento se forman grupos más pequeños, de dos o cuatro bailarines, que prosiguen la "lucha" ejecutando verdaderos movimientos acrobáticos, mientras que los restantes se sientan con las piernas cruzadas sirviéndoles de corro.

Al final se recompone el círculo, con todos los bailarines arrodillados que se van alejando del centro rozando en el suelo la punta de la espada.

Varias son las hipótesis sobre el significado de la danza de Tataratà. Se sostiene que esta representación recuerde aspectos y personajes de las fiestas primaverales y usos típicos, en los cuales son bien visibles trazas de ritos agrestes; o bien que pueda derivarse de la transfiguración que la fantasía popular ha hecho de los heroicos normandos del conde Ruggero que liberaron a los cristianos de Sicilia de la dominación musulmana del emir Belcamet (Ibn al-Hawwas); o incluso que el Tataratà sea una lucha pagana, anterior al cristianismo, propiciatoria de la fertilidad de la tierra, y que ha sufrido con el tiempo dos transformaciones: la primera, con la llegada del cristianismo, sería la adopción del símbolo de la nueva religión (la cruz); la segunda, después de los hechos arábigo-normandos, sería su historicidad y su adopción de la forma de la morisca, que es con la que ha llegado hasta nosotros.

Ligada desde siempre a las empresas de Ruggero está *La batalla de las milicias o de la Virgen a caballo* que se celebra el 24 de mayo en Scicli, en la provincia de Ragusa. Se recuerda la liberación de la ciudad del dominio árabe en el año 1091. En la representación que tiene lugar en Piazza Italia se enfrentan dos grupos adversarios. Primero se asiste al desembarco de los sarracenos de la nave *Estambul*. Después de un encendido altercado entre el conde Ruggero y el caudillo Bel-Kan, se inicia el enfrentamiento. Los cristianos llevan la peor parte hasta que llega la Virgen María, representada como un guerrero sobre un caballo blanco, con la espada en la mano. Los sarracenos son derrotados y el pueblo se exalta. Los festejos duran toda una semana.

Quizá pueda parecer forzado el querer relacionar todo esto con el Teatro dei Pupi. Ciertamente, la relación es más inmediata cuando se habla de evocaciones del enfrentamiento directo entre normandos y sarracenos, pero también es identificable cuando el vínculo no aparece tan claramente, como en el *Tataratà* y en *La batalla de las milicias*.

Fiesta de Taratatà (Publifoto, Palermo).

En el primer caso, el ritmo que dan el tambor y las espadas chocando puede recordar el golpe del pie del titiritero en el escenario durante la representación. En el segundo, el centro de la batalla es un simulacro de tema iconográfico seguramente insólito, más cercano a la figura de Bradamante (heroína de *Orlando Furioso*, la obra de Ariosto) que a nada religioso. Este capítulo de la historia siciliana se evoca también de otras maneras. En Troina, en la provincia de Enna, la derrota de los árabes se recuerda el primer domingo de junio con *La cabalgata de la kubbaita*. El cortejo, con vestimenta de época, recorre a caballo las calles de la ciudad, llega a Piazza Conte Ruggero, pasa la muralla del Castillo por un arco coronado por un águila dorada y es recibido por las autoridades del pueblo.

Otra característica cabalgata tiene lugar el 10 de mayo en el pueblo de San Fratello, en la provincia de Mesina. Aquí se recuerda la empresa del obispo Costantino, que trajo a este lugar las reliquias de tres santos: Alfio, Filadelfio y Cirino, para evitar que los sarracenos las sustrajeran.

RECORRIDO VI

Val di Mazara:
el territorio de la conquista

Comité científico

VI.1 MAZARA DEL VALLO
    VI.1.a Castillo
    VI.1.b Iglesia del Santísimo Salvador (Catedral)
    VI.1.c Iglesia de San Nicolás el Real
    VI.1.d Centro urbano
    VI.1.e Iglesia de Santa María del Alto

VI.2 CASTELVETRANO
    VI.2.a Iglesia de la Santísima Trinidad de Delia

VI.3 SALEMI
    VI.3.a Castillo
    VI.3.b Barrio árabe

VI.4 SEGESTA
    VI.4.a Mezquita

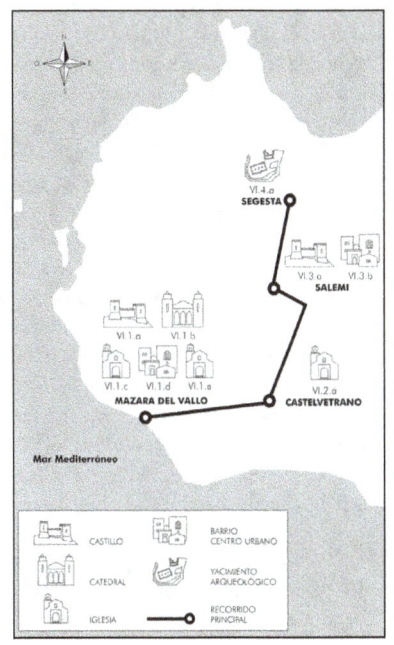

Sta. María del Alto, puerta, Mazara del Vallo.

G. Patania, "Desembarco de los sarracenos en Lilibeo", primera mitad del s. XIX, Galería Regional de Palacio Abatellis, Palermo.

Puerto-canal, Mazara del Vallo.

Val di Mazara, por su mayor cercanía a Ifriqiya y por haber sido territorio de pacífica propagación de comunidades y culturas del Magreb incluso antes de la invasión islámica, constituye, como ya se ha visto, la división geográfica siciliana (y por tanto italiana) más rica en testimonios artísticos y arquitectónicos directa o indirectamente influidos por la cultura artística islámica.

Estos testimonios aúnan esquemas tipológicos bizantinos con códigos figurativos y elementos arquitectónicos islámicos en pequeños pero monumentales conjuntos áulicos.

Las razones histórico-arquitectónicas que ligan a ciudades como Marsala, Mazara del Vallo, Castelvetrano, Salemi y Segesta residen en una trama efectiva de sitios históricos especialmente significativos por estar relacionados con la primera ocupación territorial duradera, pero también con la inclusión sucesiva de Sicilia en el *Dar al-Islam*. Se descubren así, en sus trazados urbanos y en sus edificios, restos y huellas de la época árabe y también emblemáticos testimonios arquitectónicos y documentales de la persistente pertenencia de esta zona geográfica a una *koiné* cultural islámica también en plena época normanda.

La crónica de Goffredo Malaterra de los hechos de la conquista normanda informa de que, cuando los normandos se aproximaban a la ciudad de Mazara, Sicilia estaba prácticamente dividida en tres dominios principales: uno en el norte, con Palermo, del duque Roberto; otro en el sur, comprendido entre Mazara y Catania; el tercero en el mar de África, todavía en poder de los musulmanes, así como el territorio que se extendía al este y el oeste de la propia Mazara. La resistencia a los normandos se concentraba, de todas formas, en la ciudad de Trapani, cuyas características de plaza fuerte permitían organizarse.

La población de Mazara, en 1073, cuando el conde Ruggero construye la fortificación como observatorio y punto estratégico para impedir un posible desembarco desde África, comenzaba en la orilla izquierda del río Mazaro, donde la profundidad hacía posible el atraque de barcos. En 1075, la llanura frente al castillo fue escenario de la batalla entre las fuerzas de Temin, rey de Túnez, que había reconquistado la ciudad, y las fuerzas de Ruggero, que habían mantenido de todos modos la posesión del castillo. En 1093, Urbano II aprueba la circunscripción territorial de la nueva diócesis de Mazara, decidida, junto con su obispo Stefano da Rouen, por el conde Ruggero entre 1087 y 1088. Múltiples son los lugares, también en el territorio alrededor de la ciudad de Marsala, que abundan en recuerdos guerreros; una serie de localidades y de testimonios indirectos entran dentro de lo que fue escenario de la primera conquista de la armada musulmana y que, más de dos siglos después, verá también a los normandos librando duras batallas (como la legendaria de Ruggero I contra Mokarta en Mazara del Vallo).

La reincorporación oficial a la cristiandad encuentra en estos lugares los testimonios de un proceso generalizado de reafirmación cultural, a menudo guiado por la intervención de altos dignatarios de origen griego, siciliano y del sur de Italia (Apulia y Calabria).

En la ciudad de Marsala (Marsa 'Ali, literalmente "puerto de 'Ali"), "ciudad antigua, [es más,] de las primitivas, y pueblo de los más nobles de Sicilia", como dice al-Idrisi, se alzan las iglesias de San Nicolás el Real y Santa María del Alto, surgidas ambas sobre plantas normandas del siglo XII. El Castillo, edificado por los normandos en el siglo XII sobre una fortaleza anterior creada por los musulmanes junto con los muros de defensa, se yergue en el ángulo

S. Nicolás el Real, capitel, Mazara del Vallo.

oriental del perímetro amurallado de la ciudad, en lugar elevado respecto a la pendiente sobre la que se extendió el tejido urbano. Fuera de la muralla, al este del antiguo núcleo de la población, en una zona con numerosas grutas, se alzaban la iglesia de Santa María de la Cueva y la torre de la abadía basilia. La iglesia funeraria normanda de nave única estaba excavada completamente en la cavidad rocosa y unida a dos hipogeos. El área circundante de las mayores ciudades comprende todavía villas y lugares cuyos vínculos con la ocupación islámica resultan evidentes en la toponimia y los singulares paisajes. Así, este territorio se configura como uno de los más emblemáticos históricamente por la presencia de la Cala de la Quarara en el cabo Granitola, lugar del primer desembarco colonizador musulmán en la isla, el 16 de junio de 827; y también el paraje único de los Gorghi Tondi y del lago Prèola, del que arrancó la primera marcha de la conquista árabe. Por no hablar del asentamiento, al abrigo de la historia, de pobladores musulmanes en islas como Pantelleria, cuyo

RECORRIDO VI *Val di Mazara: el territorio de la conquista*
Mazara del Vallo

Salemi, vista general con el Castillo.

VI.1 MAZARA DEL VALLO

Antiguo puerto fenicio que pasó luego a dominio del imperio romano, a la caída de este, entre los siglos V y VI, sufrió notables devastaciones a manos de los vándalos y recuperó su papel como importante enclave comercial en la época bizantina.

En el año 827, los árabes la eligieron como lugar de desembarco para iniciar la ocupación militar de Sicilia, atracando en una localidad que los cronistas de la empresa denominaron Ra's al-Ballut. Mazara fue su capital y bastión durante la epopeya de la conquista, que se prolongó durante dos siglos pese a que, en sus fases iniciales, sufrió improvisos reveses en el frente que obligaron a los propios musulmanes a encerrarse dentro de las murallas de la ciudad. La poblaron y reconstruyeron, imprimiendo a la distribución urbanística del centro la característica ramificación en callejuelas ciegas y patios. Protegida por su amurallamiento cuadrangular y valorada como escala privilegiada para hombres y mercancías provenientes de la cercana África, la ciudad se convirtió en cabeza de partido de Val di Mazara, una de las tres circunscripciones territoriales, junto con Val Demone y Val di Noto, en que fue dividida la isla.

Su condición de frontera hace que sea una de las últimas ciudades de la isla en ceder a la conquista normanda. De hecho, una primera capitulación ocurrida en 1073 fue seguida por una reconquista momentánea de los árabes, que caerían derrotados definitivamente en 1075

emblemático nombre deriva de Bent al-Riyah ("hija del viento").

De esta presencia en el territorio, quedan: Castelvetrano, originado por un caserío de la época árabe; Partanna, centro de asentamiento musulmán con un castillo de origen normando (totalmente reconstruido en el siglo XIV y en el XVII); Calatafimi, recuerdo de una plaza fuerte bizantina, Castrum Phines, después árabe, Qal'at al-Fimi, y con un castillo del siglo XIII pero de origen más antiguo; Salemi (en un principio Salam), con trazado, muralla y castillo de fundación árabe; Salapurta, por último, fundada por una de las familias de la corte normanda, los Paruta (y esto recuerda mucho los usos musulmanes en la toponimia), cuyo tejido urbano fue devastado por un terremoto en 1968.

RECORRIDO VI *Val di Mazara: el territorio de la conquista*
Mazara del Vallo

en una épica batalla del conde Ruggero contra Mokarta, comandante de las tropas islámicas. La importancia de la población queda clara en la extraordinaria descripción de al-Idrisi, que escribe al respecto: "Espléndida y excelsa ciudad a la que nada falta, no tiene par ni semejante si se observa la magnificencia de las viviendas y del vivir; si la elegancia de su aspecto y de los edificios, es el *non plus ultra*. Reúne en sí cuantas bellezas no reúne ninguna otra morada; tiene muros altos y fuertes, palacios bien adornados y limpios; calles largas, avenidas, mercados rebosantes de bienes y manufacturas; bellísimos baños, espaciosas bodegas, huertos y jardines con selectas plantaciones. De todas las partes vienen a ella mercaderes y viajeros; y de ella exportan productos, que abundan en sus mercados. Su distrito vastísimo abarca grandiosos caseríos y masadas. Corre a los pies de su muralla el río Wadi al-Magnum, el Mazaro, en el que cargan las naves e invernan las barcas" (trad. original al italiano de M. Amari, 1854-1868).

Los molinos del Mazaro
A lo largo del curso del Mazaro, entre el denso matorral mediterráneo, se ven las ruinas de los antiguos molinos, donde el agua canalizada movía las ruedas que accionaban las piedras necesarias para la molienda del grano. Durante la redacción de este catálogo se estaba organizando un itinerario para visitar molinos, de los que alguno está ahora en restauración gracias a la determinada acción de los propietarios de acuerdo con la Superintendencia de Monumentos de la Provincia de Trapani.

VI.1.a **Castillo**

A Mazara del Vallo se llega por la autopista A29 y continuando, a su término, por la SS115, en dirección a Marsala. Entrar por Via Marsala y recorrerla hasta el final; torcer luego a la izquierda en Via C. G. Sansone. A la derecha se encuentra Piazza Madonna del Paradiso; atravesar el paso a nivel y seguir la calle homónima. Al final de esta, torcer a la derecha por Via Vittorio Veneto, otra vez a la derecha en Corso Umberto I, hasta llegar a Piazza Mokarta, donde está el monumento. El único elemento existente es la puerta de entrada, sita en Piazza Mokarta y que puede verse por sus cuatro lados.

Castillo, puerta, Mazara del Vallo.

RECORRIDO VI *Val di Mazara: el territorio de la conquista*
Mazara del Vallo

Santísimo Salvador, ábside, Mazara del Vallo.

cabo Granitola. Del Castillo no queda, de hecho, más que la puerta externa, encuadrada por tres arcadas rehundidas. Una arcada ojival circunscribe la puerta propiamente dicha, retranqueada cerca de un metro respecto a la superficie exterior del muro. La iconografía histórica permite una sumaria reconstrucción hipotética del aspecto original del Castillo, que se remonta a la segunda mitad del siglo XI, después de la conquista de la ciudad por parte del gran conde Ruggero. La fábrica debía de consistir en un sencillo volumen torreado, al que estaba unido un recinto de muralla para protección de los lugares de servicio distribuidos alrededor de un patio interior. En la primera mitad del siglo XII se usó en ocasiones, seguramente, como sede real, durante las campañas bélicas de África conducidas por Ruggero II y por Giorgio de Antioquía. En todo caso, la fortaleza fue durante siglos patrimonio de la realeza de Sicilia. A las murallas normandas se añadió, entre los siglos XVI y XVII, una segunda defensa más externa, fortificada con bastiones y con tres torres repartidas por el perímetro. El Castillo se demolió en 1880.

Los exiguos restos del conjunto fortificado de Mazara constituyen el telón monumental de Piazza Mokarta, en el ángulo meridional de la antigua ciudad amurallada, cerca de la Catedral. La entrada superviviente de la antigua fortaleza está integrada en la estructura del parque Jolanda, haciendo de gozne monumental entre el trazado urbano y el sugestivo paseo marítimo desde el que se puede abarcar con la mirada un amplio tramo de costa, hasta el

VI.1.b **Iglesia del Santísimo Salvador (Catedral)**

Desde el Castillo, ir a pie por Via Conte Ruggero hasta la anteiglesia de la Catedral, que tiene su entrada por Piazza della Repubblica. Horario: de 7:30 a 12:30 y de 16 a 19:30.

El edificio se construyó entre 1086 y 1093 bajo la dirección del arzobispo Stefano da Rouen, en el lugar donde se alza-

RECORRIDO VI *Val di Mazara: el territorio de la conquista*
Mazara del Vallo

ba una antigua basílica cristiana destruida por los sarracenos en 828, cerca de la explanada pantanosa sobre la que el conde Ruggero libró la batalla definitiva de la conquista de la ciudad. La planta original de la iglesia era de cruz latina, con tres naves divididas por columnas, transepto muy sobresaliente y tres ábsides orientados al noreste. Un *nártex*, coronado por una terraza almenada y enmarcado por dos torres salientes, caracterizaba la fachada suroccidental del monumento. Tanto las naves como el coro, más elevado, estaban cubiertos por bóvedas conopiales, en madera artesonada, mientras que bóvedas de cañón en albañilería cubrían los brazos del transepto y una cúpula de arco apuntado cerraba el ábside mayor. El volumen de la catedral normanda permaneció intacto hasta 1694, cuando, por iniciativa del obispo Graffeo, se demolieron el cuerpo entero de las naves y los volúmenes originales de la *prótesis* y el *diacónicon*, manteniéndose inalterada sólo la mampostería del transepto y el ábside mayor. Gracias a la conservación de estas partes es posible deducir que el actual monumento se alza en el mismo sitio que el antiguo y respeta más o menos sus dimensiones. En el ábside y el transepto, transformados en época barroca, según

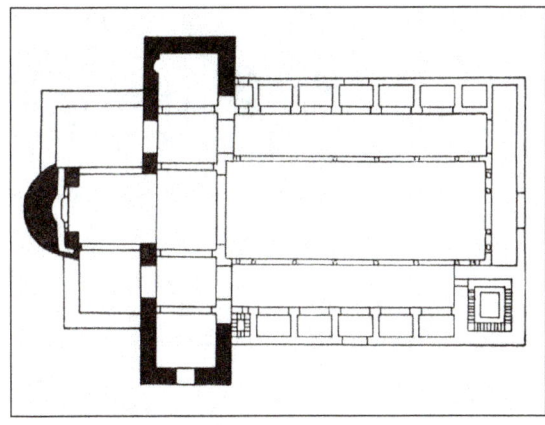

Santísimo Salvador, planta, Mazara del Vallo (Di Stefano, 1955).

Santísimo Salvador, fachada lateral, Mazara del Vallo.

203

RECORRIDO VI *Val di Mazara: el territorio de la conquista*
Mazara del Vallo

atestiguan relaciones de visitas pastorales y de sínodos diocesanos, había mosaicos. Con las transformaciones del siglo XVII, en lugar de las bóvedas de cañón que cubrían las alas del transepto se hicieron dos pequeñas cúpulas, mientras que en el crucero se alzó a mayor altura la gran cúpula. Las últimas restauraciones obradas en el edificio, comenzadas en octubre de 2000, han sacado a la luz parte de los paramentos murales del transepto y se han redescubierto una hornacina con pinturas bizantinas en el ala suroccidental y, más arriba, dos estrechas aberturas con *esviaje*. También en el extremo sur del transepto son visibles los restos de dos capas sobrepuestas de pintura bizantina, en el interior de un nicho de arco apuntado, que representa al Pantocrátor de cuerpo entero. En el exterior, por el contrario, ninguna modificación ha afectado a la obra mural del ábside, por lo que muestra sin cambios los motivos de arcos ciegos de doble rehundimiento, el gran *monóforo* en el primer nivel y el *bíforo* superior, en consonancia con las primeras construcciones sículo-normandas. La notable longitud del transepto, 42 m, acerca la Catedral de Mazara a las arquitecturas religiosas del románico septentrional; según algunas interpretaciones, a los lados del transepto se alzaban dos torres similares a las de la portada, como ocurre en las catedrales de Troina, Catania y Agrigento, construidas durante el periodo de la conquista normanda, entre 1078 y 1094. El hallazgo de algunos fustes de columnas, que se cree sostenían las primitivas arcadas de la Catedral, proporciona un dato importante para establecer la altura del edificio original. Se trata de columnas de granito egipcio sin acanaladuras, de unos 50 cm de diámetro y 4 m de altura (incluido el capitel); si se piensa en la existencia de una ventana en eje con cada crujía, la altura total del edificio original no superaría los 10 m. Esto hace pensar en la iglesia primitiva como un sistema arquitectónico de desarrollo sobre todo horizontal, más cercano a las mezquitas que a las catedrales. Tras las restauraciones y construcciones, el campanario fue sustituido en 1654, y en 1694 se demolieron el *nártex* y la segunda torre para permitir la prolongación de la nave. A partir de 1907 se emprendieron nuevos trabajos de restauración por obra del arquitecto Francesco Valenti, pero la iglesia sufrió graves destrozos en el terremoto que afectó al valle del Belice en 1968. Durante las excavaciones para las restauraciones llevadas a cabo en 1970 se hallaron bajo el suelo

Santísimo Salvador, interior, hallazgos de estructuras bajo el pavimento, Mazara del Vallo.

de la iglesia tres sarcófagos del periodo romano, hoy colocados en los vestíbulos de los accesos laterales y en el vestíbulo de la sacristía, mientras que, también en el vestíbulo de la entrada del noreste, está el sarcófago del obispo Tustino (1180).

VI.1.c Iglesia de San Nicolás el Real

Desde la anteiglesia de la Catedral, ir a pie por Via N. Tortorigi, continuar por Via Carmine y torcer a la derecha en Via S. Giovanni y luego en Via Marina, hasta llegar a los ábsides de la iglesia. La anteiglesia se encuentra elevada sobre el Molo Comandante Caito.
Horario: laborables de 9 a 13 y de 14 a 18, festivos de 9 a 12 (en invierno: laborables de 8:30 a 13:30, festivos de 9 a 12).

La iglesia se encuentra en el barrio de San Giovanni, que da por su parte occidental a la orilla derecha del puerto-canal, verdadero eje de la ciudad, muelle de seculares rutas marítimas desde la edad fenicia y, al ser navegable durante un largo tramo, importantísimo punto de referencia también en la época árabe y, posteriormente, en la normanda, tanto desde el punto de vista militar como comercial. La construcción de la iglesia parece remontarse al periodo del Condado, alrededor de 1124 (Scuderi, 1978). Presenta una planta central en cruz griega, inscrita en un cuadrado de 10,5 m de lado en cuyo flanco oriental surgen tres ábsides sobresalientes, el central más amplio y profundo. Lamentablemente, la configuración original del interior se destruyó con las considerables transformaciones obradas a lo largo del tiempo, pero se tienen noticias ciertas de que el crucero estaba cubierto en origen por una cúpula y los brazos de la cruz por techos de madera con taracea y dorados. La cúpula, que se alza sobre un gran tambor cúbico sostenido por cuatro columnas, se ha reconstruido varias veces en las restauraciones. Los muros tenían en su cara interna decoración en mármol y mosaico, análoga a la del pavimento. El paramento mural exterior ha conservado la configuración original, caracterizada por una serie continua de

S. Nicolás el Real, interior, Mazara del Vallo.

RECORRIDO VI *Val di Mazara: el territorio de la conquista*
Mazara del Vallo

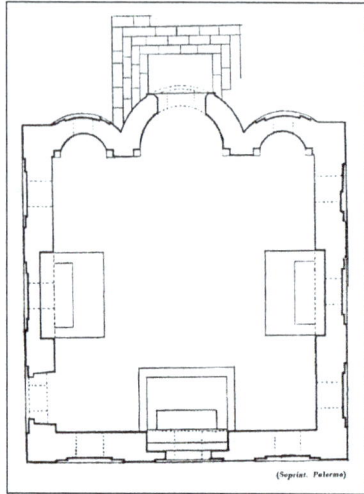

S. Nicolás el Real, planta, Mazara del Vallo (Di Stefano, 1955).

S. Nicolás el Real, fachada principal, Mazara del Vallo.

S. Nicolás el Real, ábsides, Mazara del Vallo.

arcos ciegos múltiples rehundidos que enmarcaban las tres ventanas ojivales abiertas en cada fachada. En la época barroca el exterior sufrió serios cambios, como la apertura de una puerta en el centro del ábside mayor, vuelta a cerrar en las restauraciones decimonónicas, que tendieron a conferir al edificio su aspecto original. Bajo la iglesia se han hallado los restos de una mansión (o una casa señorial) que pueden fecharse entre los siglos III y V, cuyas estancias presentan paredes con frescos polícromos y suelos de mosaico.

VI.1.d Centro urbano

La ciudadela árabe de Mazara del Vallo se extendía por la orilla izquierda de la desembocadura del río Mazaro. Su forma cuadrada irregular estaría delimitada por los actuales Corso Umberto, Corso Vittorio Veneto, Via G. Adria y Lungomare Mazzini. Para defender el lugar, se construyeron la muralla, un foso exterior y dos fortalezas, una al final de la playa, al sureste de la muralla, la otra en el centro

RECORRIDO VI *Val di Mazara: el territorio de la conquista*
Mazara del Vallo

de la ciudadela. En origen, la ciudad se organizaba en dos grandes barrios, divididos por un eje principal, el *chari'*, que comunicaba las puertas opuestas, la del Fiume ("río") y la de Palermo; de los dos barrios, uno estaba habitado por las clases más pudientes y se desdobló luego en los barrios de Xitta y Giudecca ("judería"). En el primero se encontraban la mezquita, en el lugar donde hoy se yergue la iglesia de San Nicolás de Mira; los baños públicos, en la actual Piazza Bagno; el castillo, ubicado en el centro de Piazza Marchese; y el mercado, en la hoy Piazza Canea. En el segundo estaban el palacio-fortaleza del emir, transformado en el siglo XVIII en el palacio nobiliar del marqués Milo; el alminar, en correspondencia con la actual Piazza Repubblica, donde hoy está la estatua de San Vito; la mezquita grande, en el sitio donde los normandos levantaron la Catedral; y una segunda mezquita, más tarde transformada en sinagoga y hoy iglesia de San Agustín. El eje defensivo estaba constituido por la Catedral-fortaleza, el Castillo y la Puerta de Mokarta, todos en el sureste de la ciudad. Del Castillo queda solamente una ruina, pero perduran tres de las cuatro puertas que había en la época musulmana: la de Mokarta en el sureste, la de Palermo en el norte y la de Regina en el oeste, que comunicaba directamente con el puerto, eje aún hoy de la vida de Mazara. La influencia de la cultura árabe se reconoce fundamentalmente en el carácter laberíntico del trazado urbano, así como en la jerarquización de las calles y en la permanencia de la distinción entre el centro fortificado y los arrabales externos, los *rabati*.

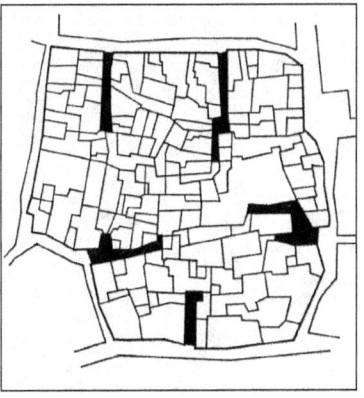

Centro urbano, manzana medieval, Mazara del Vallo (Gabrieli y Scerrato, 1979).

VI.1.e **Iglesia de Santa María del Alto**

Desde Piazza Mokarta, en coche, ir por Corso Diaz; torcer a la izquierda en Via F. Maccagnone y seguirla hasta Piazza De Gasperi. Tomar, a la derecha, Corso Vittorio Veneto y girar luego a la derecha en Piazza Matteotti. Desde ella, seguir Via Salemi hasta el final, torcer a la derecha para coger la SS115 en dirección a Agrigento; unos 500 m más adelante, nada más pasar el semáforo, torcer a la izquierda y a pocos metros se verá la iglesia.
Hay que fijar la visita con el rector del santuario, Sr. Perrone, tel. 0923 933406 ó 3476371505.

La fundación de la iglesia con el convento anejo puede remontarse a la primera mitad del siglo XII, pero algunos estudiosos sostienen que se edificó sobre un pequeño fortín árabe del siglo IX, englobado posteriormente en la construcción eclesiástica. El fortín estaba formado,

RECORRIDO VI *Val di Mazara: el territorio de la conquista*
Castelvetrano

Sta. María del Alto, vista general, Mazara del Vallo.

según esta hipótesis, por una torre militar y una amplia sala dividida por tres grandes arcos, cuya puerta de entrada, en el lado sur y de arco apuntado, se abría entre dos contrafuertes, siendo estos elementos identificables en la construcción basilia junto con otros atribuibles a la época bizantina o de la Alta Edad Media. La iglesia está compuesta por una sala dividida en tres crujías y rematada, al este, por el presbiterio, en el cual había un ábside semicircular sensiblemente sobresaliente. Este estaba flanqueado por dos hornacinas laterales, con frescos que representaban a San Gregorio Nazianzeno y San Basilio Magno, de clara impronta bizantina. Los arcos transversales de la nave, en origen ojivales, tienen hoy, a causa de los cambios sufridos con el tiempo —algunos debidos a refuerzos estáticos—, un perfil apuntado apenas perceptible. Los arcos transversales sostienen dos bóvedas de cañón con extradoses vistos, ejemplo único en la Sicilia occidental; sólo la última crujía, cercana al altar, está cubierta en cambio por una bóveda ojival sin extradós visto, dispuesta paralelamente al eje de la planta. Hacia mediados del siglo XII debía de estar ya edificada toda la zona del presbiterio de la iglesia normanda, así como la cúpula sobre tambor poligonal, apoyada en la pared de la concavidad del ábside y en el muro con *tríforo* elevado sobre el último arco transversal. A esta fase se remontaría también el añadido de un pórtico de arco apuntado, a lo largo del lado oeste, y de dos arcadas ojivales en el flanco norte. En el siglo XIV se cerró el pórtico septentrional y se prolongó la nave. La fisonomía original de la iglesia se alteró más tarde construyendo un vano rectangular en sustitución de la antigua zona del presbiterio y demoliendo casi totalmente el ábside; los dos nichos a los lados del ábside se tapiaron y entre ellos se abrieron dos pasajes que daban acceso a las dependencias del antiguo cenobio; se ocultó el antiguo arco apuntado de la entrada y se abrieron tres ventanas circulares a lo largo del lado izquierdo. La restauración de la puerta y su colocación en el lugar original datan de 1952.

VI.2 **CASTELVETRANO**

VI.2.a **Iglesia de la Santísima Trinidad de Delia**

Desde Mazara del Vallo, volver a la SS115 hacia Trapani, tomar luego la autopista A29 en dirección a Palermo, salir en Castelvetrano y seguir las indicaciones para el centro; ir por Via Marinella, en el semáforo torcer a la

RECORRIDO VI Val di Mazara: el territorio de la conquista
Castelvetrano

izquierda por Via Redipuglia y seguir las indicaciones para el Baglio Trinità, en cuyo interior se encuentra la iglesia.
En el Baglio Trinità hay que ponerse en contacto con los propietarios del monumento.

Las noticias históricas sobre esta iglesia están documentadas sólo a partir de 1392, pero la fecha más probable de fundación es mediados del siglo XII (entre 1140 y 1160), pues su planta presenta notables similitudes con la de San Nicolás el Real de Mazara y la de Santa María del Almirante de Palermo, y por las técnicas constructivas empleadas la podemos entroncar con San Cataldo de Palermo, todas edificadas durante el reinado de Ruggero II. El edificio religioso, como muchos otros en Val Demone, nació sobre una iglesia basilia de rito griego aneja a un convento cuya construcción favoreció Ruggero II. Tiene planta en cruz griega inscrita en un cuadrado, en cuyo lado oriental se abren tres ábsides semicilíndricos, netamente sobresalientes en el exterior. Tres puertas ojivales dan acceso al interior, una abierta en el centro de la fachada occidental y reservada a las mujeres, dos laterales destinadas a los hombres, que ocupaban las naves laterales delimitadas por canceles de madera, respetando la separación de sexos impuesta por el rito griego. El centro de la cruz está marcado por cuatro columnas, de las cuales dos son de granito rojo y dos de mármol cipolino; sobre los capiteles, esmeradamente cincelados con flores de acanto, se alzan arcos ojivales para sostener el tambor cuadrado y la cúpula peraltada. Los lados del tambor están animados por

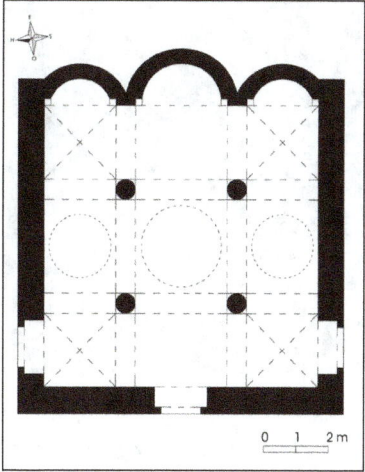

Santísima Trinidad de Delia, planta, Castelvetrano.

cuatro ventanas; en el interior, nichos angulares múltiples escalonados hacen la transición del cuadrado de la imposta del tambor al perímetro circular de la cúpula de la cubierta. Bóvedas ojivales cubren los cortos brazos de la cruz, mientras que las cuatro intersecciones de los ángulos están cubiertas con bóvedas de crucería. La sucesión externa de los

Santísima Trinidad de Delia, vista general, Castelvetrano.

RECORRIDO VI *Val di Mazara: el territorio de la conquista*
Salemi

Santísima Trinidad de Delia, cúpula, Castelvetrano.

Santísima Trinidad de Delia, interior, Castelvetrano.

volúmenes repite, a diferente altura, el cuadrado de base, la cruz griega y la intersección de los brazos marcada por la cúpula. La iglesia tiene una cripta, también en cruz griega, a la que se entra por una escalera exterior situada en el lado oriental. De propiedad real en un principio, se agregó en 1459 al monasterio benedictino de San Juan de los Eremitas de Palermo, hasta que en 1474 se convirtió en priorato. Se supone que hacia 1520 empezaron las primeras transformaciones. La planta bizantina no resurgió hasta después de las restauraciones completas dirigidas por Giuseppe Patricolo en 1880, que liberaron a la construcción de los volúmenes añadidos y las graduales modificaciones.

VI.3 **SALEMI**

Debe su nombre actual a los árabes, que la llamaron, según algunos estudiosos, *salam* ("paz, salud"), y según otros *Sulayman*, en honor del héroe epónimo caído durante la conquista, hijo de Ibn al-Furat, lugarteniente de las milicias islámicas.
Los normandos le confirmaron privilegios militares y económicos y, en la primera mitad del siglo XII, al-Idrisi, recordándola con el nombre de al-Sanam, la describe como "caserío muy vasto y poblado (...), con una verdadera abundancia de árboles y jardines, con abundantes aguas de manantial y con el bienestar repartido por doquier".
Fue fundamental su papel en la estrategia de fortificación buscada por Federico II, tanto como para ser protagonista varias veces durante todo el siglo XIV en el conflicto angevino-aragonés y en la contienda feudal entre las familias Chiaramonte y Ventimiglia.
El centro resultó gravemente dañado en el terremoto del valle del Belice de 1968.

VI.3.a **Castillo**

Desde Castelvetrano, volver a la A29 en dirección a Palermo y salir en Salemi. Seguir la

RECORRIDO VI *Val di Mazara: el territorio de la conquista*
Salemi

Castillo, vista general, Salemi.

SS188 *hasta llegar al centro. Ir por Via Lo Presti hasta alcanzar Piazza Libertà y aparcar el coche. Proseguir por Via Amendola y torcer a la izquierda en Via Garibaldi, que lleva a Piazza Alicea, donde está el Castillo.*
En restauración en el momento de redactarse este catálogo.

Se atribuye a la época normanda la construcción de una primera fortificación, teniendo en cuenta que no es mencionada en las descripciones de los dos geógrafos musulmanes Al-Muqaddasi y Yaqut (950-1050). La primera noticia es la que proporciona al-Idrisi, el cual hace referencia a al-Sanam (Salemi), que define como "gran caserío" en la carretera a Mazara, sobre la que "domina un castillo y fortín excelso por sitio"; la configuración actual remite, de todos modos, al siglo XIII. El castillo, destinado al control del valle a sus pies y orientado hacia la costa suroccidental de Sicilia, es de planta cuadrada irregular; su recinto fortificado, con caminos de ronda antaño protegidos por almenas, encierra un gran patio y un jardín colindante. Tres torres, dos de planta cuadrada y una circular, se alzan en tres vértices del perímetro, mientras que las dos únicas entradas a la fortaleza estaban en los lados suroeste y noroeste. Desde el

Castillo, bóveda de nervios, Salemi.

RECORRIDO VI *Val di Mazara: el territorio de la conquista*
Salemi

Castillo, interior de una torre, Salemi.

Castillo, interior, Salemi.

patio se podía acceder al gran salón, pegado al extremo de las torres cuadradas de defensa y posteriormente dividido en tres ambientes. El elemento que, por su mole y altura, se imponía en el conjunto era la torre cilíndrica, tal vez aislada en origen, que recuerda por sus características arquitectónicas a las estructuras suevas de las torres del Castillo Maniace y del Castillo Ursino. Cada piso de la torre está ocupado por un solo espacio, circular en el piso bajo y cubierto por una bóveda hemisférica recorrida por dos arcadas transversales, de perímetro octogonal en cambio en los otros dos pisos y cubierto con bóveda radial de ocho nervios. En la sala inferior, a la izquierda de la entrada, se abre una gran trampilla que lleva a un espacio subterráneo cubierto por un cuarto de esfera atravesado por nervios cruzados. La existencia del Castillo de Salemi no consta en muchos documentos de carácter oficial y su recuerdo no aparece ni en los registros suevos ni en la reforma administrativa de 1240, y tampoco en el inventario de los 27 castillos ordenado en 1273 por Carlos de Anjou.

VI.3.b Barrio árabe

El barrio de fundación árabe, habitado posteriormente por judíos, está situado fuera de la muralla antigua de la ciudad, por debajo del Convento de San Agustín, en la parte final del cerro suroccidental. Este barrio, el *rabato*, ha mantenido a lo largo de los siglos la homogeneidad de su trazado, caracterizado por callejuelas estrechas y tortuosas que desembocan en callejones ciegos o se transforman en empinadas escalinatas. Se puede aplicar aquí la distinción hecha por algunos estudiosos, que han identificado en tales barrios la siguiente tipología de calles: "el tipo *chari'* (calle principal, abierta por los dos extremos, que atraviesa la ciudad de una puerta a otra y une entre sí varios barrios; su recorrido se prolonga en el exterior en las carreteras del territorio); el tipo *durub* (calle secundaria, sin salida, que parte de una calle principal; a su entrada tiene una puerta que puede cerrarse, aunque a veces alcanza una extensión considerable y un trazado muy articulado); el tipo *aziqqa* (callejón sin salida, también de trazado variado, que se puede cerrar en su punto de unión con el *durub*)" (Guidoni, 1978). En el barrio de Rabato, las vías predominantes son *aziqqas*, algo que pone en evidencia todavía la larga persistencia de la tradición islámica. Las casas, que se adaptan a la pendiente natural del terreno, son predominantemente de dos o tres pisos, de planta cuadrada o rectangular, con una o dos habitaciones por planta y, a menudo, con una entrada secundaria en la calle de atrás a un nivel superior. El piso inferior está comunicado con los otros por una escalera externa, la *annatu*. La fachada que da a la calle es la única por la que entra luz en la casa y en ella se abren la puerta de entrada, una ventanita para airear el establo y las ventanas de los pisos superiores, caracterizadas por alféizares muy salientes de un único bloque de piedra. Los muros, bastante gruesos, son de piedra revocada; las aberturas son muy pequeñas y su número se reduce al esencial; las cubiertas son normalmente de lastras.

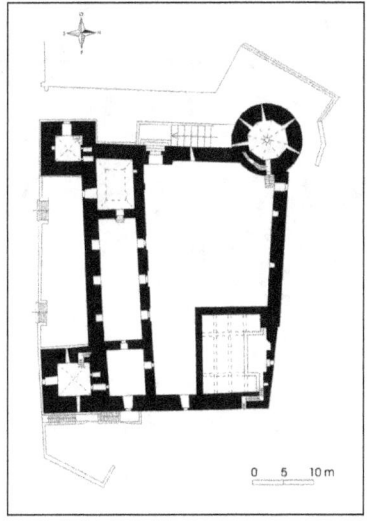

Castillo, planta, Salemi.

VI.4 SEGESTA

VI.4.a Mezquita

Desde Salemi, tomar la SS188 en dirección a Vita y proseguir hacia Calatafimi. Siguiendo la indicación para Segesta, recorrer la carretera que lleva al parque arqueológico, dentro del cual se encuentra el monumento. Hay un aparcamiento cerca de la entrada al parque. Un autobús (de pago) transporta a los visitantes hasta las inmediaciones de los restos de la mezquita.
Horario: desde las 9 hasta una hora antes de anochecer.

La mezquita del Castillo de Calatabarbaro está situada en las cercanías del teatro antiguo de Segesta, fuera del área fortificada del pueblo, sobre la altiplanicie donde se habían hallado ya

RECORRIDO VI *Val di Mazara: el territorio de la conquista*
Segesta

Mezquita, vista de los restos de la base, Segesta.

los restos del Castillo y de la iglesia medieval, que se remontan al siglo XIII. Lo cierto es que a principios del siglo XII una comunidad musulmana, guiada por un *gayto*, ocupó el monte Barbaro, y probablemente se replegó a esta localidad tras la diáspora desencadenada por la llegada de un feudatario cristiano a la vecina Qal'at Ahmad, cabeza de distrito en tiempos de la llegada de los normandos. Sobre los restos de edificios tardoantiguos, los musulmanes construyeron una fortificación (Calatabarbaro) formada por algunas moradas dispuestas alrededor de un patio, mientras que en el exterior del edificio fortificado se levantaba la mezquita. La llegada del feudatario cristiano a finales de siglo determinó su uso como residencia señorial, con nuevas edificaciones en el centro del asentamiento islámico y la construcción de una iglesia de tres ábsides, con la consiguiente demolición de la mezquita y la reutilización de los materiales de expolio. El asentamiento se fue abandonando progresivamente, y también la residencia señorial cayó en ruinas, ya en la segunda mitad del siglo XIII. En 1442, sin embargo, se reedificó una iglesia gracias al interés de algunos habitantes de la vecina Calatafimi.

Sólo en 1993, en el curso de una campaña de excavaciones arqueológicas, se descubrieron los restos de la mezquita y de otras estructuras del periodo de la ocupación musulmana del lugar. La posición eminente de la mezquita en la acrópolis norte de la antigua Segesta hacía bien visible su *mihrab* desde los territorios circundantes, desde el valle del río Gaggera y desde la carretera que iba de Palermo a Trapani. El edificio presentaba una planta casi rectangular originariamente dividida en el interior por una fila de tres columnas que sostenían la cubierta y de las que se conservan trozos de dos basas, situadas a una distancia media de 4,5 m. En el muro este, en correspondencia con la alineación de las columnas, hay un hueco que hace pensar en la presencia de una semicolumna empotrada. El elemento que ha permitido identificar el edificio ha sido el *mihrab*, un nicho situado en el centro del muro meridional que indica dónde estaba la *qibla* (orientación de La Meca), de unos 2 m de ancho y 1,5 de profundo; el perfil básico del nicho es una combinación de un rectángulo con una semielipsis que determina un saliente en el muro apreciable en el exterior del edificio. El *mihrab*, probablemente flanqueado por dos columnas empotradas, es la única parte superviviente con restos de revoque blanco. La entrada principal a la mezquita debía de estar en el centro del muro septentrional, en eje con el nicho del *mihrab*, aunque han sido halladas trazas de otros dos umbrales simétricamente dispuestos en los lados de la mezquita.

El yacimiento arqueológico de Segesta
El teatro helenístico-romano, en la parte norte, y la acrópolis del sur, todavía por estudiar, marcan los vértices del relieve del monte Barbaro, que hacia el oeste desciende suavemente hasta confundirse con el amplio conjunto de colinas, caracterizadas por la geometría de los cultivos, que ocupa el horizonte dibujado por la línea del mar, interrumpida por el pico del monte Bonifato. El recinto del templo, en el margen occidental del yacimiento arqueológico, marca el punto de altitud media entre la elevación soleada del monte y la profunda umbría del valle del Fusa. La impresión de misterio que produce el cañón, de casi 100 m de profundidad, está atenuada hoy por el bosque, inundado de diversas especies de pino, que se superponen al medio natural de vegetación de estepa, baja o de arbusto, y de plantas olorosas mediterráneas como el tomillo y el romero.
Propiedad del Estado desde 1996, el yacimiento se incluye en el sistema de parques arqueológicos de la región siciliana. La sede del museo es Case Barbaro, a los pies de la ladera occidental del monte, un complejo agrícola alrededor de un patio central con una pequeña iglesia y una torre abovedada.

RECORRIDO VII

Testimonios de la época normanda

Comité científico

VII.1 TRAPANI
    VII.1.a Museo Agostino Pepoli – Convento de Santa María de la Anunciada
    VII.1.b Centro urbano

VII.2 ERICE
    VII.2.a Catedral
    VII.2.b Centro urbano
    VII.2.c Iglesia de San Julián
    VII.2.d Castillo Normando

VII.3 CASTELLAMMARE DEL GOLFO
    VII.3.a Castillo
    VII.3.b Centro urbano

VII.4 ALCAMO
    VII.4.a Castillo de Monte Bonifato
    VII.4.b Castillo de Calatubo

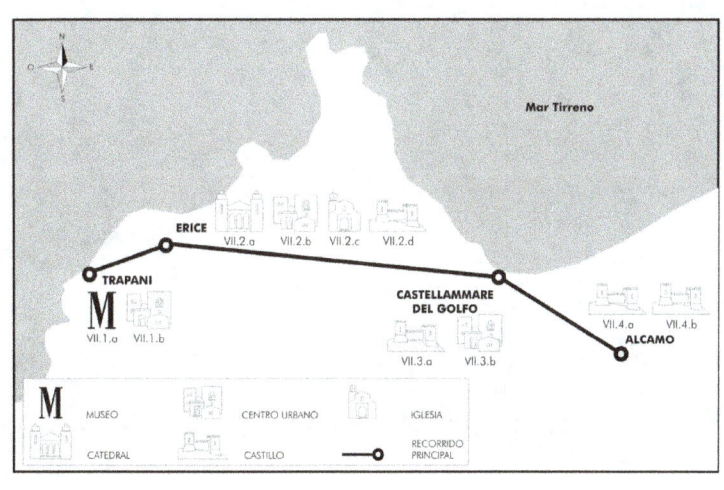

Castillo, vista general, Erice.

La época normanda en el territorio de la actual provincia de Trapani está íntimamente conectada con la precedente estancia musulmana. De esta hereda el crecimiento del comercio, la mejora de las técnicas agrícolas y la reanudación de trabajos y de producciones ya existentes en épocas anteriores, como la extracción de sal marina, de la que Plinio, en su *Historia naturalis* (libro XXXI, cap. 7), nos da las primeras noticias referentes a la provincia de Trapani.

El asedio de Trapani, por mar y por tierra, por parte de Ruggero y de su ejército bien pertrechado ("no fue más bella que esta la flota de Alejandro" recordará más tarde Goffredo Malaterra) ocurrió en el mes de mayo de 1077, y poco después la ciudad se rindió, entregando a Ruggero el castillo y aceptando su señorío; los ciudadanos, en todo caso sometidos a tributo, "estrechan pactos, pero contra su voluntad" (Malaterra, 2000). Moviéndose por el territorio circundante, los normandos ocuparon 12 castillos, que Ruggero asignó, junto con sus tierras, a los caballeros que habían guiado la armada vencedora. En los sucesivos relatos de tiempos de Ruggero y de Guglielmo, Trapani aparece como ciudad productiva y de gran actividad.

En palabras de al-Idrisi, Trapani era "ciudad de las primitivas y antiquísima estancia, yace sobre el mar que la circunda por todos los lados, no entrándose sino por un puente, de la parte de levante. El puerto está en el lado del mediodía; puerto tranquilo, sin movimiento: aquí un gran número de maderos pasan el invierno cobijados de todos los vientos, estando quieto el mar mientras fuera arrecia el oleaje. En este puerto se coge una cantidad desbordante de peces; se echan también grandes redes al atún. Se trae de igual modo del mar de Trapani coral de primera calidad. Ante la puerta de la ciu-

Castillo, vista panorámica, Erice.

dad yace una salina. El distrito es grande y vasto, con terrenos generosísimos, adecuados para la siembra, de los que se sacan pródigas producciones y grandes riquezas. Trapani encierra cómodos mercados y copiosos medios de subsistencia" (trad. original al italiano de M. Amari, 1854-1868).

Más tarde, en 1184, Ibn Yubayr la presentará como una ciudad "poco espaciosa, tiene dimensiones no grandes, está rodeada de murallas", pero la describe de todas formas "blanca como una paloma", dejando imaginar edificios encalados o con los paramentos vistos construidos con la piedra ebúrnea de las canteras próximas. "Aquí hay mercados —continúa—, baños y cuantas comodidades se puedan encontrar en las ciudades: si bien Trapani [parezca] el juguete de las olas (...) el piélago abre la boca para tragarse la ciudad: y los habitantes piensan que el mar inevitablemente la ocupará, y que sólo podrá acontecer que se prolongue el término de sus días (...). Próspera y rica es Trapani (...). Los habitantes son musulmanes y cristianos: cada una de las dos sectas tiene los suyos [templos], mezquitas e iglesias" (trad. original al italiano de M. Amari, 1854-1868). En el relato geográfico de al-Idrisi se citan, además, los caseríos de Buseto Palizzolo, de origen bizantino, refundado y repoblado en la época musulmana con el nombre de Butish; Castelvetrano; Scopello (del árabe Isqubul Yaqut), centro pesquero, que pasó a ser muy floreciente gracias a la reestructuración de la atunara; entre las fortificaciones, el castillo de Baida, cuya planta se remontaría a finales del siglo XIII, los fortines de Calatafimi y Qal'at Ahmad, el primero agregado a un arrabal, el segundo construcción de origen musulmán probablemente fundada a mediados del siglo X. Hay que recordar, por último, el llamado Castillo de la Piedra en Castelvetrano, que existía ya en 1150.

Castillo de los Condes de Modica, vista general, Alcamo.

VII.1 **TRAPANI**

VII.1.a **Museo Agostino Pepoli – Convento de Santa María de la Anunciada**

Desde Segesta, retomar la autopista A29 en dirección a Mazara y salir en el desvío para Trapani; una vez cerca de la población, seguir las indicaciones para el centro. Al llegar a Via Fratelli Aiuto, girar a la derecha por Via Manzoni, continuar por Via P. Mattarella, torcer a la izquierda en Via Maria d'Ungheria y otra vez a la izquierda por Via Pepoli, donde está el Museo.

Acceso con entrada. Horario: laborables de 9 a 13:30, festivos de 9 a 12:30.

RECORRIDO VII *Testimonios de la época normanda*
Trapani

Lápida incisa con caracteres cúficos, ss. XI-XII, Museo Regional A. Pepoli, Trapani (Publifoto, Palermo).

El Santuario de la Santísima Anunciada y el convento anejo de los carmelitas son hoy sede del Museo Pepoli. La iglesia de la Anunciada, o de la Virgen de Trapani, se edificó en el siglo XIII, pero la conclusión de las obras se produjo alrededor de 1332. De 1498 es la construcción de la capilla de la Virgen, el auténtico santuario, donde se conserva la monumental puerta de mármol realizada entre 1531 y 1537 por Antonello Gagini. Se reconstruyó por completo en 1742 bajo la dirección de Giovanni Biagio Amico. Hasta 1315 no empezaron los trabajos de construcción del convento, que duraron casi todo el siglo.

De 1639 data el inicio de la construcción de la escalinata, y de 1650 la edificación del gran claustro y el ala capitular, hoy denominada Sala de los Mármoles. A principios del siglo XIX, el convento empezó a albergar los primeros conjuntos de material arqueológico y las colecciones de pintura y escultura, enriquecidas notablemente en el transcurso del siglo. El 19 de noviembre de 1906 se formalizó la petición, aprobada el 23 de noviembre del año siguiente, del conde Pepoli de convertir el convento en una instalación museística estable. Entre las colecciones más preciadas se encuentra la de corales, documentados desde la época normanda, que eran trabajados por orfebres locales herederos de las técnicas árabes de cinceladura. Las dos salas del piso bajo están destinadas a exponer epígrafes e inscripciones funerarias árabes en caracteres *cúficos*, provenientes de Trapani y alrededores. Destacan la inscripción de 'Abd al-Karim Ibn Sulayman, de 1081-82, enmarcada por un arco con volutas; las del jeque Ibn 'Abd Allah, datadas entre los siglos XI y XII; y fragmentos de columnitas, con escrituras en caracteres *cúficos*, provenientes de un ignoto edificio del siglo XI.

VII.1.b **Centro urbano**

La fundación de la ciudad histórica de Trapani se remonta probablemente al año 1260 a. C., con un primer núcleo constituido por el pueblo sicano, llamado por los griegos Drepanon, "hoz", por la singular forma de la tierra donde había surgido. Con los fenicios, que llegaron en el siglo VIII a. C., creció la importancia del asentamiento, que pasó a convertirse en una

RECORRIDO VII *Testimonios de la época normanda*
Trapani

de las principales escalas marítimas a lo largo de las rutas comerciales del Mediterráneo, papel que mantuvo después de la conquista cartaginesa. Junto con Lilibeo y Panormo, cerraba el circuito defensivo púnico de Sicilia. En 241 a. C., tras la conquista romana, la ciudad comenzó un lento declive que se prolongó hasta la época bizantina. No renació hasta la dominación de los árabes, que la ocuparon en la primera mitad del siglo IX y la llamaron Tarabanis; la reconstruyeron imprimiéndole los rasgos propios de los asentamientos islámicos. Así, en su interior se erigieron mercados, baños públicos y termas, y las mezquitas se sumaron a las iglesias cristianas, pero es difícil establecer con precisión la aportación musulmana a la ciudad, pues la mayor parte de los testimonios han desaparecido. El tejido urbano medieval muestra todavía, pese a los cambios, características edilicias y viarias emparentadas con los trazados árabes. Se reconoce, en efecto, la división de las calles en tres categorías: la calle grande (*chari'*), la calle de barrio (*darb*) y el callejón ciego (*aziqqa*); las casas, cuando no tienen fachada a la calle, se abren a patios interiores, por razones climáticas entre otras cosas.

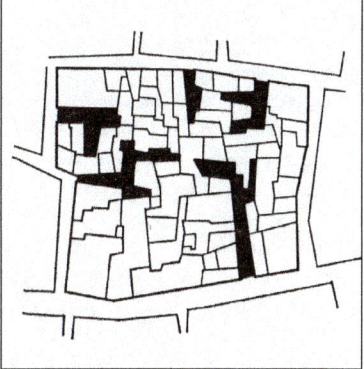

Centro urbano, manzana medieval, Trapani (Gabrieli y Scerrato, 1979).

Salinas, Trapani (Publifoto, Palermo).

Las salinas de Trapani y Paceco
Al sur de Trapani, donde la llanura de aluvión se desfleca en una zona húmeda costera, se encuentra uno de los paisajes del trabajo humano más extraordinarios de los que ofrece Sicilia: las salinas. Desde lo alto, desde Erice, se perciben como un gigantesco damero de cuencas de agua marina en reposo, brillantes al sol, y muchas pueden bordearse siguiendo la carretera provincial núm. 21 de Trapani a Marsala.

Los colores del agua, del azul marino al rojo intenso, muestran las diversas fases de decantación de la sal, que se recoge, al final del proceso, en grandes cúmulos blanquecinos al borde de los estanques y se cubre con tejas rojas para protegerla del viento. En el paisaje llano y soleado surgen los molinos de viento empleados para mover el agua, a los que se añaden depósitos y espacios porticados. El cultivo de sal yodada es muy antiguo, y el propio al-Idrisi cita la producción de sal entre las actividades

RECORRIDO VII *Testimonios de la época normanda*
Erice

que hacen rica a la ciudad de Trapani, pero las estructuras hoy visibles no son anteriores a finales del Seiscientos, cuando esta producción adquirió dimensiones industriales. Abandonadas en las últimas décadas, hoy han adquirido un nuevo valor, en parte por la naturaleza del producto y en parte por la atención científica al hábitat que determinan, favorable a la nidificación de numerosas especies ahora raras. El complejo de las salinas más cercanas a Trapani, con una superficie de cerca de 970 ha, es hoy una reserva natural orientada que cuenta, además, con un *Museo de la Sal*. La reserva está gestionada por WWF Italia, *Via G. Garibaldi 138 – 91027 Paceco (TP), tel. 0923867700.*

Centro urbano, vista de un callejón, Erice.

VII.2 **ERICE**

Su nombre deriva del sicano-sículo *erix*, que significa "monte". Fue un centro religioso de los elimos famoso por su templo, donde los fenicios adoraban a Astarté, los griegos a Afrodita y los romanos a Venus. Plaza fuerte púnica, se la disputaron siracusanos y cartagineses, que la arrasaron en 260 a. C. y deportaron a los habitantes a Drepanon (Trapani). En 247 a. C. la conquistaron los romanos, que eligieron el santuario de Venus Ericina como cabeza de una confederación religiosa.

Desde el año 831, después de la ocupación árabe, la ciudad fue llamada Yabal Ahmad ("montaña de Ahmad"), por el nombre del emir que la reconstruyó. Los musulmanes celebraron y exaltaron sus manantiales, aprovechando al máximo las posibilidades que ofrecían con cisternas y canalizaciones. Los normandos, en el siglo XII, la repoblaron de latinos y la rebautizaron como Monte San Giuliano, en honor del santo hospitalario que, según la tradición, se le apareció al conde Ruggero durante las fases decisivas de la conquista de la inexpugnable fortaleza (1077): "(…) apareció un caballero armado a la ligera sobre un caballo blanco con manto rojo con un halcón en el puño, el cual, desembozado el halcón, ponía en fuga y hacía salir de sus casas a los sarracenos todos, quienes, viéndose asaltados en medio de la ciudad así de improviso por virtud divina, dejadas las armas estupefactos, huyeron abandonando la ciudad" (Adragna, 1985).

Al-Idrisi, en tiempos de Ruggero II, habla de una fortaleza sin custodia, elogia

RECORRIDO VII   *Testimonios de la época normanda*
Erice

la abundancia de agua y de terrenos de siembra, mientras que, en 1184, Ibn Yubayr la define como "ciudad considerable". En 1934 recuperó la originaria denominación de Erice.

VII.2.a **Catedral**

Desde Trapani, tomar la SS187 para Erice. Después de atravesar el centro de Valderice, seguir la SR Immacolatella y después las indicaciones hacia Piazza Grammatico, donde hay que dejar el coche. Pasada Porta Trapani, ir por Corso Vittorio Emanuele y torcer a la izquierda en la primera callejuela, que lleva a Piazza Madrice, donde está el monumento.
Acceso gratuito a la Catedral y con entrada al campanario. Horario: de 10 a 13 y de 15 a 18 (en invierno, de 10 a 12:30 y de 15 a 16:30). El campanario sólo se puede visitar en verano.

Catedral, vista general, Erice.

Noticias históricas ciertas atribuyen la edificación del campanario y de la iglesia matriz al rey Federico III de Aragón, quien residió en Erice para resistir a los ataques de los angevinos en 1314, pero los trabajos no se completaron antes de 1372. De la construcción original son visibles las dos puertas de entrada; la principal, de arco apuntado y situada bajo el pórtico del siglo XV, está decorada con un friso de motivos diamantinos y una moldura de triple zigzag, mientras que la entrada abierta en el lado izquierdo presenta un arco de medio punto con arquivolta almohadillada, por encima de la cual se abre un *monóforo* con marco liso. En el lado derecho hay nueve cruces empotradas en el muro, provenientes del templo de Venus, trasladadas en tiempos de Constantino (año 320) y colo-

Catedral, bíforo del campanario, Erice.

cadas aquí en 1685. El *pronaos*, herencia del *nártex* de las iglesias paleocristianas, adosado a la fachada, está abierto en tres de sus lados con arcos ojivales y cubierto por una

RECORRIDO VII   *Testimonios de la época normanda*
Erice

Catedral, interior, Erice.

Centro urbano, vista de una calle, Erice.

bóveda de crucería con nervios y coronada por un muro con almenas. En origen, las tres naves de la iglesia estaban separadas por dos filas de cinco columnas de piedra calcárea y por arcos ojivales, y tenían cubiertas con techo de madera; las columnas, sin embargo, fueron sustituidas después por pilares polistilos encuadrados a su vez por columnas pareadas lisas de doble altura, coronadas por un entablamento continuo. La capilla de Todos los Santos está cubierta por una bóveda estrellada de nervios cruzados, de inspiración catalana.

VII.2.b **Centro urbano**

La villa de Erice está situada en la cumbre del monte San Giuliano, al noroeste de Trapani. El monte, de 717 m de altura, escarpado en todos sus lados, presenta en la cima una vasta planicie cultivable. Todo el núcleo urbano, de forma triangular, está circunscrito al oeste por la antigua muralla, provista de torres y con dos puertas, las de Spada y Carmine, mientras que los otros dos lados siguen el contorno del relieve rocoso. El sistema viario principal, con la característica forma en Y, empieza en Puerta de Trapani con la Via Regia, de la que se bifurcan Via della Loggia, actualmente Corso Vittorio Emanuele, y Via Albertina degli Abbati. Esta última termina en el centro político y religioso en que se alzan las iglesias de San Julián, San Juan, San Cataldo y San Martín, construidas por los normandos pero transformadas en los siglos siguientes. Es cierto que los elimos, pueblo de origen anatólico, habitaron y fortificaron el centro de Erice en el siglo VIII a. C., pero es probable que la funda-

RECORRIDO VII *Testimonios de la época normanda*
Erice

S. Julián, puerta, Erice.

ción de la ciudad se remonte a los sicanos. Las fortificaciones, realizadas por los elimos y los fenicios, transformaron Erice en una de las más importantes fortalezas sicilianas, función que perdió bajo los romanos. Los musulmanes le cambiaron el nombre por el de Yabal Ahmad, pero la población perdió su autonomía y la fortaleza fue abandonada, tal como lo atestigua al-Idrisi. La suerte de la villa mejoró con la irrupción de los normandos, como recuerda Ibn Yubayr: "[La ciudad] no es accesible más que por un lado, lo que hace pensar que la conquista de Sicilia depende de esta montaña". Los normandos empezaron la reconstrucción del centro y del castillo, en parte ya derruido, restituyéndole el indiscutible valor religioso y civil. A partir más o menos de 1280, bajo el dominio aragonés, se puso en marcha una urbanización gradual de la zona occidental de la ciudad y la construcción de la iglesia mayor; en aquellos años, los Chiaramonte levantaron en ella un palacio. A excepción de algunos edificios más tardíos, la ciudad ha mantenido el aspecto de burgo medieval, con construcciones en piedra vista y revoque de barro amasado, y un sistema viario formado por pequeñas calles denominadas *venule*.

VII.2.c Iglesia de San Julián

Volver a pie a Corso Vittorio Emanuele y torcer a la derecha por Via Generale G. Salerno; a la izquierda, en Piazza S. Giuliano, se encuentra la iglesia.
En restauración en el momento de la redacción de este catálogo. Hay que fijar la visita con antelación llamando al párroco, tel. 0923 869123.

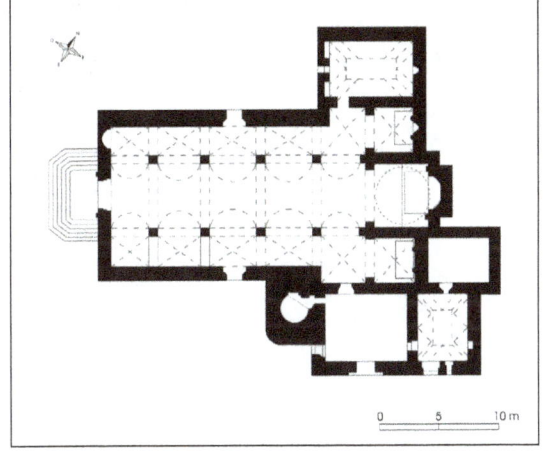

Su fundación se remonta a 1080 y, según una leyenda, Ruggero II la consagró a San Julián, aunque algunos estudiosos sostienen que en realidad la iglesia está dedi-

S. Julián, planta, Erice.

225

RECORRIDO VII *Testimonios de la época normanda*
Erice

Jardines del Balio y Castillo, vista panorámica, Erice.

cada a San Julián Hospitalario, adorado por los cristianos como protector de los viajeros. El edificio, en origen de dimensiones modestas, era de cruz griega; el paramento mural estaba constituido por sillares bastamente escuadrados, dispuestos de canto. Entre 1612 y 1615, por posibles peligros de derrumbamiento, se transformó y agrandó notablemente con la ampliación de la nave central, el añadido de dos naves laterales y la inserción de la cúpula en la intersección entre la nave y el transepto; aún en 1770, al volumen de la iglesia se le agregó el campanario.

VII.2.d Castillo Normando

Seguir la calle de enfrente de la iglesia de San Julián y torcer a la izquierda por Via Conte Pepoli, que lleva al Castillo.

Entrada gratuita, pero no está de más dejarle una propina al guarda. Horario: de 9 a 21 (en invierno, de 9 a 17).

El Castillo, situado sobre la peña más alta del monte San Giuliano, donde en otro tiempo se alzaba el templo dedicado a la diosa de la fecundidad fundado hacia el siglo VIII a. C., domina la llanura a sus pies y constituye una referencia evidente para quien viene por mar. Con la llegada de los fenicios a Sicilia, el templo se convirtió en un centro tanto religioso, en honor de la diosa Astarté, como militar, para el dominio de la llanura y la vigilancia del mar, mientras que bajo los romanos el santuario adquirió el prestigio de centro de culto estatal y conoció su máximo esplendor. El senado romano, además, había delegado en 17 ciudades sicilianas el mantenimiento a su costa tanto del restaurado santuario como de la guarnición de 200

RECORRIDO VII *Testimonios de la época normanda*
Erice

mílites destinada a su custodia. La incisión en el anverso de la moneda de C. Considio Noniano es el único documento que da fe del aspecto del antiguo templo de Venus Ericina, protectora de los navegantes. Con la caída del imperio romano cesó la importancia estratégica del lugar en favor del enclave comercial de la llanura Drepanon (Trapani); después de casi ochocientos años de silencio, con los normandos y gracias a Ruggero II, Erice volvió a la vida; así, y según el testimonio de Ibn Yubayr, en 1185 se había reconstruido ya un castillo sobre los restos del templo de Venus. Se edificó, además, un puesto avanzado fortificado, provisto de tres torres, dos de planta rectangular y una, en el centro, pentagonal, llamadas Torres del Balio por estar destinadas a la residencia del gobernador normando (el "baiulo"). Las torres, configuradas como puesto de defensa, estaban comunicadas entre sí por una cortina de muralla y con el castillo de Venus por un puente levadizo. En el siglo XV, sin embargo, la torre pentagonal se destruyó, para ser reconstruida en 1873 durante los trabajos de restauración y la realización de los jardines adyacentes, dispuestos en terraza, por deseo de Agostino Pepoli, Barón de Trapani. Al Castillo, y por consiguiente al antiguo *temenos* del santuario de Venus, protegido por una torre avanzada a su derecha que sobresale al fondo de la actual Via Conte Pepoli, se llega por una escalinata construida en el siglo XVII por el castellano Antonio Palma. El frente principal de la fortaleza se caracteriza por la puerta ojival de entrada, con el emblema de la casa Habsburgo de España encima y coronada por poderosas almenas en cola de golondrina. La planta, que se organiza alrededor de un patio, es casi cuadrangular, si bien las estructuras murales siguen en varios puntos el perfil accidentado de la roca, adaptándose a ella para la defensa de los declives. Tres de los flancos del Castillo, en efecto, resultan inaccesibles al estar levantados sobre crestas rocosas en picado. Toda la obra mural del Castillo está hecha en *opus incertum*, a excepción de los cantones de piedra cortada; pero en un corto tramo de uno de los lados sobre el precipicio se distingue el muro griego, de enormes sillares paralelepípedos de piedra sin argamasa.

Desde un primer volumen cubierto con bóveda de perfil apuntado, se accede, por un tramo de escalera, al patio central; en su interior está el Pozo de Venus, de forma cilíndrica, excavado en la roca y llamado así porque se cree que se

Castillo, bíforo, Erice.

RECORRIDO VII *Testimonios de la época normanda*
Castellammare del Golfo

usaba como pileta para las abluciones de las sacerdotisas de la diosa, aunque es más probable que almacenara el trigo para los soldados que guardaban el templo. Muchos de los edificios periféricos del Castillo se utilizaron en la época normanda como cárceles que acogieron a hombres ilustres, como en 1299 al Conde de San Severino, uno de los jefes del ejército angevino capturado en la batalla de Falconeria. En el patio se han hallado fragmentos de columnas en torno a un basamento rectangular, que permiten circunscribir el *temenos* del templo ericino, además de restos del muro de contención del llamado Puente de Dédalo, trozos de columnas jónicas, fragmentos de friso y elementos decorativos de orden dórico.

VII.3 CASTELLAMMARE DEL GOLFO

VII.3.a **Castillo**

Desde Erice, retomar la SS187 y la autopista A29 en dirección a Palermo. Salir en el desvío para Castellammare y, una vez en la población, seguir Via Leonardo da Vinci hasta ver la indicación para el Castillo. Dejar el coche en Largo Petrolo e ir a pie bordeando el mar por Via Arciprete S. M. Militello, torcer a la derecha por Via Re Federico, atravesar Via Ponte Castello y llegar a Largo Castello, donde está el monumento.

En restauración en el momento de la redacción del catálogo.

Castillo, vista panorámica, Castellammare del Golfo.

RECORRIDO VII *Testimonios de la época normanda*
Castellammare del Golfo

El Castillo, erigido en el extremo de una lengua de tierra entre Cala Petrolo y Cala Marina, que forman un pequeño golfo en forma de herradura, se presenta hoy unido al núcleo urbano edificado sobre las murallas y los bastiones. Es incierta la fecha de su fundación primitiva, pero se puede aventurar, en todo caso, que la fortaleza pudo levantarse en torno al siglo XI, en época islámica. Al-Idrisi, al describir el asentamiento de Castellammare, testimoniaba, de hecho, que "aquí está un castillo entre los más seguros por construcción y entre los menos accesibles por situación. Se accede a él por una pasarela de madera que se pone o no según la necesidad". El Castillo está unido hoy a la ciudad por un puente de construcción, datado en un periodo anterior a 1845, bajo el cual se extienden algunos tramos de escaleras, casi en recuerdo de su antiguo nombre al-Madarish ("las escaleras").

El pueblo constituía un centro de gran importancia comercial como puerto y muelle de carga, pero no fue hasta los periodos normando y suevo, entre 1071 y 1282, cuando se fortificó el Castillo costero, y se modificó y amplió la villa. De todas formas, se debe a la época aragonesa, que sucedió al breve periodo angevino tras la *Guerra del Vespro*, la completa reconstrucción de la poderosa fortificación, por obra de Federico II de Aragón, quien se la asignó a Federico de Antioquía. La fortaleza defensiva, de planta poligonal, se extendía sobre tres elevaciones, protegida por bastiones y torres: la torre de San Jorge, la de la Campana y la del Baluarte, provistas de cañones, bombardas y varias máquinas de guerra. De todo el conjunto, se ha conservado el perímetro amurallado de los bastiones y una sola torre cilíndrica, la más avanzada en la escollera, con una escalera interna en espiral de notable factura y

Castillo, escalera helicoidal de la torre, Castellammare del Golfo.

Castillo, vista general, Castellammare del Golfo.

RECORRIDO VII *Testimonios de la época normanda*
Castellammare del Golfo

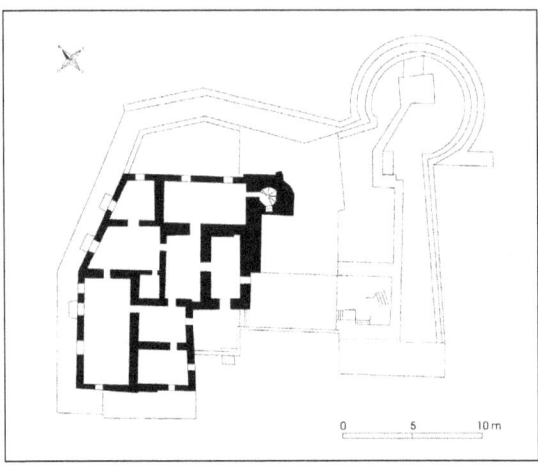

Castillo, planta, Castellammare del Golfo.

VII.3.b. Centro urbano

Castellammare del Golfo nació como emporio de la ciudad de Segesta, el lugar donde los elimos hacían su tráfico marítimo, hasta que en 827 fue ocupada por los musulmanes. En perpetua confrontación con los griegos de la vecina Selinunte, el importante centro elimo orbitó en torno a la potencia cartaginesa, que hizo del emporio segestano una de las más importantes estaciones fortificadas de la cuenca septentrional de Sicilia. No se sabe con certeza la fecha de construcción de la fortificación, pero se sostiene que el primer núcleo puede remontarse precisamente al periodo islámico. Justamente en este periodo se construyeron la atunara, el puerto, el cual sirvió también como base para las incursiones contra el tráfico mercantil de Bizancio, y un muelle de carga para el embarque del trigo. Los árabes bautizaron la villa como al-Madarish, es decir "las escaleras", quizá por la existencia de una calle empinadísima. En tiempos de al-Idrisi, la fortaleza de Castellammare estaba provista de "un puerto que es un ir y venir de naves y a ellas sujetan redes para pescar los atunes". La villa actual se descubre de un solo vistazo desde el mirador, situado en la carretera estatal.

un pequeño vano para la salida directa al mar. El núcleo de asentamiento más antiguo, surgido dentro del recinto de la fortificación, está formado hoy por un patio alargado al que hacen de alas los modestos frentes de las casas. Entre las ruinas del lado oriental se distinguen todavía dos arquitrabes tallados con los escudos de las familias De Luna y Aragona, que residieron en el Castillo, respectivamente, a mediados del siglo XVI y a mediados del XVII. Tras la reciente restauración, algunas de las salas interiores del Castillo van a destinarse a sede del museo etnoantropológico del agua, de los molinos y de las actividades náuticas (materiales arqueológicos). A los pies del torreón, más allá de la escollera, se encuentran los restos del llamado "Baño de la Reina", constituido por un estanque más o menos rectangular excavado en la escollera, hoy cubierta por la prolongación de la carretera del puerto.

La reserva natural del Zingaro
Pasado Castellammare, en la falda del monte Speziale, entre Scopello y San Vito Lo Capo, se encuentra la reserva natural orientada del Zingaro, donde la vegetación característica viene determinada por el particular clima cálido y húmedo. Confieren un aspecto singular al paisaje las palmeras enanas con

ejemplares de 2 m de altura, los algarrobos, los olivos y el matorral. En el centro de la reserva está la cueva natural del Uzzo, donde se han hallado restos de interés paleontológico. La reserva está atravesada por un sendero a media altura, desde el que se puede admirar el paisaje costero de rocas quebradas en que sobresalen dos torres de vigilancia del siglo XVI, y se puede llegar hasta pequeñas calas y playas de guijarros para bañarse en el mar mejor defendido de la costa siciliana.

VII.4 ALCAMO

Estratégicamente encajado entre la fortaleza de monte Bonifato y la de Calatubo, emplazamientos defensivos fundamentales en el tablero del poder militar durante la ocupación musulmana, su nombre es de origen árabe, atribuible, según algunos, al topónimo Manzil ("caserío-estación") al-Qam ("coloquíntida"), y según otros a 'Abd Allah al-Qam, valiente caudillo que, desbaratando las tropas bizantinas durante el avance de los musulmanes (827), fundó precisamente en el monte Bonifato un castillo con un pueblo fortificado llamado Abdalcamo. Hacia mediados del siglo XII, al-Idrisi lo califica de caserío confortable, dotado de un mercado muy frecuentado, y elogia los terrenos fecundos, las manufacturas y a los artesanos. En 1182 es mencionado por el viajero Ibn Yubayr. Tal asentamiento árabe, que quedó indemne durante la reconquista y la dominación normanda, fue abandonado en 1221 por orden de Federico II, quien, para conjurar insurrecciones, impuso a sus habitantes el traslado a las faldas del monte. Con todo, una rebelión que se hizo fuerte en el pueblo viejo provocó las represalias del emperador suevo y este hizo asolar el castillo y el pueblo de Bonifato en 1243, deportó a los musulmanes supervivientes de Sicilia a Lucera y Nocera y obligó a la población cristiana que se salvó de la destrucción a establecerse definitivamente en el sitio de la actual ciudad.

El nuevo centro se situó a lo largo de la vía comercial que iba de Palermo a Trapani, en la vertiente occidental de Sicilia. El núcleo más antiguo de Alcamo, con trazado de ejes regulares ortogonales y aislados, se ha datado en el segunda mitad del siglo XIV, cuando los Ventimiglia, que poseyeron largo tiempo la baronía, promovieron su refundación, reconstruyendo incluso el Castillo de Monte Bonifato.

La ciudad vio nacer a Ciullo d'Alcamo, hombre de letras y poeta, uno de los primeros en componer en lengua italiana en la corte de Federico II, alrededor de mediados del siglo XIII.

Las termas de Segesta
En la linde entre los términos de Alcamo y Castellammare, a orillas del río Caldo, hay unos cuantos manantiales, ya conocidos en la época árabe, de agua sulfurosa que brota del interior de grutas a una temperatura de 45° creando una sauna natural. Utilizable libremente en los pocos trechos del río no canalizado en cauces de cemento, el agua caliente pasa por instalaciones balnearias y piscinas termales que ofrecen también la posibilidad de estancias con terapia médica.

RECORRIDO VII   *Testimonios de la época normanda*
Alcamo

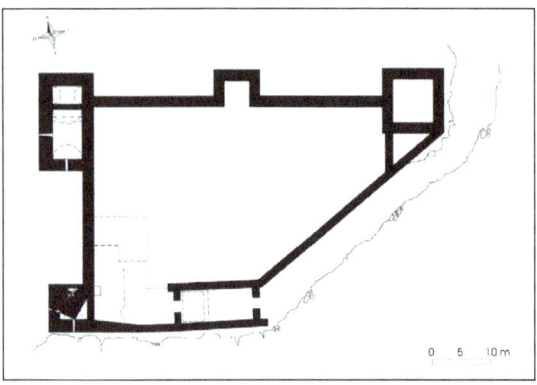

Castillo de Monte Bonifato, hipótesis de reconstrucción de la estructura planivolumétrica, Alcamo.

VII.4.a **Castillo de Monte Bonifato**

Recoger el coche e ir por Via IV Aprile hasta Piazza Pittore Renda; desde allí, continuar por Corso Italia y, al llegar a la rotonda, seguir las indicaciones para la Reserva Natural Orientada. Recorrer Viale Europa, torcer a la derecha en Via Santissimo Salvatore y otra vez a la derecha por Via Monte Bonifato, que conduce, atravesando el bosque de la reserva, a la explanada de Porta della Regina, donde hay que dejar el coche; caminar por Madonna dell'Alto, al final de la cual se encuentra el monumento.

El monte Bonifato, con la torre del castillo homónimo que se yergue aún majestuosa con sus 20 m de altura, representaba una auténtica atalaya sobre la ciudad de Alcamo, crecida en sus laderas, sobre el golfo entero de Castellammare al norte y sobre los territorios del interior al sur, además de ser un lugar fácilmente defendible. El muro del perímetro estaba hecho con piedras de la propia roca sobre la que se alza. Además de la

Castillo de Monte Bonifato, torre, Alcamo.

RECORRIDO VII *Testimonios de la época normanda*
Alcamo

torre noroeste superviviente, que sería la torre maestra, afloran los restos de otras tres torres cuadradas, situadas en el suroeste, el noreste y el norte. En su planta baja, la torre maestra estaba dividida por un muro transversal en dos espacios, de los cuales el primero sería, presumiblemente, una cisterna a la que se entraba por una trampilla y en la que se ven restos de conductos de arcilla para recoger el agua de lluvia. El acceso al primer piso de la torre se hacía por el exterior, con una escala móvil, mientras que una escalera de piedra en el muro permitía subir a los pisos superiores, también divididos en dos salas por muros transversales. La arquitectura desnuda del conjunto, la presencia de restos de unas pocas viviendas y de una capilla en la plaza de armas, a lo largo del flanco meridional de la muralla, inducen a suponer que el Castillo, en origen con funciones exclusivamente militares de refugio y defensa, sobre todo de los cercanos territorios de conquista como Segesta y Selinunte, estuviera habitado y sirviera de burgo fortificado.

Algunos historiadores locales (De Blasi, 1880) han sostenido que el Castillo que el capitán sarraceno 'Abd Allah al-Qam, llamado después Alcamuk, desembarcado en Lilibeo como enviado del califa de Egipto (siglo XI), hizo construir sobre el monte Bonifato con varias obras de defensa, fuese el hoy identificado como Castillo de los Condes de Modica, situado en el centro habitado de Alcamo; por lo demás, el acta de concesión a la familia Peralta por parte de Pedro II del territorio de Alcamo, de 1337, cita como ya existente el Castillo de Bonifato. Por tanto,

Castillo de Monte Bonifato, restos del complejo, Alcamo.

cuando en 1397 Gualtiero Ventimiglia declaraba haber edificado el Castillo de Bonifato a su costa, debía de ser un fortín en ruinas, y la intervención de los Ventimiglia se limitaría a la restauración de un edificio anterior. El hallazgo de cerámica de los siglos XII y XIII en el vertedero que hay bajo el muro sur del Castillo anima a avalar la hipótesis de la fundación musulmana de la fortaleza.

RECORRIDO VII *Testimonios de la época normanda*
Alcamo

Castillo de Calatubo, planta, Alcamo.

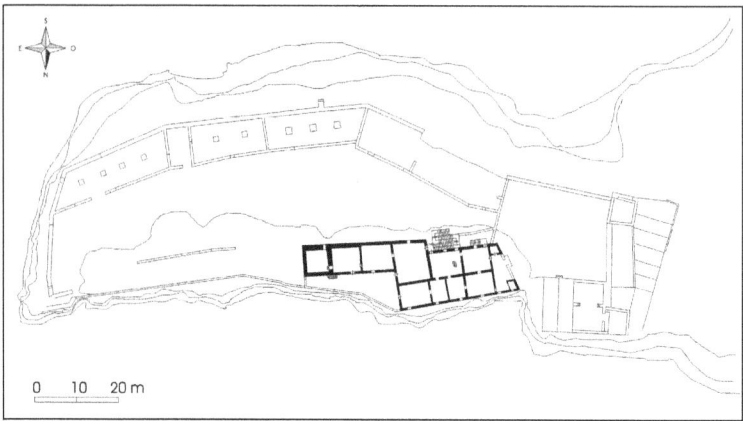

El bosque de Alcamo
En las laderas del Monte Bonifato, sobre las que se recuesta la ciudad, se encuentra la reserva natural orientada Bosque de Alcamo, rica en flora mediterránea con reforestaciones y en fauna salvaje. Se llega a ella por un sugerente recorrido panorámico que ofrece a la vista todo el golfo de Castellammare y los campos del interior cubiertos de viñedos. La reserva está gestionada por la Provincia Regional de Trapani (Via XXX Gennaio, tel. 0923806458).

VII.4.b Castillo de Calatubo

Volver a Alcamo, retomar el recorrido desde Via VI Aprile y salir del pueblo hacia la SS113. Al encontrar la indicación para Balestrate, torcer a la izquierda y proseguir hasta el río Finocchio, poco antes del cual, a la izquierda, sale un camino de tierra que sube al Castillo. Se recomienda dejar el coche al borde de la carretera y seguir a pie.

El Castillo se alza sobre un peñón majestuoso que domina el paisaje de un amplio valle cultivado de vides, asomado al mar y aislado entre las bajas colinas que se van degradando suavemente hacia el golfo de Castellammare. La autopista, que pasa cerca del saliente rocoso, ha modificado las vistas y el aspecto paisajístico original del que Calatubo constituía un elemento dominante. Al-Idrisi no deja de describirlo: "Calatubo es válida fortaleza y pueblo grande, de territorio vasto, bueno para la siembra y muy productivo. Está situado a cuatro millas más o menos del mar; tiene un puerto donde se viene a cargar mucho trigo al par que otros cereales" (trad. original al italiano de M. Amari, 1880-81). La fortaleza de Calatubo desempeñó durante siglos la función de centro de recogida y de clasificación de las producciones agrícolas de toda la vertiente occidental del Val di Mazara, estando provista de un puerto marítimo natural propio. A ella estaba estrechamente unido el asentamiento de Alcamo, nacido como centro agrícola y comercial en el lugar de una estación en la carretera consular de Palermo a Trapani. Calatubo, próximo al valle del torrente homónimo, se conocía en la época árabe como Qal'at Awib y en la época del condado normando como Calatub (diploma de 1093) y como Calathubi (diploma de 1110). El Castillo, enteramente edificado en piedra calcárea local gris en *opus incertum*, está organizado en torno a dos patios, siguiendo los bordes regulares de la elevación sobre la que se alza. El acceso a la plaza se hacía por una escalinata en leve pendiente, cuyos peldaños están marcados ahora por bloques de piedra escuadrada. La muralla, de trazado irregular, estaba interrumpida por dos torres cuadradas para vigilar el frente de la entrada, mientras que otras dos pequeñas torres (del siglo XVIII) se alzaban sobre un espolón rocoso y daban a uno de los patios, debajo del cual estaba la cisterna unida a un gran sistema de canalizaciones. El piso más bajo de los cuerpos de fábrica albergaba las masadas y los almacenes, las cuadras y los lugares destinados a vivienda; el superior terminaba con una iglesita cubierta por bóvedas de crucería, erigida en la parte más alta de la roca. Actualmente, el Castillo, propiedad de un particular, está en estado de abandono y sin cubiertas.

RECORRIDO VIII

Testimonios de las épocas árabe y normanda

Comité científico

Primer día

VIII.1 VICARI
    VIII.1.a Cuba Ciprigna
           (Pequeña Cuba)
    VIII.1.b Castillo

VIII.2 ALTAVILLA MILICIA
    VIII.2.a Puente Sarraceno
    VIII.2.b Iglesia de San Miguel

VIII.3 CACCAMO
    VIII.3.a Castillo
    VIII.3.b Iglesia de San Jorge –
           Catedral (opción)

VIII.4 CAMPOFELICE DI ROCCELLA
    VIII.4.a Sajrat al-Hadid
           (Castillo de Roccella)

VIII.5 CEFALÙ
    VIII.5.a Catedral
    VIII.5.b Lavadero

VIII.6 SPERLINGA
    VIII.6.a Castillo Normando y restos
           de la iglesia de San Lucas

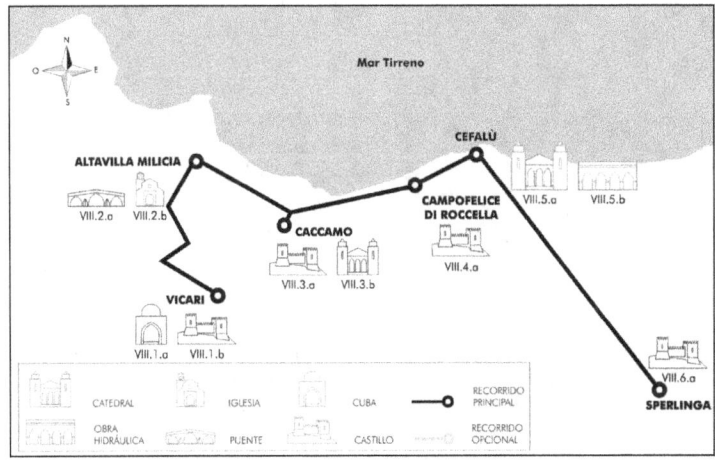

Castillo, vista de la entrada, Sperlinga.

RECORRIDO VIII *Testimonios de las épocas árabe y normanda*

Dos preocupaciones, en apariencia muy distintas, impregnan la trama de la presencia de las dos civilizaciones, musulmana y normanda, en el territorio nororiental de Sicilia, que de oriente a occidente ve sucederse los intransitables relieves de los Peloritani, los Nebrodi (llamados también Caronie) y las Madonie: la defensa, a la que corresponden las señas concretas de la arquitectura militar, y el agua, que motivó una serie de obras realizadas, bien para proteger su pureza en el manantial (Cuba de Vicari), bien para uso doméstico (Lavadero de Cefalù) o incluso para vadearla (Puente de Altavilla Milicia sobre el río San Michele). El contraste entre la dureza de las obras militares y la levedad de las hidráulicas es, sin embargo, sólo aparente: ambas constituyeron en el pasado premisas indispensables para la formación y el florecimiento de una civilización sedentaria, sobre todo durante los inestables siglos de la Alta Edad Media (basta pensar en el acto final de la caída del imperio romano de Occidente, cuando el rey godo Vitigio cortó los acueductos de Roma durante el asedio de 537). Y no es casualidad que precisamente la terminología dialectal siciliana ligada al agua conserve aún hoy muchas huellas del pasado islámico: *favara*, de *fawwara* ("chorro de agua, fuente"); *uadi*, de *wadi* ("río"); *garraffu*, de *garraf* ("rico en agua"); *gebbia*, de *yubb* ("aljibe").

El itinerario ideado para este recorrido corta, cronológicamente, la fase central de la ocupación árabe de la isla, la que tuvo origen en el fracaso del asedio a Siracusa del año 828, arruinado por una terrible peste de la que parece que fue víctima el propio comandante de las tropas sarracenas, Asad Ibn al-Furat. La derrota indujo a los conquistadores a dirigirse a la costa noroccidental por el interior de la isla (de 830 es la caída de Castrogiovanni), y desde Palermo, tomada en 831, prepararon la

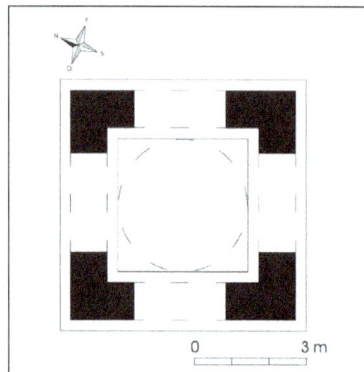

Cuba Ciprigna, planta, Vicari.

Catedral, fachada principal, Cefalù (Gally Knight, 1838).

conquista de la cordillera nororiental, hasta Mesina. Por tal razón, el recorrido registra la presencia de numerosos presidios fortificados, algunos repartidos por el estratégico valle del río San Leonardo (cuya desembocadura está en Termini Imerese), como los castillos de Vicari y Caccamo. Pero de igual interés, si no estuviesen en tan avanzado estado de ruina, serían algunas fortificaciones vecinas, como las de Misilmeri (de *manzil al-amir*, "casa del emir"), Mezzojusto (de *manzil Yusuf*, "casa de José"), Corleone, al norte de la cual se alzaba el fortín de Qal'at al-Tariq (el "peñón del camino", según al-Idrisi), conocido solamente por documentos, al igual que el pueblo de 'Ayn Bi.l.lo.n en el barrio de San Michele de Altavilla Milicia y más tarde mencionado como *castrum* o *fortilicium* Sancti Michaelis de Campogrosso, asignando el topónimo a la iglesia del cercano monasterio basilio. También en la costa del Tirreno se encuentra otro testimonio del sistema defensivo planificado por los árabes y después heredado por los normandos y los suevos. Elevado sobre un basamento rocoso cercano a la desembocadura del Roccella e interrumpiendo la continuidad del litoral arenoso que une Termini con Cefalù, surge el fuerte de Campofelice, conocido como la "peña de hierro" (Sajrat al-Hadid) por el nombre del pueblo árabe cuyos vestigios están hoy ocultos por el imponente *donjon* reconstruido entre los siglos XIII y XIV. Otra fortaleza se encuentra hacia el interior, la de Sperlinga (célebre por haberse puesto, caso único en la isla, de parte de los angevinos durante la *Guerra del Vespro*), procedente de la reutilización de *hipogeos* anteriores de naturaleza rupestre.

Catedral, ábsides, Cefalù (Gally Knight, 1838).

Algunas poblaciones del interior de las Madonie registran trazas posteriores de la presencia de los árabes, por lo general reducidas al recuerdo (Petralia Soprana, Geraci Siculo) o a topónimos de cierta incertidumbre documental (torre cilíndrica llamada Sarracena, en Gangi). Se trata, en cualquier caso, y en todas las fundaciones hasta aquí mencionadas, de fortificaciones que han llegado hasta nosotros bajo una apariencia que ha englobado la original configuración de la época musulmana o de la normanda, a menudo a causa de reformas de épocas próximas (de época sueva o, incluso, de aquella peculiar fase de la arquitectura del siglo XIV siciliano llamada "chiaramontana"); transformaciones que a menudo han dejado identificables los elementos de las culturas artísticas precedentes, tanto en la tipología de las plantas como en el lenguaje de los esquemas decorativos. En algunos casos, a partir de este repertorio se desarrolló el patrón latino-occidental de la cultura arquitectónica que los normandos se encargaron de difundir. Un ejemplo es la Catedral de Cefalù, catedral-mausoleo pensada como majestuoso sello de legitimación de la dignidad real de Ruggero II y de su casa, y donde, por lo demás, las ideas de presidio militar y de presidio de la fe confluyen en una representación bastante eficaz de ambos propósitos.

VIII.1 **VICARI**

Al-Idrisi lo describe como un "imponente castillo y fortín inexpugnable con abundancia de agua y tierras productivas" (trad. original al italiano de M. Amari, 1880-81).

Según algunos cronistas, el gran conde Ruggero utilizó esta localidad como plaza fuerte para la conquista de Palermo y, en 1077, construyó en ella un castillo a cuyos pies se establecieron numerosos grupos de lombardos. En efecto, su privilegiada situación de "guardia" sobre un cruce de caminos de fundamental importancia para la comunicación entre la costa y el interior hace suponer con razón el asentamiento de comunidades desde la época bizantina y la pervivencia del pueblo durante el periodo islámico. Tal hipótesis parece avalada por algunos restos hallados en las campañas de excavaciones arqueológicas llevadas a cabo recientemente en el área del Castillo.

Las "Sierras de Ciminna"
A lo largo de la carretera a Vicari se observa un paisaje caracterizado por la presencia de yesos macrocristalinos que afloran a la superficie y rocas en forma de ruinas inquietantes que asoman en un territorio donde se alternan en pequeños campos cultivos de trigo y avena, de almendra y olivo, pero también de habas, tomates y vides. La parte más impresionante y sobresaliente de este territorio, en el término municipal de Ciminna, denominada serre *("sierras"), es una reserva natural orientada donde, sobre todo en primavera y en otoño, es posible observar en torno a las pendientes espectaculares florecimientos de garriga y una gran variedad de especies animales migratorias.*

VIII.1.a **Cuba Ciprigna** (Pequeña Cuba)

Desde Palermo, tomar la autopista A19 y, en el desvío de Villabate, seguir por la SS121 hacia Agrigento; salir en el desvío para Vicari y continuar por la SP84; al final de esta, torcer a la derecha en Via Ciprigna, donde está el monumento.

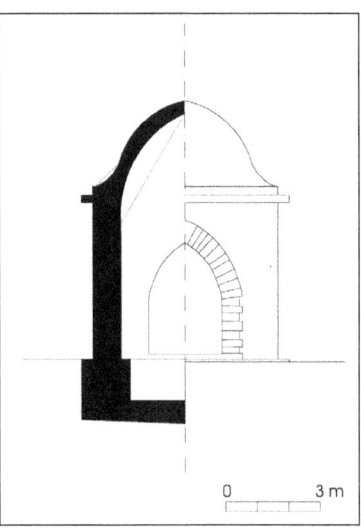

Cuba Ciprigna, sección, Vicari.

RECORRIDO VIII *Testimonios de las épocas árabe y normanda*
Vicari

El edificio se alza a pocos centenares de metros del antiguo pueblo de Vicari, entre las primeras casas. El volumen cúbico, abierto en los cuatro lados por arcos apuntados, está subrayado por una cornisa saliente sobre cuyo plano se levanta una cúpula de arco rebajado. En el interior, bajo el suelo de lastras de calcarenita informes pero bien unidas, hay un estanque enterrado al que llegaba el agua del manantial vecino. A la altura de las impostas de los arcos, en el intradós, hay algunos agujeros que han llevado a pensar en dispositivos de un sistema móvil para el cierre de las arcadas.

Según algunos, la denominación de *Ciprigna* ("chipriota") se explicaría por un culto anterior a la diosa Venus en el mismo lugar.

VIII.1.b Castillo

Volviendo en coche por la SP84, entrar por Corso Vittorio Emanuele y seguir hasta Piazza Municipio, donde se puede aparcar. Ir por Via S. Maria del Castello, torcer a la derecha en Via dei Menestrelli y continuar por Via Martino Mira, al final de la cual está la entrada al Castillo.

En restauración en el momento de redactarse este catálogo. Hay que fijar la visita con antelación llamando a la Superintendencia de Bienes Culturales y Ambientales de Palermo, Sr. Pantelleria, tel. 3805034547, o Sra. Coniglio, tel. 091 61821. Visita en grupos de diez personas como mínimo.

Los restos más consistentes del Castillo se reducen a su perímetro fortificado. De particular interés son las ruinas de los aljibes y los vestigios de la capilla y las torres. Las últimas excavaciones efectuadas han sacado a la luz los cimientos de otros cuerpos de fábrica en las inmediaciones de las cisternas. Merecen especial atención las torres del frente septentrional, una de las cuales, la Torre del Molino, está entera hasta la altura de las ventanas.

Cuba Ciprigna, vista general, Vicari.

Castillo, planta, Vicari.

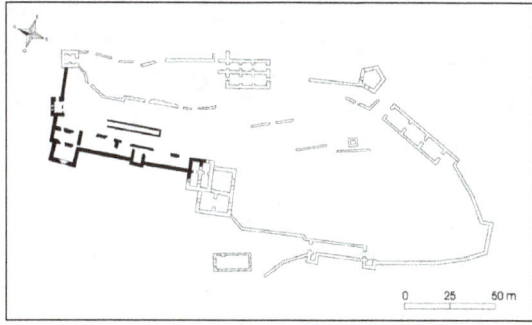

RECORRIDO VIII *Testimonios de las épocas árabe y normanda*
Altavilla Milicia

Castillo, Vicari.

*Puente,
restos del empedrado,
Altavilla Milicia.*

En el paramento de la torre, caracterizada por la falta de la pared orientada al interior (quizá por razones militares), se abren troneras. Esta es la torre denominada *porta fausa* ("puerta falsa"), ahora reconstruida y consolidada con dos estructuras de madera, una de cubierta y otra intermedia.

La fundación del Castillo debe de datar del periodo islámico y en él encontró refugio el gran conde Ruggero en 1077. Un documento de 1076 que alude al "Dominus Rogerius castellanum Biccari" probaría la existencia del Castillo. Al-Idrisi lo menciona, subrayando sus finalidades defensivas y definiéndolo como "alto y bien clausurado con cerraduras". Después de las destrucciones infligidas por las numerosas batallas en que se vio envuelto, fue reconstruido en el siglo XIV por Manfredi Chiaramonte.

VIII.2 **ALTAVILLA MILICIA**

VIII.2.a **Puente Sarraceno**

Volver a la A19, salir en el desvío para Altavilla y seguir las indicaciones hacia la SS113 costera en dirección a Termini. Nada más pasar el puente sobre el torrente San Michele, doblar a la derecha y proseguir por la carretera que bordea el torrente, pasando bajo el puente de la autopista. Dejar el coche y seguir a la derecha la senda que baja hasta el río.

A pocos metros de la desembocadura del torrente San Michele, en las cercanías de la homónima iglesia normanda (conocida también con el título de Santa María de

RECORRIDO VIII *Testimonios de las épocas árabe y normanda*
Altavilla Milicia

Puente, vista de la arcada, Altavilla Milicia.

Campogrosso), se alza un puente de modestas dimensiones y una única arcada, llamado Puente Sarraceno, que puede datarse en el periodo normando. Aunque desaparecido el plano de la calzada, la estructura mural del basamento se presenta todavía intacta, lo mismo que el arco apuntado. Sobre este puente, cuya rampa conserva restos de pavimentación, pasaba la única carretera que unía Termini con Palermo.

VIII.2.b Iglesia de San Miguel

Recoger el coche, tomar la carretera a la Chiesazza y torcer a la derecha para volver a pasar bajo el puente de la autopista. Proseguir por la paralela a esta y torcer a la izquierda siguiendo las indicaciones para Chiesazza. Dejar el coche y caminar por el sendero que lleva al monumento.

Conocida también como Santa María de Campogrosso, está indicada en los mapas topográficos con el nombre de Chiesazza ("iglesona"). El muro del perímetro constituye, pese a estar incompleto, el único resto de toda la construcción. Según algunos estudiosos, hay que identificar el conjunto de San Miguel como un monasterio basilio del periodo del condado normando, uno de los primeros edificios sacros construidos poco después de la reconquista de la isla para la cristiandad. En la planta se aprecian afinidades con las iglesias protonormandas sicilianas de San Miguel Arcángel en Troina, San Felipe de Fragalà en Frazzanò y San Juan de los Leprosos en Palermo, así como analogías estructurales con algunas iglesias de Calabria como San Juan el Viejo de Stilo y la Roccelletta de Squillace: nave única, transepto sobresaliente y ábside central visible desde fuera. En realidad, la iglesia de San Miguel presenta rasgos estilísticos semejantes que recuerdan más a las construcciones surgidas en el continente y en

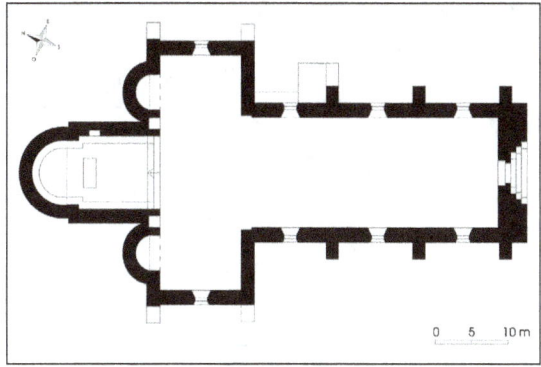

S. Miguel, planta, Altavilla Milicia.

243

RECORRIDO VIII *Testimonios de las épocas árabe y normanda*
Caccamo

S. Miguel, vista general de los restos, Altavilla Milicia.

Sicilia oriental que a las de Sicilia occidental.
En su estado actual, puede apreciarse aún la zona del presbiterio, elevada tres escalones respecto al plano de la sala, y la existencia de una cripta.
Los contrafuertes y el hallazgo de una clave de bóveda y de los riñones de un crucero atestiguan quizá transformaciones más tardías.

VIII.3 CACCAMO

VIII.3.a Castillo

Volver en coche a la A19, salir en el desvío para Termini Imerese y seguir las indicaciones hacia la SS285, que lleva a Caccamo. Una vez en la población, ir por Via Termitana y, reco-
rrido el primer tramo de Corso Umberto I, dejar el coche y seguir por Via del Castello hasta llegar al monumento.
Horario: laborables de 9:30 a 12 y de 15:30 a 18:30 (en invierno, 17); sábados y festivos de 9:30 a 12 y de 15:30 a 17:30; Navidad y Año Nuevo cerrado.

Al aspecto riguroso y lineal, además de amenazante, de los elementos que componen el Castillo se contrapone la elegancia de las esbeltas torres, en las cuales pueden apreciarse, sabiamente mezclados, los diversos lenguajes que han caracterizado la arquitectura siciliana desde la Edad Media a la Era Moderna.
Las primeras noticias documentadas datan de 1094, cuando la fortaleza pertenecía al feudatario Goffredo Sagejo, pero lo cierto es que hay que identificar el núcleo primigenio con las zonas de la torre maestra, del ala chiaramontana y del actual patio principal (ss. XIII-XIV).
Una reciente hipótesis (Samperi, Rubino) hace remontar su origen a un fortín romano construido durante la primera guerra púnica.
Se accede al Castillo por una rampa de escalones de adoquinado que se encaraman por la vertiente noreste de la cresta rocosa y que conducen a la primera entrada, una puerta del siglo XVII. Desde el patio interior, a través de un oscuro recoveco, se accede a la antigua Sala de Audiencias, construida por Jaime de Prades en 1402. Desde el mismo patio se ve, al sur, un pasaje cortado en la roca que comunica con la cercana Catedral. Frente a la entrada de la Sala de Audiencias había varios alojamientos (fechables en el siglo XV) para los guardias del Castillo; desde ellos partía el cami-

RECORRIDO VIII *Testimonios de las épocas árabe y normanda*
Caccamo

Castillo, vista general, Caccamo.

Castillo, rampa de entrada, Caccamo.

no de ronda. A la derecha se va a una terraza sobre la que se alzan la pequeña iglesia y la entrada a las prisiones, en cuyas paredes se han encontrado dibujos y grafitos que representan armas y figuras de damas, iglesias y caballos. Desde la propia terraza es posible ir a las demás alas del Castillo. De una tercera puerta, protegida por un puente levadizo sobre el foso, quedan pocas huellas; desde el puente se entraba en un breve vestíbulo que llevaba a un gran patio, donde se abrían varias puertas, una de ellas la entrada a los salones del Castillo. Entre ellos estaba el amplio Salón de la Conjura (llamado así por haber albergado en 1160 a los barones reunidos contra Guglielmo I, encabezados por Matteo Bonello), con techo de artesonado rena-

RECORRIDO VIII *Testimonios de las épocas árabe y normanda*
Caccamo

Castillo, patio, Caccamo.

centista tardío. Desde el salón se accede a la habitaciones privadas del castellano, a la sala de las reuniones, a los dormitorios; prosiguiendo hacia la izquierda se pasa a la otra ala, donde se encuentran dos comedores con frescos y techos tardorrenacentistas; luego se llega a las habitaciones de la hospedería, una de los cuales comunica con la que era una pequeña capilla. En el centro del suelo, una losa de vidrio deja ver un pozo de más de 30 m de profundidad, antes cubierto por un entablado. A la derecha del Salón de la Conjura se encuentra la Sala de la Chimenea, en la que hay una ventana de arco pentalobulado. En la parte suroccidental se alzan las torres que dominan el barrio de Terravecchia, antigua ciudadela de la mansión, cerrada por una muralla almenada y comunicada por cuatro puertas con los barrios de Rabato, Brancica o Terranova y Curcuraccio o Terranova Superiore. El sistema fortifica-

do está formado por cinco cuerpos: la Torre Gibelina, que es, junto con la Torre Maestra, la más antigua y alta de la fortaleza; la Torre del Foso o del Dammusco; la Torre de Pizzarrone, aislada y externa al Castillo, situada en la desembocadura de las alcantarillas aguas abajo; la Torre de la Plaza, demolida en 1627; la Torre de las Campanas, hoy campanario de la Catedral.

Reserva natural orientada de Monte S. Calogero
Desde la plaza Belvedere de Caccamo se puede observar el imponente conjunto montañoso, formado por piedra calcárea del mesozoico, del monte S. Calogero, una de las cimas más altas (1.326 m) del sistema de los Montes de Palermo. Sus pendientes albergan residuos ahora raros de quejigos naturales y de denso matorral mediterráneo, distribuidos en función de la altitud. La reserva está gestionada por el organismo forestal público de la Región Siciliana (tel. 09162742017).

VIII.3.b **Iglesia de San Jorge – Catedral** (opción)

Proseguir a pie volviendo por Via del Castello. Al llegar a Umberto I, torcer a la derecha y continuar hasta cruzarse con Via P. Muscia; bajar por la escalinata y torcer a la derecha en Via Cartagine, que lleva a Piazza Duomo, donde está el monumento. (O bien, en coche, recorrer Corso Umberto I y Via Cartagine hasta Piazza Duomo.)
Lo único interesante es su configuración externa.

La iglesia, consagrada al patrón de la ciudad, San Jorge, fue fundada alrededor de 1090 por los normandos. No queda casi

RECORRIDO VIII *Testimonios de las épocas árabe y normanda*
Campofelice di Roccella

nada de la construcción medieval después de las modificaciones de 1477 y de la radical reforma llevada a cabo en la época barroca. De la época normanda permanece, en la fachada, la torre avanzada del Castillo, integrada, junto con la obra moderna, en el descollante campanario (50 m) que domina la plaza.

VIII.4 CAMPOFELICE DI ROCCELLA

VIII.4.a Sajrat al-Hadid (Castillo de Roccella)

Volver en coche a Termini Imerese; una vez atravesada la población, tomar la SS113 en dirección a Buonfornello y, pasado el río Roccella, torcer a la derecha siguiendo las indicaciones para Roccella Mare. Al llegar al paseo marítimo, torcer enseguida a la derecha por un camino de tierra que conduce al monumento. Se aconseja visitarlo sólo por fuera.

El nombre deriva del étimo Rotxellam, en árabe Sajrat al-Hadid ("peña de hierro"); finalmente, en el siglo XVI Tommaso Fazello le dio la denominación de Anciulla. El conjunto está precedido por las ruinas de un acueducto romano. El promontorio llano y rocoso sobre el que se yergue la fortaleza está formado por infraestructuras para hacer continuo y uniforme el plano de fundación de los cuerpos de fábrica. La torre-castillo, el elemento más interno y mejor conservado del conjunto, se alza al sur junto con las ramificaciones de otras construccio-

Sajrat al-Hadid, vista general, Campofelice de Roccella.

RECORRIDO VIII   *Testimonios de las épocas árabe y normanda*
Campofelice di Roccella

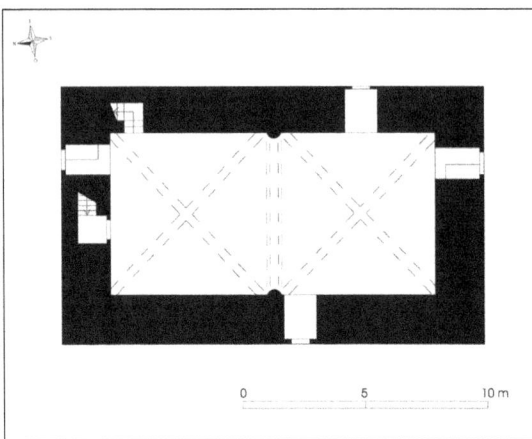

Sajrat al-Hadid, planta de la torre, Campofelice de Roccella.

nes, quizá establos y depósitos. Aún más al sur surge, aislada, una entrada de piedra, el único elemento superviviente de la iglesia, dedicada a San Juan o a la Virgen.

La torre-castillo debe su integridad a las distintas reconstrucciones obradas entre los siglos XIII y XIV. Su tipología, asimilable a la de otras torres sicilianas realizadas sobre el modelo de los *donjons* normandos (Motta Sant'Anastasia, Adrano), tiene planta rectangular, con casi 20 m de altura y articulada en tres niveles. En el basamento, aprovechando la pendiente de la roca, se halla un espacio en forma circular destinado a cisterna para recoger agua, que se subía por una trampilla del piso bajo. A la entrada actual se llega por una rampa con soga. La planta baja, cubierta por una bóveda de cañón, está dividida en dos crujías por un arco apuntado de sillares de arenisca, con dos *pies derechos* de distinto espesor; en la de mayores dimensiones estaba el ojo de patio en el que se recogía el agua para la cisterna de abajo.

El espacio meridional, donde está la trampilla de la cisterna, muestra en cada lado una ventana en forma de tronera. En ambos lugares se ven restos de vigas de madera, probable armazón principal de los suelos. En la pared norte, a una altura de unos 4,5 m, se abre una puerta que da acceso a una escalera empotrada en el muro y que lleva al piso superior, ocupado por un amplio salón con cuatro grandes ventanas de arco de medio punto. Una rampa de escalones salientes permite alcanzar una abertura de la pared norte, a una altura de 3,5 m. En este piso, como en el inferior, se aprecian restos de ménsulas de piedra, seguramente destinadas a sostener un suelo. También el tercer nivel está dividido en dos ambientes, cubiertos por bóvedas de crucería de nervios con semicolumnas adosadas al muro. Una tercera escalera practicada en el espesor del muro conduce a la terraza, de cuyas almenas perduran pocos restos.

Torrente artístico
En la carretera estatal 113 destaca sobre la playa de Villamargi el "Monumento a un poeta", imponente escultura de Tano Festa que representa una ventana al infinito. Otras obras de grandes artistas contemporáneos pueden verse en todo el territorio circundante, y en especial en el lecho de un torrente, cada una en su diálogo particular con el paisaje o en sintonía con él. Con el nombre de "torrente artístico" se quiere dar a entender un posible itinerario de escultura en escultura y de lugar en lugar, y parte de Castel di Tusa, donde hay un hotel único en el mundo, cuyas habitaciones han sido diseñadas cada una por un artista contemporáneo.

VIII.5 CEFALÙ

Diodoro Sículo, en el siglo IV a. C., la llama Kephaloidion, y después la abrevia en Kefalion, que para algunos estudiosos significaría "cabeza", en referencia al promontorio rocoso (la llamada Rocca) que la domina; para otros, el nombre provendría de *kefalos*, es decir "manantial de agua dulce que brota hacia el mar". En el año 254 a. C. fue conquistada por los romanos, y en el periodo bizantino se estableció uno de los tres obispados sufragáneos de la iglesia metropolitana de Siracusa.

Los musulmanes sufrieron para conquistarla: a un primer asedio prolongado en vano en 837 siguió el decisivo de 858, que marcó el principio de la caída de Enna y de la ofensiva hacia el Val Demone. En el periodo islámico tomó el nombre de Safludi.

El conde Ruggero, en 1063, la sometió a saqueo, junto con Brugato y Golisano, para aumentar las vituallas necesarias para el avance de la conquista. Tras la refundación de la sede episcopal (1131), los normandos crearon las condiciones para darle poder económico y esplendor artístico. Al-Idrisi la define como "fortaleza dotada de todas las prerrogativas de una ciudad, con mercados, termas y molinos", mientras que, más tarde, Ibn Yubayr la encuentra poblada aún por muchos musulmanes, y sostiene que los cristianos se refugian a menudo en la plaza para huir de los improvisos ataques de flotas musulmanas.

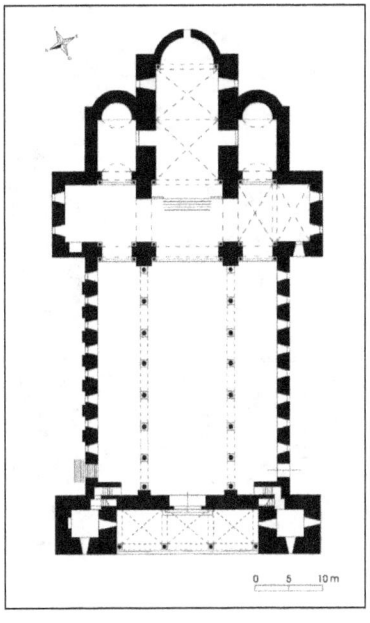

Catedral, planta, Cefalù.

VIII.5.a Catedral

Seguir por la SS113 para Cefalù y llegar al Lungomare G. Giardina (paseo marítimo), donde hay que dejar el coche; seguir por Corso Vittorio Emanuele y luego Via Mandralisca hasta llegar a Piazza Duomo.

Horario: laborables de 8 a 12 y de 15:30 a 19 (en invierno, 17:30), festivos de 8 a 12 y de 15:30 a 20 (en invierno, 19).

La iglesia está precedida por un amplio atrio elevado respecto a la plaza, al que se sube por una escalinata. La fachada está encerrada entre dos altos campanarios que la rematan a los lados, encuadrando, en el centro, un pórtico con tres arcadas. Los campanarios, semejantes a torres fortificadas, son descollantes y altos volúmenes

RECORRIDO VIII *Testimonios de las épocas árabe y normanda*
Cefalù

Catedral, fachada principal, Cefalù.

Catedral, fachada lateral, Cefalù.

de planta cuadrada sin cornisas que marquen los pisos, y a ellos se superpone una última elevación, menor y con cornisa, coronada por un chapitel. El arco central del pórtico, de medio punto, y los laterales, apuntados, están sostenidos por columnas de granito, con capiteles adornados por el escudo obispal. Bajo el pórtico se abre, en el centro, la Porta Regum, una bellísima puerta de cinco arcos concéntricos ricamente esculpidos. La fachada por encima del pórtico está ornada con dos órdenes de arcos ciegos apuntados.

En el interior, el amplio espacio de la basílica está dividido en tres naves por ocho columnas de granito (excepto la primera, de mármol cipolino), con capiteles clásicos y de matriz bizantina, sobre los que se impostan los arcos apuntados peraltados sobre *pies derechos*. El cuarto y el sexto capitel de la derecha y el sexto de la izquierda están ricamente esculpidos. La cubierta de madera ha conservado las vigas originales, decoradas con figuras atribuidas a maestros islámicos.

En el poderoso transepto se identifican claramente las huellas de las variantes aportadas a la idea primitiva. Presenta, se hecho, dos arcos triunfales distintos; el más externo, concebido para una estructura de mayores dimensiones, se tapió en el curso de la construcción.

La cubierta de las tres crujías del transepto es desigual: en el brazo izquierdo y en el centro es de viguería de madera; el brazo derecho, en cambio, está cubierto por una bóveda de crucería, ejecutada en los últimos años del siglo XV por orden del obispo De Luna, cuyo escudo figura en la clave de la bóveda. En las paredes de ambos brazos corre una galería de arcadas

RECORRIDO VIII *Testimonios de las épocas árabe y normanda*
Cefalù

Catedral, ábsides, Cefalù.

sobre columnas, practicada en el espesor del muro en correspondencia con la pseudogalería externa. El presbiterio, elevado con respecto al plano de la basílica, termina en tres profundos ábsides que presentan caracteres diversos. Los menores tienen columnitas pareadas con arcos cruzados y, coronándolos, una serie de arcos pensiles. El ábside central presenta altas columnas pareadas, pero el aparato decorativo resulta interrumpido y concluido por un remate de pequeños arcos pensiles. Los mosaicos, que revisten una parte del presbiterio, pueden agruparse en cuatro núcleos, cronológicamente diferentes: el primero es el del ábside, donde sobresale el Pantocrátor benedicente que domina desde arriba la nave central de la iglesia; el segundo es el del *bema*, que está en estrecha relación con los mosaicos análogos del presbiterio de la Capilla Palatina; el tercero es el de la bóveda del *bema*, ejecutado entre 1150 y 1154, cuando el gran proyecto de Ruggero para la Catedral se había abandonado y se retrocedía a soluciones varias.

La magnificencia de la decoración musiva debía de ir acompañada de la del ciclo pictórico del frente occidental, que se ha perdido por completo, con la representación de los personajes de la dinastía normanda. En particular, en el centro, el fundador de la Catedral tendía la maqueta de la iglesia al Salvador sentado en el trono.

A través de una puerta de la pared de la nave izquierda se accede al claustro. Su planta cuadrada estaba constituida originalmente por simples filas de columnas pareadas que sostenían arcos ojivales y se alzaban sobre un basamento continuo; los fustes de las columnas presentan dibujos en zigzag, relieves, racimos y varios elementos figurativos más.

La complicada cronología del conjunto se inicia el día de Pentecostés de 1131, cuando el normando Ruggero II, rey de Sicilia (1130-1154), asiste a la ceremonia de la colocación de la primera piedra en la construcción de la grandiosa basí-

Catedral, vista de las naves, Cefalù.

251

RECORRIDO VIII *Testimonios de las épocas árabe y normanda*
Cefalù

Catedral, mosaicos del ábside con el Pantocrátor, Cefalù.

lica que él había promovido directamente, reinstaurando la antigua diócesis y asignándosela a los agustinianos de Bagnara Calabra. La iglesia iba a custodiar los restos mortales de los Altavilla; tanto es así que Ruggero hace ejecutar y trasladar al conjunto en obras dos sarcófagos de pórfido, puestos en 1145 en el coro de la iglesia pero después llevados a la Catedral de Palermo por Federico II de Suevia en 1215.

La primera fase de los trabajos se prolongó hasta 1136: se levantaron los muros del perímetro, los cuerpos orientales, los de las naves laterales y, probablemente, el basamento de los campanarios. Pero las obras de edificación sufrirán cambios debidos a una primera revisión del proyecto original, fundamentalmente en su altura. Se modificaron las proporciones del transepto y la zona del altar, se erigió la fachada con los dos campanarios y se alteró la estructura de la superficie mural externa del ábside central. En 1145, año de la colocación de los dos sarcófagos de pórfido, debieron de definirse las grandes transformaciones del presbiterio y el transepto; en 1148 se completaba la decoración musiva del ábside central. No obstante, el grandioso proyecto quedó incompleto, como lo demuestra el gran *arco triunfal* que quedó por encima del techo de la nave central, así como las incongruencias y las soluciones de compromiso de la siguiente fase constructiva.

Cuando murió Ruggero, en 1154, su ataúd no se depositó en el mausoleo que había encargado, porque en aquella fecha la construcción no estaba terminada ni el templo había sido consagrado. La tercera fase de construcción empieza, en su mayor parte, en el periodo del reinado de Guglielmo I (1154-1166), que renunció al grandioso proyecto de Ruggero y proveyó a la terminación del edificio religioso.

En la segunda mitad del Quinientos comienzan las obras que en cerca de dos siglos determinarían algunas transformaciones: en el claustro, es demolido y reconstruido el pórtico este, mientras que los otros se desmontaron y volvieron a montar, bajando asimismo la cota del suelo. Junto al claustro se alzaron las salas

RECORRIDO VIII *Testimonios de las épocas árabe y normanda*
Cefalù

capitulares y las capillas de Santa María y de Santa Ágata.
La reorganización afectó también al área frente a la fachada, ya utilizada como cementerio, que en 1585 fue transformada en la nueva y extensa anteiglesia.
Los cambios internos comenzaron en 1595 y, después de los de la época barroca, las últimas alteraciones radicales fueron obra del obispo Castelli: se construyeron las bóvedas de cañón con lunetas, así como profundas capillas en las naves laterales. Desde principios del siglo XX, las vicisitudes de la Catedral pasan por numerosas intervenciones de restauración.

VIII.5.b **Lavadero**

Volver a pie por Corso Vittorio Emanuele; a la izquierda, en Discesa Fiume, se encuentra el Lavadero.

De este sugestivo lavadero público, que se ha estado utilizando hasta hace tan sólo unas décadas, escribió Boccaccio en *Il libro dei monti e dei fiumi del mondo* (*El libro de los montes y de los ríos del mundo*), llamándolo "Cefaloide". Al lavadero, que los habitantes de Cefalù llaman *'u ciumi* ("el río"), se llega por una escalinata de caracol que conduce a un vano cubierto por una bóveda tan baja que le confiere un aspecto de gruta. La zona de la izquierda está, en parte, a cielo abierto y en parte cubierta por un sistema abovedado de arco apuntado; el espacio cubierto está delimitado por un muro al que se han fijado 15 bocas de león por las que sale el agua proveniente del manantial. El espacio central, separado del precedente por divisorias de mampostería, está por completo al descubierto y presenta cuatro bocas; tres de ellas vierten el agua en una pileta rectangular, la restante en un pileta adyacente de menores dimensiones. Desde las dos

Lavadero, vista de las pilas, Cefalù.

RECORRIDO VIII   *Testimonios de las épocas árabe y normanda*
Sperlinga

Castillo, vista general, Sperlinga.

piletas, el agua baja hacia otras cuatro contiguas, todas provistas de un pequeño plano inclinado de piedra sobre el que se restregaba la ropa. Desde las piletas, el agua se encauzaba después a otros dos espacios: en uno de ellos, de bóveda de arco apuntado, hay otras cuatro pilas con planos inclinados, y desde ellos el agua discurre hasta verterse en el mar, pasando antes por el segundo espacio, provisto de un canal que recoge el agua y la conduce hacia el Tirreno a través de un corte en la roca.

VIII.6 SPERLINGA

VIII.6.a Castillo Normando y restos de la iglesia de San Lucas

Desde Cefalù, tomar la SS113 en dirección a Mesina y seguir después por la SP52 hacia S. Mauro Castelverde. Después de atravesar la pedanía de Borrello Basso, tomar la SP60 y, desde ella, la SS120 en dirección a Nicosia. Al llegar a Sperlinga, seguir Via Grignano, que lleva a Piazza Castello, y luego proseguir a pie. Aparcamiento en Piazza Castello.
Acceso con entrada, precio reducido para menores de 18 años y mayores de 65. Horario: de 9:30 a 13:30 y de 16 a 19:30.

Sperlinga (de Spelonca, topónimo griego latinizado) fue esencialmente una fortaleza sin pueblo hasta 1597, año en el que Giovanni Forti Natoli compró la baronía y Felipe IV de España le concedió una *licentia populandi*.
Construido sobre una gigantesca mole de piedra arenisca, donde probablemente existían ya numerosos y amplios espacios hipogeos, el Castillo, de grandes proporciones, se alza dominante respecto al actual sistema urbano.
Su fundación es, sin duda, muy tardía (la primera noticia data de 1113), y del Castillo en sí no se habla expresamente hasta el año 1239.
Los numerosos cuerpos de fábrica que lo integran están distribuidos a varias cotas, según un esquema planimétrico ovalado (de unos 200 por 15 m) con orientación SE-NO, y formados por paramentos de sillares de piedra irregular unidos con argamasa y por ambientes rupestres ya existentes, en una rebuscada solución arquitectónica.
El cuerpo principal, construido directamente sobre la roca, es de planta rectangular. Abajo está el vestíbulo de entrada, que introduce en las llamadas "habitaciones de los barones", formado por tres puertas sucesivas y defendido por un puente levadizo ahora sustituido por una pasarela de hormigón.
Pasada la primera puerta, hay un espacio con bóveda de piedra reconstruido recientemente, y sobre la bóveda ojival antaño era

RECORRIDO VIII   *Testimonios de las épocas árabe y normanda*
Sperlinga

Castillo, vista exterior de las salas de los barones, Sperlinga.

Castillo, vista de los restos de la iglesia de S. Lucas, Sperlinga.

posible leer la famosa inscripción: "Quod Sicilia placuit sola Sperlinga negavit" ("Lo que plugo a los sicilianos sólo Sperlinga lo negó"), en recuerdo de la protección que Sperlinga dio a los angevinos durante la *Guerra del Vespro* en 1282; sigue un segundo vano también abovedado, pero de ladrillos de cerámica y suelo excavado directamente en la roca. Desde una de las salas de los barones, la menor, un *bíforo* del siglo XIV se asoma al burgo. En el ala este se halla un ambiente *hipogeo* que se extiende 100 m con cubierta plana y que en otro tiempo constituía la galería de las cuadras, *a cavallerizza*, a la que siguen espacios quizá destinados a prisión, donde quedan una campana troncocónica y dos habitaciones de servicio.

En el patio del Castillo se abre una estancia en la que son visibles las cisternas excavadas en la roca para la recogida del agua mediante canalillos de encauzamiento.

La parte más occidental de la fortaleza está ocupada por cuatro salas con el suelo y parte de los muros excavados en la roca y el resto edificado; probablemente formaban parte del palacio de los barones Ventimiglia, a quienes en 1283 el rey Pedro de Aragón les asignó Sperlinga.

La última defensa estaba garantizada por la muralla que ocupaba la cima de la cresta rocosa. La comunicación se hacía por un empinada escalera cortada entre dos estrechas paredes rocosas y que reservaba a los enemigos peligros mortales.

En el lado oeste está la iglesia de San Lucas Evangelista, de nave única con hornacinas laterales, hoy enteramente reconstruida sobre sus ruinas; está formada por una sucesión de tres crujías dispuestas, en origen, en el eje norte-sur, como atestigua el hallazgo de un altar.

RECORRIDO VIII

Testimonios de las épocas árabe y normanda

Comité científico

Segundo día

VIII.7 CARONIA
    VIII.7.a   Castillo

VIII.8 SAN MARCO D'ALUNZIO
    VIII.8.a   Iglesia del Santísimo Salvador ("Abadía Grande")
    VIII.8.b   Castillo

VIII.9 FRAZZANÒ
    VIII.9.a   Abadía de San Felipe de Demenna o de Fragalà

VIII.10 ROMETTA
    VIII.10.a   Castillo
    VIII.10.b Iglesia del Santísimo Salvador

La conquista normanda de Sicilia

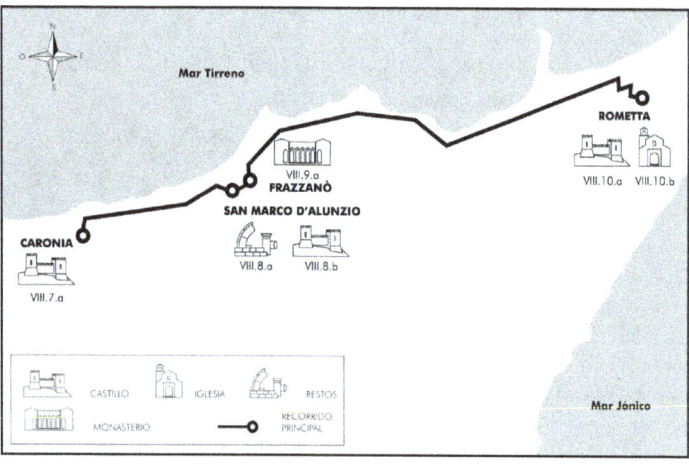

Museo de la Cultura y las Artes Figurativas Bizantinas y Normandas, S. Marco d'Alunzio.

A los sistemas de caseríos y presidios fortificados para el control de los territorios de la isla ocupados en sucesivas veces, correspondió, en las áreas de Val Demone, la única forma de resistencia a la irrefrenable penetración islámica, constituida por las comunidades cenobíticas sículo-bizantinas en torno a las cuales, con la ayuda de una orografía accidentada y favorable al aislamiento, se congregaron las aldeas y los burgos que habían seguido siendo cristianos, garantizando la supervivencia de la "fe de Pedro y Pablo" durante la larga ocupación árabe.

Después del fallido asedio a Siracusa, las fuerzas musulmanas se habían vuelto hacia el interior de Sicilia, avanzando contra Palermo, y desde allí habían comenzado la marcha de conquista hacia los difíciles territorios orientales, que se habían defendido agónicamente y que, a su vez, habían sido defendidos por la áspera orografía de la cadena montañosa de los Nebrodi y los Peloritani (como demuestra la legendaria resistencia opuesta por Rometta, último lugar en caer, en 965, y la solidez de la singular iglesia del Santísimo Salvador y su distribución espacial romano-bizantina nos dan idea de aquella oposición). A esto se añadió la resistencia, más ideológica que militar, de los reductos de fe cristiana, constituidos por los cenobios que seguían la regla de San Basilio de Cesarea, llamado el Grande (contemporáneo del emperador Juliano el Apóstata), especialmente decidida en los territorios de Val Demone. A los basilios, los príncipes normandos, en los primerísimos años de la reconquista, les reconocerían su extrema resistencia asignando a los cenobios generosas concesiones y donaciones hasta la institución de los archimandritas del Monasterio del Santísimo Salvador de Mesina, en 1133. En particular, el Gran Conde Ruggero y la condesa Adelasia se distinguieron por su infatigable obra de

RECORRIDO VIII   *Testimonios de las épocas árabe y normanda*
Caronia

Castillo, vista panorámica, Caronia.

promoción y protección de los cenobios basilios, especialmente en Val Demone. El aislamiento de las comunidades afianzadas en torno a los monasterios no garantizó, sin embargo, una perfecta impermeabilidad a las influencias musulmanas; los contactos con la civilización islámica, a la que se habían opuesto hasta ver reconocida, a menudo so pena de tributos, la propia autonomía, fueron un hecho, bien por las relaciones instauradas con Ifriqiya para el comercio de madera, abundante en los bosques de los Peloritani, destinada a los astilleros navales, bien por la proximidad con los *saracenorum pagi*. Pese a que faltan testimonios concretos de la presencia musulmana en los intransitables territorios de Val Demone, las numerosas huellas se hallan en los topónimos y en la historia de algunos de los pueblos repartidos entre los Nebrodi y los Peloritani.

Se explica así el extraordinario sincretismo identificable en los edificios religiosos de Val Demone, donde los tradicionales esquemas basilicales latinos se reelaboraron a la luz de la concepción espacial bizantina y donde aparecieron nuevas soluciones arquitectónicas, como los paramentos de ladrillos polícromos y la ornamentación de los muros con el motivo de los arcos cruzados. Pocos de estos monasterios, y de las iglesias anejas, han llegado hasta nosotros en condiciones que permitan una reconstrucción plausible de su aspecto original. Entre los edificios conservados, hay que citar la iglesia de los Santos Alfio, Filadelfio y Cirino, en las cercanías de San Fratello, y el Monasterio de San Miguel Arcángel en Sant'Angelo di Brolo.

VIII.7 **CARONIA**

VIII.7.a **Castillo**

Desde Cefalù o desde Sperlinga, volver a la SS113; seguir las indicaciones para Mesina, salir en Caronia y tomar la SP168; a unos 4 km se llega a Piazza Canale. Proseguir, a la derecha, por Via L. Orlando hasta Piazza Idria (o Municipio), donde se puede dejar el coche; seguir a través del Arco Saraceno, Via Alighieri, Via Ducezio, Via S. Francesco y Via Marconi hasta llegar al Castillo.
El Castillo es propiedad privada y en el momento de redactarse este catálogo no se habían acordado aún las modalidades de visita.

Construido durante el reinado de Ruggero II (1130-1154), el palacio, inserto en la muralla del conjunto fortificado, probablemente era utilizado por la corte normanda para aliviarse del calor estival. La noticia más antigua sobre esta construcción nos la proporciona al-Idrisi, quien, recordando Caronia como "peñón antiguo" (*qal'a qadima*), afirma que cerca de él se había edificado un nuevo fortín, suponemos que refiriéndose a la construcción anterior a la época normanda.

El conjunto, delimitado por muros con torreones, sigue la geometría de planta más o menos triangular de la cumbre del monte. En ambos lados de la muralla se inserta una torre cuadrada, avanzada respecto a las cortinas. El amplio frente oriental está compuesto por dos alas de modestos anejos, de época posterior. La puerta de entrada, erigida en 1837 con formas renacentistas, esconde un portal rehundido de bóveda de arco apuntado, más antiguo y de mayores dimensiones. La torre occidental se reconstruyó y, en parte, modificó en su forma tras un derrumbamiento. En el extremo sureste del conjunto surge una tercera torre, utilizada durante largo tiempo como torre del reloj.

El núcleo monumental del conjunto está constituido por el palacio normando del siglo XII, de dos pisos con idéntica distribución. De planta rectangular, presenta afinidades con las salas centrales de los palacios palermitanos de Uscibene y la Zisa, sobre todo en la disposición interna, con la sala mayor flanqueada, simétricamente, por dos espacios menores. El frente oriental se caracteriza por la gran puerta de entrada, que conserva el doble marco original en arco. Una particular riqueza decorativa se la da el contraste cromático entre el negro dorado de los gruesos sillares calcáreos y el color rojo de los ladrillos. Los vanos de ambos niveles estaban cubiertos originalmente por bóvedas, que sólo se han conservado en parte. En el piso superior, la gran sala central está cubierta por una bóveda de aljibe rebajada. Las dos estancias que flanquean la sala central difieren notablemente: la meridional está constituida por un vano rectangular cubierto por una bóveda baja de aljibe revocada; la septentrional es una sala formada por un vano rectangular cubierto por una bóveda de crucería, abierto en tres de sus lados por tres grandes nichos (*iwans*), los dos laterales con bóvedas de cascarón acanaladas. El nicho de la pared del fondo presenta un elegan-

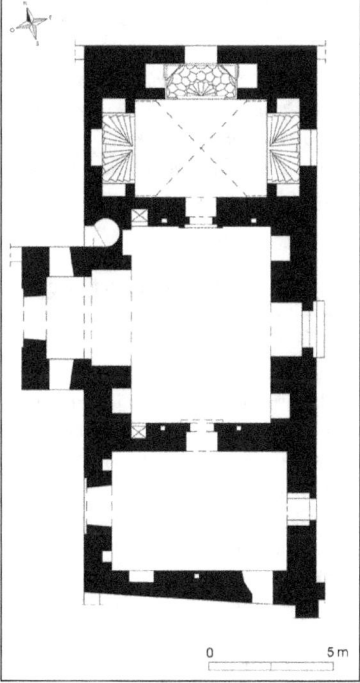

Castillo, planimetría del palacio, Caronia.

te dispositivo para la transición de la planta rectangular a la semipoligonal del cascarón.
En el extremo noreste del conjunto fortificado está la capilla, de datación incierta, constituida por una sala de tres naves separadas por arcos ojivales sobre simples pilares rectangulares y que terminan en ábsides semicirculares excavados en el espesor del muro.

La cerámica de San Stefano
Yendo por la carretera estatal 113, unos kilómetros antes de llegar a Caronia, se pasa por San Stefano di Camastra, villa de la provincia de Mesina famosa por su producción de cerámica. A lo largo de la carretera hay una exposición permanente de objetos de adorno y vajillas (platos, vasos, servicios, pero también mesas, revestimientos, suelos, etc.) que los artesanos de San Stefano han hecho únicos con su maestría. Las técnicas de una tradición muy antigua son hoy retomadas y renovadas por una nueva generación formada en el Instituto de Artes local.

VIII.8 SAN MARCO D'ALUNZIO

Situado sobre una cúspide rocosa que descuella entre las gargantas de dos profundos torrentes, el pueblo actual es heredero de la ciudad grecorromana de Alontion-Haluntium.
En el siglo VI, una comunidad de prófugos lacedemonios refundó en él la ciudad de Demona o Demenna, que durante la larga conquista islámica se impondrá como verdadero reducto defensivo de un vasto territorio donde la cultura bizantina estaba profundamente arraigada. De hecho, según el historiador Ibn al-'Atir, sus correligionarios intentaron en vano un primer asedio a la ciudad en 901, y sólo al año siguiente lograron poner en fuga a los habitantes. Pero los tenaces bizantinos se volvieron a adueñar de ella, obligando al emir fatimí Ibn Abi Jinzir, en 910, a marchar de nuevo con su ejército contra los territorios de Demenna, hasta someterla definitivamente. Como prueba de su importancia estratégica se convirtió en cabeza de todo Val Demone.
Hacia fines del siglo X, el geógrafo al-Muqaddasi menciona Damannas, parangonándola con Taormina por el tipo de asentamiento.
En 1061, Roberto el Guiscardo construyó en ella el primer castillo normando de Sicilia, dedicado a San Marcos, borrando así el recuerdo de la antigua Demenna. A la muerte del Gran Conde (1101) y hasta 1112, su viuda Adelasia, con sus hijos Simone y Ruggero (futuro rey de Sicilia), elegirá no pocas veces la villa como sede de la corte, revelándose como munífica benefactora del monaquismo basilio, muy difundido en este territorio. Al-Idrisi describe la localidad como próspera, con una floreciente producción de seda y con un astillero en la costa para la construcción de embarcaciones con la madera cortada en los ricos bosques del interior.
Recientemente, dando el debido valor a los testimonios recuperados de este rico palimpsesto de asentamientos, se ha instituido el Museo de la Cultura y de las Artes Figurativas Bizantinas y Normandas, que abunda en materiales didácticos y en preciosas piezas escultóricas, pictóricas y numismáticas.

RECORRIDO VIII *Testimonios de las épocas árabe y normanda*
San Marco d'Alunzio

VIII.8.a Iglesia del Santísimo Salvador ("Abadía Grande")

Retomar la SS113 hasta Torrenova; una vez atravesado el pueblo, torcer a la izquierda tomando la SP160 para S. Marco d'Alunzio. Continuar hasta llegar a Piazza Gebbia; desde aquí proseguir en dirección a Frazzanò unos 500 m, hasta ver a la derecha el monumento. Hay que fijar la visita con antelación en la Oficina de Información Turística del Ayuntamiento, tel. 0941 797239.

Santísimo Salvador, vista de la nave central, S. Marco d'Alunzio.

El edificio, hoy en estado de ruina, constaba de tres naves erigidas sobre las estructuras de una basílica paleocristiana anterior. La mampostería era de ladrillo de gran formato que alternaba, en los arcos, con piedra. El cascarón del ábside estaba ocupado por un gran fresco del Pantocrátor hoy conservado en el Museo de las Artes Figurativas Bizantinas y Normandas.

La historia del edificio resulta, cuando menos, compleja. Respecto a su fundación, de datación incierta, se pueden registrar dos fases constructivas. Una primera iglesia, edificada por los normandos al principio de la conquista de la isla, presentaba una planta en forma de T, similar a la de San Felipe de Frazzanò. A continuación se construyeron el presbiterio, los dos arcos ojivales que mediaban entre el ábside central y los laterales (aún visibles) y los muros septentrional y meridional, que delimitaban el espacio de la sala. El techo debía de ser de madera y la nave estaría iluminada por ventanas. En la segunda fundación se decidió cambiar la planta por una basilical de tres naves, la misma que hoy puede ver el visitante. En la transformación se utilizaron sólo los muros septentrional y meridional de la iglesia precedente, abriendo dos arcos separados por un trecho de muro en cada lado de la única nave, con el fin de ponerla en comunicación con las nuevas naves laterales. Esta última modificación se hizo con ocasión de la fundación del monasterio benedictino, según algunos por deseo de la reina Margarita de Navarra, entre 1166 y 1170.

VIII.8.b Castillo

De vuelta en Piazza Gebbia, dejar el coche y seguir por Via Alutina, Via Roma, Vicolo II Castello y Via Castello, hasta llegar a la plaza donde está el monumento.
El interés se limita a su configuración externa.

Un primer castillo, cuya fundación habría que atribuir a los musulmanes en el siglo IX, estaba dotado sin duda de mezquita. Fue reconstruido, ampliado y modificado por Roberto el Guiscardo en 1061, pri-

RECORRIDO VIII *Testimonios de las épocas árabe y normanda*
San Marco d'Alunzio

Castillo, vista parcial, S. Marco d'Alunzio.

mer año de la conquista normanda. El pueblo y su fortaleza se convirtieron en una de las plazas más importantes para la defensa y el control de la costa norte de Sicilia. Varios pergaminos de aquel tiempo atestiguan la presencia de los soberanos normandos en San Marco, que en los años de regencia de la condesa Adelasia (1105-1113) pasó a ser sede gubernamental. Del Castillo sobrevive solamente un trecho del muro septentrional, perforado por amplias ventanas.

Una descripción nos ha proporcionado una imagen del Castillo tal como aparecía en el momento en que el autor tuvo ocasión de visitarlo: al entrar en el patio se veía una profunda y espaciosa cisterna; en la parte inferior, seis cárceles: una para los nobles, otra para las mujeres, otra para los culpables de delitos civiles y la última para los criminales, a las que se añadían otras dos cámaras oscuras llamadas *dammuselli* (en dialecto siciliano, "carcelitas"). Existían, además, talleres, almacenes, una cuadra, un pajar y, encima de ellos, una gran sala con tres estancias señoriales, identificada con la mezquita (Meli, 1991).

El parque de los Nebrodi
La carretera a San Marco d'Alunzio sumerge en el sugestivo escenario natural del territorio de los Montes Nebrodi, que constituyen el extremo de la cadena de los Apeninos y consisten en una línea sinuosa de cimas que alcanzan alturas superiores a los 1.500 m (la cima más alta es el monte Soro, a 1.847 m sobre el nivel del mar) a sólo 15 km, por término medio, de la línea de la costa. Formados por estratificaciones de arcillas y areniscas, tienen cumbres redondeadas y formas más amplias y distendidas en la vertiente meridional. Las laderas más bajas son pobres en vegetación, pero donde predomina el sustrato de arenisca quedan aún considerables extensiones de bosque de matorral mediterráneo y alcornoques en la vertiente costera, de encinas y rebollos más arriba, hasta las hayas de altitud. Hay lagos de alta cota, y cursos de agua que descienden en picado sobre la costa han excavado profundos valles, dejando aisladas impracticables dorsales de afloramiento de cuarcitas. Sobre estas dorsales, en posiciones elevadas y defendibles, surgieron los asentamientos más antiguos, con un característico sistema de comunicaciones en la línea costera formado por una vía principal de la que salían múltiples vías secundarias paralelas (como un peine) y que permanece todavía hoy.

El parque de los Nebrodi ofrece numerosas oportunidades de visita y de disfrute del ambiente y de los productos naturales. La sede de la dirección del parque está en Caronia (tel. 092133321) y oficinas periféricas se encuentran también en Alcara Li Fusi y Cesarò.

RECORRIDO VIII *Testimonios de las épocas árabe y normanda*
Frazzanò

Abadía de S. Felipe de Demenna, vista de la fachada absidal, Frazzanò.

VIII.9 FRAZZANÒ

VIII.9.a Abadía de San Felipe de Demenna o de Fragalà

Desde S. Marco d'Alunzio, coger la SP160 bis en dirección a Frazzanò. En el desvío, seguir a la izquierda por la SP157. En el kilómetro 13, a la izquierda, se encuentra la carretera que sube a la abadía.
Horario: viernes, sábados y domingos, de 9 a 13 y de 14:30 a 17:30; para visitarla en los demás días hay que ponerse en contacto con el Ayuntamiento (Sr. Fabio), Via Umberto I, núm. 24, tel. 0941 959037/959265.

El cenobio basilio, que según la tradición lo erigió Calogero de Calcedonia en el año 494 y lo amplió Ruggero de Altavilla en el siglo XI, se convirtió en el primer centro del renacimiento bizantino. El monasterio presentaba una planta cuadrada irregular, hoy identificable por la consistencia de los edificios existentes, constituido por cuatro alas dispuestas en torno a un patio más o menos rectangular, con los lados mayores orientados en dirección norte-sur. La iglesia se alza en el centro del brazo oriental, de cuyos muros sobresalen únicamente los profundos ábsides. La única nave de la planta en

Abadía de S. Felipe de Demenna, patio, Frazzanò.

RECORRIDO VIII *Testimonios de las épocas árabe y normanda*
Frazzanò

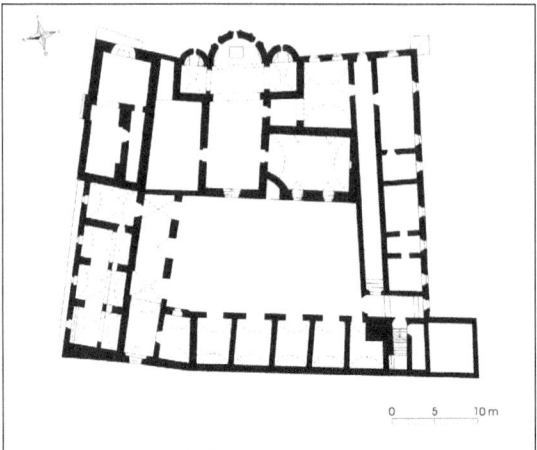

Abadía de S. Felipe de Demenna, planimetría del complejo, Frazzanò.

Abadía de S. Felipe de Demenna, interior de la iglesia, Frazzanò.

forma de T se injerta en el cuerpo de un transepto con tres ábsides, cuya crujía central estaría cubierta por una cúpula. Algunos rasgos de la construcción (las imprecisas alineaciones de la planta, las asimetrías estructurales, la sobriedad de la decoración, el diseño central de la puerta septentrional) confirman la alta datación de esta fundación (o refundación), promovida en 1090 por el conde Ruggero, tal como evidencian dos documentos de Ruggero II de 1117 y 1145.

De la iglesia original, tras las reformas de los siglos XV, XVII y XVIII, y además de la planta general, perduran pocos elementos. Entre ellos, las seis *parástades* de ladrillo que modulan el exterior del ábside mayor y un recuadro, coronado por un arco de medio punto, alrededor de las ventanas con *esviaje* de los tres ábsides. Huellas de otras organizaciones análogas de la superficie mural, con restos de *parástades* y arcos de remate, parecen indicar la continuación de este motivo a lo largo de los lados de la iglesia. El elemento más logrado de este sobrio ornato geométrico es la puerta abierta del lado norte, coronada por cuatro arcos concéntricos esculpidos, donde el uso del ladrillo está embellecido por el inserto de pequeños bloques de piedra de lava y figuras romboidales gualdirrosa.

El cimborrio sobre el presbiterio es un añadido del siglo XV, pero es probable que el dispositivo de los arcos progresivamente sobresalientes, adoptado para reducir a un plano de imposta cuadrado la crujía rectangular, haya que interpretarlo como una recuperación de una solución original análoga. Más reciente es la construcción del campanario, que posiblemente sustituyó a una torre de la que dan noticia los documentos. La cubierta general del edificio, un tejado, esconde las bóvedas de cañón de las dos capillas, perpendiculares al eje mayor de la iglesia y que hay que considerar como las originales. Las bóvedas de la nave y de la fachada principal son obras muy tardías, seguramente contemporáneas de la sala.

Pese a haberse agrupado con otras construcciones basilias de Val Demone, la iglesia de San Felipe se diferencia de ellas por la ausencia total del arco apuntado, mientras que la planta revela la influencia de un prototipo griego latinizado.

Numerosos adornos y preciadísimos relicarios de madera, pertenecientes al monasterio, se hallan hoy guardados en la capilla de San Calogero de la iglesia matriz de María de la Anunciada de Frazzanò. El más importante y significativo es un cofre de marfil de factura arábigo-sícula del siglo XII, con tapa en pirámide truncada y cerraduras de bronce dorado lanceoladas.

VIII.10 ROMETTA

VIII.10.a Castillo

Volver a la SP157 y tomar la A20 en dirección a Mesina. Pasados unos 75 km, salir en el desvío a Rometta y seguir por la SP54. Al llegar al pueblo, torcer a la izquierda en Via S. Cono y en Via Sottoporta; pasada Porta Milazzo, continuar por Via Gazzara y Via Sabauda, girar a la derecha por Via Cavour y Via Umberto I y llegar hasta Piazza Duomo, donde hay que dejar el coche. Proseguir por Via Natoli, Via Vittorio Emanuele III, Via Roma y, pasado el núm. 5, torcer a la izquierda; entrar luego en el parque público Torre di Federico, donde un sendero conduce al Castillo.

La importancia del Castillo de Rometta radica en gran parte en las características del lugar en que está ubicado, propicio para la defensa de ataques externos. Los musulmanes, en la isla desde hacía cerca de dos siglos, lograron doblegar la resistencia de Rometta, última de las ciudades sicilianas en capitular, sólo después de un largo y asfixiante asedio. Por esta capacidad defensiva, a veces Rometta desempeñó el papel de plaza fuerte de la ciudad de Mesina, acogiendo a sus habitantes cada vez que la ciudad del estrecho amenazaba con ceder a las adversidades. Estas defensas naturales pusieron a dura prueba el terrible asalto desencadenado en 965 por Ibn Amman. A su vez, los musulmanes, incapaces de defender Mesina de los ataques de las tropas bizantinas guiadas por Giorgio Maniace, desplazaron a Rometta el centro de la resistencia sarracena. Después de la reconquista normanda, Federico II de Suevia incluyó Rometta entre los baluartes de su plan de reconstrucción del sistema defensivo siciliano.

Castillo, vista general, Rometta.

RECORRIDO VIII   *Testimonios de las épocas árabe y normanda*
Rometta

Lo más interesante del actual *castrum* lo constituye un grupo de construcciones en ruinas. De los numerosos espacios que lo formaban, quedan sólo los de los extremos de la elevación con funciones de *mastio*, mientras que se han destruido los intermedios, de comunicación. Los espacios supervivientes están distribuidos en dos núcleos de diversa extensión: el primero, mucho más vasto, en el espolón oriental; el segundo en el occidental. Tal disparidad en su desarrollo es consecuencia de la configuración orográfica. El aparejo mural es, en general, de albañilería distribuido en estratos mediante la introducción de pequeñas hiladas de ladrillo. La piedra calcárea, cortada en sillares perfectamente escuadrados, se utiliza frecuentemente en cantoneras, jambas de puertas y ventanas, arcadas.

VIII.10.b Iglesia del Santísimo Salvador

Volver a Piazza Duomo y, siempre a pie, ir por Via Ardizione, donde, a pocos metros a la izquierda, se encuentra el monumento.
Hay que fijar la visita con antelación en el Ayuntamiento, Piazza Margherita, núm. 22, tel. 090 9924585, o con el párroco, tel. 090 9925111.

La iglesia resulta hoy difícil de definir a causa de su incierta datación, que, según los estudiosos, varía entre el siglo VI y el XI. Por una parte están quienes emparentan el singular ejemplo de Mesina con la tradición constructiva romana; por otra, los que aprecian, en cambio, ascendencias orientales reelaboradas a la luz de la específica cultura arquitectónica siciliana,

Santísimo Salvador, vista general, Rometta.

RECORRIDO VIII   *Testimonios de las épocas árabe y normanda*
Rometta

Santísimo Salvador, interior, Rometta.

hasta considerarla una base para la evolución de la arquitectura románica siguiente de la isla.

La planta es de cruz griega inscrita en un cuadrado. Los cuatro brazos de la cruz están cubiertos por bóvedas de cañón, mientras que los cuatro ambientes cuadrados de los ángulos tienen bóvedas de crucería. El centro de la cruz está coronado por una cúpula rebajada sobre un bajo tambor octogonal. Otro nicho, con el casquete decorado en forma de concha de estuco, está excavado en la pared del fondo del brazo derecho de la cruz y conserva restos de un fresco con motivos geométricos y fragmentos de inscripción que, junto con los retazos de una figura de la parte alta del machón noroccidental, sugieren la presencia de una decoración que antaño se extendía por toda la superficie mural interna. Tanto las bóvedas de cañón de los brazos de la cruz como la bóveda de la cúpula se apoyan en un breve *retallo* que recuerda la conformación "en cabeza de clavo" de las estructuras arqueadas romanas.

El paramento exterior, después de la eliminación del revoque llevada a cabo por Francesco Valenti durante las restauraciones de los años treinta del siglo XX, muestra su estructura irregular, constituida en buena parte por piedra calcárea atestada con fragmentos de ladrillo. En la fachada principal se abren tres entradas, coronadas por arcos con sillares de piedra bien escuadrados alternados con grupos de ladrillos. En la fachada sur se ven las trazas de una puerta, hoy tapiada, con arco apuntado; en la fachada occidental, una antigua entrada, después cerrada, está encuadrada por una puerta más tardía.

LA CONQUISTA NORMANDA DE SICILIA

Ferdinando Maurici

La conquista normanda de Sicilia se inició en 1061. En aquel tiempo se combatían en la isla algunos caudillos musulmanes, uno de los cuales, en grandes dificultades militares, se resolvió a llamar en su ayuda a los normandos de Roberto y Ruggero Altavilla, ya sólidamente asentados en Calabria. Un contingente de algunos centenares de caballeros e infantes pasó el estrecho y, evitando asaltar frontalmente Mesina, fue a depredar el territorio circundante. Mesina cayó, sin derramar una gota de sangre, sólo algún tiempo después, cuando los musulmanes que la habitaban, al ver inútil la resistencia, la abandonaron. Después de Mesina se rindió, también sin combatir, Rometta, antigua poderosa acrópolis bizantina. Dura resistencia opuso, por contra, Centuripe, defendida, como cuenta el cronista Amato da Montecassino, por "alta muralla y profundísimo foso". Y dura resistencia encontraron los normandos también bajo las peñas y las murallas de Enna, asaltada por primera vez en 1061 pero destinada a no capitular hasta casi el término de la conquista, en 1087.

Después de la inútil tentativa contra Enna, y tras una rápida expedición al territorio de Agrigento, establecieron su base en Val Demone, en particular en San Marco y Troina. Un ejército musulmán marchó contra esta última en junio de 1063, pero fue interceptado por los normandos en Cerami. La penetración normanda pudo proseguir, así, hacia el oeste y el sur, en dirección a Palermo y Agrigento. En esta nueva fase de la conquista, Petralia, importante fortaleza y encrucijada, fue base avanzada de los normandos. Desde ella partió en 1068 un ejército normando que desbarató a los musulmanes en Misilmeri, casi a las puertas de Palermo. Después de esta victoria, la caída de la gran *medina* siciliana sólo era, pues, cuestión de tiempo, y estuvo precedida, en el sector oriental, por la conquista de Catania. En 1071 los normandos pusieron sitio a Palermo, estableciendo su cuartel general en el lugar donde después se levantó la iglesia de San Juan de los Leprosos y por entonces emplazamiento de un castillo musulmán. El bloqueo por tierra y por mar duró algunos meses, con episodios de gran valor militar registrados por los cronistas normandos. A principios de 1072 se expugnó la ciudad "externa" o "nueva" (son adjetivos usados por los cronistas de la época) crecida alrededor de la antigua muralla de Cassaro; poco después, también la ciudad "interna" o "vieja" tuvo que capitular.

Con la rendición de Palermo quedaban bajo control musulmán las áreas de Trapani, Agrigento (con la formidable plaza fuerte, además, de Enna) y los pueblos surorientales de los alrededores de Siracusa y Noto; también seguía en manos musulmanas Taormina. En Sicilia occidental, Mazara pidió la capitulación poco después de la caída de Palermo. Trapani, en cambio, debió sufrir asedio y se rindió en 1077, sólo después de que un audaz golpe de mano de los normandos privara a los musulmanes de sus caballerías, principal fuente de sustento. A la caída de Trapani siguió la rendición de una docena de importantes ciudades y castillos de la Sicilia occidental.

Las operaciones bélicas pudieron concentrarse, por tanto, contra la resistencia islámica en la Sicilia oriental. Taormina fue sitiada en 1079. La ciudad fue encerrada en una trampa sin salida: la flota normanda la aisló del mar mientras por tierra se la circundaba con una empalizada provista de hasta 22 torres. La inútil resistencia de los sarracenos de Taormina se prolongó cinco meses, hasta agosto.

En el verano de 1079 estalló una revuelta islámica en las zonas de Jato y Cinisi, ya sometidas por los normandos algunos años antes. Ruggero debió intervenir asediando los dos pueblos fortificados y obligándolos de nuevo a rendirse bajo la amenaza de la quema de las mieses y, por consiguiente, del hambre. Hay que subrayar el hecho de que un siglo y medio más tarde, Jato, enrocada sobre una montaña aislada y de difícil acceso, será junto con Entella la última plaza fuerte musulmana en ceder a la campaña de exterminio dirigida por Federico II contra los últimos sarracenos de Sicilia. Pero la cancelación definitiva del Islam en Sicilia era todavía, en 1080, un acontecimiento lejano. Los normandos estaban completando —pero esto es otra cosa— la conquista militar de la isla y la sumisión de los habitantes "indígenas", entre los cuales los musulmanes representaban el grupo más numeroso.

Después de la represión de la revuelta de Jato y Cinisi, fue Catania la "liberada" por los musulmanes guiados por un caudillo que las fuentes occidentales llaman Benavert, y luego reconquistada, en 1081, por el gran conde Ruggero. Benavert (detrás de la deformación del nombre se esconde quizá un Ibn 'Abbad), después de la derrota en Catania, se había refugiado en Siracusa, que fue sitiada por los normandos en mayo de 1086. En un enfrentamiento naval al principio de la operaciones encontró la muerte el propio Benavert; la resistencia de los musulmanes de Siracusa se prolongó, sin embargo, hasta octubre, cuando la ciudad se rindió con condiciones, y la mujer y el hijo del difunto Benavert pudieron refugiarse en Noto, una de las últimas fortalezas que quedó en manos de los sarracenos. Sin imbargo, el cerco se estrechaba inexorablemente. Al año siguiente de la caída de Siracusa le tocó a Agrigento, asediada a partir de abril de 1087. Agrigento, junto con Enna y la región centro-meridional de Sicilia, estaba bajo el señorío de un miembro de la casa de los Banu Hammad, un nombre que las fuentes occidentales deforman en Chamut. La resistencia de Agrigento duró hasta el 25 de julio de 1087, cuando la ciudad se rindió y cayeron en poder de Ruggero también la mujer y los hijos de Chamut, mientras que este último había corrido a hacerse fuerte en el formidable castillo de Enna. La toma de Agrigento produjo la quiebra de la resistencia islámica en casi toda la región circundante: se rindieron Naro, Guastanella, Caltanissetta, Sutera, Licata, Ravanusa, Platano, Muxaro. Las banderas del Islam continuaban ondeando sólo en los peñones de Enna y Butera y, en el ángulo sureste de la isla, en Noto. En Enna, Chamut se rindió entregándose a Ruggero después de una simulada salida destinada únicamente a salvar la cara frente a sus correligionarios o, más bien, ex correligionarios; después de la rendición, de hecho, el caudillo se apresuró a tomar el bautismo, recibiendo a cambio tierras y una larga y serena vida en Calabria.

Quedaban por someter Butera y Noto. La primera fue asediada desde la primavera de 1089 y debió ceder a pactos. Al quedar totalmente aislada, Noto pidió su sumisión en febrero de 1091; pocos meses después, con la conquista del archipiélago maltés, toda Sicilia había pasado definitivamente a dominio normando.

RECORRIDO IX

Mezclas figurativas y constructivas en Val Demone

Comité Científico

IX.1 MESINA
    IX.1.a Iglesia de Santa María del Valle (La Badiazza)

IX.2 MILI SAN PIETRO
    IX.2.a Iglesia basilia de Santa María

IX.3 ITÀLA
    IX.3.a Iglesia de San Pedro

IX.4 FORZA D'AGRÒ
    IX.4.a Iglesia de los Santos Pedro y Pablo
    IX.4.b Peña con restos del castillo

IX.5 TAORMINA
    IX.5.a Torre árabe del Palacio Corvaja
    IX.5.b Muralla y puertas del perímetro defensivo medieval
    IX.5.c Abadía Vieja

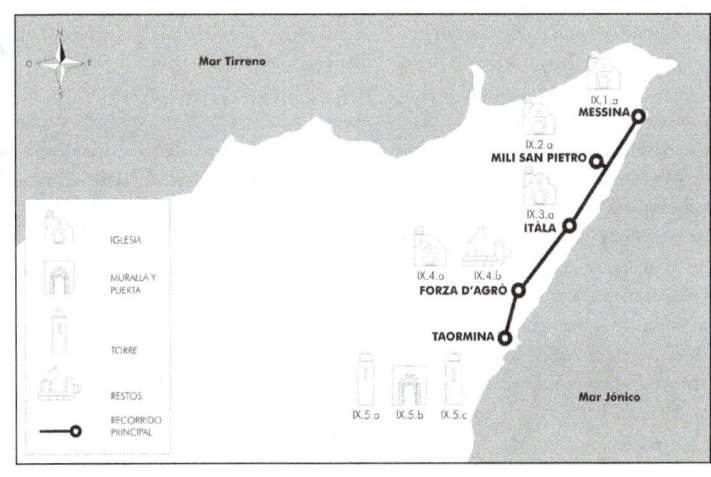

Santos Pedro y Pablo, cúpula del presbiterio, Forza d'Agrò.

RECORRIDO IX *Mezclas figurativas y constructivas en Val Demone*

Val Demone (que originalmente comprendía la región nororiental de Sicilia hoy correspondiente a la provincia de Mesina, las áreas septentrionales de las provincias de Enna y Catania y el área del sistema montañoso de las Madonie, en la parte oriental de la provincia de Palermo) fue el último territorio en ser sometido por los musulmanes y el primer objetivo de la campaña de reconquista cristiana. Desde esta parte de Sicilia se había producido la diáspora de los monjes basilios hacia Calabria mientras caían, uno a uno, los enclaves de los irreductibles guerreros montañeses. Ni siquiera después de las repetidas expugnaciones de la fortificadísima Taormina (a partir de 902) y de la indómita Rometta (que hasta 965 no capituló definitivamente) el control musulmán sobre toda la región nororiental fue estable, y con frecuencia se redujo a las dos vertientes costeras del Tirreno y el Jonio.

Cuando, en 1060, el conde Ruggero de Altavilla hizo un primer reconocimiento hasta la punta de Faro, en Mesina, en previsión del gran desembarque de 1061, los normandos podían contar con un apreciable conocimiento de la situación de la isla en el ocaso de la dominación árabe. Habían venido ya a Sicilia cuando la eficiente armada bizantina organizada por Giorgio Maniace en 1040 había arrancado a los musulmanes primero Mesina y luego Siracusa. Fue en la primera fase de la campaña de Maniace cuando Guaimaro V de Salerno destacó, para ayudar a los bizantinos, las compañías normandas ya presentes en Italia a sueldo de Pandolfo IV de Capua. Antes de su empresa siciliana, parece que los Altavilla habían abandonado, sin embargo, su papel de mercenarios y se habían adueñado por la fuerza de dominios territoriales de Calabria y Apulia en detrimento de Bizancio. Tras la victoria de 1053 sobre las tropas pontificias en las inmediaciones de Civitate, el Papa León IX se vio obligado a reconocer el señorío de los normandos sobre las tierras conquistadas por ellos y sobre las que ocuparían posteriormente tanto en Apulia como en Calabria, e incluso en Sicilia. Investidos ya, respectivamente, con los títulos de duque y de conde, Roberto el Guiscardo y Ruggero (futuro Gran Conde de Sicilia) respondieron a la petición de ayuda de Ibn al Zumna, emir de Siracusa y Catania, en guerra con Ibn al Hawwas, dando inicio en 1061 a la epopeya de la reconquista cristiana de Sicilia precisamente desde los territorios más orientales de Val Demone. La vertiente al mar Jonio de este valle es, pues, un territorio marcado por ruinas de plazas fuertes y castillos, por restos de burgos y tejidos urbanos, por huellas de asentamientos fortificados y, sobre todo, por edificios eclesiásticos expuestos a aquel fenómeno de sincretismo activo que constituirá el germen del florecimiento de una original cultura artística sículo-normanda. Por este patrimonio es posible remontarse tanto a las fases de resistencia de los *romanoi* isleños y de las tropas imperiales bizantinas a la invasión de los musulmanes como al primer periodo de la reconquista guiada por los normandos.

En esta parte del valle, concurren de manera decisiva a la delineación de una peculiar cultura artística las comunidades formadas tanto a partir de la inicial conciliación normanda de los núcleos residuales de musulmanes con la mayoría de población de cultura griega, como a partir de la reagrupación de las comunidades cristianas de la Italia meridional y de esta zona de la isla, unidas ambas por una misma matriz cultural.

El equilibrio garantizado por los Altavilla en las multiétnicas comunidades medievales de esta subárea fue determinante: no es casual que, en ausencia de formas artísticas áulicas y rebuscadas, los edificios de la vertiente jónica de Val Demone sean expresión de mezclas vitalistas, cuyo carácter homogéneo está asegurado por la falta de vínculos formales y por el predominio de modos constructivos objetivos. Experimentalismo material, este, alimentado e inspirado sin duda por la voluntad regia de un Arte de Estado (entendido como expresión hegemónica por apropiación de los progresos culturales de las regiones limítrofes del área mediterránea), pero también nutrido por la permanencia o la vivificación, entre las clases operarias subalternas de obras y talleres, de recuerdos de la pasada pertenencia directa a un *koiné* islámica.

En la arquitectura eclesiástica se descubre, de hecho, una ágil síntesis entre arcaísmos románicos (bagaje cultural de los Altavilla, que habían partido de las tierras de Normandía cuando su correspondiente escuela regional románica apenas se estaba configurando) y raíces figurativas provinciales autóctonas de la época bizantina, con repertorios y modos constructivos griegos (provenientes de los dominios de Bizancio del sur de Italia, además del área balcánica). Con los testimonios de las influencias islámica y bizantina de la época normanda se relacionan también otras arquitecturas de centros urbanos o de pueblos aislados en las laderas de los montes Peloritani (ver-

Sta. María del Valle, capitel, Mesina.

tiente jónica): la torre circular normanda del peñón de Ali Terme, la fortaleza normanda de Savoca, el castillo de la época normanda y el monasterio basilio de San Salvador de Placa (1092) en Francavilla y el Castillo de Castelmola. El cuadro de los testimonios históricos de esta zona, en su relación con los elementos de arte islámico, se hace aún más complejo si consideramos la evolución posterior de la cultura arquitectónica local. A partir de finales del Trescientos, se produce el predominio de la facción catalana sobre la latina, en el contexto de los equilibrios de poder de la unión de barones del nuevo Reino de Sicilia. Del reciente cuadro político derivaba también el giro general, en clave ibérica, de modos y rituales protocolarios, de pro-

RECORRIDO IX *Mezclas figurativas y constructivas en Val Demone*
Mesina

cedimientos administrativos y criterios económicos y, en fin, incluso de los repertorios decorativos y, en parte, de los rasgos mismos de las formas arquitectónicas áulicas de la cultura de la vivienda.

IX.I MESINA

Antes de emprender este recorrido, y para proveerse de material ilustrativo, se recomienda pasar por el Museo Regional de Mesina, en Viale della Libertà.
Acceso con entrada. Horario: lunes, martes y viernes de 9 a 13; jueves, viernes y sábados de 9 a 13 y de 16 a 19 (en invierno, de 16 a 18); domingos de 9 a 13.

IX.1.a Iglesia de Santa María del Valle (La Badiazza)

Desde Rometta, retomar la autopista A20 para Mesina hasta la salida de Mesina Boccetta. Al final de Viale Boccetta, torcer a la izquierda por Via Garibaldi, después por Viale Giostra y por Via G. Denaro y luego a la derecha para coger la SS113 en dirección a Palermo. En el lado derecho sale un camino de tierra que conduce a La Badiazza.
En restauración en el momento de redactarse este catálogo. Hay que fijar la visita con antelación en la Superintendencia de Bienes Culturales (Sr. Aquila), tel. 090 361211/361220.

En una ubicación pintoresca, en el lecho desecado de un arroyo (San Rizzo), a pocos kilómetros de Mesina, se yerguen las ruinas de la iglesia benedictina de Santa María del Valle, llamada también de la Escalera y que es conocida como La Badiazza ("la abadiona").
El edificio parece una conjunción de dos tipologías distintas, la del extenso presbiterio y la de las tres naves del cuerpo basilical, que dan lugar a una configuración común a las arquitecturas religiosas de la última época normanda y análoga a la de las iglesias del Santo Espíritu y La Magione de Palermo o también, en la propia Mesina, la iglesia de la Anunciada de los Catalanes. Esto se vería ratificado por la cronología del monumento, nacido en el sitio de una fundación más antigua (las primeras noticias de la existencia de una construcción monástica de benedictinas cistercienses se remontan a 1123) en los últimos tiempos del reino normando o al principio de la época sueva, como atestiguan las numerosas donaciones a su favor registradas en el periodo comprendido entre los reinados de Guglielmo I y Federico II. La iglesia sufrió graves daños durante la *Guerra del Vespro* de 1282, cuando los soldados angevinos le prendieron fuego después de saquearla. Reconstruida y ampliada por Fe-

Sta. María del Valle, vista general, Mesina.

derico II de Aragón —celebrado como "fundador" en una de las inscripciones musivas de los ábsides—, La Badiazza fue abandonada tras la gran peste de 1347 y utilizada solamente en los meses estivales. Encaminado a un imparable declive, el insigne monumento, que ya en el siglo XVII era definido como "cadáver", se vio afectado por los terremotos y los numerosos aluviones, que provocaron en buena medida su enterramiento, del cual se ha sacado a la luz la iglesia sólo en tiempos recientes.

El cuerpo del presbiterio tiene carácter autónomo: en la masa en escuadra, antaño coronada por almenas, se abre una serie de amplias ventanas en dos niveles y que remiten al tipo de los castillos federicianos de Catania y Siracusa, confiriendo al volumen del presbiterio el aspecto de un sólido y fortificado edificio. La planta, central, tiene una disposición en cruz griega con la intersección cubierta en otro tiempo por una cúpula, con crujías rectangulares en los cuatro lados cubiertas por bóvedas de crucería con nervios y coronadas por una galería, con función de *matroneo*, accesible desde el exterior y comunicada por cortos pasajes, logrados en parte con un *retallo* en el muro y en parte con un balcón de madera. Al *matroneo* del lado meridional se llega por la puerta, todavía existente, que originariamente ponía en comunicación con el monasterio. Al *matroneo* septentrional, aislado del monasterio y reservado a una función específica (quizá la de albergar a visitantes de alto rango) se entraba desde una terraza que cubre la nave septentrional, con ayuda de un puente levadizo anclado al campanario, que se alzaba aislado al lado de la iglesia. La cúpula, hoy perdida, estaba construida con material ligero;

Sta. María del Valle, vista de los ábsides, Mesina.

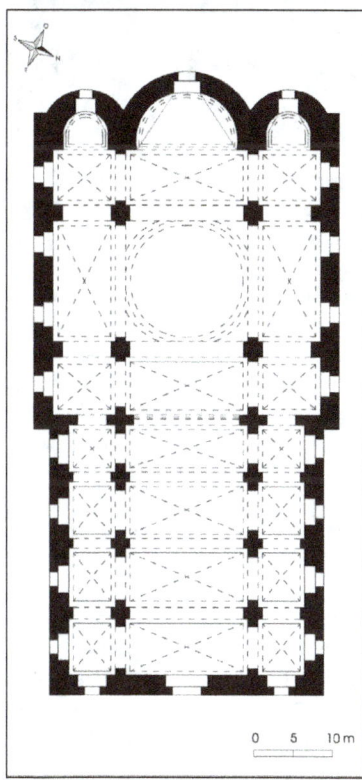

Sta. María del Valle, planta, Mesina.

RECORRIDO IX *Mezclas figurativas y constructivas en Val Demone*
Mili San Pietro

Sta. María del Valle, cuerpo del presbiterio, Mesina.

el paso del cuadrado de la crujía a la circunferencia de la imposta se conseguía con nichos arqueados sobrepuestos, progresivamente salientes, solución de origen islámico muy difundida en los edificios basilios de Val Demone (Agrò, Mili San Pietro). Las naves laterales tienen cuatro crujías, cubiertas con bóveda de crucería, con robustos pilares tetralobulados sobre los que se sostienen grandes arcadas apuntadas; sólo la nave central posee bóvedas de crucería con nervios. La fachada principal presenta un cuerpo saliente que encuadra una puerta arquitrabada con luneta de arco apuntado que recuerda, por la calidad de su ornamentación (en particular el motivo en zigzag), al periodo de la arquitectura siciliana de los Chiaramonte (siglo XIV). La fachada norte conserva, en cambio, una preciosa puerta de gusto gótico-cisterciense.

El lago de Ganzirri y Torre Faro
Desde Mesina, yendo hacia Punta Faro, se llega a Ganzirri, un pueblecito de pescadores, y desde aquí, pasada la antigua carretera consular, al Lago Grande de Ganzirri, llamado también Pantano Grande. El lago, de forma alargada inscrita en la morfología de la punta, es de origen freático, comunica con el mar a través de un canal y se destina a la cría de mejillones. Pasado el lago, la carretera continúa por el Estrecho, rozando el punto más cercano a la costa calabresa (unos 3 km). A lo largo de la carretera para Torre Faro, a cerca de 9,5 km, hay un pueblo de pescadores donde se ejercita todavía la pesca del pez espada con las curiosas embarcaciones llamadas spatare, *caracterizadas por un largo mástil para el avistamiento. El paisaje sobresale también por la alta torreta del electrodo que transfiere la energía eléctrica producida en Sicilia al resto de Italia.*

IX.2 **MILI SAN PIETRO**

IX.2.a **Iglesia basilia de Santa María**

Desde Mesina, tomar la autopista A18 en dirección a Catania; salir en Mesina sud-Tremestieri y coger la SS114 hacia Catania; salir en Mili San Pietro e ir por la SP38 siguiendo las indicaciones.
En restauración en el momento de redactarse este catálogo. Hay que fijar la visita con antelación llamando al padre Milano, tel. 090 881572.

Junto con las de San Felipe de Fragalà, San Pedro de Itàla y Santos Pedro y Pablo del valle de Forza d'Agrò, la iglesia de

RECORRIDO IX *Mezclas figurativas y constructivas en Val Demone*
Mili San Pietro

Santa María de Mili constituye el testimonio más interesante de la presencia de los monjes basilios en los territorios de Val Demone, y trae a la memoria el papel que sus numerosos monasterios (muchos de los cuales se han perdido) desempeñaron en el periodo del Condado, durante el proceso de vuelta de la isla a la cristiandad. La iglesia se alza en el centro de un valle, al borde del torrente Mili, y está flanqueada por las construcciones del monasterio, agrupadas formando patios en terraza a distintos niveles. El acceso al conjunto monumental se hace por una empinada escalera que comienza en la carretera provincial. Citada ya en un diploma en griego de 1092 del gran conde Ruggero, que aquel mismo año habría hecho enterrar allí a su hijo Giordano, muerto de fiebres en Siracusa, la iglesia presenta una planta de nave única con presbiterio tripartito, bien diferenciado de la sala por tres arcos apuntados. La crujía central del presbiterio, terminada en un ábside semicircular, está cubierta por una cúpula semiesférica que se apoya sobre un tambor octogonal por medio de *trompas* angulares troncocónicas compuestas por arquitos múltiples progresivamente más salientes, una interpretación original de formas tomadas de la arquitectura árabe aglabí. Las dos pequeñas crujías laterales del presbiterio, que terminan en dos hornacinas practicadas en el espesor del muro, están coronadas por cúpulas de dimensiones muy modestas. El orden general del presbiterio revela soluciones formales análogas a las adoptadas por los constructores musulmanes en la arquitectura de la parte oriental (la *qibla*) de algunas mezquitas fatimíes del siglo XI. La sala está cubierta por un techo de madera, pero el cuerpo de la nave fue prolongado en cerca de una tercera parte en el siglo XVI, con la consiguiente demolición de la fachada original. Es singular el tratamiento de los paramentos murales exteriores de los lados y los ábsides, en los

Sta. María, vista del complejo, Mili S. Pietro.

Sta. María, detalle de la fachada sur, Mili S. Pietro.

RECORRIDO IX *Mezclas figurativas y constructivas en Val Demone*
Itàla

S. Pedro, vista general, Itàla.

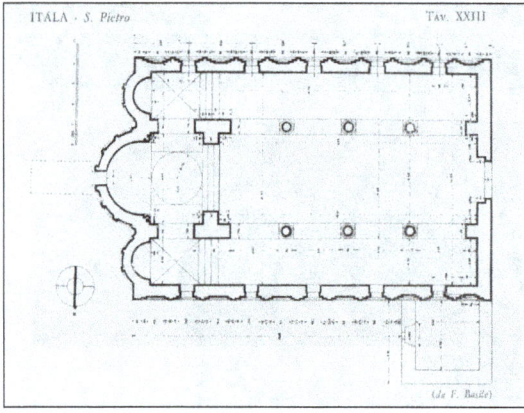

S. Pedro, planta, Itàla (Di Stefano, 1955).

el tratamiento de la pared del ábside, articulada por *lesenas* y arcos pensiles, conforme a un motivo difundido en el área del llamado "románico lombardo".

IX.3 **ITÀLA**

IX.3.a Iglesia de San Pedro

Desde Mili San Pietro, tomar la SS114 en dirección a Catania; continuar unos 11 km, hasta Itàla Marina; tomar luego la SP29. Al entrar en Itàla, seguir las indicaciones a la iglesia de Santa María de los Basilios; torcer después a la izquierda siguiendo la indicación que lleva al monumento. (O bien se puede dejar el coche a la entrada de la villa y hacer a pie el recorrido indicado con carteles.) Hay un aparcamiento cerca del monumento y otro a la entrada del pueblo. Hay que fijar la visita con antelación en el Ayuntamiento, Via Umberto I, tel. 090 952347, o con el Sr. Russo, tel. 090 952377.

Los estudiosos indican como año de terminación de la iglesia 1093, junto con el monasterio basilio anejo, y existe un diploma de donación a Gerasimo, su primer abad, de 1092, en el que se dice que la construcción de la iglesia no estaba concluida aún. La planta es la tradicional basilical, de tres naves, y es de las primeras veces, si no la primera, que reaparece en Sicilia después de dos siglos de islamización. Las tres naves están divididas en cuatro crujías por arcadas apuntadas sobre columnas, cuyos capiteles, en forma de campana, están decorados con motivos vegetales estilizados tomados del repertorio decorativo de los constructores fatimíes contemporáneos.

cuales están presentes numerosas intercalaciones de ladrillo en las hiladas de piedra calcárea. La fachada meridional está animada por un relieve de arcos apuntados entrecruzados que, en correspondencia con la puerta, de arco rehundido, se despliegan en una única arcada; la zona superior presenta una serie regular de vanos, con arcos rehundidos, alternativamente ciegos o con luz. De cierto interés resulta

RECORRIDO IX *Mezclas figurativas y constructivas en Val Demone*
Forza d'Agrò

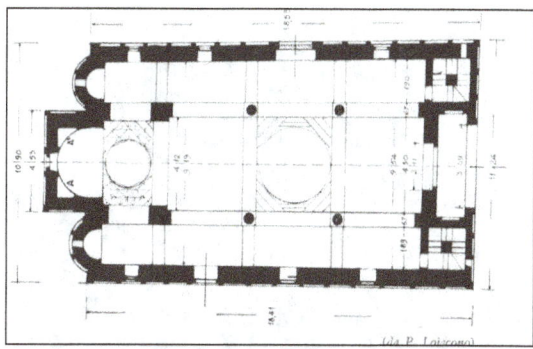

Santos Pedro y Pablo, planta, Forza d'Agrò (Di Stefano, 1955).

Sobre los arcos, subrayados por la alternancia de ladrillo, piedra calcárea y piedra lávica, se abren pequeñas ventanas de perfil apuntado. El presbiterio, elevado respecto al plano de la sala, tiene tres ábsides semicirculares visibles en el exterior. La cubierta es a dos aguas con armadura de madera en la nave central y a un agua en las naves laterales; en correspondencia con la crujía central del presbiterio hay una elevación mural torreada (en gran parte modificada), coronada por una cúpula hemisférica apoyada en un tambor con nichos angulares cilíndricos. El tambor, en cuyos lados se abren cuatro ventanitas que iluminan el presbiterio, tiene planta cuadrada y se apoya sobre la imposta de la crujía angular por medio de grandes arcos progresivamente más salientes.

Por fuera, el edificio resulta vibrante por el vivaz cromatismo de la combinación de piedra calcárea y ladrillo y por los resaltes de las arquerías completas de *parástades,* que articulan las paredes laterales con su densa sucesión de arcos superiores trilobulados entrecruzados y arcos inferiores menores rehundidos con sus *lesenas,* alternativamente ciegos y con luz.

IX.4 **FORZA D'AGRÒ**

IX.4.a **Iglesia de los Santos Pedro y Pablo**

Desde Itàla, volver a la SS114 y seguirla en dirección a Catania; salir en S. Alessio y tomar la carretera provincial que conduce a Limina, Roccafiorita y Antilo. Esta carretera atraviesa la localidad de Scifi, en la orilla derecha del Agrò, más allá del cual se encuentra la iglesia de los Santos Pedro y Pablo, a la que se llega siguiendo las señales.

Horario: de 8:30 a 18. Hay que fijar la visita con antelación en la sección local del Archeoclub.

Santos Pedro y Pablo, vista de la fachada absidal, Forza d'Agrò.

279

RECORRIDO IX *Mezclas figurativas y constructivas en Val Demone*
Forza d'Agrò

Santos Pedro y Pablo, fachada principal, Forza d'Agrò.

Santos Pedro y Pablo, vista de las naves, Forza d'Agrò.

Es singular que le corresponda a una iglesia de Val Demone, el territorio que opuso la más larga y extenuante resistencia a la penetración musulmana, el manifestar tan precozmente, respecto a la cronología de los edificios normandos, una recuperación de motivos tomados de la cultura arquitectónica árabe. Las dos cúpulas de la iglesia de los Santos Pedro y Pablo, erigida en la orilla izquierda del torrente Agrò, cerca de Casalvecchio Siculo, presentan, en efecto, claras referencias a las obras de las tierras fatimíes, tanto en los rasgos constructivos como en los formales. La datación de la iglesia se relaciona históricamente con la primera fundación basilia en Val Demone, impulsada por Ruggero II en 1117, aunque el edificio debió de resultar dañado en el terremoto que en 1169 golpeó a Sicilia y a la Calabria meridional; la fecha de la inscripción griega incisa en la puerta principal (1172) hay que atribuirla, con mucha probabilidad, a una obra de restauración promovida por el "protomaestro" Girardo el Franco que no alteró el primitivo cuerpo arquitectónico.

La planta constituye una hábil mezcla entre el esquema basilical de tres naves y la planta central de tradición bizantina. Precedida por un *exonártex* externo con dos torres (hoy truncadas), la basílica está dividida en tres naves y rematada por un transepto con tres ábsides. La nave mayor, cubierta por un techo de armadura, tiene una cúpula central apoyada sobre un alto tambor cilíndrico. El paso del vano rectangular al plano circular de imposta de la cúpula se resuelve mediante *trompas* cónicas, animadas por tres arcos superpuestos escalonados; sobre las *trompas* se apoyan, como medianería, arquitos dobles. La cúpula, así como los elementos de transición, está construida con hiladas de ladrillo y presenta una estructura en abanico con ocho nervios.

RECORRIDO IX *Mezclas figurativas y constructivas en Val Demone*
Forza d'Agrò

La crujía central del presbiterio está cubierta también por una cúpula, de dimensiones menores, construida con una maestría análoga a la de la cúpula mayor. La solución utilizada aquí para reconducir a la imposta circular del tambor el perímetro rectangular de la crujía resulta más compleja por la mayor dimensión del saliente, y está formada por una serie de alvéolos pensiles de ladrillo, dispuestos sobre lechos falsos y cada vez más salientes, hasta unirse en una medianería y alcanzar la necesaria figura de imposta. Las articulaciones espaciales adoptadas para la construcción de las dos cúpulas hacen pensar explícitamente en repertorios de soluciones formales y constructivas típicas de los maestros islámicos.

Como a menudo se aprecia en las iglesias normandas de Val Demone, también en este caso uno de los aspectos más interesantes reside en la búsqueda colorista en el exterior, gracias a la disponibilidad de piedra lávica y mármol rosa de la vecinas canteras de Taormina, junto con la fácil localización de piedra calcárea y ladrillo. Hiladas de ladrillo horizontales, en vertical, en espina de pez, en diente de sierra, se alternan con hiladas de sillares de piedra arenisca local, de piedra pómez rojinegra y de bloques de mármol. En los paramentos murales, recorridos en todos los niveles por un dibujo de *lesenas* y arcos entrecruzados, este vasto muestrario de colores está conjuntado de modo que resalte la policromía. Una prueba de la refinada maestría de los constructores de Agrò la constituye, además, la franja de dibujos geométricos de formas y colores alternados del friso de remate, sobre el que descuellan las al-

Santos Pedro y Pablo, trompas cónicas de la cúpula de la nave central, Forza d'Agrò.

Santos Pedro y Pablo, cúpula de la nave central, Forza d'Agrò.

RECORRIDO IX   *Mezclas figurativas y constructivas en Val Demone*
Forza d'Agrò

Castillo, camino de acceso, Forza d'Agrò.

IX.4.b **Peña con restos del castillo**

Volver en coche a S. Alessio y tomar la SS114 en dirección a Catania. Coger el desvío de la SP16 hacia Forza d'Agrò e ir hasta Piazza S. Francesco, donde se puede aparcar; desde aquí, proseguir hacia el castillo a través de las pintorescas calles Santissima Annunziata, Joannon, Piazza Calvario, Via dei Normanni y, al final, a la derecha, Via al Castello.
Para volver al coche, bajar a la izquierda por la escalera de piedra de lava que lleva al pueblo; en Piazza S. Antonio, seguir por Via Santissima Annunziata, hacer un alto en Piazza Cavaliere P. Carullo para admirar el espléndido panorama de la costa y proseguir hasta Piazza S. Francesco. Hay que fijar previamente la visita con el guarda a través de las oficinas del Ayuntamiento, Piazza SS. Annunziata, tel. 0942 721016.

La fortaleza del valle de Agrò, a la cual se debe el apelativo de *Forza* que se le daba al pueblo en la cartografía histórica, está situada en la parte más alta de esta localidad a pocos kilómetros de Taormina, en la cresta del promontorio Argennon.
El tejido urbano de la villa conserva aún rasgos medievales, con empinadas y estrechas calles abarrotadas de casas que pueden fecharse entre los siglos XV y XVI. Edificada en la época normanda, la fortaleza cayó pronto en ruinas, aunque vivió un breve renacimiento en 1595, cuando la reconstruyeron los Jurados y Diputados de Forza d'Agrò. De 1876 a 1989 el conjunto estuvo destinado a cementerio. En los planes defensivos de la corona normanda, el Castillo de Agrò constituiría un obstáculo seguro para la penetración por la llanura donde estaba estacionada la guarnición militar de vigilancia y defensa

menas que confieren a la iglesia la imagen de un lugar fortificado (*ecclesia munita*); este rasgo está reforzado por el escuadrado volumen externo en forma de torre que acoge la convexidad del ábside central, de igual altura que el edificio almenado y también con almenas, lo que confirma la necesidad de defensa ante los posibles intentos de revuelta de la población musulmana, numerosa en los alrededores de Taormina.

RECORRIDO IX   *Mezclas figurativas y constructivas en Val Demone*
Taormina

del valle de Agrilla. La fortaleza, de la que hoy quedan unas pocas ruinas, estaba rodeada por tres terrazas, protegidas por sendas murallas. En la última estaban los alojamientos para la guarnición, la capilla y una torre cuadrada en tres niveles. De la capilla, de planta rectangular, se reconocen todavía el altar, una hornacina, trazas de la cornisa y la puerta lateral. En la reconstrucción del techo, durante los trabajos de restauración de 1975, se reutilizaron 14 ménsulas finamente taraceadas con motivos repetidos y dispuestos en parejas. Además de restos de la muralla con troneras, sobrevive delante del Castillo, erigida sobre un espolón de roca, la estructura todavía intacta de un puesto de guardia, también provisto de troneras.

Las gargantas del Alcantara
A la salida para Francavilla di Sicilia, pasados 13 km, se llega al mirador de las Gargantas del Alcantara, nombre árabe (al-qantara) que significa "puente". Se puede efectuar el descenso hasta el río tanto a pie como en ascensor, para después subir río arriba vadeando. (Se recomienda ir calzado con botas altas de goma, que se pueden alquilar en el lugar.) Una vez llegados al pedregal, se ve la boca de una magnífica angostura que el río Alcantara ha excavado en la lava expulsada por el cráter del monte Mojo. Las gargantas presentan, en las paredes, prismas basálticos columnarios de sección pentagonal o hexagonal, dispuestos verticalmente, a veces en abanico o extrañamente curvados, según la modalidad de enfriamiento de la lava. Es esta una de las más entusiastas y gélidas aventuras; parece que se está en el interior de una erupción volcánica con agua friísima, sin embargo, en lugar de magma ardiendo.

IX.5 **TAORMINA**

Sede de sículos, de los cuales queda como testimonio una necrópolis del siglo VIII a. C., la ciudad fue fundada y habitada en el siglo IV a. C. por un grupo de prófugos griegos de la vecina Naxos. En la época romana se enriqueció con prestigiosos edificios monumentales de los que perduran conspicuos vestigios.

Los bizantinos, en el siglo VII, añadieron a las murallas helenísticas ulteriores fortificaciones (castillos de Monte Tauro y de Castelmola) y establecieron en la ciudad la capital del *thema* cuando Siracusa cayó en manos de los musulmanes (878), con lo que pudieron oponer, gracias a la inaccesibilidad del sitio y a sus poderosas estructuras defensivas, una extrema resis-

Vista de la plaza con el mirador, Taormina.

RECORRIDO IX   *Mezclas figurativas y constructivas en Val Demone*
Taormina

tencia a la conquista árabe. De hecho, a una primera capitulación ocurrida en 902 bajo los ataques del emir Ibrahim Ibn Ahmad, le siguió en 909 la reconquista cristiana y, en 962, después de un asedio que duró siete meses, la definitiva ocupación musulmana. Los supervivientes fueron deportados como esclavos a Yemen y comprados por al-Mansur, califa de Bagdad. Los musulmanes cambiaron el nombre de la ciudad por el de al-Mu'izziya para honrar al califa fatimí al-Mu'izz y los conquistadores empezaron su reconstrucción por la parte sur, donde todavía hoy se reconocen los barrios de Cuseni y Porta Saraceni. Al periodo árabe se atribuye también la construcción de una torre en el área del foro romano (hoy se alza en el lugar el Palacio Corvaja) para vigilar el barrio de Giarafi ("canal"), donde

confluían los conductos hidráulicos de la edad imperial que los propios musulmanes habían mejorado sabiamente con ramificaciones por el territorio circundante para facilitar el cultivo de los campos. Los normandos la expugnaron en 1079, después de un ingenioso asedio con empalizadas, torreones efímeros e innovadoras máquinas de guerra que aislaron completamente el áspero relieve sobre el que surgía el asentamiento. Además, tomada la ciudad, restringieron el área del pueblo al burgo originario, justificando tal reducción por la mejora de la estrategia defensiva con un recinto de murallas más pequeño que fuese más fácil controlar y mantener.

Después de haber sido sede del Parlamento a principios del siglo XV, durante el virreinato de la casa de Aragón, la ciudad pública fue varias veces vendida por la corte de España.

Excluida de todos los tráficos comerciales, la ciudad se abrió a la industria del turismo a mediados del siglo XIX, gracias también a la fama que viajeros y paisajistas habían contribuido a difundir desde la segunda mitad del Setecientos.

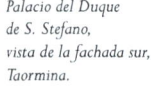
Palacio del Duque de S. Stefano, vista de la fachada sur, Taormina.

IX.5.a Torre árabe del Palacio Corvaja

Dirigirse, desde Forza d'Agrò, por la SP16 hasta la SS114 en dirección a Catania. Salir en Taormina e ir por la SP10 hasta el centro. Es aconsejable seguir por la SS114 hasta la localidad de Mazzarò, dejar el coche en el aparcamiento y subir a Taormina en el teleférico, cuya estación se encuentra en el propio aparcamiento. Desde la salida del teleférico, subir

RECORRIDO IX   *Mezclas figurativas y constructivas en Val Demone*
Taormina

Palacio Corvaja, Taormina.

Palacio Corvaja, patio, Taormina.

por Via Pirandello, atravesar Porta Mesina y continuar por Corso Umberto I hasta Largo S. Caterina, donde se encuentra el Palacio. Horario: 9 a 13 y de 16 a 20; lunes cerrada.

De los tres cuerpos de fábrica que se pueden aislar en la aparente unidad del volumen arquitectónico del Palacio Corvaja, el que constituyó su núcleo generador pertenece, por época de construcción, al periodo musulmán, y es una torre defensiva levantada a finales del siglo X por maestros musulmanes, seguramente por voluntad del califa al-Muʿizz. La planta cuadrada y la perfecta estereometría del conjunto, de dos alturas y coronado por almenas, pretendía recordar la *Kaʿba*, la piedra sagrada de La Meca. La torre fue construida en la zona del foro romano, a su vez levantado sobre la preexistente ágora griega, entre los años 969 y 1078, en el intento de fortificar la ciudad después de las tres anteriores expugnaciones musulmanas que habían ocasionado su casi total destrucción.

A finales del siglo XIII se anexionó a la torre un gran cuerpo de fábrica con un vasto salón y se modificó la escalera (reconstruida en la posguerra, a partir de una hipótesis) que desde el patio conduce al piso superior a través de una galería, cuyo antepecho está formado por paneles de piedra de Siracusa trabajados en altorrelieve con escenas del Génesis. Este añadido se debió a D. Juan de Termes, quien, elegido Maestro de Justicia, ejerció los poderes de su cargo en el gran salón del primer piso, renombrado para esta función como "Sala del Justiciador", iluminado por tres *bíforos* y cubierto por un techo de madera cuyas ménsulas, situadas

RECORRIDO IX *Mezclas figurativas y constructivas en Val Demone*
Taormina

en los extremos, provienen del techo de la torre árabe. El ala situada a la derecha de la torre la hizo a principios del siglo XV Antonio Termes, Gobernador de la Cámara Regional en tiempos de Blanca de Navarra, por la necesidad de reunir en ella al parlamento siciliano. Coronada por almenas en cola de golondrina, introduce en otro gran salón iluminado por *bíforos*, con la consiguiente prolongación de la escalera exterior; del mismo periodo es la puerta de entrada del lado sur.

Entre finales del siglo XV y la primera mitad del XVI, el Palacio fue modificado y reformado para responder a las exigencias propias de la vivienda privada. Pasó luego a la familia Corvaja, de la que proviene su denominación corriente y que fue su propietaria hasta la Segunda Guerra Mundial; durante la guerra, el Palacio fue dejado en total abandono y dañado. En 1945, el alcalde de Taormina ordenó su expropiación por razones de utilidad pública y confió su restauración a Armando Dillon, que dirigió los trabajos hasta 1948. El Palacio es sede del Organismo Autónomo de Turismo de Taormina.

IX.5.b Muralla y puertas del perímetro defensivo medieval

Proseguir por Corso Umberto I; en Piazza IX Aprile se encuentra la Puerta del Medio (Porta di Mezzo), situada en la parte interna de las murallas. Al final de Corso Umberto I está la Puerta de Catania (Porta Catania), a la que se enlazaban las murallas, que seguían hacia el Palacio Santo Stefano.

Todavía hoy las puertas del perímetro de las murallas medievales del denominado "burgo" (comprendido entre la Puerta del Medio, llamada también Torre del Reloj, y la Puerta de Catania o del Toque) constituyen los principales accesos al sugerente núcleo medieval de Taormina. Mucho más pequeña que la ciudad de época romana, la Taormina medieval, hoy comprendida en el recinto de las sucesivas expansiones y atravesada por Corso Umberto I, estaba formada por un denso tejido de casas por encima de las cuales sobresalían los palacios señoriales, como los de las familias Zumbo (hoy Ciampoli) o Santo Stefano. El único paso entre el burgo y la ciudad antigua era la Torre del Reloj o Puerta del Medio (llamada así por estar situada entre las puertas de Catania y Mesina), en la parte más

Taormina, muralla de la ciudad.

RECORRIDO IX *Mezclas figurativas y constructivas en Val Demone*
Taormina

interna de la muralla (Largo IX Aprile) y cuyo origen, según algunos estudiosos, podría ser greco-sículo. Las reformas posteriores han conservado la base y los correspondientes cimientos, sobre los cuales, alrededor de 1100, debió de alzarse la torre medieval. En 1779, los ciudadanos la hicieron restaurar en un intento de devolverle su forma primitiva; en realidad, continuaron la serie de transformaciones. Trazas visibles de la construcción original son el arco ojival y la escalerita lateral que conducía directamente a la parte más alta.

La Puerta de Catania cierra el burgo medieval; a ella se unía el cordón de murallas que proseguía hasta unirse con el Palacio Santo Stefano. En la disposición de la puerta, antaño flanqueada por una torre ahora desaparecida, se ha restaurado el lado de una abertura más antigua de arco apuntado, en cuyo intradós son todavía visibles trazas de pintura de gusto bizantino. Se conserva, además, una galería volada sobre grandes ménsulas con cinco matacanes de defensa. La puerta fue restaurada en la época aragonesa, como indica una placa colocada bajo la galería. La necesidad de construir tal sistema de fortificaciones se debió a la afortunada época vivida por Taormina en el periodo bizantino, cuando, después de siglos de olvido, volvió a tener un papel de primer orden para la isla, heredando de Siracusa el título de capital de la Sicilia oriental. En este periodo se ampliaron las gruesas murallas, sobre todo en el lado sur, y se erigieron dos fortalezas que aseguraban la protección de la ciudad de posibles incursiones desde tierra. A la primera rendición de los bizantinos al ataque de los musulmanes en 902, siguió la destrucción de muchos edificios. La definitiva conquista no se produjo hasta el año 962 (en las inmediaciones de la Puerta de Catania se encuentra la calle Salita Ibrahim —"cuesta de Ibrahim"— en recuerdo de la masacre que las tropas musulmanas, tras identificar el punto débil de la muralla, consumaron). La llegada de los normandos, en realidad, representó para Taormina el principio de una época de decadencia, y ello a causa del evidente interés del reino por la cercana Mesina, que le disputaba la primacía. De todos modos, este lapso de estancamiento apresuró una reorganización del trazado ur-

Taormina, muralla de la ciudad.

RECORRIDO IX   *Mezclas figurativas y constructivas en Val Demone*
Taormina

Abadía Vieja, vista general, Taormina.

Abadía Vieja, fachada este, Taormina.

Abadía Vieja, planta de la tercera elevación, Taormina (Spatrisano, 1972).

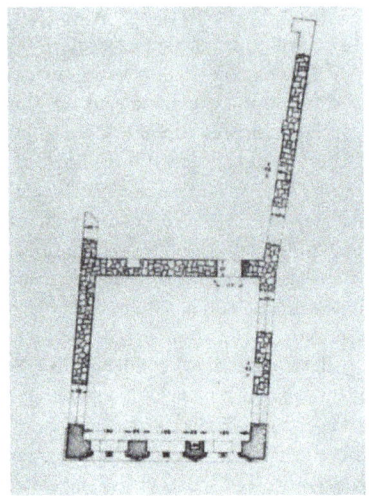

bano, que llevó al nacimiento del burgo comprendido entre las dos puertas, donde se levantarían los edificios monumentales más importantes de los siglos siguientes.

IX.5.c Abadía Vieja

Desde Porta Catania, torcer a la derecha por Via Sesto Pompeo; tras subir una escalinata, torcer a la derecha en Via Dionisio Primo; en el cruce con la circunvalación, a la derecha, se encuentra la Abadía Vieja, tel. 0942 620112. Acceso con entrada. Horario: de 9 a 13 y de 16 a 20.

En el punto en que la carretera de circunvalación forma el desvío para Castelmola y Taormina, se yergue la silueta torreada de la Abadía Vieja, nombre tradicionalmente atribuido a un edificio del siglo XIV que es una adaptación a residencia de una torre del sistema defensivo, quizá de época normanda.

El cuerpo originario, de planta cuadrada, presenta los rasgos propios del *mastio* y podría, asimismo, recordar un *donjon* de los que edificaron los caballeros normandos a lo largo de la línea de defensa de la Sicilia oriental (Paternò, Motta S. Anastasia, Adrano). El mayor interés de este edificio, hoy objeto de trabajos de restauración, reside en el articulado dibujo y en el colorido de la fachada meridional, allí donde resulta claramente identificable el injerto de la superposición del siglo XIV sobre la construcción original. Los dos primeros niveles, con un amplio *monóforo* de arco apuntado por piso, presentan un tosco aparejo mural de ladrillo y piedra apenas cortada, con una definición más cuidada en los cantones. Sobre esta torre preexistente, evocadora de agotadores asedios, se eleva una galería, diferente por su concepción y su refinada ejecución. Otra franja divisora de pisos, realizada con elementos de piedra lávica y piedra blanca de Siracusa dispuestos según un dibujo que recuerda un motivo geométrico de gusto islámico, subraya la diversidad constructiva de los dos registros sobrepuestos. Al *cimacio* de la divisoria entre pisos se une el alféizar de los tres grandes *bíforos* continuos de elegante perfil apuntado. Las ventanas, con columnita central, poseen celosías caladas con dibujo de *óculos* (uno mayor para las ventanas laterales, tres para la central) y arquitos trilobulados que coronan los dos vanos del *bíforo*. Las tres aberturas, realizadas sin solución de continuidad, junto con el rebuscado aligeramiento de la superficie mural mediante la introducción de motivos geométricos hechos con incrustaciones de piedra lávica, confieren una gran levedad al volumen arquitectónico. Sólo las almenas que lo coronan vuelven a recordar el originario carácter fortificado del edificio.

Abadía Vieja, fachada sur, Taormina (Spatrisano, 1972).

RECORRIDO X

Blasón feudal y *Stupor Mundi*: arquitectura fortificada en Val Demone y Val di Noto

Comité científico

X.1 ACICASTELLO
    X.1.a Castillo sobre el peñón

X.2 CATANIA
    X.2.a Catedral
    X.2.b Castillo Ursino

X.3 ADRANO
    X.3.a Castillo Normando
    X.3.b Puente de los Sarracenos

X.4 PATERNÒ
    X.4.a Castillo Normando

X.5 SIRACUSA
    X.5.a Castillo Maniace

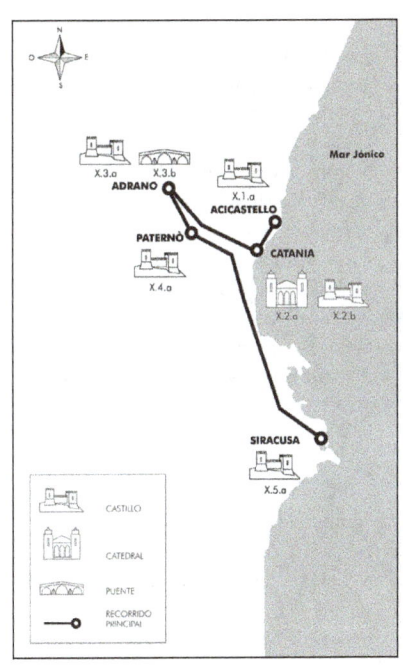

Castillo, imposta de nervio de bóveda de crucería, Augusta.

RECORRIDO X *Blasón feudal y* Stupor Mundi: *arquitectura fortificada en Val Demone y Val di Noto*

Castillo, vista general, Augusta.

La región oriental de Sicilia presenta pocos testimonios directos de la influencia del arte islámico; esta condición no puede achacarse, ciertamente, sólo a la destrucción o dispersión de un hipotético patrimonio árabe de Sicilia, sino que en esta zona se debe también a dramáticas causas naturales.

En la parte meridional de Val Demone y en buena parte de Val di Noto se encuentran, sin embargo, rasgos del arte de construir edificios defensivos en los territorios islámicos del norte de África. Es un componente apenas perceptible en las torres, en las fortalezas y en las variantes locales de la tipología del *donjon* normando (entre tantos ejemplos, tienen particular relevancia Acicastello, Adrano, Mogialino, Motta Sant'Anastasia y Paternò en la provincia de Catania; Comiso, Lentini y Noto Antica en la provincia de Siracusa; San Filippo d'Argirò o Agira, Enna y Gresti en la provincia de Enna). Por lo demás, una de las notas distintivas del paisaje siciliano, tanto del interior como de la costa (y elemento cardinal en los procesos de formación de gran parte de los asentamientos urbanos del periodo), es la constante presencia, durante todas las épocas de la Edad Media, de una apreciable arquitectura militar, no exenta de voluntad representativa.

Desde el pequeño castillo normando sobre el peñón costero de Acicastello, el último recorrido de la Sicilia medieval discurre por Catania, con los restos de la catedral normanda y el federiciano Castillo Ursino, y las villas de Paternò y de Adrano (ambas con castillos de la época sículo-normanda, y la segunda también con el espectacular Puente de los Sarracenos sobre el río Simeto) y concluye en Siracusa, capital bizantina temporal y metrópoli impulsora de la cultura greco-sícula, que resistió largo tiempo el asedio de los musulmanes y después sería punto clave para la reconquista de los normandos. La ciudad presenta uno de los testimonios más emblemáticos y, en cierto aspecto, enigmático de la Sicilia medieval: el Castillo Maniace. Obra símbolo de la iluminada visión autocrática de Federico II, expresa su doble naturaleza cultural, siendo un logrado injerto —sobre un entramado arquitectónico de vocación prehumanista— de sistemas abovedados góticos en una tipología castrense deudora de las construcciones militares y de los *caravansarays* árabes. El carácter del régimen buscado por Federico II, dentro de la relación de fuerzas actuantes en el Mediterráneo y Europa en su tiempo, se refleja en la programática permeabilidad cultural de su curia regia. En tiempos de Federico, las influencias islámicas adquieren otra vez un vigor y una penetración sorprendentes teniendo en cuenta el destino, nada afortunado, que aguardaba a las supervivientes y ya entonces reducidas comunidades musulmanas de Sicilia. Son influencias que, en el caso de los castillos (o de los palacios-fortaleza) realizados por Riccardo da Lentini para Federico II, van mucho más allá de las meras mezclas figurativas o la adopción de modos constructivos y de técnicas de trabajo. Las afinidades con los ejemplos de *ribat*s de Ifriqiya adquieren, por tanto, un significado particular. Mientras que en los sistemas abovedados las obras federicianas muestran una adaptación acelerada al desarrollo de la cultura arquitectónica europea del periodo gótico (con una apreciable adhesión a modos cistercienses), en lo que respecta, en cambio, a configuraciones estereométricas, plantas y, a veces, las propias modalidades de ejecución de las obras murales prevalecen explícitas referencias a las fortificaciones musulmanas de ultramar; no a las contemporáneas, sin embargo, sino a los ejemplos de la época de oro de la expansión de la *yihad*. Y es significativo, ciertamente, que el papel de modelo principal lo desempeñara ese *ribat* de Susa hecho construir por el famoso Ziyadat Allah I en 821, seis años antes de promover la campaña de ocupación de Sicilia. Susa, por lo demás, era bien conocida de los hombres de armas sicilianos, aunque no fuera más que por pertenecer a aquella franja costera de Ifriqiya temporalmente anexionada por la fuerza al reino de Sicilia en tiempos de Ruggero II.

Los dos valles orientales de la isla presentan, pues, líneas de difusión de obras fortificadas de la época normanda y de los dos siglos siguientes, a menudo levantadas sobre edificaciones anteriores, y entre dichas líneas se encuentran aquellas que comprenden los castillos de Motta Sant'Anastasia, Agira (que conserva trazas del tejido urbano medieval árabe, además de la iglesia de Santa María la Mayor) y Adione (donde se encuentran la Torre de San Miguel, otro castillo llamado "de Gresti" y la iglesia de Santa María La Cava, edificada en 1139 sobre restos de otra construcción por voluntad de la condesa Adelasia).

Val di Noto se ha visto afectado muchas veces por catástrofes sísmicas que, desde la Edad Media hasta el principio de la Edad Contemporánea, han determinado repetidamente la reforma sustancial, o la sustitución, del patrimonio edilicio, cuando no la total refundación de las poblaciones, incluso en otro lugar, como en el caso excepcional de la ciudad de Noto. Esta condición dramática ha conllevado en esta área, históricamente de las más dinámicas de la Italia meridional, la constan-

Castillo, bóvedas de crucería, Augusta.

Conquista musulmana de la ciudad de Siracusa, "Crónica de Juan Skylitzes", códice bizantino, s. XIII, Biblioteca Nacional, Madrid.

te reinvención de un patrimonio cultural propio; una práctica caracterizada, en los diversos periodos históricos, por la destacada vocación de conjuntar los estímulos provenientes de otras áreas geográficas con cuanto había sobrevivido de las formas artístico-arquitectónicas precedentes, ya fueran testimonios o permanencia de modos figurativos y técnicas de los maestros constructores.

Tierra de confín entre culturas mediterráneas, Val di Noto (coincidente con las provincias de Siracusa y Ragusa, con los territorios meridionales de las provincias de Catania y Enna y con la porción suroriental de la provincia de Caltanissetta) experimentó las formas más extremas de la conquista musulmana desde la primera fase de la *yihad* promovida por Ziyadat Allah I y guiada por Asad Ibn al-Furat; en todo el periodo medieval quedará, por tanto, marcado por la condición de frontera interna de Sicilia. La fuerte pertenencia de los habitantes de Siracusa y del territorio limítrofe al mundo cultural griego había condicionado su irreductible resistencia al Islam, incluso después de la ocupación. Los musulmanes se vieron obligados, por tanto, a trasladar a la parte occidental de la isla, Palermo, la sede del poder central, logrando así sustraer a la ciudad, que habría debido asumir el papel de principal metrópoli, de los peligros de los intentos de reconquista de las tropas bizantinas; todavía en 1038 la brillante campaña de Giorgio Maniace, sólo veintitrés años antes del desembarque en la costa de Mesina de Roberto el Guiscardo y Ruggero de Altavilla, ponía por enésima vez en un brete la dominación musulmana, apuntando precisamente al área suroriental de la isla, la menos susceptible de cambiar su identidad cultural greco-sícula (arraigada en la época bizantina), sentida aquí de una manera mucho más profunda que en otras zonas de Sicilia.

Prácticamente por los mismos motivos, los normandos, pese a revalorizar su importancia, guardaron una relación de prudente control con la zona potenciando ese proceso de encastillamiento ya iniciado, con fines antibizantinos, por los musulmanes, convertidos ahora en objeto primordial de preocupación defensiva y seguidos por el cada vez menos temible poder bélico de Bizancio.

Fue con Federico II cuando el área suroriental recobró el prestigio, precisamente en función de los planes de dominio o de supremacía sobre toda la zona medite-

RECORRIDO X *Blasón feudal y* Stupor Mundi: *arquitectura fortificada en Val Demone y Val di Noto*
Acicastello

Castillo, vista general, Acicastello.

rránea del imperial *Stupor Mundi*. Voluntad manifestada aquí en ese poderoso programa de edificaciones castrenses que en cuestión de pocas décadas, por deseo e interés expresos del propio Federico II, llevó a la construcción de los castillos "suevos" de Siracusa, Augusta y, apenas poco más al norte del confín septentrional del valle (pero relacionado con él por la lógica del sistema defensivo), Catania, y, más allá del valle, de todas las demás obras militares de la Sicilia oriental hasta el Castillo de Milazzo.

X.1 ACICASTELLO

X.1.a Castillo sobre el peñón

Desde Taormina, retomar la autopista A18 en dirección a Catania. Salir en Acireale y seguir la SS114 hasta el desvío de Acicastello. Ir hasta Lungomare C. Colombo (paseo marítimo), dejar el coche y proseguir a pie por la misma calle, al final de la cual se encuentra el monumento, en Piazza Castello.
Horario: de 9 a 12 y de 16 a 19 (en invierno, de 9 a 13 y de 15 a 17); lunes cerrado. Está prohibida la entrada a menores de 14 años sin acompañante.

La fortificación de Aci, de origen bizantino, fue edificada a principios del siglo IX como puesto avanzado para el control de la costa. La primera fecha segura relacionada con ella es la de 902, año en que el cronista árabe Ibn al-'Atir la cita, pero no es segura su identificación con el sitio bizantino, que podría, pues, no coincidir con la peña del Castillo. Poco después

Castillo, vista general, Acicastello.

sería conquistada por los musulmanes, que demolieron las fortificaciones y arrojaron al mar las piedras de las murallas. Fueron sus dueños durante cerca de dos siglos, hasta que la plaza fuerte fue expugnada en 1092 por las tropas del gran conde Ruggero de Altavilla, que concedió el castillo y sus pertenencias a Angerio, obispo de Catania.
Del Castillo, sometido a numerosos asedios en el curso de los siglos y hoy desti-

nado a actividades museísticas, quedan algunos cuerpos de fábrica del conjunto original. El mejor conservado es la torre principal, de planta rectangular, construida en piedra de lava.

Los Escollos de los Cíclopes frente a Acitrezza y el litoral de Acicastello
Desde Ognina, a poca distancia de Acicastello, es posible hacer minicruceros y excursiones con la motonave que llega hasta los farallones de Polifemo situados frente a Acitrezza, pueblo en el que Giovanni Verga ambientó su novela I Malavoglia *(1881) y Luchino Visconti rodó la película* La terra trema *(1947). Se pueden ver, así, las espléndidas islas Cíclopes, masas basálticas insinuadas entre las arcillas del fondo marino y que, reza la leyenda, Polifemo lanzó contra Ulises, que lo había cegado, como cuenta Homero en la* Odisea. *Se recomienda bajar hasta el fondo a aquellos que practican la fotografía submarina.*
La Plaja, con escolleras de lava bellísimas y playas de varios kilómetros de longitud, es una meta privilegiada del turismo balneario. La zona se caracteriza por las pillows *volcánicos en forma de cojines más o menos esféricos, originados por las coladas lávicas básicas de ambiente submarino y que sólo se encuentran en pocas localidades del mundo.*

X.2 CATANIA

Según Tucídides, el primer núcleo habitado lo fundó en 729 a. C. una colonia de calcídicos sobre una colina que se convirtió en la acrópolis de la posterior ciudad. En torno a 263 a. C. pasó a dominio de los romanos, que promovieron un intenso desarrollo como importante enclave comercial. Con la decadencia imperial, comenzó un periodo de devastaciones para la antigua ciudad, sólo frenado por la reconquista bizantina (535) y por la institución del obispado.

Los musulmanes sólo pudieron tomarla con una poderosa ofensiva, desencadenada en 882, a la que siguió una larga estación de sanguinarias incursiones en su territorio. De todos modos, fueron ellos precisamente los artífices de las transformaciones que crearon el actual paisaje agrario con la importación de nuevos cultivos, la aplicación de proficuas técnicas de riego y la creación de una densa trama de comunicaciones viarias.

En 1071 fue conquistada por los normandos, quienes, para obligar a la ciudad a capitular, habían construido deliberadamente el castillo de Paternò desde el que lanzar destructivas incursiones. Restablecieron el obispado (1091), dotándolo de inmensas posesiones y, en consecuencia, del señorío urbano.

Al-Idrisi, a mediados del siglo XII, la describe con "mercados muy frecuentados, espléndidas viviendas, mezquitas grandes y pequeñas, baños y *caravansarays*".

Sólo Federico II revisó drásticamente los poderes temporales del obispo; además, contrapondría simbólicamente a la Catedral el Castillo Ursino.

Entre 1669 y 1693, la ciudad fue devastada por una erupción volcánica primero y por un terrible terremoto después. La población de nuestros días se reedificó gracias a un nuevo proyecto urbanístico, obra del lugarteniente y duque de Camastra Giuseppe Lanza.

Catania

X.2.a Catedral

Catedral, ábsides, Catania.

Desde Acicastello, retomar la SS114 hasta Catania. Seguir la carretera de circunvalación y, guiándose por las indicaciones, llegar hasta Piazza dei Martiri y proseguir por Via Dusmet, donde, a la izquierda, en Piazza Borsellino, es posible dejar el coche. Continuar a pie por Via Dusmet, atravesar Porta Uzeda, que se encuentra a la derecha, y llegar hasta Piazza Duomo, también conocida como "Piazza dell'Elefante".
Horario: laborables de 7 a 12 y de 16 a 19, festivos de 7:30 a 12 y de 16:30 a 19.

La Catedral de Catania, dedicada a Cristo, la Virgen y la mártir Santa Ágata, patrona de la ciudad, nació como iglesia abacial confiada, en el acto de su fundación, al monje bretón Angerio, proveniente del centro benedictino de Santa Eufemia, en Calabria. Acerca de la datación de la construcción normanda, que en el violento terremoto de 1693 se vino abajo totalmente, a excepción del transepto de tres ábsides (con columnas pareadas al final de las pequeñas naves y columnas angulares en nicho a los lados de los ábsides), las hipótesis oscilan entre 1091, fecha de un diploma del conde Ruggero que concede la abadía a Angerio, y 1094, año que da una lápida del lado septentrional del monumento. Es seguro, en todo caso, que la construcción comenzó después de la reconquista de Catania (1085) y de su territorio, para cuyo control militar la iglesia adquiriría el carácter de *ecclesia munita*, de edificio religioso fortificado. Carácter que se aprecia al observar el original cuerpo del transepto, con una ampliación a ambos lados, insólita en

Catedral, interior, Catania.

la arquitectura normanda, mediante construcciones en alas completamente separadas, de mampostería muy maciza y desarrolladas en tres niveles, pero de altura menor que la nave transversal.

RECORRIDO X *Blasón feudal y* Stupor Mundi: *arquitectura fortificada en Val Demone y Val di Noto*
Catania

Catedral, planta, Catania.

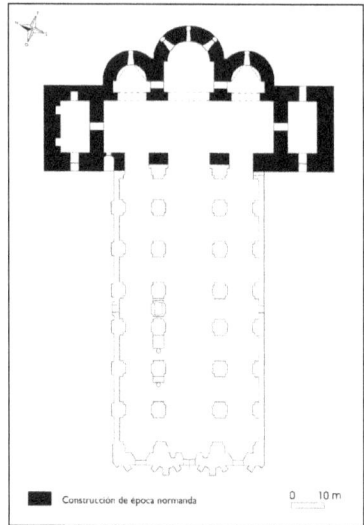

En la planta original, mantenida en las reconstrucciones posteriores a los terremotos, del cuerpo del transepto, abierto en tres ábsides semicirculares sobresalientes en el exterior y recorridos por arcadas ciegas ojivales, nacía la vasta sala basilical de tres naves, dividida por arcadas sobre columnas en gran parte de expolio, tomadas de los antiguos edificios de la ciudad y de las termas romanas sobre cuyos restos se alzaba parcialmente la iglesia. Algunas de estas columnas se reutilizarían una vez más en la construcción de la fachada barroca, concluida por G. B. Vaccarini en 1736. El suelo normando se encontraba a una altura inferior respecto a la reconstrucción ochocentesca. Dos espacios angulares, logrados con el cierre de las primeras dos crujías de la sala basilical, corresponderían a los cimientos de las torres de la fachada, según un modelo de inspiración noreuropea utilizado por la misma época en Mazara y más tarde en las catedrales de Cefalù y Monreale. Las torres de la iglesia de Catania, sin embargo, no se hicieron jamás. Siempre en correspondencia con la contrafachada perduran, de la antigua construcción normanda, algunas pequeñas ventanas en forma de troneras que se abren a escaleras de caracol, destinadas a acceder no sólo a las torres de la fachada, sino también a un elevado pasaje en el espesor del muro, conservado únicamente en torno a los ábsides.

X.2.b **Castillo Ursino**

Proseguir a pie atravesando Piazza Duomo y tomar, a la izquierda, Via Alonzo di Benedetto, por debajo de la cual está la plazoleta donde se pone el mercado de pescado. Continuar por Via Zappalà Gemelli y Via Transito, torcer luego a la izquierda en Via S. Sebastiano y llegar hasta Piazza Federico di Svevia, donde está el monumento.
Horario: laborables de 9 a 13 y de 15 a 18, festivos de 9 a 13; lunes cerrado.

Sigue siendo incierto el origen del nombre asignado al último gran castillo mandado construir en Sicilia por Federico II, el Castillo Ursino de Catania. Según algunas hipótesis, sería la corrupción popular del término latino *castrum sinus*, es decir "castillo del golfo", en recuerdo de la extraordinaria ubicación elegida para la fundación de la fortaleza por el *praepositus aedificiorum* Riccardo da Lentini (por esta razón alabado por el emperador suevo en una carta firmada en Lodi el 17 de noviembre de 1239), ubicación que, sin embargo, perdió efectividad por los efectos de la erupción de 1669, que alejó

RECORRIDO X *Blasón feudal y* **Stupor Mundi**: *arquitectura fortificada en Val Demone y Val di Noto*
Catania

el mar al que el Castillo se asomaba al colmar el desnivel por la parte de la tierra. Junto con las precedentes fortificaciones de Siracusa (Castillo Maniace) y Augusta, el *castrum* etneo constituía la parte más avanzada y mejor organizada de un poderoso cinturón de avistamiento y fortificaciones que incluía también los castillos de la época normanda erigidos en las poblaciones, más interiores, de Motta Sant'Anastasia, Paternò y Adrano. El nutrido epistolario entre el *Stupor Mundi* y Riccardo da Lentini ha puesto en evidencia, por un lado, la relativa rapidez en la ejecución de la obra (entre 1239 y 1250) y, por otro, las mismas dificultades financieras encontradas en la última fase de los trabajos del Castillo Maniace, de las que derivaría la adopción de mamposterías en *opus incertum* con abundancia de mortero y piedra lávica.

La planta del Castillo Ursino confirma la preferencia concedida por la arquitectura sueva a las plantas cerradas y severas, a las

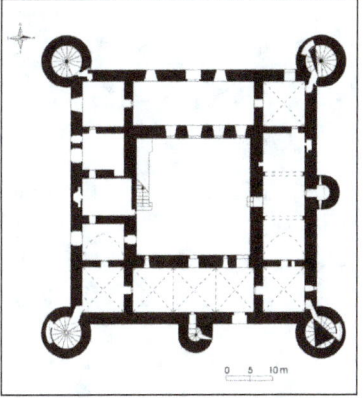

Castillo Ursino, planta, Catania.

simetrías rigurosas, a la proporción entre las partes en relaciones simples. Surge sobre un cuadrado de unos 50 m de lado, con cuatro grandes alas (cada una de tres crujías cubiertas con bóveda de crucería) dispuestas en torno al patio central, también cuadrado, y comunicadas por salas menores que permiten el acceso a las cua-

Castillo Ursino, vista general, Catania.

RECORRIDO X   *Blasón feudal y* Stupor Mundi: *arquitectura fortificada en Val Demone y Val di Noto*
Catania

Castillo Ursino, bóveda de nervios de una de las torres, Catania.

Castillo Ursino, ornamentación vegetal y arranque de nervios de bóveda de crucería, Catania.

tro torres cilíndricas situadas en los vértices del cuadrado de la base. Estas últimas, en su interior, están ocupadas por salas octogonales cubiertas con bóvedas de abanico cuyos nervios irradian desde un florón central para caer en capiteles pensiles de extraordinaria factura. Otras cuatro torres semicilíndricas, de proporciones más modestas, se alzaban en el centro de cada fachada del Castillo (hoy quedan solamente dos). Dentro de estas torres se encontraban las escaleras helicoidales que conducían al piso superior, del que se ignora cómo estaba rematado. La planimetría remite, sobre todo por el empleo de la forma cilíndrica en las torres, al tipo de *castrum* de origen persa (véase, por ejemplo, la extraordinaria analogía con el castillo del valle de Farrashband), adoptado en Sicilia a través de la mediación musulmana, lo que confirma la presencia de maestros y "técnicos" de origen árabe en la obra. Con los demás edificios suevos, y en particular el Castillo del Monte, el Castillo Ursino compartía el gran cuidado reservado a las instalaciones para el aprovisionamiento y la descarga de agua, inspiradas en avanzados (para la época) criterios de higiene. Desde 1934, el Castillo Ursino, una vez llevadas a cabo las restauraciones, alberga el Museo Cívico.

La línea férrea Circumetnea
Es un anillo ferroviario que parte de Catania y atraviesa los pueblos situados en la base del cono volcánico del Etna; con su característica máquina diesel a escasa velocidad, permite disfrutar del paisaje circundante. El itinerario transcurre por tierras donde alternan zonas abiertas con coladas lávicas más o menos recientes y zonas boscosas, donde el paisaje está dominado por el pino alerce, el haya y el abedul del Etna, planta endémica de notable interés. A estas especies hay que añadir la

retama del Etna, planta que con su aspecto también arbóreo y su larga floración primaveral resalta en el singular paisaje etneo.
El Etna es uno de los pocos volcanes activos de Europa, y es también, con sus más de 3.300 m, la cima más alta de Sicilia. Su actividad, ininterrumpida desde hace más de seiscientos mil años, se caracteriza en la fase actual por emisiones de ceniza y materiales pétreos en pequeñas explosiones de tipo stromboliano, y por emisiones de lava a través de fisuras laterales del monte volcánico con formación de conitos temporales. La dirección, la duración y la potencia de las coladas hacen más o menos peligrosos los momentos de mayor actividad. Con este peligro ha aprendido a convivir la población de los cerca de veinte municipios que se esparcen por las pendientes del monte, particularmente fértiles y ricas en agua, y que están protegidas y unificadas en su gestión con la institución de un Parque Regional hace más de veinte años. El Parque, que procura salvaguardar y conservar los ambientes naturales y la vegetación de la montaña, tiene su sede institucional en Nicolosi (tel. 095914588).

X.3 ADRANO

Su nombre deriva de Adranon, divinidad venerada ya por los sículos. La ciudad, según el historiador Diodoro, fue fundada en torno al año 400 a. C. por Dionisio el Viejo, tirano de Siracusa. Después de la sumisión a los romanos, conoció un largo periodo de decadencia, perpetuado por las turbulencias del periodo bizantino. Volvió a florecer en la época árabe con el nombre de Adronú, más tarde Aderno y también

Adernione. Bajo la dinastía normanda fue un poderoso burgo feudal que alcanzó gran prosperidad gracias a la pacífica convivencia de griegos, latinos, hebreos y musulmanes, convirtiéndose en centro de un importante y fecundo condado. Al-Idrisi, alrededor de 1150, la describió así: "Gracioso caserío que se diría casi una pequeña ciudad; se alza sobre una cima rupestre, está dotado de un mercado, de un baño, de una bella fortaleza y abunda en agua".
A partir del siglo XIV, el feudo perteneció a Matteo Sclafani y después a la familia de los Moncada. Hasta 1929 no se recuperó el nombre original de Adrano.

X.3.a Castillo Normando

Salir de Catania por Via Vittorio Emanuele, llegar hasta la SS121 (que comienza en Misterbianco) y seguir por ella hasta la salida para Paternò. Desde aquí, tomar la SS284 y recorrerla hasta la segunda salida para Adrano; torcer a la izquierda y seguir las indicaciones para el centro. Al llegar a Piazza S. Agostino, dejar el coche; ir por Via Roma hasta llegar a Piazza Umberto I, donde se encuentra el Castillo, tel. 095 7692660.
Horario: todos los días de 9 a 13 y de 15:00 a 19 (en invierno, de 15:30 a 18). En el momento de redactarse este catálogo sólo se podía visitar el primer piso.

La campaña militar de los normandos para devolver Sicilia a la cristiandad se llevó a cabo también mediante una paciente y extenuante guerra de posiciones articulada en torno a algunas plazas fuertes cuya función, al cesar las hostilidades, fue controlar el territorio apenas conquistado. A

RECORRIDO X *Blasón feudal y* Stupor Mundi: *arquitectura fortificada en Val Demone y Val di Noto*
Adrano

*Castillo, sección,
Adrano (Di Stefano,
1955).*

*Castillo,
vista general,
Adrano.*

lo largo del curso del río Simeto (vía privilegiada de acceso desde la costa jónica hacia el interior de la isla) se habían erigido algunas de estas edificaciones fortificadas, que respondían a precisas razones de estrategia militar: por un lado, aseguraban puestos avanzados seguros para los caballeros que combatían al enemigo en la frontera, garantizando el control de la estratégica plaza fuerte de Catania; por otro, preservaban a los normandos de eventuales insurrecciones de los habitantes locales. Tales construcciones, edificadas para guardar el valle del Simeto, dominan aún hoy, con sus imponentes volúmenes, los centros históricos de Motta Sant'Anastasia, Paternò y Adrano. Son severas torres de cuatro lados de perfil descollante, levantadas en lugares elevados y circundadas por un recinto de murallas. La tipología de firmes torreones protegidos sobre ásperas alturas rocosas (antaño completamente aisladas) y la matriz cuadrangular de la planta los entronca con los conocidos *donjons* difundidos por los normandos en el mismo periodo en los territorios franceses e ingleses. Por ello son conocidos también como *dongioni*, término que aparece en Italia a mediados del siglo XII pero con una acepción ligeramente diferente respecto a la palabra original francesa, por cuanto el vocablo italiano designaba una ciudadela fortificada situada en el interior de un área castellana más vasta.

Fundado, según la tradición, por el gran conde Ruggero alrededor de 1070, el Castillo surge en el margen del pueblo medieval. Probablemente el cuerpo original de fábrica, de planta cuadrada, fue alterado en el siglo XIV. El tipo es el intermedio entre el *mastio* aislado, a la francesa, y el palacio señorial, según una variante en clave residencial de edificio fortificado que se encuentra ya en Paternò. El macizo aspecto torreado, subrayado por las pocas

RECORRIDO X *Blasón feudal y* Stupor Mundi: *arquitectura fortificada en Val Demone y Val di Noto*
Adrano

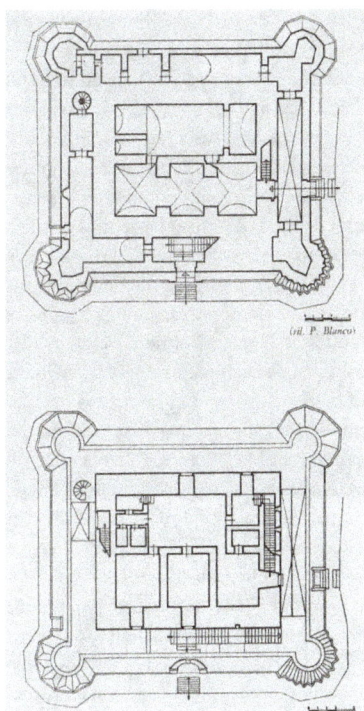

Castillo, plantas, Adrano (Di Stefano-Krönig, 1979).

Castillo, bóvedas de crucería, Adrano.

Castillo, puerta, Adrano.

aberturas, se vuelve aún más amenazante por la obra baja abaluartada que lo ciñe por todos los lados, reforzada en los ángulos por torres de escarpa poligonal, que puede datarse entre los siglos XV y XVI. La gran altura del edificio (33,7 m) está dividida en cinco pisos.

Hoy, el Castillo alberga en su interior tres importantes instituciones: el Archivo Histórico-Artístico-Literario, el Museo Arqueológico Regional y la Pinacoteca. En el rico Museo Arqueológico se exponen interesantes hallazgos relativos a la historia del asentamiento, que van del neolítico a las épocas árabe y normanda. Resultan de especial interés algunos ele-

RECORRIDO X   Blasón feudal y Stupor Mundi: arquitectura fortificada en Val Demone y Val di Noto
Paternò

mentos arquitectónicos del periodo normando (están en el hueco bajo la escalera del edificio), recuperados durante los trabajos de restauración del Castillo, y algunas monedas del mismo periodo, preciosos testimonios de la acuñación normanda en Sicilia.

X.3.b Puente de los Sarracenos

Recoger el coche y, desde Piazza S. Agostino, ir a Piazza Umberto I por Via Roma. Seguir por Via Garibaldi, torcer a la izquierda para tomar la SS121 en dirección a Centuripe-Ragalbuto. Pasado un kilómetro, torcer a la derecha por la SP122. Tres kilómetros más adelante, girar a la derecha por la SP94 (dirección Bronte-Cesarò) y casi enseguida a la izquierda, para seguir por la carretera de tierra indicada con el cartel "Ponte"; el monumento está a 1,3 km.

Puente de los Sarracenos, vista de la arcada central, Adrano.

El Puente de los Sarracenos (Ponte dei Saraceni), llamado así porque se cree construido por los árabes, se edificó, tal vez, sobre una construcción romana precedente y sufrió sustanciales modificaciones en el siglo XIV. De 362 m de longitud, el puente está constituido por una estructura de modesto grosor sostenida por una secuencia de cuatro arcadas, distintas entre sí en dimensiones y perfil. En otro tiempo, el puente ponía en comunicación los feudos de Mendolito y de Carcaci, y enlazaba con una compleja red viaria, hoy perdida en gran parte. La gran arcada central, que salva con gran elegancia el lecho del río (apreciable, sobre todo en la estación más seca, por la sugestiva modelación de las paredes rocosas de sus gargantas, surgidas del brusco enfriamiento del magma vertido en el curso de agua por las erupciones del Etna), junto con la pequeña arcada adyacente de perfil apuntado, constituye lo único superviviente de la construcción original; todas las demás arcadas han sido más o menos reconstruidas, incluso en tiempos recientes, aunque conservando la alternancia cromática original de los grandes sillares (de piedra calcárea, clara, y de piedra lávica, negra).

X.4 PATERNÒ

X.4.a Castillo Normando

Desde Adrano, seguir la SS284 hasta llegar a Paternò. Ir a Piazza Santa Barbara, tomar Via Providenza Virgillito Bonaccorsi y subir a la colina monumental. Una vez traspasada la antigua Porta Borgo, seguir en dirección al

RECORRIDO X *Blasón feudal y* **Stupor Mundi**: *arquitectura fortificada en Val Demone y Val di Noto*
Paternò

Castillo, vista general, Paternò.

Castillo, capilla de S. Juan Bautista, detalle de pintura mural, Paternò.

Santuario de la Consolación y torcer a la derecha, hacia el cementerio monumental, donde se puede aparcar. Pasada la iglesia de Cristo al Monte, se llega al Castillo Normando. Horario: de 9 a 13.

El macizo torreón se alza sobre una colina que domina la actual población de la villa etnea como si fuera su acrópolis. Edificada por el conde Ruggero en 1072, quizá en el lugar de un existente fortín musulmán (da noticia de él al-Muqaddasi alrededor del siglo X), la fortaleza normanda mudaría muy pronto su función militar original por la de preciosa residencia para la pequeña, pero refinada, corte principesca surgida en torno a la figura del conde Enrico de Policastro y de su mujer Florinda, hija ilegítima del Gran Conde. Mutaciones sustanciales del Castillo, como la construcción de un sólido torreón en piedra lávica, se hicieron en la época sueva. El devastador terremoto de 1169 había causado, de hecho, tales daños al edificio que, en el siglo XIII, fue objeto de sustanciales transformaciones, como la apertura de cuatro pequeños *bíforos* en el primer piso, en la fachada este, y la inserción en el piso bajo, junto a los espacios destinados a almacén para víveres y a puesto del cuerpo de guardia, de una capilla dedicada a San Juan Bautista, que conserva en las paredes una serie de pinturas murales a témpera recientemente restauradas que pueden fecharse entre fines del siglo XII y principios del XIII (y que confirman, pues, la datación normanda de todo el edificio original). En el primer piso está la gran sala de armas, cubierta por una bóveda de arco ojival e iluminada por los cuatro elegantes *bíforos* con asiento abier-

tos en el frente oriental. Quizá al propio tiempo de Federico II (el monarca residió en el Castillo algún tiempo, entre 1221 y 1223) se remonten, en correspondencia con una vasta estancia del último piso, dos enormes *bíforos* de arcos ojivales, que confirman la consolidación de la nueva función residencial del edificio.

X.5 SIRACUSA

Los corintios fundaron en este sitio una colonia en el siglo VIII a. C. La distribución urbana que le dieron los griegos fue extremadamente regular, con calles paralelas y ortogonales. Tuvo indiscutiblemente la primacía entre las *poleis* de Sicilia y fue una auténtica gran potencia del Mediterráneo helenizado, hasta rivalizar, incluso, con Atenas.

Asediada durante más de dos años por los romanos, cayó en su poder en 212 a. C. Establecieron en ella la sede del pretorio y la confirmaron como capital de Sicilia.

Después de un paréntesis en manos de los bárbaros, fue reconquistada por Belisario (535) y, de 663 a 668, fue elegida como residencia de Constante II y capital del imperio romano de Oriente.

En la época bizantina mantuvo el primado entre las ciudades de la isla, y los árabes, apenas desembarcados (827), creyendo que su caída significaría la conquista de toda Sicilia, la asediaron en vano durante más de un año al mando de Asad Ibn Al-Furat, pero no lograrían su propósito hasta muchos años más tarde, en mayo de 878, tras una devastadora batalla.

En el periodo árabe se convirtió en capital de Val di Noto, al tiempo que se consumó la cesión de su primado administrativo a Palermo; sobre las ruinas del palacio del *exarca*, los musulmanes construyeron el Castillo de Mariez, mencionado hasta el desastroso terremoto de 1544.

En 1038, el capitán griego Giorgio Maniace logró su propósito en el difícil empeño de restituirla momentáneamente a dominio bizantino, contando entre sus mercenarios con un puñado de normandos. Estos, en la breve ocupación de la ciudad y en las salidas a los territorios surorientales de Sicilia, tomaron nota de muchos elementos esenciales para su empresa de reconquista contra los árabes, que empezó dos décadas después.

No reocuparon Siracusa hasta 1086, después de haber puesto en fuga al emir Ibn 'Abbad (Benarvet), temerario guerrero protagonista de legendarios enfrentamientos durante la epopeya de la conquista normanda, registrados por la crónica de Goffredo Malaterra. Restablecida la paz, reinstauraron el obispado como autoridad más eminente de la población y volvieron a aprovechar las posibilidades del puerto comercial. Al-Idrisi, alrededor de 1150, ve en ella "mercados, grandes arterias, *caravansaray*s, termas, soberbios edificios y amplias plazas".

Federico II de Suevia, reconociendo su céntrica situación en las rutas del Mediterráneo, pareció también intuir a la perfección su valor estratégico en un esquema político que proyectaba el imperio hacia Oriente y, probablemente, su corte hacia la "punta extrema de Ortigia". Pero los planes del emperador se interrumpieron bruscamente con su desaparición (1250).

RECORRIDO X *Blasón feudal y* **Stupor Mundi:** *arquitectura fortificada en Val Demone y Val di Noto*
Siracusa

Castillo Maniace,
vista general,
Siracusa.

X.5.a Castillo Maniace

Desde Paternò, tomar la A18 en dirección Catania sur. Salir en la indicación a Siracusa. Al entrar en la ciudad por Via Scala Greca, ir hasta Corso Umberto I y atravesar el Ponte Umbertino que une Siracusa con Ortigia; torcer a la derecha en Via del Mille y después a la izquierda en Via Mazzini. Atravesar Porta Marina, recorrer Passaggio Adorno y, en Largo Aretusa, tomar Via Castello Maniace, que lleva a Piazza Federico di Svevia, donde se puede aparcar.

En restauración en el momento de redactarse este catálogo. Al ser zona militar, no se puede visitar. Es posible pedir un permiso a la Superintendencia de Siracusa.

El más antiguo y solemne de los castillos federicianos existentes aún en Sicilia lleva el nombre del caudillo bizantino Giorgio Maniace, al que se debe la obra original

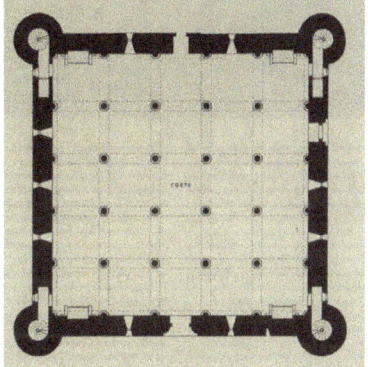

Castillo Maniace,
hipótesis de
reconstrucción de la
estructura, Siracusa.

de fortificación erigida en el extremo suroriental de Ortigia, lugar inaccesible por naturaleza, magníficamente proyectado hacia el mar y, por tanto, privilegiado puesto defensivo de la población de Siracusa desde la Antigüedad. Asociado por su perfecta geometría cuadrangular (de unos 41 m de lado la parte central del Castillo) y por su planta a las fortificacio-

RECORRIDO X *Blasón feudal y* Stupor Mundi: *arquitectura fortificada en Val Demone y Val di Noto*
Siracusa

Castillo Maniace, entrada, Siracusa (Publifoto, Palermo).

Castillo Maniace, detalle de ornamentación vegetal, Siracusa.

nes de la tradición musulmana (al-Andarin en Siria, Susa en Túnez), el Castillo Maniace, cuya construcción debió de comenzarse tras la revuelta *güelfa* de 1232, se menciona por primera vez en la carta que Federico II dirigió desde Lodi el 17 de noviembre de 1239 a su *praepositus aedificiorum* Riccardo da Lentini, por la cual se sabe que la fortaleza siracusana se había terminado ya salvo su municionamiento. El edificio no sufrió alteraciones irreversibles en los siglos siguientes a su construcción, y quedó más o menos intacto hasta 1693, cuando el terremoto que conmocionó la Sicilia suroriental causó graves daños, a los que casi una década más tarde, el 5 de noviembre de 1704, se sumaron las mucho más graves destrucciones ocasionadas por la explosión accidental de la pólvora que se guardaba en el Castillo. Las partes supervivientes, de todas formas bastante considerables, permiten hacer una reconstrucción de la planta original, que sigue reglas matemáticas ejemplares: se trataba de un cuadrado, reforzado en los ángulos por torres cilíndricas, cuyo vasto ambiente interno, totalmente privado de separaciones verticales, estaba dividido en 25 crujías cuadradas, delimitadas por 16 columnas (aunque, por sus dimensiones, sería más correcto hablar de pilares cilíndricos) dispuestas en cuatro filas y cubiertas todas con bóvedas de crucería de nervios, salvo la crujía central, descubierta y concebida, pues, como un pequeño patio, un *impluvio* en torno al cual se disponía todo el organismo arquitectónico. A este enorme ambiente único se accedía por la magnífica puerta de perfil apuntado abierta en la fachada norte, muy animada por la articulación de los *esviajes* y la bicromía del arco, donde se alterna la piedra calcárea siracusana con la lava. Las dos ménsulas que lo flanquean sostenían dos arietes de bronce de la época clásica, uno de los cuales se conserva en el Museo Regional Arqueológico Salinas de Palermo (el otro se fundió durante la revolución de 1848). El escudo colocado en 1614 en el vértice de la puerta lleva la insignia imperial de Carlos V, que a mediados del siglo XVI mandó hacer obras para aumentar la capacidad defensiva del Castillo.

El descubrimiento, en 1980, de las bases que pertenecieron a los cuatro sostenes que delimitaban la crujía central, la ocupada por el *impluvio*, reveló en ellos la adopción de una tipología más elaborada, de pilares en haz. Las macizas paredes del perímetro, perforadas por estrechas ventanas de doble *esviaje* (una por cada crujía), estaban articuladas por las semicolumnas que completan las crujías más externas y por cuatro chimeneas monumentales, de las que quedan poquísimas trazas. Casi en correspondencia con los vértices de la sala interior, se abrían los accesos a las escaleras helicoidales —perdura solamente la occidental— abiertas en el interior de las torres cilíndricas de los ángulos, que hoy conducen a la azotea de la cubierta pero que en origen permitirían la comunicación con el segundo nivel que casi con seguridad había.

La forma de ejecución y la elección de los materiales de construcción se cuidó mucho; así, los grandes bloques calcáreos —muchos de expolio, tomados de los numerosos monumentos del glorioso pasado de Siracusa— de los frentes, las chimeneas, las impostas que delimitan los pasajes, la talla de los nervios y de los capiteles. Que en la obra trabajaran maestros cualificados lo demuestran las incisiones en muchos de los bloques utilizados, siglas de reconocimiento de los pedreros que labraban con gran pericia la piedra cortada. El propio contraste cromático obtenido utilizando piedra oscura para los lienzos de la bóveda de crucería y piedra blanca para las ojivas de la nervadura atestigua el grado de refinamiento y de saber hacer de proyectistas y ejecutores.

Castillo Maniace, ornamentación vegetal y arranque de nervios de la bóveda, Siracusa.

Castillo Maniace, bóveda de crucería, Siracusa.

GLOSARIO

Ábaco	Pieza cuadrada entre el capitel y el arquitrabe.
Ambón	Cada uno de los púlpitos o tribunas situados a los lados del altar en la basílica cristiana para la lectura de la Epístola (a la derecha) y del Evangelio (a la izquierda).
Ambulacro	Corredor largo y estrecho excavado bajo tierra.
Antetítulo	Espacio comprendido entre el transepto y la zona de los ábsides.
Aparejo isódomo	Aparejo compuesto de hiladas en que todos los sillares están labrados con iguales dimensiones.
Arco triunfal	Arco entre la nave de la iglesia y el presbiterio o la capilla mayor.
Bema	(Término griego.) En las iglesias bizantinas, zona que abarca los ábsides, elevada y reservada al clero oficiante.
Bíforo	Ventana dividida por una columnita y rematada generalmente por un arco de medio punto.
Cadí	(Del ár. *qadi*.) Juez.
Caíd	(Del ár. *qa'id*.) Jefe militar de alta graduación, responsable administrativo de una provincia.
Califa	(Del ár. *Jalifa*, lit. "sucesor [del Profeta]".) Jefe espiritual y temporal de la comunidad musulmana; soberano musulmán.
Cannolo	Dulce típico de Sicilia que consiste en una masa enrollada, frita u horneada, rellena con una mezcla de requesón, azúcar, fruta confitada y chocolate.
Caravansaray	Hospedería situada a lo largo de las grandes vías de comunicación, destinada al albergue de viajeros y el almacenamiento de sus mercancías.
Cassata	Tarta típica de Sicilia hecha con requesón y guarnecida de dados de chocolate y fruta escarchada.
Castrum (pl. castra)	Término latino, "poblado fortificado".
Cimacio	Elemento o parte superior de una cornisa.
Cleristorio	En una iglesia, generalmente es la parte de pared por encima de los pilares y columnas de la nave central.
Cúfica (escritura)	Forma de escritura árabe angulosa y muy estilizada, y a menudo muy decorativa, que se usaba en los primeros *Coranes* e inscripciones fundacionales, supuestamente originaria de Kufa, en Irak.
Dar al-Islam	Literalmente, "palacio del Islam"; dominio, esfera del Islam. Comprende los países en que rige la ley musulmana en el culto y la protección de los fieles. Antiguamente, donde no regía el Islam se consideraba territorio de guerra.
Diacónicon	En las iglesias, espacio situado a la derecha del ábside, simétrico respecto a la prótesis. Está destinado a los diáconos y a la recogida de los donativos de los fieles, a archivo, a depósito de ofrendas.
Diwan	Término que, en el mundo musulmán, designaba en origen un despacho administrativo. A continuación se empleó para indicar la sala de audiencias, de protocolo.

Glosario

Donjon	Torre, pensada también para servir de vivienda permanente.
Drungario	Gobernador o comandante militar bizantino.
Ecclesia munita	Construcción eclesiástica fortificada.
Esviaje	Corte oblicuo en las jambas de una abertura.
Exarca	Gobernador de los dominios bizantinos.
Exarcado	Territorio gobernado por un *exarca*.
Exonártex	Véase *nártex*.
Fawwara	Fuente, surtidor.
Funduq	En el norte de África, hospedería (alhóndiga) para mercaderes y sus animales de carga, almacén para mercancías y centro de comercio equivalente al *caravansaray* o al *jan* del Oriente islámico.
Gayto	Lo mismo que *caíd*.
Güelfo	En la Italia medieval, partidario del Papa en contra del emperador y, por tanto, enemigo de los gibelinos.
Guerra del Vespro	Insurrección del pueblo siciliano contra la dominación de los Anjou que estalló en Palermo a la hora del véspero (*vespro*) el 30 de marzo de 1282.
Habitación del siroco	Habitación semienterrada o subterránea de las mansiones privadas de la nobleza siciliana, protegida del calor estival, en la que servían bebidas frescas.
Hammam	Baño público o privado.
Hipogeo	Subterráneo excavado con fines religiosos, funerarios o simplemente de vivienda.
Hipóstilo	Con cubierta sostenida por columnas o pilares dispuestos en serie.
Hodigitria	(Término griego.) Apelativo de la Virgen, "la que guía", "la que indica el camino".
Impluvio	Pileta rectangular, en el centro de las pendientes del suelo de un espacio descubierto, para la recogida del agua de lluvia.
Iwan	Sala abovedada sin fachada, con muros por tres de sus lados y provista de un gran arco al frente, o un gran nicho abovedado, con fondo plano.
Jan	Posada, lugar de alojamiento para viajeros y mercaderes a lo largo de las vías de comunicación. Almacén y hospedería en aglomeraciones de cierta importancia (véanse también *funduq* y *caravansaray*).
Janqa	Monasterio u hospedería para sufíes y derviches.
Ka'ba	(Lit. "cubo".) Templo de La Meca convertido en el centro del culto islámico.
Koiné	La lengua griega común, basada en el dialecto ático, que se afirmó a partir del siglo IV a. C. en todo el Mediterráneo centro-oriental. Figuradamente, unión de varios pueblos en una comunidad cultural, religiosa o similar.
Lesena	Pilastra o columna adosada con funciones meramente decorativas.

Madrasa	Escuela de ciencias islámicas (teología, derecho, Corán, etc.) y lugar de alojamiento.
Mahal	Grupos de casas, barrio, arrabal.
Mastio	Torre fortificada de castillo medieval.
Matroneo	En la época paleocristiana, lugar reservado a la mujer en los edificios para el culto. Posteriormente, galería o tribuna construida sobre las naves laterales en la iglesia basilical y abierta a la nave central, desde donde las mujeres asistían a los oficios.
Medina	Ciudad. En el norte de África, parte antigua de una aglomeración por oposición a la extensión europea de las ciudades.
Mihrab	Nicho situado en el muro de la *qibla* que indica la dirección de La Meca hacia donde los creyentes deben dirigir sus rezos.
Mocárabe	Decoración de prismas a modo de estalactitas con la superficie inferior cóncava.
Monóforo	Vano de una sola abertura.
Mu'allim (pl. mu'allimun)	Maestro del Corán.
Mu'askar	Tierra cultivada, con jardines y casas; generalmente, cuartel, campamento, guarnición.
Muchatta	Galería transversal donde desaguan los *qanat*s. Sistema de distribución de agua que mide la parte correspondiente a cada propietario.
Muecín	El que, desde el alminar, llama a la plegaria a los fieles musulmanes.
Nártex	En la basílica paleocristiana, parte porticada del atrio, situada ante la entrada y destinada a los catecúmenos y penitentes. A veces, el *nártex* era doble, por lo que el exterior era llamado *exonártex*.
Nasji	(Lit. "copiado".) Nombre de una de las caligrafías más extendidas del alfabeto árabe.
Niel	Técnica de incisión en metal.
Ninfeo	Fuente monumental estructurada como una fachada.
Óculo	Ventana pequeña de forma circular.
Opus incertum	Técnica de construcción de muros con piedras de medida diversa y de contornos irregulares.
Parástade	Pilastra colocada junto a una columna o detrás de ella.
Pie derecho	Elemento vertical de una estructura que funciona generalmente como soporte.
Polis (pl. poleis)	(Término griego.) Ciudad-Estado de la antigua Grecia.
Praepositus aedificiorum	(Latín.) Arquitecto jefe.
Pronaos	En el templo clásico, estancia o pórtico que precede a la cella y que da acceso a ella; por extensión, pórtico delantero de un edificio.
Prótesis	Pequeño vano situado generalmente en el lado izquierdo del ábside en las basílicas bizantinas, en correspondencia opuesta con el *diacónicon* y sobresaliente, como éste, en el exterior del edificio.

Glosario

Qanat	Conducto subterráneo de agua que forma parte de una red de captación y distribución.
Qasr	(Del latín *castrum*.) Palacio, castillo.
Qibla	Dirección de la *Ka'ba*, hacia donde se orientan los creyentes para la oración. Muro de la mezquita en el cual se sitúa el *mihrab* que señala esta dirección.
Qubba	Cúpula. Por extensión, monumento elevado sobre la tumba de un santo.
Rabad	(Término árabe.) Barrio.
Retallo	Brusco cambio de grosor (en un muro o un pilar), sea en la planta o en la sección vertical.
Ribat	Fortaleza construida en las zonas fronterizas, desde donde los guerreros musulmanes que la habitaban partían para la guerra santa.
Salmer	Elemento arquitectónico de enlace entre el capitel y la imposta del arco.
Solaz	Construcción regia destinada al esparcimiento.
Strategós	(Término griego.) General.
Tabulario	Archivo. Lugar donde se conservan los documentos más importantes de la institución a que pertenece.
Thema	(Término griego.) Distrito, provincia del imperio bizantino.
Temenos	(Término griego.) Recinto sacro, santuario.
Trompa	Pechina de enlace entre el polígono de base y la cúpula.
Tribelon	(Término griego.) Elemento arquitectónico formado por tres arcos apoyados en columnas.
Tríforo	Ventana dividida en tres vanos por dos columnas.
Turmarca	(Término griego.) En el imperio bizantino, comandante de una *turma*, subdivisión del *thema*.
Valí	(Del ár. *wali*.) Nombre de los gobernadores de las provincias musulmanas.
Visir	(Del ár. *wazir*.) Ministro. El *visir* más importante era denominado Gran Visir, primer ministro.
Waqf	Donación a perpetuidad –usualmente tierras o propiedades– cuyos rendimientos se reservaban para el mantenimiento de fundaciones religiosas.
Yama'a	Asamblea.
Yihad	Esfuerzo de perfeccionamiento moral y religioso. Puede conducir al combate "en la senda de Dios" contra disidentes o paganos.
Zawiya	Establecimiento dedicado a la enseñanza religiosa, orientada a formar a los *chayjs*, que incluye el mausoleo de un santo, construido en el lugar donde vivió.

PERSONAJES HISTÓRICOS

'Abd Allah (s. IX-X)
Caudillo musulmán, en el año 902 expugnó el Castillo de Taormina.

'Abd al-Rahman (s. VIII)
Hijo de Habid Ibn Abi 'Ubayda, en el año 740, con un fuerte contingente de caballería, derrotó a los bizantinos en Siracusa.

Ahmad Abu al-Husayn (s. X)
Emir fatimí, en 962 conquistó por segunda vez Taormina después de que los cristianos la hubieran fortificado de nuevo.

Al-'Abbas Ibn Fadl (s. IX)
Caudillo musulmán, asedió varias fortalezas bizantinas, incluida la de Castrogiovanni, considerada inexpugnable.

Al-Hasan Ibn 'Ali (s. X)
Emir, descendiente de la antigua dinastía kalbita. Su llegada a Sicilia en 948 restableció la paz. Instauró un emirato hereditario durante cerca de medio siglo. El periodo kalbita marca el momento de mayor riqueza económica y florecimiento cultural de la Sicilia islámica.

Al-Idrisi (s. XII)
Árabe, geógrafo de Ruggero II, escribió *El libro de Ruggero*.

Anacleto II (m. 1138)
Antipapa (1130-1138), otorgó la corona de Sicilia a Ruggero II a cambio de la reorganización de las diócesis sicilianas.

Artale (s. XII)
Poderosa familia de Palermo desde el siglo XIV.

Asad Ibn al-Furat (s. IX)
Jurista, desembarcó en Sicilia el 17 de junio de 827 al frente de la expedición mandada por Ziyadat en ayuda del oficial rebelde bizantino Eufemio.

Balata (s. IX)
Oficial bizantino, derrotó al rebelde Eufemio.

Carlos de Anjou (1226-1285)
Conquistó Sicilia con dinero del Papa, que se sirvió de su flota como brazo armado. Considerado un usurpador al no haber sido elegido por los barones y el pueblo, como mandaba la tradición, fue acusado de imponer impuestos excesivos, debidos en realidad a las dificultades financieras precedentes.

Chiaramonte (s. XIV)
Familia de origen francés; entre 1300 y 1392 rigió la Señoría de Caccamo. Desempeñó un papel fundamental en los acontecimientos políticos de Sicilia, y favoreció además el surgimiento

Personajes históricos

de importantes obras civiles. Su influencia fue tal que aquel siglo se recuerda como "época chiaramontana".

Costanza de Altavilla (1154-1198)
Hija de Ruggero II y madre de Federico II. Por su matrimonio con Enrique VI, la casa sueva entró en posesión de la Italia meridional. En 1191 fue coronada emperatriz del Sacro Imperio Romano en Roma.

Enrique VI (1165-1197)
Coronado emperador de Alemania en 1190, a la muerte de su padre Federico I vino a Italia y ocupó la parte peninsular del reino normando. En 1195, en la Catedral de Palermo, fue coronado rey, poniéndose fin así al reino normando de la Italia meridional.

Eufemio (s. IX)
Oficial de las fuerzas navales bizantinas, se rebeló contra el *strategós* Constantino nada más llegar a Sicilia. Se autoproclamó emperador. En 827 le pidió ayuda al emir Ziyadat para conquistar Sicilia.

Giorgio de Antioquía (s. XII)
Combatió al servicio de Muslim, príncipe de Mahdia. Fue después almirante de Ruggero II y, entre 1135 y 1153, mandó su flota en África y en los territorios bizantinos. En Palermo, promovió la construcción de Santa María del Almirante (La Martorana) y del puente sobre el río Oreto.

Giorgio Maniace (s. XI)
Comandante del ejército griego desembarcado en Sicilia en 1038, enviado por el emperador Miguel IV. Antes de desencadenar el ataque, reunió a un contingente de lombardos y de guerreros normandos estacionados en Salerno y conquistó Messina tras un breve asedio. En Siracusa combatió contra Arcadio, capitán de las tropas sarracenas, logró una serie de victorias y conquistó trece ciudades. En 1040 obtuvo otra asombrosa victoria sobre los musulmanes, pero fue traicionado por su almirante Esteban, cuñado del emperador, y enviado con cadenas a Constantinopla.

Giuditta de Altavilla (s. XII)
Hija de Ruggero, hizo construir la iglesia de la Virgen del Alto o de las Giummare (palabra siciliana que significa "palmeras enanas") en Mazara del Vallo y la de San Nicolás la Latina.

Goffredo Malaterra (s. XI)
Monje benedictino normando. Recibió de Ruggero el encargo de escribir la historia del primer asentamiento normando y de la conquista de Calabria y Sicilia.

Gualtiero Offamilio (s. XII)
Arzobispo de Palermo, en el cargo entre 1169 y 1190.

Guglielmo I de Altavilla (1120-1166)
Sucesor de Ruggero II, le pusieron el sobrenombre de Malvado, quizá los barones, a los que limitó sus privilegios feudales y por los que fue encarcelado, para ser liberado después por voluntad del pueblo.

Guglielmo II de Altavilla (1153-1189)
Llamado el Bueno (quizá porque disminuyó los impuestos estatales a los nobles), fue coronado rey en 1171.

Habid Ibn Abi 'Ubayda (s. VIII)
En el año 740 desembarcó en Sicilia y, junto con su hijo 'Abd al-Rahman, estuvo a un paso de conquistar la isla, empeño fallido porque se vio obligado a volver a Ifriqiya para sofocar una revuelta.

Ibn al-'Atir (s. XIII)
Viajero y cronista árabe.

Ibn al-Hawwas (Belcamet) (s. XI)
Emir, gobernó la parte central de Sicilia desde su sede en Enna. Expulsó de la isla a Betumen, emir de la parte suroriental.

Ibn al-Zumna (Betumen) (s. XI)
Emir de la Sicilia suroriental. Expulsado por el emir Belcamet, recaló en Reggio e incitó a Ruggero de Altavilla a conquistar Sicilia ofreciéndole su ayuda y su conocimiento del territorio.

Ibn Hawqal (s. X)
Viajero de Bagdad, visitó Sicilia entre 972 y 973 y dejó un interesante relato de la islamización todavía incompleta.

Ibn Yubayr (Benjamín de Tudela, s. XII)
Viajero hispano, visitó Sicilia entre 1184 y 1185 y dejó varias descripciones de la vida social de aquel tiempo.

Jalil Ibn Ishaq (s. X)
Gobernador fatimí, hacia el año 937 erigió la ciudadela de Palermo, la "elegida" (al-Jalisa), que se convirtió en motor de la actividad de gobierno, sede de los emires y de los despachos administrativos.

Maione da Bari (s. XII)
Almirante, hombre de confianza de Guglielmo I. Hizo levantar la iglesia de San Cataldo.

Mokarta
Comandante de las tropas islámicas dedicadas a actos de piratería para la reconquista de la isla, fue derrotado definitivamente en 1075 en una épica batalla conducida por el conde Ruggero en la ciudad de Mazara del Vallo.

Muhammad Ibn 'Abbad (s. XIII)
Emir, se convirtió en los primeros años del siglo XIII en jefe reconocido de todos los musulmanes. Acuñó su propia moneda de plata y mantuvo al tiempo una dura lucha contra Enrique VI y Federico II.

Muhammad Ibn 'Abd Allah (s. IX)
Enviado por el emir en calidad de valí, legítimo representante suyo, conquistó Palermo y muchas otras ciudades sicilianas. En su nombre y en el del emir se acuñaron las primeras monedas árabes de Sicilia.

Raimondo Peralta (s. XIV)
Almirante de Pedro II de Aragón, hizo construir el Castillo de Alcamo.

Riccardo da Lentini (s. XIII)
Arquitecto de Federico II.

Roberto de Altavilla el Guiscardo ("astuto") (1015-1085)
Príncipe de Apulia y Duque de Calabria, hijo de Tancredi de Altavilla. Gobernó en Palermo durante breve tiempo, respetando las distintas culturas y religiones presentes.

Ruggero de Altavilla (1031-1101)
Hijo menor de Tancredi de Altavilla. En 1059 se unió a su hermano Roberto el Guiscardo en Italia, y en 1071 fue elegido Gran Conde de Calabria y de Sicilia. Continuó la política de su hermano, otorgó rentas y dones a los monasterios para que prosiguieran la conversión de las mezquitas en iglesias y financió restauraciones de catedrales. A Ruggero se deben uno de los periodos más prósperos de Sicilia y algunos de los monumentos más importantes del periodo (Catedral de Cefalù, Monasterio de San Juan de los Eremitas, Capilla Palatina de Palermo).

Ruggero II de Altavilla (1095-1154)
Hijo de Ruggero de Altavilla y Adelaide del Vasto. Consolidó y agrandó el reino del padre. En 1130 fue coronado rey en Palermo y promulgó un conjunto de leyes conocido como *Le assise di Ariano* (*Las audiencias de Ariano*). Su reino constituyó el modelo de las monarquías nacionales siguientes.

Ya'far II (s. X)
Gobernador de Sicilia durante el emirato de su padre Abu al-Fatah Yusuf Ibn 'Abd Allah. Trató varias veces de adueñarse de la Italia meridional atacando con su flota, en vano, Bari (996) y Taranto (997). Ocupada al fin Salerno y devastados los castillos vecinos, su armada fue puesta en fuga por los normandos. Fue despiadado con sus súbditos, que se sublevaron contra él y lograron que le sucediera su hermano Akhal.

Yawhar (s. X)
Caudillo siciliano, antiguo mercenario a sueldo de Bizancio y después caído en desgracia. En África, tras convertirse al Islam, fue nombrado secretario liberto del califa Abu Tamim Ma'add, llamado al-Mu'izz, y participó activamente en el reforzamiento del imperio fatimí y en la refundación de al-Qahira (El Cairo). De hecho, en 970 empezó la construcción de la mezquita de la ciudad, que fue terminada en 972; en la imposta de la cúpula hizo grabar una inscripción en recuerdo de los fundadores.

Ziyadat Allah I (s. IX)
Emir, en el año 820 mandó una expedición a Sicilia, en la que logró un rico botín. Ayudó también a Eufemio con una segunda expedición en el intento de conquistar la isla.

ORIENTACIÓN BIBLIOGRÁFICA

ADRAGNA, V., *Erice*, Marsala, 1985.

AGNELLO, G., *L'architettura civile e religiosa in Sicilia nell'età Sveva,* Roma, 1961.

AL-IDRISI, *Il libro di Ruggero*, traducción y notas de U. Rizzitano, Palermo, 1966.

AMARI, M., *Le epigrafi arabiche di Sicilia,* 1875, reimpresión Palermo, 1971.

AMARI, M., *Storia dei Musulmani di Sicilia*, 3 vol., Florencia, 1854-1868.

AMARI, M., *Biblioteca arabo-sicula*, 2 vol., Turín-Roma, 1880-81.

AMATO DI MONTECASSINO, *Ystoire de li Normant et la Chronique de Robert Viscart*, ed. de V. de Bartholomeis, Fonti per la storia d'Italia pubblicate dall'Istituto Storico Italiano, LXXVI, Roma, 1935.

AMICO, V., *Dizionario topografico della Sicilia*, traducción del latín y notas de G. Di Marzo, Palermo, 1855.

ANASTASI, L., *L'arte nel parco reale normanno di Palermo,* Palermo, 1935.

ANDALORO, M. (ed.), *Federico e la Sicilia: dalla terra alla corona*, vol. II, *Arti figurative e arti suntuarie*, Siracusa-Palermo, 1995.

ARATA, G. U., *L'architettura arabo-normanna e il Rinascimento in Sicilia,* Milán, 1914.

BASILE, F., *L'architettura della Sicilia Normanna*, Catania, 1975.

BELLAFIORE, G., *La Cattedrale di Palermo*, Palermo, 1976.

BELLAFIORE, G., *Architettura in Sicilia nelle età islamica e normanna (827-1190)*, Palermo, 1990.

BLAIR, S., y BLOOM, J. M., *Arte y arquitectura del Islam 1250-1800*, Madrid, 1999.

BOITO, C., "Le chiese del XII secolo in Sicilia", *L'Architettura del Medioevo in Italia,* Milán, 1880, pp. 68-114.

BOTTARI, S., *I mosaici della Sicilia,* Catania, 1943.

BOTTARI, S., "L'architettura del Medioevo in Sicilia", *Atti del VII Congresso Nazionale di Storia dell'Architettura*, Palermo, 1955, pp. 109-154.

CALANDRA, E., "Chiese siciliane del periodo normanno", *Palladio,* V, 1941, pp. 232-239.

CALANDRA, R., LA MANNA, A., SCUDERI, V., y MALIGNACCI, D., *Palazzo dei Normanni*, Palermo, 1991.

CANALE, C. G., *Strutture Architettoniche Normanne in Sicilia*, Palermo, 1959.

CASAMENTO, A., DI FRANCESCA, P., GUIDONI, E., y MILAZZO, A., *Vicoli e cortili, tradizione islamica e urbanistica popolare in Sicilia*, Palermo, 1984.

CENTRO REGIONALE I.C.D., *Castelli medievali di Sicilia. Guida agli itinerari castellani dell'isola*, Palermo, 2001.

CIOTTA, G., "Chiese basiliane in Sicilia", *Sicilia*, 80, 1976, pp. 14-20.

CIOTTA, G., *La cultura architettonica Normanna in Sicilia,* Messina, 1993.

DE BLASI, I., *Della opulenta città di Alcamo*, Alcamo, 1880.

DEL GIUDICE, M., *Descrizione del real tempio e monastero di Santa Maria Nuova in Monreale*, Palermo, 1702.

DE PRANGEY, G., *Essai sur l'architecture des Arabes et des Mores en Espagne, en Sicile et en Barbarie*, Paris, 1841.

DI GIOVANNI, V., *La topografia antica di Palermo dal secolo X al XV*, 2 vol., Palermo, 1889-1890.

DI MARZO, G., *Delle Belle Arti in Sicilia dai normanni alla fine del secolo XIV*, Palermo, 1858; vol. I, libro I, pp. 77-135, libro II, pp. 137-205.

DI STEFANO, C. A., y CADEI, A. (ed.), *Federico e la Sicilia: dalla terra alla corona. Archeologia e architettura*, Siracusa-Palermo, 1995.

DI STEFANO, G., *Monumenti della Sicilia Normanna*, Palermo, 1955; ed. de W. Krönig, Palermo, 1979.

D'ONOFRIO, M. (ed.), *I Normanni, popolo d'Europa, 1030-1200*, Venecia, 1994.

ETTINGHAUSEN, R., y GRABAR, O., *Arte y arquitectura del Islam 650-1250*, Madrid, 1997.

FAZELLO, T., *De rebus Siculis Decades duae*, Palermo, 1558.

FILANGERI, C., *Monasteri basiliani di Sicilia*, Messina, 1979.

GABRIELI, F., y SCERRATO, U. (ed.), *Gli Arabi in Italia: cultura, contatti e tradizioni*, Milán, 1979.

GALLY KNIGHT, H., *The Normans in Sicily*, Londres, 1838.

GANGEMI, G., y LA FRANCA, R., *Centri storici di Sicilia*, Palermo, 1978.

GIUFFRÉ, M., *Castelli e luoghi forti di Sicilia XII-XVII secolo*, Palermo, 1980.

GOLDSCHMIDT, A., "Die Normannischen Königspalaste in Palermo", *Zeitschrift für Bauwesen*, XLVIII, 10-12, 1898.

GRAVINA, D. B., *Il duomo di Monreale*, Palermo, 1859-1870.

GREGORIO, R., *Considerazioni sopra la storia di Sicilia dai tempi normanni sino ai presenti, Opere Scelte*, Palermo, 1853.

GUIDONI, E., *La città europea, formazione e significato, dal IV al XI sec.*, Milán, 1978.

KRAUTHEIMER, R., *Architettura paleocristiana e bizantina*, Turín, 1986.

KRÖNIG, W., *Il castello di Caronia in Sicilia*, Roma, 1977.

LA DUCA, R., *Il Palazzo dei Normanni*, Palermo, 1997.

LO FASO PIETRASANTA, D., Duque de Serradifalco, *Del Duomo di Monreale e di altre Chiese siculo-normanne*, Palermo, 1838.

MALATERRA, G., *Imprese del conte Riggero e del fratello Roberto il Guiscardo*, trad. de E. Spinnato, Palermo, 2000.

MANIACI, A., *Palermo capitale normanna*, Palermo, 1994.

MARÇAIS, G., *Manuel d'art musulman. L'architecture. Tunisie, Algérie, Maroc, Espagne, Sicile*, vol. I, Du IXe au XIIe siècle, París, 1926.

MAURICI, F., *Breve storia degli Arabi in Sicilia*, Palermo, 1995.

MAURO, E., *Le ville a Palermo*, Palermo, 1992.

MAZZARELLA, S., y ZANCA, S., *Il libro delle torri*, Palermo, 1985.

MELI, A., *Istoria antica e moderna della città di S. Marco*, ed. de O. Bruno, 2ª ed. aumentata, Palermo, 2001.

MERCADANTE, F., *Da Balarm Palermo a Giazîrah Isola. Il Porto di Gallo ritrovato,* Palermo, 2001.

NEGRO F., y VENTIMIGLIA, C. M., *Atlante di città e fortezze del Regno di Sicilia,* ed. de N. Aricò, Messina, 1992.

NORWICH, J. J., *I Normanni del Sud (1016-1130),* Milán, 1971.

NORWICH, J. J., *Il Regno del Sole (1130-1194),* Milán, 1974.

PALERMO, G., *Guida istruttiva per potersi conoscere con facilità tanto dal siciliano che dal forestiere tutte le magnificenze e gli oggetti degni di osservazione della città di Palermo,* Palermo, 1816.

POTTINO, F., "Musaici e pitture nella Sicilia normanna. L'età di Ruggero II", *Archivio Storico Siciliano,* LII, 1932, pp. 34-82.

QUARTARONE, C., "Tessuti e castelli", *Tessuti e castelli in Sicilia,* Cefalù, 1986, pp. 15-17.

RIZZITANO, U., *La cultura araba nella Sicilia saracena,* Vicenza, 1962.

ROMANINI, A. M., y CADEI, A. (ed.), *L'architettura medievale in Sicilia: la Cattedrale di Palermo,* Roma, 1994.

RYOLO, D., "I bagni di Cefalà", *Sicilia Archeologica,* IV, 15, 1971, pp. 19-32.

SALINAS, A., *La collana bizantina del Museo di Palermo rinvenuta a Campobello di Mazara,* Palermo, 1886.

SANTORO, R., *La Sicilia dei castelli. Le difese dell'isola dal VI al XVIII secolo, storia e architettura,* Palermo, 1985.

SCUDERI, V., *Arte medievale nel Trapanese,* Trapani, 1978.

SESSA, E., *Le chiese a Palermo,* Palermo, 1995.

SIRAGUSA, G. B., *Il regno di Guglielmo I in Sicilia illustrato con nuovi documenti,* Palermo, 1929.

SÖNMEZ, Z., *Başlangıcıdan 16.Yüzyıla Kadar Anadolu Türk İslam Mimarisinde Sanatçılar,* Ankara, 1995.

SPATRISANO, G., *Lo Steri di Palermo e l'architettura siciliana del Trecento,* Palermo, 1972.

TRAMONTANA, S., *La monarchia normanno-sveva,* Turín, 1986.

VALENTI, F., "L'arte nell'era normanna", *Il Regno Normanno,* conferencias celebradas en Palermo con motivo del octavo centenario de la coronación de Ruggero como rey de Sicilia, Messina, 1932.

VIOLLET-LE-DUC, E., *Le voyage d'Italie d'Eugène Viollet-le-Duc, 1836-1837,* Florencia, 1980.

ZANCA, A., *La cattedrale di Palermo,* Palermo, 1952.

AUTORES

Nicola Giuliano Leone
Profesor de Urbanística, fue Director del Departamento de Historia y Proyecto en Arquitectura de la Universidad de Palermo y es Decano de la Facultad de Arquitectura. Miembro efectivo de la I.N.U. y ganador del premio IN/ARCH 1989 por una intervención a escala urbana, ha llevado a cabo encargos profesionales, de asesoría y de investigación para entidades públicas y autoridades locales de los gobiernos regionales de Sicilia, Toscana, Las Marcas y Campania, así como para la Región VIII de Chile y la ciudad peruana de Arequipa, y ha ocupado numerosos cargos públicos. Actualmente es Vicepresidente del Comité Técnico Científico para la Formación del "Plan territorial y urbanístico regional de Sicilia". Entre sus numerosas publicaciones, podemos destacar: *Forma ed economia nelle scuole di Architettura - Urbanistica*, Palermo, 1979; *Logos e Topos*, Nápoles, 1981; *Il disegno e la regola*, Palermo, 1988; *Cuadro estratégico territorial de la recuperación y desarrollo de la cuenca del río Bío-Bío*, Concepción (Chile), 1993; *Le aree metropolitane Siciliane - verso quale governo*, Palermo, 1996; "Città e architetture dall'eredità del barocco agli eclettismi contemporanei", *Storia della Sicilia*, vol. X, Roma, 2000.

Eliana Mauro
Arquitecta, doctora en investigación de Historia de la Arquitectura y Conservación de Bienes Arquitectónicos, se diplomó en Archivística, Paleografía y Diplomática por el Archivo Estatal de Palermo. Historiadora directiva de arquitectura en la Superintendencia Regional de Bienes Culturales y Ambientales de Palermo, desde 2002 es inspectora directiva de bienes culturales y ambientales de la Región Siciliana. Es docente de Restauración de Jardines Históricos en la Escuela de Especialización de Arquitectura de Jardines de la Universidad de Palermo. Colabora en la catalogación de los archivos de arquitectura de la Dotación Basile-Ducrot y del Fondo Salvatore Caronia Roberti de la Universidad de Palermo. Ha sido responsable de numerosas restauraciones en edificios monumentales y ha participado en la Bienal de Venecia de 1980 y en la XVII Trienal de Milán de 1987. Entre sus publicaciones se encuentran *Il Villino Florio di Ernesto Basile*, Palermo, 2000, y, en colaboración con E. Sessa, los catálogos de las exposiciones "Giovan Battista Filippo ed Ernesto Basile. Settant'anni di architetture. I disegni restaurati della Dotazione Basile" y "Ernesto Basile a Montecitorio", Roma-Palermo, 2000.

Carla Quartarone
Arquitecta, profesora titular de Urbanística, enseña en la Facultad de Arquitectura de la Universidad de Palermo. Ha desarrollado experiencias de proyecto urbanístico en áreas de especial valor ambiental y ha participado en programas de valorización de los recursos culturales para incentivar el turismo de calidad (en Toscana, Las Marcas, Sicilia y Región VIII de Chile). Ha publicado artículos en revistas especializadas (*L'Ufficio Tecnico, Parametro, Urbanistica*) y libros, entre ellos *Il parco minerario dell'Isola d'Elba*, Florencia, 1987, e *Il territorio guidato: il Monte Pellegrino a Palermo*, Palermo, 1995. Como delegada del Departamento de Historia y Proyecto en Arquitectura de la Universidad de Palermo, ha dirigido los cursos de posgrado de los proyectos "Taller del Patrimonio Siciliano" e "Itinerarios del Arte Islámico", cofinanciados por el Fondo Social Europeo.

Ettore Sessa
Arquitecto, investigador de Historia de la Arquitectura en la Universidad de Palermo, desde 1990 enseña Historia de la Arquitectura (antigua y medieval, moderna y contemporánea) en

la Facultad de Arquitectura de Palermo y Siracusa, y es titular del curso de Historia del Arte de los Jardines de la Escuela de Especialización en Arquitectura de Jardines de la universidad palermitana. Ha colaborado en exposiciones de arquitectura (Bienal de Venecia de 1980 y Trienal de Milán de 1987). Es responsable científico de la Dotación Basile-Ducrot y del Fondo Salvatore Caronia Roberti de la Universidad de Palermo, ha llevado a cabo estudios sobre la historia de la arquitectura siciliana medieval y contemporánea y ha publicado un centenar de trabajos entre ensayos, artículos y libros. Entre estos últimos se encuentran: *Mobili e arredi di Ernesto Basile nella produzione Ducrot*, Palermo, 1981; *Ducrot. Mobili e arti decorative*, Palermo, 1989; *Le chiese a Palermo*, Palermo, 1995; *Giovan Battista Filippo ed Ernesto Basile. Settant'anni di architetture. I disegni restaurati della Dotazione Basile. 1859-1929*, Palermo, 2000; *Ernesto Basile a Montecitorio*, Roma-Palermo, 2000 (con E. Mauro).

Nuccia Donato
Arquitecta, desde 1997 trabaja en el Archivo de Dibujos de la Dotación Basile y del Fondo Salvatore Caronia Roberti de la Facultad de Arquitectura de Palermo. Colabora en los cursos de Historia de la Arquitectura (antigua, medieval y contemporánea) de la licenciatura en Arquitectura de Agrigento. Ha coordinado el grupo de trabajo para la ordenación, el fichaje y la catalogación de los dibujos de la muestra "Ernesto Basile a Montecitorio e i disegni restaurati della Dotazione Basile" expuesta en el Palacio de Montecitorio (Roma) en octubre de 2000. Ha publicado ensayos sobre la historia de la arquitectura medieval y contemporánea, entre ellos *Palermo e la sua "corona di ferro"*, Palermo, 1995.

Gaetano Rubbino
Arquitecto, doctor investigador en Historia de la Arquitectura, desde 1996 trabaja en los Archivos de Dibujos del Fondo Salvatore Caronia Roberti y la Dotación Basile en la Facultad de Arquitectura de Palermo. Asesor en bienes arquitectónicos y urbanísticos de la Sicilia oriental para las autoridades regionales de Messina, de 1999 a 2001 fue profesor contratado en la Facultad de Arquitectura de Reggio Calabria. Actualmente enseña en los cursos de la licenciatura de Arquitectura de Agrigento. Desarrolla estudios e investigaciones en el campo de la historia de la arquitectura antigua y medieval. Entre sus publicaciones están: "The so-called *SS. Salvatore*'s church in Rometta" (1997); "La costruzione di *Roma Christiana*: da Papa Damaso a Sisto III (367-440)" (1999); "Il ruolo delle strutture voltate nella definizione di un *senso romano dello spazio*" (2000).

Museum With No Frontiers (MWNF)
Itinerarios-Exposición y guías temáticas
EL ARTE ISLÁMICO EN EL MEDITERRÁNEO

Las guías temáticas MWNF son elaboradas por expertos locales que nos presentan la historia, el arte y el patrimonio cultural desde la perspectiva del país tratado.

Egipto
EL ARTE MAMELUCO
Esplendor y magia de los sultanes *236 páginas*
cuenta la historia de casi tres siglos de estabilidad política y económica, obtenida gracias a la exitosa defensa del territorio por los sultanes, ante las amenazas de mongoles y cruzados. El florecimiento intelectual, científico y artístico se manifiesta en la arquitectura y las artes decorativas mamelucas, de una elegante y vigorosa simplicidad casi moderna, que atestiguan la vitalidad de su comercio, su energía cultural, y su fuerza militar y religiosa.

España
EL ARTE MUDÉJAR
La estética islámica en el arte cristiano *318 páginas*
descubre la riqueza fascinante de una simbiosis cultural y artística genuinamente hispánica, que se convirtió en un elemento distintivo de la España cristiana al finalizar la dominación árabe. Los mudéjares eran musulmanes a quienes se permitió permanecer en los territorios reconquistados, y los artistas y artesanos mudéjares tuvieron una gran influencia en la cultura y el arte de los nuevos reinos cristianos. Las iglesias, los monasterios y los palacios de ladrillo, bellamente decorados, en Aragón, Castilla, Extremadura y Andalucía, son un ejemplo sin igual de la creativa preservación de formas islámicas en el arte cristiano en España, entre los siglos XI y XVI.

Italia (Sicilia)
EL ARTE SÍCULO-NORMANDO
La cultura islámica en la Sicilia medieval *328 páginas*
ilustra cómo el gran patrimonio artístico y cultural de los árabes, que gobernaron la isla en los siglos X y XI, fue asimilado y reinterpretado durante el posterior reinado normando, y alcanzó su apogeo en la era resplandeciente de Ruggero II, en el siglo XII. Los espectaculares paisajes costeros y de montaña proporcionan el telón de fondo para las visitas a las ciudades, los castillos, jardines, iglesias y antiguas mezquitas cristianizadas.

Jordania
LOS OMEYAS
Los inicios del arte islámico *224 páginas*
presenta un recorrido por el gran florecimiento artístico y cultural que dio origen a la fase de formación del arte islámico durante los siglos VII y VIII. Los omeyas unificaron el Mediterráneo y las culturas persas, y desarrollaron una síntesis artística innovadora que incorporó e inmortalizó el legado clásico, bizantino y sasánida. La elegante arquitectura de los castillos del desierto así como los frescos, mosaicos y obras maestras del arte figurativo y decorativo aún evocan el fuerte sentido del realismo y la gran vitalidad cultural, artística y social de los centros del califato omeya.

Marruecos
EL MARRUECOS ANDALUSÍ
El descubrimiento de un arte de vivir 264 páginas
cuenta la historia de los intercambios entre la frontera más alejada del Magreb y al-Andalus, durante más de cinco siglos. Las circunstancias políticas y sociales condujeron a una encrucijada de culturas, técnicas y estilos artísticos, evidenciada por el esplendor de las mezquitas, los minaretes y las madrasas idrisíes, almorávides, almohades y meriníes. La influencia de la arquitectura cordobesa y los modelos decorativos, los arcos de herradura, los motivos florales y geométricos andalusíes, así como el empleo del estuco, la madera y las tejas policromadas, muestran el intercambio continuo que hizo de Marruecos uno de los ámbitos más brillantes de la civilización islámica.

Territorios Palestinos
PEREGRINACIÓN, CIENCIAS Y SUFISMO
El arte islámico en Cisjordania y Gaza 254 páginas
explora un período durante los reinados de las dinastías ayyubíes, mamelucas y otomanas, en el cual llegaban a Palestina numerosos peregrinos y eruditos de todo el mundo musulmán. Las grandes dinastías encargaban obras maestras del arte y la arquitectura para los centros religiosos más importantes. Por atraer a los sabios más destacados, muchos centros gozaban de un prestigio considerable y promovían la difusión de un arte peculiar que sigue fascinando. Los monumentos y la arquitectura islámica de este Itinerario-Exposición reflejan claramente las conexiones entre el mecenazgo dinástico, la actividad intelectual y la rica expresión de la devoción popular, arraigada en esta tierra durante siglos.

Portugal
POR TIERRAS DE LA MORA ENCANTADA
El arte islámico en Portugal 200 páginas
descubre los cinco siglos de civilización islámica que dejaron su impronta en la población del antiguo Garb al-Andalus. Desde Coimbra hasta los más lejanos confines del Algarbe, los palacios, mezquitas cristianizadas, fortificaciones y centros urbanos atestiguan el esplendor de un pasado glorioso. Este recuerdo artístico es la expresión de una delicada simbiosis, que ha determinado las particularidades de la arquitectura vernácula y sigue omnipresente en la identidad cultural de Portugal.

Túnez
IFRIQIYA
Trece siglos de arte y arquitectura en Túnez 312 páginas
es un viaje a través de la historia de la arquitectura islámica del Magreb, para descubrir una civilización milenaria que convirtió en obras de arte sus espacios más importantes. Las grandes dinastías islámicas –abbasíes, aglabíes, fatimíes, ziríes, almohades, hafsíes, otomanos–, así como las escuelas y los movimientos religiosos islámicos dejaron la impronta de su expresión artística a lo largo de los siglos. El arte islámico de Túnez es una encrucijada de culturas y ha sido ampliamente influenciado por las costumbres artísticas locales, por los elementos arquitectónicos y decorativos andalusíes y orientales, por tradiciones árabes, romanas y beréberes, y por la diversidad del paisaje natural.

Turquía
LOS INICIOS DEL ARTE OTOMANO
La herencia de los emiratos　　　　　　　　　　　　　　　　　　*252 páginas*

presenta las expresiones artísticas y arquitectónicas del oeste de Anatolia y el surgimiento de la dinastía otomana en los siglos XIV y XV. Los emiratos turcos desarrollaron una nueva síntesis estilística de las tradiciones centro-asiática y selyúcida con el legado de las civilizaciones griega, romana y bizantina. Los esquemas arquitectónicos de las mezquitas, los hammam, hospitales, madrasas, mausoleos y grandes complejos religiosos, las columnas y cúpulas, la decoración floral y caligráfica, la cerámica y la iluminación atestiguan la riqueza de estilos. El florecimiento cultural y artístico que acompañó al surgimiento del Imperio Otomano estuvo profundamente marcado por la herencia de los Emiratos.

Solo disponible en inglés:

Siria
THE AYYUBID ART
Art and Architecture in Medieval Syria　　　　　　　　　　　　*288 páginas*

was conceived not long before the war started. All texts refer to the pre-war situation and are our expression of hope that Syria, a land that witnessed the evolution of civilisation since the beginnings of human history, may soon become a place of peace and the driving force behind a new and peaceful beginning for the entire region.

Bilad al-Sham testifies to a thorough and strategic programme of urban reconstruction and reunification during the 12th and 13th centuries. Amidst a period of fragmentation, visionary leadership came with the Atabeg Nur al-Din Zangi. He revived Syria's cities as safe havens to restore order. His most agile Kurdish general, Salah al-Din (Saladin), assumed power after he died and unified Egypt and Sham into one force capable of re-conquering Jerusalem from the Crusaders. The Ayyubid Empire flourished and continued the policy of patronage. Though short-lived, this era held long-lasting resonance for the region. Its recognisable architectural aesthetic – austere, yet robust and perfected – survived until modern times.